ÁGUA E SANEAMENTO BÁSICO
Regimes jurídicos e marcos regulatórios no ordenamento brasileiro

D383a Demoliner, Karine Silva
    Água e saneamento básico: regimes jurídicos e marcos regulatórios no ordenamento brasileiro / Karine Silva Demoliner. – Porto Alegre: Livraria do Advogado Editora, 2008.
    220 p.; 23 cm.
    ISBN 978-85-7348-528-8

    1. Direito das águas. 2. Saneamento básico – Aspectos constitucionais. 3. Recursos hídricos. 4. Agência reguladora. I. Título.

                    CDU – 347.247

    Índices para o catálogo sistemático:

Recursos hídricos
Direito das águas
Saneamento básico – Aspectos constitucionais
Agência reguladora

(Bibliotecária responsável: Marta Roberto, CRB-10/652)

Karine Silva Demoliner

ÁGUA E SANEAMENTO BÁSICO
Regimes jurídicos e marcos regulatórios no ordenamento brasileiro

Porto Alegre, 2008

© Karine Silva Demoliner, 2008

Capa, projeto gráfico e diagramação
Livraria do Advogado Editora

Revisão
Rosane Marques Borba

Direitos desta edição reservados por
Livraria do Advogado Editora Ltda.
Rua Riachuelo, 1338
90010-273 Porto Alegre RS
Fone/fax: 0800-51-7522
editora@livrariadoadvogado.com.br
www.doadvogado.com.br

Impresso no Brasil / Printed in Brazil

Aos meus amados pais, *Idalino* e *Neiva*,
pessoas honradas e dignas, de valor inestimável,
pelos exemplos de honestidade, dignidade,
perseverança e fé, princípios basilares de
minha educação.

À vó *Nahir* (*in memoriam*),
Às minhas irmãs, *Miriani* e *Loraine*, e
Ao *Fábio*, pelo carinho e pelo apoio incondicional
despendidos ao longo desta jornada.

Agradecimentos

Ao Prof. Dr. Ingo Wolfgang Sarlet,
pela confiança em mim depositada, pela leitura atenta e críticas pontuais, assim como pelo empenho na publicação deste estudo.

Ao Prof. Dr. Juarez Freitas,
pela orientação da Dissertação de Mestrado que, atualizada, ora se publica.

Aos Mestres,
Prof. Dr. Luiz Edson Fachin, Prof. Dr. Eugênio Facchini Neto, e Prof. Dr. Thadeu Weber, queridos educadores, pelas valiosas contribuições e pelo saber compartilhado.

Aos amigos,
que são tantos e inestimáveis, alguns recentes e outros de longa data, não podendo listar todos, homenageio nas pessoas de Alexandre Schubert Curvelo, Diego Vivian Leite, Felipe Kirchner, Marcelo Pedrozo Ilarraz, Mártin Perius Haeberlin e Ricardo Stifelman pela contribuição intelectual, revisão atenta e auxílio na atualização dos dados, pelo companheirismo, pelo apoio nos momentos difíceis, pelos debates acalorados nos grupos de pesquisa e pela forma alegre e desprendida com que compartilharam cada uma das minhas vitórias, especialmente esta.

Às entidades de fomento CAPES e CNPq
pelas bolsas de pesquisa que me possibilitaram desenvolver este estudo na Pontifícia Universidade Católica do Rio Grande o Sul - PUCRS, honrosa Instituição.

"Se Deus plantou um sonho impossível em nossos corações é porque Ele deseja que nós o realizemos com o Seu auxílio".

(Autor desconhecido)

Lista de siglas e abreviaturas

ABCON	Associação Brasileira das Concessionárias Privadas de Serviços Públicos de Água e Esgoto
ABES	Associação Brasileira de Engenharia Sanitária
AGERGS	Agência Estadual de Regulação dos Serviços Públicos Delegados do Rio Grande do Sul
AGESPISA	Águas e Esgotos do Piauí S.A.
ANA	Agência Nacional de Águas
ANEEL	Agência Nacional de Energia Elétrica
ANTAq	Agência Nacional de Transportes Aquaviários
BNH	Banco Nacional de Habitação
CAEMA	Companhia de Águas e Esgotos do Maranhão
CAER	Companhia de Águas e Esgotos de Roraima
CAERD	Companhia de Águas e Esgotos de Rondônia
CAERN	Companhia de Águas e esgotos do Rio Grande do Norte
CAESA	Companhia de Água e Esgoto do Amapá
CAESB	Companhia de Saneamento Ambiental do Distrito Federal
CAGECE	Companhia de Água e Esgoto do Ceará
CAGEPA	Companhia de Água e Esgoto da Paraíba
CASAL	Companhia de Saneamento de Alagoas
CASAN	Companhia Catarinense de Águas e Saneamento
CDC	Código de Defesa do Consumidor
CEDAE	Companhia Estadual de Águas e Esgotos (Estado do Rio de Janeiro)
CEEIG	Comitê Executivo de Estudos Integrados da Bacia do Guaíba
CESAN	Companhia Espírito Santense de Saneamento
CESBS	Companhias Estaduais de Saneamento Básico
CF	Constituição Federal
CNRH	Conselho Nacional de Recursos Hídricos
COMPESA	Companhia Pernambucana de Saneamento
CONAMA	Conselho Nacional do Meio Ambiente
COPASA	Companhia de Saneamento de Minas Gerais
CORSAN	Companhia Riograndense de Saneamento (Estado do Rio Grande do Sul)
COSANPA	Companhia de Saneamento do Pará
DEAS	Departamento Estadual de Água e Saneamento do Estado do Acre
DESO	Companhia de Saneamento de Sergipe

DNAEE	Departamento Nacional de Águas e Energia Elétrica
EMBASA	Empresa Baiana de Águas e Saneamento
ETAs	Estações de Tratamento de Água
ETEs	Estações de Tratamento de Esgotos
FAEs	Fundos de Águas e Esgotos Estaduais
FGTS	Fundo de Garantia por Tempo de Serviço
FUNASA	Fundação Nacional de Saúde
IBGE	Instituto Brasileiro de Geografia e Estatística
IDH	Índice de Desenvolvimento Humano
IES	Índice de Exclusão Social
IPEA	Instituto de Pesquisa Econômica Aplicada
OMS	Organização Mundial da Saúde
ONGS	Organizações não-governamentais
ONU	Organização das Nações Unidas
OPAS	Organização Pan-Americana de Saúde
PFI	Private Finance Iniciative
PIB	Produto Interno Bruto
PLANASA	Plano Nacional de Saneamento
PNUD	Programa das Nações Unidas para o Desenvolvimento
PPP	Public Private Partnership
PPPs	Parcerias Público-Privadas
PUP	Princípio do Usuário Pagador
SAAE	Serviço Autônomo de Água e Esgoto
SABESP	Companhia de Saneamento Básico do Estado de São Paulo
SANEAGO	Saneamento de Goiás S/A
SANEATINS	Companhia de Saneamento do Tocantins
SANEPAR	Companhia de Saneamento do Paraná
SANESUL	Empresa de Saneamento de Mato Grosso do Sul
SESP	Serviço Especial de Saúde Pública
SFS	Sistema Financeiro de Saneamento
SNIS	Serviço Nacional de Informações sobre Saneamento
STF	Supremo Tribunal Federal
STJ	Superior Tribunal de Justiça
SUS	Sistema Único de Saúde
TCE-SP	Tribunal de Contas do Estado de São Paulo
TCU	Tribunal de Contas da União

Prefácio

O livro de Karine Demoliner, que tenho a honra de prefaciar, é o fruto benfazejo de uma dissertação brilhante, defendida no Mestrado em Direito da PUCRS. Trata-se de belo exemplo de uma nova compreensão hermenêutica das relações de Direito Administrativo, à base do primado dos direitos fundamentais de todas as dimensões.

Nessa linha, ao enfocar um dos temas dos mais importantes e complexos – água e saneamento básico – Karine Demoliner, em estudo minucioso, toma posições firmes e alicerçadas sobre o regime jurídico das águas, adequadamente assimilada à mudança constitucional que as transformou em bens públicos. Ato contínuo, aborda o tema da titularidade da prestação dos serviços de saneamento, de modo seguro e consistente, ao realizar o exame sistemático dos arts. 30, inc. V, e 25, § 3º, da CF. A seguir, no intuito de universalizar esse serviço essencial, examina, sem preconceitos, as alternativas, entre as quais as parcerias público-privadas, a demandarem, sem mais tardar, a geração de ambiente regulatório definido e amigável para investimentos sérios e de longa maturação.

Como o leitor perceberá, eis uma obra que se alinha com aquela visão crítica da responsabilidade do Poder Público, à luz do primado dos direitos fundamentais, numa autêntica mudança de paradigma. Já não se admite passivamente, como outrora, a insuficiência da conduta estatal. A inércia crônica pode, sim, provocar danos injustos. Com efeito, em matéria de saneamento básico, superadas peias e disputas menores, vital é que os titulares do serviço público não protelem o improtelável cumprimento de seus específicos deveres prestacionais, fortemente vinculados ao direito fundamental à saúde.

Indispensável, em outras palavras, acolher a premissa de que, sem prejuízo do princípio da reserva do possível e das demais excludentes do nexo da causalidade, a omissão estatal precisa ser entendida como potencial causadora, não mera condição, de dano juridicamente injusto. Ora bem, assim como se assegura, com inegável acerto, o direito fundamental à creche (por exemplo, RExt 436996), força, doravante, reconhecer, para todos os efeitos, o direito fundamental ao saneamento básico, tutelável pelo Poder Judiciário, que não mais deve aceitar qualquer inoperância que represente violação ao dever de propocionalidade da ação ou inação do Poder Público.

Cumpre à Academia, aos Poderes e à sociedade a resolução imediata das indefinições que têm feito tardar o atendimento de tal dever nuclear. Por certo, o presente livro representa valiosa e efetiva contribuição à resolução de várias das dificuldades técnicas que rondam a matéria. Com talento, Karine Demoliner cumpre o seu desiderato e o faz com algo de que muito carecemos na seara das políticas públicas brasileiras: o devido senso de urgência.

Prof. Dr. Juarez Freitas

Professor Titular do Mestrado e do Doutorado em Direito da PUCRS,
Professor de Direito Administrativo da Universidade UFRGS, da Escola Superior
da Magistratura-AJURIS e da Escola da Magistratura do TRF 4ª Região,
Presidente do Instituto Brasileiro de Direito Administrativo, Professor Convidado no
país e no exterior, mais recentemente Pesquisador Associado na Universidade de
Oxford (2005), Visiting Scholar na Universidade de Columbia, New York (2006),
Autor de várias obras, entre as quais *A Interpretação Sistemática do Direito* e
O Controle dos Atos Administrativos e os Princípios Fundamentais,
Presidente do Conselho Editorial da Revista Interesse Público,
Advogado, Consultor e Parecerista.

Sumário

Apresentação – Ingo Wolfgang Sarlet 19
1. Introdução 21
2. Das águas: regime jurídico e marco regulatório 27
  2.1. Evolução da proteção jurídica da água 27
  2.2. A competência e a titularidade em matéria de água 33
      2.2.1. Interesse Local *vs.* Interesse Comum 36
  2.3. A atual política de recursos hídricos – Lei 9.433/97 40
      2.3.1. O reconhecimento da água como um bem limitado, dotado de valor econômico .. 41
      2.3.2. O uso prioritário, em caso de escassez, é o consumo humano e a dessedentação de animais 45
      2.3.3. O princípio do respeito aos usos múltiplos da água 48
      2.3.4. A adoção da bacia hidrográfica como unidade de gerenciamento e de planejamento 54
      2.3.5. O princípio da gestão descentralizada e participativa 57
           2.3.5.1. Instrumentos de gestão 58
                2.3.5.1.1. Plano Nacional de Recursos Hídricos 59
                2.3.5.1.2. Enquadramento dos corpos de água em classes, segundo os usos preponderantes 62
                2.3.5.1.3. Outorga de direito de uso dos recursos hídricos 63
                2.3.5.1.4. Cobrança pelo uso da água 70
                2.3.5.1.5. Sistema Nacional de Informações sobre Recursos Hídricos 75
           2.3.5.2. Instituições componentes 76
                2.3.5.2.1. Conselho Nacional de Recursos Hídricos (CNRH) 76
                2.3.5.2.2. Os Conselhos Estaduais de Recursos Hídricos 77
                2.3.5.2.3. Os Comitês de Bacia Hidrográfica 79
                2.3.5.2.4. As Organizações Civis de Recursos Hídricos 86
                2.3.5.2.5. As Agências de Água 89
                2.3.5.2.6. A Agência Nacional das Águas – ANA 91
  2.4. Breves considerações sobre marcos regulatórios e agências reguladoras 92
      2.4.1. Retomando a ANA 103
3. Do saneamento básico: regime jurídico e marco regulatório 109
  3.1. Considerações iniciais e conceito 109
  3.2. A evolução da prestação de serviços de saneamento básico no Brasil 110
      3.2.1. Primeira fase: até 1970 – serviços prestados pelos Municípios 111
      3.2.2. Segunda fase: 1970-1990: serviços prestados pelos Estados 112

    3.2.3. Terceira fase: 1990 até a presente data – conflito de competências 116
        3.2.3.1. A realidade brasileira em números 117
3.3. A importância do saneamento básico para o desenvolvimento humano 134
3.4. O saneamento básico como um direito fundamental 138
3.5. Saneamento é serviço público ou atividade econômica? 145
    3.5.1. Monopólio natural do setor 148
    3.5.2. Estudo de casos 149
        3.5.2.1. O caso de Limeira 149
        3.5.2.2. Outros casos em São Paulo 153
        3.5.2.3. O caso da Prolagos (RJ) 154
        3.5.2.4. O caso de Tocantins (TO) 156
    3.5.3. Conclusões parciais 158
    3.5.4. Privatização *vs.* Parcerias Público-Privadas 160
        3.5.4.1. O caso da SANEPAR (PR) 164
3.6. Competências constitucionais em matéria de saneamento básico 168
3.7. Marco regulatório do setor de saneamento básico 173
    3.7.1. Lei 11.445 de 5 de Janeiro de 2007 175
        3.7.1.1. A questão da competência 175
        3.7.1.2. A questão das lacunas legislativas 177
        3.7.1.3. A questão das subvenções 179
        3.7.1.4. A questão dos subsídios e a (in)constitucionalidade da
             interrupção/corte no fornecimento 180
        3.7.1.5. A questão da regulação 182
    3.7.2. A quem compete a regulação do setor no momento? 184
    3.7.3. A atuação da ANA (Agência Nacional de Águas) na área do Saneamento 185
    3.7.4. A atuação da AGERGS na área do saneamento 185
    3.7.5. O controle dos Tribunais de Contas sobre o saneamento básico 187
    3.7.6. A regulação do setor no direito comparado 188
3.8. O saneamento básico e o direito do consumidor 189

4. Ética na distribuição de recursos hídricos e na prestação de serviços de saneamento básico 193
4.1. Considerações iniciais 193
4.2. Aproximação acerca do conceito de Ética 194
4.3. Princípios de Justiça – passagem de proposições descritivas para proposições normativas . 199
4.4. O problema da proposição normativa universal de distribuição dos recursos hídricos e a
    soberania nacional 201

Considerações finais 205

Referências bibliográficas 209

Lista de figuras

Figura 1 – Domicílios Abastecidos com Rede de Água e Coleta de Esgotos por Região 118
Figura 2 – Percentual de Rede de Abastecimento de Água e Rede Coletora de Esgoto
          por Estado 118
Figura 3 – Percentual de Tratamento de Esgoto Coletado por Região 119
Figura 4 – Percentual de Tratamento de Esgoto Coletado 120

Figura 5 – Tipo de Prestador de Serviço de Saneamento Básico 125
Figura 6 – Cobertura dos Serviços de Saneamento por Classes de Renda – 2000 127
Figura 7 – Domicílios Atendidos com Coleta de Lixo 127
Figura 8 – Destinação do Lixo Coletado 128
Figura 9 – Destino final do Lixo por Estado 130
Figura 10 – Internações Hospitalares por 100.000 Habitantes por Doenças Relacionadas ao
    Saneamento Inadequado 132

Apresentação

Aderindo ao belo prefácio da lavra do ilustre colega e amigo Prof. Dr. Juarez Freitas, cumpre enfatizar com entusiasmo os merecidos elogios formulados em relação ao livro que ora tenho a satisfação e o privilégio de apresentar. O texto da Professora, Mestre e Doutoranda Karine Demoliner, representa versão atualizada da já excelente dissertação orientada, com habitual competência, pelo prefaciador desta obra, e cuja banca examinadora tive a oportunidade ímpar de integrar. A relevância do tema e sua atualidade, ainda mais considerando a gravidade do quadro de escassez de água potável no mundo e o assustador déficit em termos de saneamento básico, notadamente entre nós e a partir dos dados nada animadores veiculados nos últimos relatórios sobre o tema, indicam que também o adequado tratamento jurídico da matéria, inequivocamente vinculada à promoção e garantia de uma vida condigna para todos e de uma noção alargada de meio ambiente e multidimensional dos direitos fundamentais, também assume feições emergenciais.

Além das percucientes considerações já tecidas no prefácio, inclusive no que diz com o combate à omissão estatal na matéria, destaca-se a habilidade da autora na apresentação e fundamentação das suas idéias e a notável dose de criatividade que permeia o seu discurso, tudo a revelar seu talento para a investigação científica, além de indicação de um futuro promissor também na esfera acadêmica.

Cuidando-se, por outro lado, tanto de uma apresentação da obra quanto da autora, convém manifestar em público que Karine Demoliner atualmente sob minha orientação no Curso de Doutorado da PUCRS, onde está investindo no campo da proteção ambiental e exerce, com pleno êxito, a docência em nível de especialização, tem sido, além de dedicada, séria e brilhante aluna, um exemplo de honestidade intelectual e integridade pessoal, de tal sorte que a possibilidade de contribuir, de algum modo, para a publicação e divulgação do trabalho, representa também uma particular alegria.

Por derradeiro, fiéis ao entendimento de que prefácios e apresentações não devem ser demasiadamente longos e um obstáculo entre a obra e o leitor, almejo que Karine e seu belo primeiro livro tenham a merecida receptividade e que a obra alcance a necessária repercussão no meio de todos os que têm a possibilidade concreta e a responsabilidade de atuar de modo efetivo na efetivação do direito fundamental ao saneamento básico e, portanto, do próprio direito fundamental a uma vida saudável.

De parabéns estão a autora, a obra, a Livraria do Advogado Editora, que segue apostando, com o devido filtro da qualidade, nos jovens e promissores talentos. Acima de tudo, porém, estará de parabéns a comunidade jurídica brasileira, especialmente se souber fazer bom uso dos aportes fornecidos neste livro.

Porto Alegre, maio de 2008.

Prof. Dr. Ingo Wolfgang Sarlet

Professor Titular e Coordenador do Programa de Pós-Graduação em Direito (Mestrado e Doutorado) da Faculdade de Direito da PUCRS. Professor da Escola Superior da Magistratura (AJURIS). Pesquisador visitante nas Universidades de Georgetown, USA e Munique, Alemanha. Professor Visitante do Doutorado em Direitos Humanos e Desenvolvimento da Universidade Pablo Olavide, Sevilha. Representante brasileiro junto ao Instituto Max-Planck de Direito Social Estrangeiro e Internacional.

1. Introdução

O presente estudo tem como objetivo realizar uma análise sobre dois temas de relevância insofismável que, intrinsecamente ligados, vêm despertando o interesse dos profissionais não só da área jurídica, mas de todas as demais esferas do conhecimento humano, bem como da sociedade em geral: a água e o saneamento básico.

Debate-se muito, e com freqüência cada vez maior, sobre a "crise da água", acelerada pela iminente escassez deste precioso bem. É de conhecimento público que apenas 0,3% dos recursos hídricos existentes no planeta estão disponíveis em rios e lagos para a satisfação das necessidades dos seres humanos (aí incluídas a dessedentação das pessoas e dos animais, a irrigação para a agricultura, o *saneamento básico*, a produção de energia, dentre outras).[1] Referido dado, *per si*, ainda que não conjugado com outros a que nos permitiremos fazer uso por essenciais à formulação científica do problema neste trabalho tratado, seria suficiente a demonstrar a gravidade e extensão desta "crise", mormente porque o homem não costuma agir refletidamente e com um pensamento nas conseqüências de médio e longo prazo quando se trata de degradar o Meio Ambiente.[2]

O quadro mundial é alarmante, e os números impressionam: estima-se que um bilhão de pessoas – quase um quinto da população – não disponha de água tratada, e que cerca de um bilhão e oitocentos milhões não tenha acesso ao saneamento básico.[3] A cada ano, milhares de vidas são perdidas em razão de enfermidades conhecidas cruelmente no ambiente médico como "doenças de pobres", relacionadas à má qualidade hídrica.[4]

---

[1] Conforme informado pelo Ministério do Meio Ambiente (http://www.mma.gov.br) e pela Agência Nacional de Águas – ANA (http://www.ana.gov.br)>, acessados em 11/11/03.

[2] Veja-se, por exemplo, a resistência dos países industrializados, em ratificar o Protocolo de Kyoto, cuja entrada em vigor ocorreu recentemente, mais precisamente em 16/02/05 (após sete anos da sua elaboração), sem contar com o compromisso dos Estados Unidos da América, considerado o maior poluidor.

[3] Conforme IBGE: INSTITUTO BRASILEIRO DE GEOGRAFIA E ESTATÍSTICA. [*Pesquisa nacional de sanemaneto básico*]. [S.l.]: IBGE, [s.d.]. Disponível em: <http://www.ibge.gov.br>. Acesso em: 12/11/03.

[4] ASSOCIAÇÃO BRASILEIRA DE ENGENHARIA SANITÁRIA E AMBIENTAL. Seção Rio Grande do Sul. *Semana da Água no Rio Grande do Sul*: uma experiência de mobilização. Porto Alegre: ABES-RS, 2003, p. 22. Consta nesta obra que somente no ano de 1995, cerca de três milhões de pessoas morreram em razão de doenças diarréicas (80% dessas eram crianças menores de cinco anos); o índice de internações hospitalares por doenças de origem hídrica nos países "em desenvolvimento" corresponde a 65%, e a mortalidade de crianças com menos de 1 ano de idade em razão dessas doenças corresponde a 30%; mais: desde 1991 foram registrados 391 mil novos casos de cólera somente na América Latina e no Caribe, sendo que desses, 19.295 foram fatais.

Em sede nacional, pouco mais da metade dos municípios, mais precisamente 50,4%, dispõe de serviços de coleta de esgoto. Os habitantes dos municípios restantes (49,6%) utilizam soluções alternativas tais como fossas, valas abertas e lançamentos diretos nos cursos d'água.[5] Nos municípios que possuem sistemas de coleta, a situação não é muito melhor, visto que apenas 27,3% deles trata o esgoto antes de devolvê-lo aos rios. Os demais o despejam "in natura" nas águas e no solo, comprometendo a qualidade da água consumida pela população, a irrigação e a balneabilidade de lagos e mares, o que agrava, também, a crise do sistema público de saúde (SUS).[6]

Este panorama faz com que o saneamento básico se constitua em um dos maiores problemas da nação, tão grave e gerador de exclusão social quanto a concentração de renda. O que sensibiliza ainda mais, no entanto, é o fato de que a prestação adequada deste serviço, nos ditames de sua demanda, serviria como propulsor do Estado ao exato oposto. É o que demonstram estudos desenvolvidos pela Organização Mundial de Saúde (OMS), para os quais a cada U$ 1,00 (um dólar) investido em saneamento, economizam-se U$ 5,00 (cinco dólares) em saúde, o que, em larga escala, significaria uma economia de bilhões aos cofres públicos potencialmente utilizáveis pelas mais diversas áreas.[7]

Não restam dúvidas de que a falta de infra-estrutura, como ocorre na área do saneamento básico, objeto de nosso foco, atrasa o progresso do país. Isto porque, sem condições higiênicas mínimas, o ser humano vê ceifadas as possibilidades

---

[5] Dados divulgados pelo IBGE referentes ao ano de 2002, pesquisa realizada em 10/09/2004. Importante salientar que recentemente (em 22/12/2006), o Sistema Nacional de Informações sobre Saneamento (SNIS), divulgou os últimos dados oficiais do setor, esses relativos ao ano de 2005. Todavia, dada a fragilidade dos mesmos – reconhecida inclusive pela própria instituição – preferimos fazer uso dos últimos dados oficiais divulgados pelo IBGE, estes referentes ao ano de 2002. Sobre a atual inconsistência dos dados, o relatório anual "Diagnóstico dos Serviços de Água e Esgotos – 2005", disponível em http://www.snis.gov.br, assim refere: "Cabe chamar a atenção, mais uma vez, para os problemas da qualidade das informações sobre a população, onde surgem casos de inconsistência nas relações entre população total, urbana e atendida. (...)As inconsistências verificadas são de tamanha amplitude que, mesmo nas companhias estaduais, nas quais, em tese, a grande quantidade de municípios operados compensaria as diferenças para mais ou para menos nas populações calculadas, essas inconsistências aparecem. Assim nas empresas AGESPISA/PI, CASAN/RN, CAESB/DF, COPASA/MG, CORSAN/RS, EMBASA/BA, SANEPAR/PR e SANESUL/MS, a população urbana atendida com água foi superior à população urbana residente no conjunto de municípios por elas operados. Essas diferenças não alcançaram 5%, com exceções para a EMBASA/BA (5,6%) e SANESUL/MS (22,2%). A mesma situação ocorreu em uma quantidade ainda maior de prestadores de serviços locais, nos quais 252 dos 380 prestadores forneceram população urbana atendida com água maior que a população urbana residente nos municípios, ou seja, esse fato ocorreu em cerca de 2/3 (66,3%) dos prestadores da amostra de serviços locais. A situação é ainda mais grave para os casos em que até a população total residente nos municípios também foi inferior à população total atendida com água, o que ocorreu em 38 municípios (10% da amostra). (...) Fica aqui o alerta que esta situação pode estar provocando viés (a maior) nos índices de atendimento com água e esgotos em todo o país".

[6] Segundo informações do SUS (Sistema Único de Saúde) referentes ao ano de 1997, 60% das internações de crianças menores de 5 anos de idade foram causadas por doenças relacionadas à falta de saneamento básico, e custaram cerca de R$ 400 milhões ao erário. (CONSEQUÊNCIAS econômicas e sociais da crise de recursos hídricos. [S.l.]: Água Online, c2004. Disponível em: <http://www.aguaonline.com.br/materias.php?id=175&cid=7&edicao=113>. Acesso em: 12/12/03).

[7] WORLD HEALTH ORGANIZATION – WHO. [Notícias]. Switzerland, WHO, 2004. Disponível em: <http://www.who.int/en/>. Pesquisa realizada em 05/10/2004. Veja-se, também: <http://www.mre.gov.br/cdbrasil/itamaraty/web/port/relext/mre/nacun/agespec/oms/>, acesso realizado em: 5.10.2004.

de desenvolver plenamente suas potencialidades e capacidades, especialmente a produtiva. O outro lado desta carência, por sua vez, revela um Sistema Público de Saúde deficitário, com enorme custo ao erário e cujas perspectivas estão longe de alcançar olhos à universalidade.[8]

Diante do preocupante quadro apresentado e de forma a realizar nosso escopo de estudo sobre a água e o saneamento básico, optamos por tratar estes temas em duas partes, por vezes relacionando-as, demonstrando que, mesmo com regimes jurídicos e marcos regulatórios distintos, ambos estão intimamente interligados.

Destarte, em um primeiro momento, procuramos estudar o regime das águas no ordenamento jurídico pátrio, analisando criticamente as normas dispostas na Constituição Federal e também na legislação infraconstitucional, dando ênfase à Lei 9.433/97, que instituiu a Política Nacional de Recursos Hídricos.

A primeira parte abrigou, assim, as ponderações sobre a caracterização da água como um *bem de uso comum do povo*, impossível de ser apropriada por quem quer que seja, sendo permitida apenas a outorga para o seu uso, atuando o Poder Público, em tal circunstância, como gestor e fiscalizador deste recurso natural. Rejeitamos, nesta esteira, a propriedade privada sobre as águas, lançando mão de excelente doutrina e jurisprudência para corroborar nosso entendimento.

Também analisamos as competências e titularidades concernentes, não nos furtando a enfrentar questões ensejadoras de grande polêmica, tais como a que discute a propriedade sobre as reservas subterrâneas que perpassam o território de mais de um Estado. Neste tocante, a fim de evitar as tergiversações impróprias aos ares da academia, abordamos o problema pelo prisma da hermenêutica, pois é a interpretação o lugar em que se suscitam as controvérsias e, também nela, o lugar onde estas podem ser dirimidas, desde que saibamos realizar, à luz dos ensinamentos de Juarez Freitas, uma interpretação tópico-sistemática de nosso ordenamento, que saiba conjugar a opacidade da letra da lei com a dinâmica da casuística.[9]

Abordamos, igualmente, os princípios norteadores da Política Nacional de Recursos Hídricos, bem como os órgãos e os instrumentos de gestão, destacando, neste tópico, as "novas" formas de efetivação da democracia direta, com a participação da sociedade na formulação de políticas públicas, fundamentando nossos posicionamentos também nas lições de Norberto Bobbio[10] e Paulo Bonavides.[11]

---

[8] O governo federal estima que serão necessários investimentos da ordem de R$ 178,2 bilhões até o ano de 2020, para garantir a universalização da prestação deste serviço essencial. Veja-se, neste sentido: BRASIL. Ministério das Cidades. *O Financiamento do Saneamento Básico em 2003/2004*: piloto de uma nova abordagem para o investimento público no Brasil? Brasília, 2004. Relatório elaborado em conjunto pelos Ministérios da Fazenda e das Cidades. Disponível em: <http://www.cidades.gov.br>. Acesso em: 3/01/05.

[9] FREITAS, Juarez. A interpretação sistemática do direito. 4. ed. São Paulo: Malheiros, 2004a.

[10] BOBBIO, Norberto. *Il futuro della democrazia*. Torino: Giulio Einaudi, 1984.

[11] BONAVIDES, Paulo. *Teoria constitucional da democracia participativa*: por um direito Constitucional de luta e resistência, por uma nova hermenêutica, por uma repolitização da legitimidade. 2. ed. São Paulo: Malheiros, 2003b.

Na seqüência, enfrentamos as questões referentes ao marco regulatório do setor, notadamente após o advento da Agência Nacional de Águas, demonstrando, ao final desta etapa, a importância da fixação de regras claras para disciplinar searas que concentram monopólios naturais e exigem investimentos de longo prazo. Procuramos, assim, evidenciar a necessidade de as agências reguladoras revestirem-se de autonomia e independência, como forma de garantir que as políticas públicas traçadas para além dos governos sejam realmente efetivadas, preservando-se, acima de tudo, o interesse público.

A segunda etapa deste estudo tem início com um escorço histórico sobre a prestação do serviço de saneamento, em que procuramos desnudar, em gráficos e percentuais, a cruel realidade brasileira. Com base nestes dados, debatemos questões de fundo ético, destacando a importância do saneamento para o cômputo do índice de desenvolvimento humano (IDH), reconhecendo-o como mínimo vital, e, portanto, indispensável à própria vida com dignidade. Para tanto, fundamentamos nosso pensamento a partir da tese de Ingo Wolfgang Sarlet, acerca do binômio vida/dignidade, analisando-o sob o aspecto da dupla dimensão dos Direitos Fundamentais (objetiva e subjetiva), bem como da própria garantia do mínimo existencial. Procuramos demonstrar, com isso, como as dimensões defensiva e prestacional se complementam, na medida em que as primeiras incorporam garantias contra medidas de intervenção (tais como impedimento de corte d'água), e as segundas conferem direitos a prestações, direitos a bens, serviços, instituições, acesso ao controle do serviço, acesso a informação, deveres de proteção e medidas efetivas de tutela em termos organizacionais, procedimentais, até mesmo penais/administrativos.[12]

Ato contínuo, optamos por enquadrá-lo como um serviço público essencial, não sem antes realizarmos um estudo de casos, demonstrando como a privatização pode gerar grandes prejuízos e distorções nesta seara. Por outro lado, admitimos a efetivação de Parcerias Público-Privadas, após constatarmos as diferenças cruciais entre os institutos, como via alternativa para solucionar o déficit deste setor e atingir a tão sonhada universalização. Para isso, buscamos deixar clara a submissão destas ao regime publicista e ao plexo de princípios constitucionais que sustentam todo o nosso ordenamento.

Novamente se impôs a discussão acerca dos marcos regulatórios, essenciais para a efetivação de investimentos em setores deficitários, como é o caso do saneamento básico, pois sem regras claras não há segurança jurídica que estimule o aporte de capital em projetos de longo prazo.

Passamos, assim, a análise crítica da Lei 11.445 de 05 de janeiro de 2007, que instituiu a Política Nacional de Saneamento Básico após quase 20 anos de "vácuo legislativo", revelando seus aspectos negativos e positivos, demonstrando como a disputa pela "titularidade" vem causando sérios prejuízos à nação. Por

---

[12] SARLET, Ingo Wolfgang. *A eficácia dos direitos fundamentais*. 8ª ed. Porto Alegre: Livraria do Advogado, 2007, p. 317 e ss.

outro lado, procuramos relatar como a regulação tem ocorrido hodiernamente, destacando a atuação da Agência Nacional de Águas, das Agências Reguladoras Estaduais (em especial a AGERGS), e dos Tribunais de Contas dos Estados e da União na concretização desta tarefa – pública por essência, indelegável por conseqüência.

Analisamos, ainda que superficialmente, como a matéria vem sendo tratada no ordenamento estrangeiro, para, após, enfocarmos o saneamento básico sob a ótica do Direito Consumerista, reconhecendo o dever dos prestadores deste serviço público essencial em garantir aos usuários uma prestação contínua e de boa qualidade.

Ao final, lançamos as conclusões que foram no sentido de reconhecerem-se princípios éticos universais em se tratando de água e saneamento, como forma de alcançar a tão sonhada universalização e, com isso, garantir a concretização do princípio da dignidade humana.

Por certo, aqui encerramos esta introdução com manifestação de caráter científico que, como ciência bem feita, tende ao depoimento pessoal: este trabalho não é um fim. Não é um fim para quem o escreveu e, após procurar levantar as indagações mais essenciais dos temas sob exame respondendo-as criticamente, sente a necessidade de que esta pesquisa se prolongue no tempo e de que as perspectivas nela levantadas ensejem, cada uma, reflexões monográficas com vida própria. Mas não é um fim, principalmente, para o seu leitor, ao qual, atingido nosso objetivo, deverá ser tomado, nas linhas que seguem, pela imagem de que todos os pontos finais aqui constantes são meras representações gráficas das reticências com que o homem trata o futuro da água, o que, ao fim e ao cabo, se traduz na reticência com a qual ele trata o seu próprio futuro.

2. Das águas: regime jurídico e marco regulatório

2.1. EVOLUÇÃO DA PROTEÇÃO JURÍDICA DA ÁGUA

A legislação sobre águas, no ordenamento jurídico brasileiro, é das mais complexas e vetustas.[13] O Decreto nº 24.643, de 10/07/1934 – Código das Águas[14] – trouxe diversos princípios de sustentabilidade ambiental que foram, posteriormente, acolhidos pela Lei 6.938/81, instituidora da Política Nacional do Meio Ambiente. Tais princípios, especialmente os arrolados no artigo 2º, "[...] têm profundas implicações na proteção jurídica das águas",[15] valendo destacar o que exige a racionalização no uso deste precioso bem.

Por certo, a Carta Magna de 1988 tornou ainda mais sólidos tais fundamentos ao dispor, em seu art. 225, que "Todos têm direito ao meio ambiente ecologicamente equilibrado, bem de uso comum do povo e essencial à sadia qualidade de vida, impondo-se ao Poder Público e à coletividade o dever de defendê-lo e preservá-lo para a presente e as futuras gerações".

Ao comentar este dispositivo, Celso Antônio Pacheco Fiorillo afirma ter o constituinte realizado uma verdadeira inovação em nosso ordenamento, criando um terceiro gênero de *bem* que, em razão da sua natureza jurídica, distingue-se dos demais. Trata-se, segundo o autor, de

---

[13] Ver, a propósito, a coletânea de Legislação sobre água elaborada pelo senador Bernardo Cabral, intitulada *Direito Administrativo – Tema: Água*. (BRASIL. *Direito administrativo*: tema: água. Brasília: Senado Federal, 1997). Nesta obra, o autor colacionou todas as normas elaboradas pelo Legislativo – e também pelo Executivo (Medidas Provisórias), sobre águas, desde o Código Civil de 1916.

[14] BRASIL. Código das Águas (1934). *Código das águas e legislação correlata*. Brasília: Senado Federal, Subsecretaria de Normas Técnicas, 2003.

[15] GRAF, Ana Cláudia Bento. Água, bem mais precioso do milênio: o papel dos Estados. *Revista CEJ*, Brasília, ano 4, n. 12, p. 31, set./dez. 2000). Brasília: Dispõe o art. 2º da Lei 6.938/81: "I – ação governamental na manutenção do equilíbrio ecológico; II – racionalização do uso do solo, da água e do ar; III – planejamento e fiscalização do uso dos recursos ambientais; IV – proteção dos ecossistemas, com a preservação de áreas representativas; V – controle e zoneamento das atividades potencial ou efetivamente poluidoras; VI- incentivos ao estudo e à pesquisa de tecnologias orientadas para o uso racional e a proteção dos recursos ambientais; VII – acompanhamento do estado da qualidade ambiental; VIII – recuperação de áreas degradadas; IX – proteção de áreas ameaçadas de degradação; X – educação ambiental em todos os níveis de ensino, inclusive a educação da comunidade, objetivando capacitá-la para participação ativa na defesa do meio ambiente".

[...] um bem difuso, cuja titularidade é transindividual e que não se enquadra mais na dicotomia estabelecida pelo Código Civil entre bens públicos e privados. O bem ambiental criado pela Constituição Federal de 1988 é, pois, um bem de uso comum [...] que pode ser desfrutado por toda e qualquer pessoa dentro dos limites constitucionais.[16]

A principal transformação foi a mudança de paradigma no que tange à propriedade das águas. O Código Civil de 1916 estabelecia regras que atualmente não se coadunam com o espírito da nossa Carta Maior, especialmente quando admitia a propriedade privada deste recurso natural. As idéias centrais tuteladas neste diploma eram estritamente patrimonialistas.[17] A redação dada ao art. 65, combinada com a conferida ao inciso I do art. 66, não deixava dúvidas: excetuando-se os mares e rios, que eram expressamente de domínio público, as demais fontes de recursos hídricos eram particulares.[18] Esse entendimento, com o tempo, evoluiu. Outras limitações foram sendo introduzidas até se confirmar o pensamento atual que dispensa à água proteção especial, considerando-a um bem público de uso comum do povo e inalienável.

Poder-se-ia argumentar que o novo Código Civil – Lei 10.406, de 10 de janeiro de 2002 – manteve a redação dos dispositivos supramencionados, quase em nada modificando-os. Mais, que tal diploma contemplou expressamente a propriedade particular de águas nos artigos 1288 e seguintes.[19]

Ocorre, todavia, que as poucas mudanças introduzidas no estatuto civil foram significativas.[20] Ao alterar a ordem da frase de *"os bens públicos são"* para *"são bens públicos"*, o legislador deixou de enquadrá-los em *numerus clausus*, para apenas arrolar alguns exemplos seus, sem, contudo, fechar o catálogo.[21]

---

[16] FIORILLO, Celso Antônio Pacheco. *O direito de antena em face do direito ambiental no Brasil*. São Paulo: Saraiva, 2000, p. 85.

[17] Veja-se, sobretudo: FAORO, Raymundo. *Os donos do poder*: formação do patronato brasileiro. Porto Alegre: Globo, 1976. O autor faz um fiel retrato da sociedade patrimonialista brasileira.

[18] Art. 65: "São públicos os bens do domínio nacional pertencentes à União, aos Estados e aos Municípios. Todos os outros são particulares, seja qual for a pessoa a que pertencerem; art. 66: Os bens públicos são: I – Os de uso comum do povo, tais como os mares, rios, estradas, ruas e praças; [...]" (BRASIL. *Código Civil Brasileiro* (Lei 3.071 de 01/01/1916). 7. ed. São Paulo: Saraiva, 2001, p. 19).

[19] Alguns juristas ainda continuam defendendo a existência de águas particulares. Neste sentido, veja-se MELLO, Celso Antônio Bandeira de. *Curso de Direito Administrativo*. 15ª ed. São Paulo: Malheiros, 2003, p. 545.

[20] FACCHINI NETO, Eugênio. Reflexões histórico-evolutivas sobre a constitucionalização do direito privado. In: SARLET, Ingo W. (Org.). *Constituição, direitos fundamentais e direito privado*. Porto Alegre: Livraria do Advogado, 2003, p. 32. Neste sentido, refere o autor: "Da constitucionalização do direito civil decorre a migração para o âmbito privado, de valores constitucionais, dentre os quais, como verdadeiro primus inter paris, o princípio da dignidade da pessoa humana. Disso deriva, necessariamente, a chamada repersonalização do direito civil, ou visto de outro modo, a despatrimonialização do direito civil. Ou seja, recoloca-se no centro do direito civil o ser humano e suas emanações. O patrimônio deixa de estar no centro das preocupações privatistas (recorde-se que o modelo dos códigos civis modernos, o Code Napoleon, dedica mais de 80% de seus artigos à disciplina jurídica da propriedade e suas relações), sendo substituído pela consideração com a pessoa humana. Daí a valorização, por exemplo, dos direitos de personalidade, que o novo Código Civil brasileiro emblematicamente regulamenta já nos seus primeiros artigos, como a simbolizar uma chave de leitura para todo o restante do estatuto civil".

[21] Isso é o que podemos depreender da redação dada ao artigo 99 (antigo 66) do Novo Código Civil, sic: "São bens públicos: I – os de uso comum do povo, tais como rios, mares, estradas, ruas e praças; [...]". (BRASIL. *Novo Código Civil Brasileiro* – Lei 10.406 de 10/01/2002. Porto Alegre: Verbo Jurídico, 2002b, p. 16)

Já no que toca à redação conferida aos artigos constantes da Seção V, Capítulo V, Título III, Livro I da parte especial do novo Diploma, cumpre consignar que o legislador ordinário pecou ao omitir expressões, dando azo a interpretações equivocadas. Isso é o que se pode depreender, por exemplo, do art. 1290, que assim refere: "Art. 1290 – O proprietário de nascente, ou do solo onde caem águas pluviais, satisfeitas as necessidades de seu consumo, não pode impedir, ou desviar o curso natural das águas remanescentes pelos prédios inferiores".[22]

Certamente, o legislador teria sido mais feliz se tivesse referido "o proprietário de solo onde se encontram nascentes" em vez de "o proprietário de nascente", evitando, assim, que fossem levantadas teses favoráveis à propriedade privada de fontes de água. Mas, mesmo que assim não tenha procedido, não se pode compreender essa omissão legislativa como uma autorização para se negar a própria Constituição. Em outras palavras, não é correto interpretar literalmente uma parte isolada do dispositivo em comento sem se levar em consideração o restante da prescrição, isto é, o artigo como um todo e o contexto no qual está inserido, sob pena de cometer-se a falácia da *dis-integration,* tão bem evidenciada por Laurence Tribe e Michael Dorf.[23]

É de se notar que todos os dispositivos constantes desta seção referem-se ao proprietário do solo ou do prédio onde caem as águas pluviais ou encontram-se nascentes, à exceção do acima mencionado, o que permite concluir que a redação deste último resultou de um lapso legislativo.[24]

---

[22] BRASIL, 2002b, p. 77.

[23] TRIBE, Laurence; DORF, Michael. *On reading the Constitution.* Cambridge: Harvard University, 1991, p. 20. Diz o autor que quem interpreta a Constituição pode incorrer em duas grandes falácias, a saber: a *dis-intetration* e a *hyper-integration*. A primeira ocorre quando se interpreta determinado dispositivo (ou parte dele) ignorando que faz (em) parte de um todo maior, que é a própria Constituição. A segunda, ocorre em situação oposta, quando o intérprete impõe uma visão absolutizadora e unitária da Constituição, capaz de comprometer a "vitalidade dialética" do sistema. Juarez Freitas, ao comentar este texto, com propriedade afirma tratarem-se, no fundo, de uma única falácia, comparando a *dis-integration* e a *hyper-integration* com os dois lados de uma única moeda. (conforme aula ministrada no Programa de Pós-Graduação em Direito da PUCRS em julho/2003). Ver, também, FREITAS, 2004a.

[24] Vale transcrever todos esses artigos, sic: "Seção V – Das Águas: Art. 1.288. *O dono ou o possuidor do prédio inferior* é obrigado a receber as águas que correm naturalmente do superior, não podendo realizar obras que embaracem o seu fluxo; porém a condição natural e anterior do prédio inferior não pode ser agravada por obras feitas *pelo dono ou possuidor do prédio superior*; Art. 1.289. Quando as águas, artificialmente levadas ao *prédio superior*, ou aí colhidas, correrem dele para o inferior, *poderá o dono deste* reclamar que se desviem, ou se lhe indenize o prejuízo que sofrer. Parágrafo único. Da indenização será deduzido o valor do benefício obtido; Art. 1.290. *O proprietário* de nascente, ou *do solo* onde caem águas pluviais, satisfeitas as necessidades de seu consumo, não pode impedir, ou desviar o curso natural das águas remanescentes *pelos prédios* inferiores; Art. 1.291. *O possuidor do imóvel superior* não poderá poluir as águas indispensáveis às primeiras necessidades da vida *dos possuidores dos imóveis inferiores*; as demais, que poluir, deverá recuperar, ressarcindo os danos que estes sofrerem, se não for possível a recuperação ou o desvio do curso artificial das águas; Art. 1.292. *O proprietário* tem direito de construir barragens, açudes, ou outras obras para represamento de água *em seu prédio*; se as águas represadas *invadirem prédio alheio, será o seu proprietário indenizado* pelo dano sofrido, deduzido o valor do benefício obtido; Art. 1.293. É permitido a quem quer seja, mediante prévia indenização aos proprietários prejudicados, construir canais, através de *prédios alheios,* para receber as águas a que tenha direito, indispensáveis às primeiras necessidades da vida, e, desde que não cause prejuízo considerável à agricultura e à indústria, bem como para o escoamento de águas supérfluas ou acumuladas, ou a drenagem de terrenos. § 1º Ao *proprietário prejudicado*, em tal caso, também assiste direito a ressarcimento pelos danos que de futuro lhe

Ademais, o Código Civil deve ser interpretado de forma tópico-sistemática[25] à luz da Constituição vigente e das demais normas especiais que tratam desta matéria, sob pena de, em assim não o fazendo, romper-se com o ordenamento jurídico nacional. Nesta senda, imperioso se faz destacar as lições de Juarez Freitas, que ensina ser tarefa do intérprete analisar e aplicar as normas de forma a preservar a unidade do sistema, *sic*:

> O intérprete sistemático precisa, pois, concretizar o Direito, preservando sua unidade substancial e formal, sobrepassando contradições nefastas, sem descurar do potencial de transformação que se nutre da fecundidade das boas antinomias.[26]

Ora, a Constituição Federal, em seu artigo 20, inciso III, registra ser da União

> os lagos, rios e quaisquer correntes de água em terrenos de seu domínio, ou que banhem mais de um Estado, sirvam de limites com outros países ou se estendam a território estrangeiro ou dele provenham, bem como os terrenos marginais e as praias fluviais.[27]

Mais, todas as águas que não se enquadrarem neste perfil pertencerão aos Estados, conforme dispõe o artigo 26, inciso I, do mesmo diploma legal. Não bastasse isso, o artigo 1º, inciso I, da Lei 9.433/97, afirma que "a água é um bem de domínio público".

---

advenham da infiltração ou irrupção das águas, bem como da deterioração das obras destinadas a canalizá-las. § 2º O proprietário prejudicado poderá exigir que seja subterrânea a canalização que atravessa áreas edificadas, pátios, hortas, jardins ou quintais. § 3º O aqueduto será construído de maneira que cause o menor prejuízo *aos proprietários dos imóveis* vizinhos, e a expensas do seu dono, a quem incumbem também as despesas de conservação; Art. 1.294. Aplica-se ao direito de aqueduto o disposto nos arts. 1.286 e 1.287; Art. 1.295. O aqueduto *não impedirá que os proprietários cerquem os imóveis e construam sobre ele*, sem prejuízo para a sua segurança e conservação; *os proprietários dos imóveis* poderão usar das águas do aqueduto para as primeiras necessidades da vida; Art. 1.296. *Havendo no aqueduto águas supérfluas, outros poderão canalizá-las, para os fins previstos no art. 1.293, mediante pagamento de indenização aos proprietários prejudicados e ao dono do aqueduto, de importância equivalente às despesas que então seriam necessárias para a condução das águas até o ponto de derivação*. Parágrafo único. Têm preferência *os proprietários dos imóveis* atravessados pelo aqueduto." (BRASIL, 2002b, p. 77-78, grifo nosso).

[25] FREITAS, 2004a, p. 80, grifo do autor. O autor assim conceitua a interpretação tópico-sistemática: "Com efeito, todo o intérprete sistemático, na condição de positivador derradeiro, culmina o aperfeiçoamento do direito positivo e, em horrendas omissões que impedem a tutela inadiável do aludido núcleo essencial dos direitos em suas múltiplas facetas. Neste diapasão, toda a interpretação jurídica (englobando os tradicionais métodos de interpretação – vg, literal, histórico, teleológico, sociológico) emerge como *um só processo tópico e sistemático*, que torna imperiosos a viabilização do equilíbrio entre formalismo e pragmatismo, o reconhecimento da impossibilidade do método único e a busca de soluções respeitadoras do ordenamento na sua fecunda dimensão axiológica e em seu caráter histórico não-linear, compreendido como projeto holístico, potencialmente coerente e permeável a evolutivas mutações".

[26] FREITAS, 2004a, p. 69.

[27] BRASIL. *Constituição (1988)*: Constituição da República Federativa do Brasil: texto constitucional promulgado em 05 de outubro de 1988, com as alterações adotadas pelas Emendas Constitucionais nos 1/92 a 42/2003 e pelas Emendas de Revisão nos 1 a 6/94. Brasília: Senado Federal, Subsecretaria de Edições Técnicas, 2004, p. 27.

A conclusão a que chegamos é de que não mais é possível a propriedade privada da água, sendo esta um bem público, de uso comum do povo.[28] Nesta esteira, não há falar em "direito adquirido"[29] ou, ainda, em indenização pelo "esvaziamento da propriedade"[30] pois, em última instância, os proprietários de terras onde se encontram nascentes poderão continuar a usufruir da água em "quantidade módi-

---

[28] VIEGAS, Eduardo Coral. *Visão jurídica da água*. Porto Alegre: Livraria do Advogado, 2005, p. 83 e ss. O autor também ressalta o critério da especialidade da Lei de Recursos Hídricos em relação ao Código Civil. Nesta esteira, ainda que este diploma fosse mais recente, predominaria, no caso, o critério da *lex specialis derogat generali* sobre o *lex posterior derogat priori*.

[29] Ultimamente tem-se falado muito na "relativização" de determinadas garantias fundamentais. Inúmeros pareceres e artigos de doutrina emergem de um canto a outro do país, sustentando que determinadas "injustiças" – despercebidas ou improvadas à época da sentença, ou um "benefício" irregularmente concedido pelo poder público – não podem restar perpetuados(as) sob o pálio do "ato jurídico perfeito", da "coisa julgada" ou do "direito adquirido". A tentação de poder modificar uma decisão judicial tornada definitiva ou acabar com certos "benefícios" fez (e faz) muitos juristas ignorarem o perigo de se vulgarizar a flexibilização de uma cláusula pétrea (a princípio e, por definição, imutável). Poucos se dão conta de que não é necessário destruir tais garantias, agregando-lhes valores ou modificando-lhes o conceito. Para tornar sem efeito uma decisão injusta (aqui compreendida aquela que, por erro ou falta de recursos necessários, acabou por fazer valer uma imoralidade ou ilegalidade contra a administração pública) ou um privilégio inaceitável, basta interpretar a Carta Magna de forma sistemática e coerente com os Princípios Constitucionais, compreendendo-se que "não existem direitos mal-adquiridos" pelo simples fato de que, em tais casos, não existem direitos! Da mesma forma, o "ato jurídico" não foi perfeito se, por erro, não se constatou a fraude ou ilicitude a tempo. Também não se pode transformar em "constitucional" uma decisão judicial que afronta, inegavelmente, a própria Constituição do país. No caso em tela, resta claro que os antigos proprietários de nascentes não possuem mais direito a ser tutelado. Ora, o Código das Águas, editado em 1934, reconheceu o "direito adquirido" sobre as águas daqueles que a obtivaram por título legítimo ou posse trintenária, mas estabeleceu um prazo para o seu exercício, ressaltando que tais direitos não poderiam ter maior amplitude do que as conferidas às concessões, referindo-se ao prazo de trinta anos (conforme artigos 43, § 2º e 47, parágrafo único). Nesta senda, tem-se que os direitos dos proprietários de nascentes findaram, indubitavelmente, trinta anos após a entrada em vigor do referido diploma, ou seja, em 1964. Neste sentido, aliás, foram as decisões do Superior Tribunal de Justiça (STJ), que reconheceram a preclusão do direito anteriormente concedido aos proprietários de nascentes face aos artigos 46 e 47 do Código das Águas. Tais decisões reafirmaram, portanto, o caráter público das águas, não mais sendo permitida a propriedade privada deste bem. Não foi necessário, assim, "relativizar o direito adquirido" pelo simples fato de que, neste caso, não existe mais o direito Vale, assim, transcrever as seguintes ementas:
"RESP 23915/MG: ADMINISTRATIVO – VENDA DE QUEDA D'ÁGUA -CÓDIGO DE ÁGUAS: LEI SUPERVENIENTE – DIREITO ADQUIRIDO – FORNECIMENTO DE ENERGIA ELÉTRICA COMO PREÇO DA COMPRA E VENDA. 1. Contrato firmado em 1911, sob a égide das Ordenações Felipinas, estabelecendo como preço prestação continuada: redução de 50% (cinqüenta por cento) do preço da energia elétrica consumida pelo vendedor. 2. Prescrição trintenária constante do Código de Águas que, embora posterior à avença, não pode ser inferior à norma contratual - precedentes do STF (RE n. 96.645-5/MG) 3. Aplicação dos arts. 43 e 47 do Decreto 24.643/43 – Código de Águas. 4. Recurso especial não conhecido." (RIO GRANDE DO SUL. Tribunal de Justiça. Recurso Especial 1992/0015838-2. Segunda Turma. Relatora: Min. Eliana Calmon (1114). Julgado em 16 de novembro de 1999. *Diário de Justiça*, Porto Alegre, v. 129, p. 341, 17 dez. 1999)."
"RESP 219809 / MG : CIVIL. DOAÇÃO. ENCARGO. FORNECIMENTO. ENERGIA HIDRELÉTRICA. CÓDIGO DE ÁGUAS. PREVALÊNCIA. 1 – A eficácia de um negócio jurídico, no caso específico uma doação com encargo, obrigando a recorrente a fornecer, de graça, determinada quantidade de energia elétrica, tem sua eficácia limitada a trinta anos, prazo máximo de duração de uma concessão, segundo o Código de Águas (Decreto nº 24643/34), cujas disposições têm prevalência. Precedente desta Corte e do STF. 2 – Recurso conhecido e provido." (RIO GRANDE DO SUL. Tribunal de Justiça. Recurso Especial 1999/0054518-4. Quarta Turma. Rel. Min. Fernando Gonçalves (1107). Julgado em: 15 de junho de 2004. *Diário de Justiça*, Porto alegre, p. 198, 01 jul. 2004).

[30] Expressão utilizada por Paulo Affonso Leme Machado (MACHADO, Paulo Affonso Leme. *Recursos hídricos: direito brasileiro e internacional*. São Paulo: Malheiros, 2002, p. 30), ao defender o dever de indenizar por parte da União e/ou Estados, os antigos proprietários de nascentes, em face do "direito adquirido", posicionamento do qual discordamos.

ca ou insignificante"[31] para as suas necessidades básicas e dessedentação de seus animais, gratuitamente,[32] como qualquer outra pessoa, nos limites estabelecidos para todos.[33]

O que não podemos admitir, porém, é que pessoas se utilizem das nascentes sem qualquer critério ou razoabilidade, desperdiçando este precioso líquido, vital para o ser humano. O direito à água não pode ser confundido com autorização para o desperdício ou para a agressão aos corpos hídricos. E o consumo desenfreado, desmedido e irracional constitui-se, evidentemente, em desrespeito ao meio ambiente e à vida dos demais cidadãos.

Isso não significa dizer, por outro lado, que a água guarnece o patrimônio privado dos entes públicos. É de Massimo Severo Giannini a preciosa lição segundo a qual determinados bens pertencem à coletividade, figurando, as diversas esferas do poder público, como seus simples gestores ou administradores.[34] Em sede nacional, Paulo Affonso Leme Machado faz coro a esta tese, afirmando que a água não é um bem dominical do Poder Público, pois não integra o "patrimônio privado" da União, dos Estados e/ou Municípios. É, sim, um bem *dominial*, de uso comum do povo, sendo a União e os entes federados seus meros *gestores*.[35]

Concordamos com a doutrina do jurista italiano, aqui tão bem defendida por Paulo Affonso Leme Machado. Entendemos que a água jamais poderá ser alienada ou privatizada. O seu uso poderá ser objeto de outorga de uso, sempre vislumbrando o interesse público acima de tudo, mas jamais deixará de pertencer à coletividade.[36]

---

[31] Expressão cunhada pelo artigo 12, § 1º, incisos II e III da Lei 9433/97.

[32] Importante salientar que a água consumida pela população ainda é gratuita. O preço que se paga, atualmente, refere-se aos custos de tratamento e distribuição, que, inclusive, não são repassados integralmente aos consumidores, sendo o serviço subsidiado pelo poder público.

[33] Não existe, ainda, em sede nacional, a definição por regulamento do que venha a ser "uso insignificante de água", de sorte que necessário se faz buscar em outras fontes a definição da quantidade que cada ser humano necessita para suprir as suas necessidades básicas. As Nações Unidas, quando da Conferência sobre o Meio Ambiente, definiram em capítulo concernente ao aproveitamento dos recursos hídricos que o mínimo que uma pessoa necessita por dia para viver são 40 litros de água, medida esta aceita internacionalmente (Ver, neste sentido: CONFERÊNCIA DAS NAÇÕES UNIDAS SOBRE MEIO AMBIENTE E DESENVOLVIMENTO. *Agenda 21*. 3. ed. Brasília: Senado Federal, 2001, item 18.58, p. 358). Vale lembrar que o consumo médio da população varia muito de acordo com o país e com a quantidade de água disponível. Nos Estados europeus, por exemplo, a média de consumo é de 150 litros/dia por pessoa; Nos Estados Unidos, sobe para 300 litros/dia. Por outro lado, na Índia, esse número cai para 25 litros (ABES – ASSOCIAÇÃO BRASILEIRA DE ENGENHARIA SANITÁRIA E AMBIENTAL. *Semana da água no Rio Grande do Sul*: uma experiência de mobilização. Seção Rio Grande do Sul. Porto Alegre: ABES-RS, 2003, p. 22) e na África, em torno de 19 (MACHADO, 2002, p. 15, nota 9).

[34] GIANNINI, Massimo Severo. *Instituzioni di Diritto Amministrativo*. Milão: Giuffrè, 1981, p. 561.

[35] MACHADO, 2002.

[36] Nesta linha, o novo Código Civil – Lei 10.406/02 (BRASIL, 2002b) dispôs, em seu artigo 100, que "Os bens públicos de uso comum do povo [e aqui incluem-se as águas e fontes hídricas] e os de uso especial são inalienáveis, enquanto conservarem a sua qualificação, na forma que a lei determinar." (BRASIL, 2002b, p. 16).Também a Lei de Recursos Hídricos (9.433/97) preleciona, em seus artigos 1º, inciso I, e 18 que "A água é um bem de domínio público" e "A outorga não implica alienação parcial das águas, que são inalienáveis, mas o simples direito de seu uso." (BRASIL, 2002b, p. 16).

Do ponto de vista científico, água e vida são inseparáveis. Sabe-se que uma pessoa pode permanecer várias semanas sem se alimentar, mas, se não ingerir água, em dois dias tem o processo de falência múltipla dos órgãos iniciado, o que provocará a sua morte em 10 dias.[37] Nada mais imprescindível para o ser humano, portanto, que o direito à água, figurando este no rol dos *direitos fundamentais,* possuindo eficácia plena e imediata,[38] eis que indispensável à vida e à dignidade de todos, aspecto que será aprofundado na segunda parte deste estudo.

Em termos jurídicos, tornam-se relevantes os debates acerca de quem deve garantir o direito de acesso à água, como e de que forma, assim como quem deverá estabelecer os critérios para o uso racional, considerando a "escassez" crescente deste bem precioso, e fiscalizar o cumprimento das metas traçadas. Ganham importância, assim, as discussões acerca da cobrança da água, da universalização do abastecimento, bem como dos marcos regulatórios, essenciais para a efetivação de investimentos no setor, sendo curial determinar a competência de cada ente federado acerca da matéria.

2.2. A COMPETÊNCIA E A TITULARIDADE EM MATÉRIA DE ÁGUA

Titularidade e Competência não encerram o mesmo significado no Direito Administrativo. Enquanto a primeira diz respeito à propriedade dos diversos bens que comportam o patrimônio público, a segunda refere-se ao poder de geri-los e/ou administrá-los.

Um Estado Federado caracteriza-se, nesta esteira, pela repartição de titularidades e competências[39] entre os seus diversos entes, visando à sua melhor administração, especialmente quando se trata de uma nação que possui um vasto território e uma extensa população. No caso das águas, a titularidade divide-se tão-somente entre a União e os Estados, enquanto a competência é repartida entre todas as esferas (União, Estados, Municípios e Distrito Federal).

---

[37] WORLD HEALTH ORGANIZATION – WHO. [*Notícias*]. Switzerland, WHO, 2004. Disponível em: < http://www.who.int/water_sanitation_health/es/>. Pesquisa realizada em 28/03/04. Veja-se, também: CONFERÊNCIA NACIONAL DOS BISPOS DO BRASIL. *Campanha da Fraternidade 2004*: Fraternidade e água: água, fonte de vida. Brasília, [2004]. Disponível em: <http://www.cnbb.org.br.> Acesso em: 28/03/04.

[38] Nesse sentido: SARLET, Ingo Wolfgang. *Dignidade da pessoa humana e direitos fundamentais na Constituição Federal de 1988.* 2. ed., rev. e atual. Porto Alegre: Livraria do Advogado, 2002.

[39] Adotamos, neste ponto, o conceito de competência formulado por José Afonso da Silva (SILVA, José Afonso. *Curso de direito constitucional positivo.* 23. ed. rev. e ampl. São Paulo: Malheiros, 2004b, p. 419). Diz o autor: "Competência é a faculdade juridicamente atribuída a uma entidade, órgão ou agente do Poder Público para emitir decisões. Competências são as diversas modalidades de poder de que se servem os órgãos ou entidades estatais para realizar suas funções".

A melhor doutrina[40] revela que o federalismo pode ser centralizador – quando concentra na União a maior parcela de competências – , descentralizador – quando adjudica aos Estados o gerenciamento dessas principais atribuições, ou, ainda, de um terceiro modo, mais proporcional e sadio, quando vislumbra a distribuição harmoniosa de direitos e obrigações entre esses dois pólos, promovendo um "[...] federalismo de equilíbrio ou, em certas hipóteses, de colaboração e de solidariedade".[41]

No caso do Brasil, pretendeu o constituinte adotar o modelo de distribuição harmônica, conferindo competências tanto para a União quanto para os Estados, entendendo que a divisão de responsabilidades era (é) indispensável para a boa gestão do país.[42] Municípios e Distrito Federal também foram contemplados, embora em menor escala.

Os clássicos de Direito Público ensinam que a competência pode ser *material* ou *legislativa* e pertencer à União, aos Estados e/ou Distrito Federal e Municípios. A primeira se subdivide em exclusiva ou comum (também chamada de cumulativa ou paralela) e a segunda, em exclusiva, privativa, concorrente ou suplementar. Por outro prisma, a competência pode, também, ser classificada quanto à *forma* (enumerada ou expressa, reservada ou remanescente e residual, implícita ou resultante), ao *conteúdo* (econômico, social, político-administrativo, financeiro, tributário, internacional), à *extensão* (exclusiva, privativa, comum, cumulativa ou paralela, concorrente, suplementar) e à *origem* (originária, delegada).[43]

No que se refere às águas, a Carta Política de 1988 aparentemente foi bastante centralizadora, concentrando na União o poder de legislar sobre a matéria. Isso é o que se depreende do disposto no art. 22, inciso IV, *sic*.: "Art. 22 – Compete privativamente à União legislar sobre: [...] IV – águas, energia, informática, telecomunicações e radiofusão; [...]"[44]

---

[40] BONAVIDES, Paulo. *A Constituição aberta*: *te*mas políticos e Constitucionais da atualidade, com ênfase no federalismo das regiões. 3. ed. São Paulo: Malheiros, 2004 e, também, FREITAS, Juarez. Reforma Previdenciária, Emenda Constitucional n° 41 – nova redação do parágrafo 1° do artigo 149 da CF/88 – contribuição dos servidores públicos estaduais e municipais para o custeio dos benefícios previdenciários do artigo 40 da CF – Pacto Federativo: autonomia dos entes federados – Princípio da Proporcionalidade: alíquota de contribuição previdenciária desproporcional e confiscatória (Parecer). *Revista Interesse Público*, Porto Alegre, ano 5, n. 23, p. 61-73, jan./fev. 2004c.

[41] FREITAS, 2004c, p. 63.

[42] Id. Ibid. Nesse sentido manifestou-se o jurista, às fls *64/65*: "Passando da análise abstrata para a análise concreta, quando se examina a atual Constituição da 'República Federativa do Brasil' (art. 1°), o que se afere é que as regras alocadoras de competência escolhidas pelo constituinte de 1988 encaixam-se, sem rasuras, no moderno paradigma de federalismo de cooperação ou de colaboração".

[43] Essa é a classificação de José Afonso da Silva (2004). Alexandre de Moraes (MORAES, Alexandre. *Direito Constitucional*. 15. ed. São Paulo: Atlas, 2004), por seu turno, leciona que as competências se dividem em *legislativas, administrativas e tributárias*. A administrativa se divide em exclusiva (que se subdivide em poderes enumerados e poderes reservados) e comum (que pode ser cumulativa ou paralela); a legislativa se divide em privativa da União (CF, art 22), possibilidade de delegação de competência da União para os Estados (CF art 22 § único), competência concorrente entre União, Estados, Municípios e Distrito Federal (CF art. 24), competência remanescente (reservada) ao Estado (CF art. 25 § 1°), competência exclusiva do Município (CF art 30, II), competência suplementar do Município e competência reservada ao Distrito Federal (CF, art. 32 § 1°).

[44] BRASIL, 2004, p. 30.

É bem verdade, todavia, que a União poderá, mediante edição de lei complementar, autorizar os Estados a legislar sobre aspectos específicos dessas matérias, conforme dispõe o parágrafo único do dispositivo supracitado, o que corrobora a intenção do constituinte de estimular ações conjuntas entre os diversos entes da federação.

Também foi atribuída à União, mediante edição de lei complementar, nos termos do art. 43, §2º, inciso IV, da Constituição, a priorização do aproveitamento econômico e social dos rios e das massas de água represadas ou represáveis nas regiões de baixa renda, sujeitas a secas periódicas, e, à luz do § 3º desse mesmo dispositivo, incentivar a recuperação das terras áridas e cooperar com os pequenos e médios proprietários rurais para o estabelecimento, em suas glebas, de fontes de água de pequena irrigação. Vale frisar, ainda, a competência legislativa para instituir o sistema nacional de gerenciamento dos recursos hídricos, definindo os critérios de outorga e de direitos de seu uso (art. 21, inciso XIX), e, ainda, *a elaboração de diretrizes para o setor de saneamento básico* (inciso XX).

No que tange à competência material,[45] é de responsabilidade da União, nos termos do art. 21, o planejamento e a promoção da defesa permanente contra as calamidades públicas, tais como inundações e secas (inciso XVIII), a exploração direta ou mediante autorização, concessão ou permissão dos serviços e instalações de energia elétrica e o aproveitamento energético dos cursos de água, em articulação com os Estados onde se situam os potenciais hidroenergéticos (inciso XII, *b*).

Toda essa concentração de poder justifica-se à medida que o constituinte conferiu à União a titularidade sobre as águas, conforme já demonstrado anteriormente. Também é verdade, igualmente, que o constituinte repartiu a titularidade com os Estados, atribuindo-lhes a propriedade sobre as fontes que estão sobre os seus territórios, conforme preleciona o art. 26, inciso I, *sic:* "Art. 26 – incluem-se entre os bens dos Estados: I – as águas superficiais ou subterrâneas, fluentes, emergentes e em depósitos, ressalvadas, neste caso na forma da lei, as decorrentes de obras da União".[46]

Aqui reside, em nosso entendimento, um ponto polêmico do ordenamento constitucional pátrio. É que os depósitos subterrâneos geralmente ultrapassam o território de um estado, gerando conflito entre dois ou mais entes federados sobre a competência para explorar e administrar tais fontes. Citamos como exemplo o caso do Aqüífero Guarani, uma das maiores reservas subterrâneas de água doce do mundo, que se estende pelo subsolo brasileiro e de mais três países sul-americanos. Em sede nacional, esse reservatório natural perpassa os territórios de Rio Grande do Sul, Santa Catarina, Paraná, Mato Grosso, Mato Grosso do Sul, São

---

[45] Conforme Graf (2000), a competência material também é denominada de executiva.
[46] BRASIL, 2004, p. 32.

Paulo, Minas Gerais e Goiás, gerando disputas internas e conflitos pelo seu gerenciamento e sua exploração.[47]

Destarte, interpretando sistematicamente a Constituição Federal e a legislação ordinária, entendemos, por analogia ao art. 20 anteriormente transcrito, que as fontes subterrâneas pertencerão aos Estados somente se estiverem integralmente em seus territórios. Por outro lado, se o aqüífero se estender pelo território de dois ou mais estados, seguindo a lógica aplicada aos rios, será de responsabilidade da União, evitando conflitos desnecessários.[48]

Os Municípios, por sua vez, não foram contemplados com a titularidade sobre as águas. Nem por isso perderam o papel importante na administração e na fiscalização do uso deste bem, eis que a Carta Magna lhes reservou a competência suplementar para tratar da matéria, especialmente no que tange ao interesse local.

2.2.1. Interesse Local *vs.* Interesse Comum

Muito ainda se discute acerca do que compreende o "interesse local" e a tênue linha que o separa do supralocal ou regional. A definição até então utilizada – da lavra de Hely Lopes Meirelles – vale-se do critério da *predominância* (em oposição ao da exclusividade), mas, de fato, mostra-se bastante vaga e, na prática, de difícil aferição, senão vejamos:

> O critério do interesse local é sempre relativo ao das demais entidades estatais. Se sobre determinada matéria predomina o interesse do Município em relação ao do Estado-membro e ao da União, tal matéria é da competência do Município. [...] A aferição, portanto, da competência municipal sobre serviços públicos locais há de ser feita em cada caso concreto, tomando-se como elemento aferidor o critério da predominância do interesse, e não o da exclusividade, em face das circunstâncias de lugar, natureza e finalidades do serviço.[49]

---

[47] Conforme informação divulgada no *Fórum Internacional das Águas*, durante a oficina *"águas subterrâneas e o aqüífero guarani"*, ocorrida no dia 10 de Outubro de 2003, em Porto Alegre, no Centro de Convenções da Fiergs, o Brasil perdeu a presidência do Projeto de Pesquisa financiada pelo Banco Mundial para o Uruguai, em razão da disputa interna entre os representantes de seus diversos Estados que se fizeram presentes na reunião do Mercosul (Informação oral).

[48] Posicionamento diametralmente oposto ao aqui defendido é sustentado por juristas do quilate de Vladimir Passos de Freitas (FREITAS, Vladimir Passos de. Sistema jurídico brasileiro de controle da poluição das águas subterrâneas. *Revista de Direito Ambiental*, São Paulo, n. 23, p. 57, 2001), Ana Cláudia Bento Graf (2000), Eduardo Coral Viegas (2005) e SILVA, Solange Teles da. Aspectos jurídicos da proteção das águas subterrâneas. *Revista de Direito Ambiental*, São Paulo, v. 8, n. 32, p. 159-82, out./dez. 2003. Diversos outros estudos acadêmicos fazem coro a esta tese, dentre os quais destaca-se o artigo de Solange Teles da Silva (SILVA, Solange Teles da. Aspectos jurídicos da proteção das águas subterrâneas. *Revista de Direito Ambiental*, São Paulo, n. 32, p. 159, 2003). Para esses doutrinadores, a Constituição Federal não permite interpretações extensivas, sendo as fontes subterrâneas de propriedade dos Estados.

[49] MEIRELLES, Hely Lopes. *Direito municipal brasileiro*. São Paulo: Malheiros, 1985, p. 262. Para chegar a esta definição, o autor buscou recursos na doutrina estrangeira, valendo transcrever o seguinte trecho: "Para o clássico Black, tais interesses se referem aos negócios internos das cidades e vilas (internal affairs of towns and countries); para Bonnard, o peculiar interesse é o que se pode isolar, individualizar-se e diferençar-se dos de outras localidades; para Borsi, é o que não transcende os limites territoriais do Município; para Mouskheli é o que não afeta os negócios da administração central e regional; para Jellinek é o interesse próprio da localidade, oriundo de suas relações de vizinhança".

Todavia, como bem salienta Luís Roberto Barroso "A rigor, praticamente todo e qualquer serviço apresentará, em última instância, uma dose de interesse local, ao passo que dificilmente algum serviço local será indiferente aos interesses regionais e mesmo nacionais",[50] de sorte que determinar qual prevalece sobre o outro, torna-se politicamente difícil e juridicamente tortuoso.

Outro elemento complicador é trazido à baila por Adilson Abreu Dallari,[51] que, com propriedade, ressalta o caráter dinâmico do *interesse local*. Explica o jurista que este não é estagnado, absoluto, fechado. Ao contrário, está em constante transformação, de forma que o que hoje é considerado *local*, amanhã poderá ser tido como regional, nacional ou, quem sabe, talvez até mesmo transnacional ou comunitário.[52]

Diogo de Figueiredo Moreira Neto reforça esta corrente de pensamento questionando se a atual expressão *interesse local* possui o mesmo conteúdo da anterior *peculiar interesse,* afirmando, a despeito de outros constitucionalistas, tais como Michel Temer, que:

> Se é certo que o que seria considerado peculiar ao município deva ser hoje entendido como local, pode haver dúvida se tudo o que é local pode ser considerado como peculiar. De lege lata, local, por isso, parece muito mais geográfica e politicamente delimitativo, em oposição, assim, a regional e nacional, ao considerar-se a tríplice partilha vertical de poder estatal do sistema federativo brasileiro.[53]

Nesta esteira, considerando-se a matéria sob o ponto de vista geográfico, torna-se mais fácil determinar o conteúdo do *interesse local* quando contraposto ao *interesse comum*, este definido no artigo 25, §§ 1º e 3º, da Constituição Federal de 1988, sic:

> Artigo 25: Os Estados organizam-se e regem-se pelas Constituições e leis que adotarem, observados os princípios desta Constituição. (EC nº 5/95)

---

[50] BARROSO, Luís Roberto. *Temas de direito constitucional.* Rio de Janeiro: Renovar, 2003b. t. 2, p. 129.

[51] DALLARI, Adilson de Abreu. O uso do solo metropolitano. *Revista de Direito Público*, São Paulo, n. 14, p. 289, out./dez. 1997. Também corrobora esta tese Luis Roberto Barroso (2003b, p. 131). Refere o autor: "[...] determinada atividade considerada hoje de interesse predominantemente local, com a passagem do tempo e a evolução dos fenômenos sociais, poderá perder tal natureza, passando para a esfera de predominância regional e até mesmo federal. Uma série de fatores pode causar esta alteração: desde a formação de novos conglomerados urbanos, que acabam fundindo municípios limítrofes, até a necessidade técnica de uma ação integrada de vários municípios, para a realização do melhor interesse público [...]"

[52] Cite-se, como exemplo de interesse que transcende as fronteiras do país, o gasoduto Brasil-Bolívia, que se estende do reservatório de Rio Grande (situado a 40 quilômetros de Santa Cruz de la Sierra – região das terras baixas orientais na Bolívia) até Canoas, região metropolitana de Porto Alegre, onde está situada a refinaria Alberto Pasqualini. O gasoduto segue seu caminho de Santa Cruz para os estados do Mato Grosso do Sul, de São Paulo, do Paraná, de Santa Catarina e do Rio Grande do Sul. Destarte, não restam dúvidas de que a distribuição de gás afeta diretamente a vida de todos os indivíduos, não se podendo negar o interesse local dos municípios e das comunidades onde passam as tubulações e se consome o produto. Todavia nítido também é, neste caso, o interesse regional e nacional, este, sobressaindo-se aos anteriores (internamente), igualando-se ao interesse da outra nação envolvida. O mesmo ocorre com as águas subterrâneas do Aqüífero Guarani, que estão sob os solos do Brasil, da Argentina, do Paraguai e do Uruguai.

[53] MOREIRA NETO, Diogo de Figueiredo. Poder concedente para o abastecimento de água. *Revista de Direito Administrativo*, São Paulo, n, 213, p. 25, 1998.

§ 1º São reservadas aos Estados as competências que não lhes sejam vedadas por esta Constituição;

[...]

§ 3º Os Estados poderão, mediante edição de lei complementar, *instituir regiões metropolitanas, aglomerações urbanas e microrregiões*, constituídas por agrupamentos de Municípios limítrofes, *para integrar a organização, o planejamento e a execução de funções públicas de interesse comum.*[54]

Da leitura desses dispositivos depreende-se que a Carta Magna não só manteve a competência Estadual no que tange ao interesse afeto a mais de um Município, como também ampliou o seu espectro, passando a abranger, além das regiões metropolitanas, as também chamadas aglomerações urbanas,[55] bem como as microrregiões. O grande mérito da Constituição de 1988 nesta matéria foi, portanto, transferir da União para os Estados o poder de instituir tais regiões, reforçando as bases do federalismo.

Extremamente atual, neste sentido, é a lição ministrada por Arnoldo Wald, que já em 1972 afirmava comporem o interesse comum metropolitano aqueles que não admitiam soluções isoladas, dependendo de instrumentos legais ou financeiros dos Estados ou da União ou, ainda, os que dependiam da organização de sistemas integrados, podendo condicionar o desenvolvimento de toda a região.[56]

Assim, se por um lado o interesse local se verifica por exclusão, o interesse comum se vislumbra a partir de uma determinação legal, possuindo raízes nas Cartas Políticas de 1937 (artigo 29 e parágrafo único) e no texto de 1967[57] (artigo 164, com redação alterada pela Emenda Constitucional de 1969, que pela primeira vez fez uso desta expressão). Posteriormente, foi revitalizado pela Lei Complementar nº 14/1973, que instituiu as primeiras regiões metropolitanas do país.

Dita norma foi importante não só porque enumerou matérias consideradas de *interesse comum*, mas também porque previu a adesão voluntária dos Municípios que, ao ingressarem na região metropolitana, deveriam conceder os serviços comuns para a empresa estadual ou outra forma (consórcios, por exemplo) mediante convênios entre si, conforme redação dada ao art. 3º, parágrafo único.

Sérgio Ferraz, ao comentar esse dispositivo, afirmava que "[...] a única inteligência possível" era a de que não se tratava de um ato discricionário do Município, mas sim, compulsório.[58] Uma vez instituída a região metropolitana e

---

[54] BRASIL, 2004, p. 32, grifo nosso.

[55] O Rio Grande do Sul criou, através da Lei 12.100/04, a primeira "aglomeração urbana" do Estado, abrangendo a área do Litoral Norte.

[56] WALD, Arnoldo. As áreas metropolitanas. *Revista de Direito Público*, São Paulo, ano 5, n. 22, p. 164-173, out./dez. 1972.

[57] CAVALCANTI, Themístocles Brandão; BRITO, Luiz Navarro; BALEEIRO, Aliomar. *Constituições Brasileiras*: 1967. Brasília: Ministério da Ciência e Tecnologia, Centro de Estudos Estratégicos, 2001. v. 6.

[58] Embora concorde com a interpretação feita por Sérgio Ferraz, pensa-se que o autor não foi feliz ao utilizar a expressão "única inteligência possível", pois a situação, à época, comportava uma solução diferente. Tanto

definidos os serviços integrados, a adesão seria obrigatória, sob pena de tornar o texto constitucional uma *"inutilidade"* ou letra morta. Mais: o serviço deveria, necessariamente, ser prestado pelo Estado, não podendo "[...] caber a qualquer município, sob pena de ferimento à autonomia dos demais, nem tampouco, a todos os municípios, sob o risco de ofensa à autonomia estadual".[59]

Não se pode olvidar que esta Lei Complementar – nº 14, de 8 de junho de 1973, instituidora das Regiões Metropolitanas de São Paulo, Belo Horizonte, Porto Alegre, Recife, Salvador, Curitiba, Belém e Fortaleza – foi recepcionada pela Constituição Federal de 1988, e, posteriormente, pelas Leis Fundamentais dos Estados interessados, permanecendo em vigor grande parte das suas disposições,[60] especialmente a que se refere às matérias enumeradas como sendo de interesse comum.

E o que interessa a este estudo, com particular relevância, é a norma contida no artigo 5º, inciso II, deste diploma, pois nele se consigna, expressamente, compreender o interesse metropolitano, *os serviços de abastecimento de água e rede de esgotos*, bem como a limpeza pública comuns aos municípios que integram a região.

---

que várias cidades grandes, pertencentes ao espaço territorial de regiões metropolitanas legalmente instituídas, recusaram-se a delegar aos Estados a prestação de alguns serviços essenciais, sofrendo, é claro, as conseqüências políticas (e financeiras) de seus atos. Para exemplificar, cita-se o caso do saneamento básico, onde algumas cidades de médio e grande porte de São Paulo, Minas Gerais e Rio Grande do Sul, continuaram operando os seus sistemas de saneamento de forma autônoma, recusando-se a delegá-los às Companhias Estaduais, tendo, por conseqüência, que abrir mão dos recursos federais. (veja-se, a respeito: SANCHEZ, Oscar Adolfo. A privatização do saneamento. *Perspec*, São Paulo, v. 15, n. 1, p. 91, jan./mar. 2001). Destarte, acredita-se que não existe mais lugar para interpretações radicais que, seguindo a lógica dworkiniana do "all or nothing", negam a possibilidade de existir uma outra saída. (veja-se DWORKIN, Ronald. *Levando os direitos a sério*. São Paulo: Martins Fontes, 2002). Como bem salienta Juarez FREITAS (FREITAS, Juarez. Existe a única resposta jurídica correta? Aula ministrada no curso de Pós-graduação em Direito da PUCRS em junho de 2003), em se tratando de hermenêutica jurídica não existe a "única resposta correta" mas sim, a "melhor resposta", esta verificada dialogicamente em cada caso concreto, na esteira do pensamento de Aulis Aarnio. (AARNIO, Aulis. La tesis de la única respuesta correcta y el principio regulativo del razionamiento jurídico. *Doxa – Cuadernos de Filosofia del Derecho*, Alicante, ES, n. 8, p. 23-38, 1990).

[59] FERRAZ, Sérgio. As regiões metropolitanas no direito brasileiro. *Revista de Direito Público*, São Paulo, ano 7, n. 37-38, p. 22, 1976).

[60] Sobre a formação da região metropolitana de Porto Alegre, também denominada de RMPA, interessante destacar que seu marco inicial remonta ao ano de 1970, quando foi instituído o Conselho Metropolitano de Municípios. Posteriormente, para adequar-se a Lei Complementar nº 14 de 1973, o Estado do Rio Grande do Sul sancionou a Lei 6.656 e emitiu o Decreto 23.070, definindo o Sistema Administrativo Metropolitano, dispondo sobre a criação dos Conselhos Deliberativo e Consultivo. Pouco tempo depois, foi criada a METROPLAN, órgão até hoje existente e atuante, mediante o Decreto nº 23.856, de 08/05/1975. Importa consignar, por derradeiro, que a Constituição Estadual promulgada em 1989 aperfeiçoou a Lei Complementar nº 14/73, estabelecendo critérios claros para a gestão dos espaços regionais, ampliando as atribuições da METROPLAN *sem, contudo, revogar o artigo 5º da lei federal*. Inicialmente integrada por quatorze municípios, a RMPA conta atualmente com 31. É certo que a Carta Estadual delegou a tarefa de determinação dos serviços públicos que seriam considerados comuns a cada um dos novos municípios participantes para leis complementares. Todavia, no que tange aos componentes iniciais desta região, prevalece o disposto no art. 5º, da Lei Complementar federal. Sobre a RMPA, recomendam-se as seguintes leituras: BORBA, Sheila Villanova et al. *Região Metropolitana de Porto Alegre: caracterização sócio-espacial*. Porto Alegre: Finep, 2003. Estudo integrante do Projeto Observatório de Políticas Urbanas e Gestão Municipal: rede nacional de avaliação e disseminação de experiências alternativas em habitação popular, coordenado pelo prof. Dr. Adauto Lúcio Cardoso, e, também, RIBEIRO, L.C.Q. (Org.). *O futuro das metrópoles: desigualdades e governabilidade*. Rio de Janeiro: Revan, 2000.

Nesta esteira, balizando os ensinamentos dos autores supramencionados com as normas constitucionais e ordinárias analisadas, concluímos que:

a) Compete à União a outorga para uso da água quando o ponto de captação for de sua titularidade (rios e lagos federais e, em nosso entendimento, reservas subterrâneas federais);

b) Compete aos Estados a outorga de uso da água, quando, ao revés, o ponto de captação for de sua titularidade, ou seja, rios, lagos ou qualquer outro corpo d'água, inclusive reservas subterrâneas, que estejam em seus limites territoriais;

c) Os Municípios e o Distrito Federal não foram contemplados com a titularidade sobre as águas;

d) Compete aos Estados a prestação dos serviços de abastecimento, adução, tratamento e distribuição da água nas regiões metropolitanas, nos aglomerados urbanos, bem como nas microrregiões, ou seja, sempre que tal serviço ultrapassar os limites territoriais de um Município;

e) Por fim, compete aos Municípios e ao Distrito Federal prestarem o serviço de abastecimento, adução, tratamento e distribuição de água nos limites de seus territórios, desde que não dependam da infra-estrutura ou rede de outros municípios, pois quando houver necessidade de serviços integrados, a competência será estadual. Importante ressaltar, ainda, que para captar a água necessária para prestar tal serviço em seu limite territorial, o Município terá de requerer a outorga para o Estado ou para a União, respeitando a titularidade de um ou de outro sobre as fontes hídricas em questão.

Uma vez estabelecidas as competências e titularidades em matéria de águas, urge, agora, analisarmos como a matéria está sendo disciplinada em nosso ordenamento, o que será feito por meio do exame da Política Nacional de Recursos Hídricos.

2.3. A ATUAL POLÍTICA DE RECURSOS HÍDRICOS – LEI 9.433/97

A Lei 9.433, de 08 de janeiro de 1997, oriunda de intensos debates e de uma mudança profunda de valores e concepções, foi instituída com o objetivo de garantir o desenvolvimento humano, econômico e social consciente e sustentável, rompendo definitivamente com o modelo anterior de crescimento desordenado, irracionalmente estimulado "a qualquer custo".[61]

---

[61] O crescimento econômico do Brasil, principalmente na década de 1950, caracterizou-se pela ausência de preocupação com o aproveitamento racional dos recursos naturais. Ao contrário, o país vivia um sentimento eufórico de "crescimento a qualquer custo", esquecendo-se da finitude dos bens ambientais e da importância de um desenvolvimento equilibrado e consciente, o que nos gerou um déficit atual enorme (um exemplo disso, foi o "apagão", causado pelo esgotamento das fontes que alimentavam as redes de energia elétrica, causando sérios transtornos e prejuízos à nação). Sobre a crise do sistema de energia elétrica leia-se: LESSA, Carlos. Energia

Esta mudança de paradigma vem estampada nos fundamentos da nova política, insculpidos no artigo 1º da mencionada lei.[62] Verifica-se, já no inciso I, a consagração da água como um bem de domínio público, corroborando toda a evolução legislativa que despertou para a necessidade de evitar-se a extinção deste recurso natural. E todos os demais princípios, de forma coerente, estão interligados e condicionados para garantir a racionalidade do sistema, conforme se passa a demonstrar.

2.3.1. O reconhecimento da água como um bem limitado, dotado de valor econômico

De todos os fundamentos da atual Política Nacional de Recursos Hídricos, pode-se dizer que este é, com certeza, o mais polêmico. Partindo do pressuposto de que a água é um bem finito e encontra-se em acelerado ritmo de escassez, mister se fez estabelecer critérios para o seu uso. E uma das alternativas encontradas pelo legislador foi dotá-la de valor econômico, o que, para ser aceito, precisa ser bem compreendido.

A água doce disponível na superfície do planeta, passível de ser consumida pelo ser humano e aproveitada para fins econômicos sem causar grandes impactos na natureza, conforme mencionado no início deste trabalho, corresponde a menos de 1%, o que a torna um recurso vulnerável.

Quando se fala em escassez de água, não se está pretendendo dizer que esta vai simplesmente desaparecer, ou que, atualmente, existe em quantidade insuficiente, em que pese o seu consumo ter aumentado desproporcionalmente em relação ao crescimento da população.[63] O que se quer afirmar é que a constante e intensa poluição dos corpos hídricos vai acabar inviabilizando-os como pontos de captação, causando sérios problemas para a presente e as futuras gerações,[64] da

---

elétrica não é globalizável. BRASIL NUCLEAR, Rio de Janeiro, ano 9, n. 24, jan./mar. 2002. Disponível em: <http://www.aben.com.br/texto/rev24/4.htm>. Acesso em: 11/11/04.

[62] Refere o art. 1º: "I – a água é um bem de domínio público; II – a água é um recurso natural limitado, dotado de valor econômico; III – em situações de escassez, o uso prioritário dos recursos hídricos é o consumo humano e a dessedentação de animais; IV – a gestão dos recursos hídricos deve sempre proporcionar o uso múltiplo das águas; V – a bacia hidrográfica é a unidade territorial para a implementação da PNRH e atuação do SNGRH; VI – a gestão dos recursos hídricos deve ser descentralizada e contar com a participação do Poder Público, dos usuários e das comunidades; [...]" (BRASIL. Senado Federal. Lei – 9433 de 08/01/1997. *Diário Oficial da União*, Brasília, p. 470, 9 jan. 1997. Disponível em: <http://www.senado.gov.br/sf/legislacao/legisla>. Acesso em: 11/11/04.

[63] Dados oficiais dão conta de que em um século, a população cresceu três vezes, enquanto que o consumo de água multiplicou-se por seis. Veja-se, a propósito: ABES, 2003, p. 17.

[64] Vários são os exemplos na atualidade. Conforme a ONU, cerca de 80 países sofrem com a falta de água, sendo que destes, 25 Estados do Oriente Médio enfrentam conflitos armados e lutas permanentes motivados pela disputa por reservas hídricas. Na China, então, a dimensão do problema é assustadora, pois esta nação, que comporta 1/5 da população mundial e possui menos de 1/10 da água disponível, já contabiliza a seca de 35% de seus poços. Outro caso alarmante é o enfrentado pelas populações adjacentes da Cidade do México, eis que os lagos que perfaziam quatro mil quilômetros quadrados nessa região, ou secaram ou estão gravemente contaminados, impossibilitando os seus diversos usos. Isso faz com que tais pessoas tenham de buscar água em locais cada vez mais distantes, aumentando os custos e, conseqüentemente, a degradação ambiental.

mesma forma que a exploração agressiva e irracional poderá levar à morte os rios, lagos e reservas subterrâneas.[65]

Ademais, há de se considerar que a sua distribuição é bastante desigual no meio ambiente.[66] A conjugação desses fatores gera um estado de constante preocupação e conflito, estimulando a crença de que se houver outra grande guerra mundial, esta não se dará em razão da disputa pelo petróleo ou por territórios, mas pelo domínio de fontes hídricas,[67] conforme já alertava o Secretário-Geral da ONU, o egípcio Boutros Boutros-Ghali, em 1974.[68]

Por isso, agregar à água um valor econômico mostrou-se interessante, seja do ponto de vista educativo, seja do reparador, pois inibe o consumo desenfreado e irresponsável. Um indivíduo, quando abre a torneira em sua residência, deve ter a noção de que o líquido que escorre pelo ralo teve um custo para chegar até ele; da mesma forma, uma empresa deve ter noção do *quantum* se gasta com o tratamento do curso d'água no qual lançou seus resíduos, o mesmo servindo para o agricultor que polui um manancial com agrotóxicos e para todos os demais atores que degradam – intencionalmente ou não – rios e demais fontes de água.

---

[65] Conforme salientou o governador do Estado do Rio Grande do Sul, Dr. Germano Rigotto, em seu discurso proferido na abertura do *"Fórum Internacional das Águas: a vida em debate"*, realizado em Porto Alegre no mês de Outubro de 2003, somente no ano de 1999, 270 rios deixaram de chegar ao mar, perdendo volume ou secando totalmente.

[66] Segundo a UNESCO, a água doce superficial está assim distribuída nos continentes: África:15%, Américas: 39,6%, Ásia: 31,8%, Europa: 15%, Oceania: 9,7%. (UNESCO. *A água no Brasil e no mundo*. [S.l.: s.n, s.d.]. Disponível em: <http://www.ana.gov.br>. Acesso em: 12/09/2004).

[67] Veja-se, neste sentido: PETRELA, Riccardo. *O Manifesto da água:* argumentos para um contrato mundial. Rio de Janeiro: Vozes, 2002. O autor faz um "retrato" das disputas pela água ao redor do mundo, destacando os seguintes conflitos, alguns armados, outros não: *Na Ásia*: disputa dos rios/lagos Brahmaputra, Ganges e Farakka entre Índia, Nepal e Bangladesh, versando sobre depósitos aluviais, barragens, enchentes, irrigação e cotas internacionais; disputa do rio Mekong pelo Vietnã, Tailândia, Laos e Camboja, versando sobre cotas internacionais e enchentes; disputa sobre o rio Salween pelo Tibet, China (Yunan) e Birmânia, versando sobre depósitos aluviais e enchentes; *No Oriente Médio*: disputa pelo Tigre e Eufrates entre Iraque, Síria e Turquia, versando sobre cotas internacionais e níveis de salinização; e pelo West Bank (margem ocidental) aqüífero, Jordão, Litani e Yarmuk, entre Israel, Jordânia, Líbano e Síria, versando sobre desvio de água e cotas internacionais; *Na África*: disputa pelo rio Nilo, principalmente entre Egito, Etiópia e Sudão, versando sobre depósitos aluviais, desvio de água, enchentes, irrigação e cotas internacionais; disputa pelo Lago Chad entre Nigéria e Chad, especialmente por causa das barragens; e disputa pelo rio Okavango entre Namíbia, Angola e Botsuana, em razão do desvio de água; *Na Europa*: existe conflitos pelo rio Danúbio entre a Hungria e a Eslováquia em face da poluição industrial; disputa envolvendo o rio Elba entre a Alemanha e a República Tcheca, em função da poluição industrial e dos níveis de salinidade; disputa envolvendo os rios Mosa e Escaut entre Bélgica e Holanda, em razão da poluição industrial; sobre o rio Szamos (Somes), a briga é entre Hungria e Romênia em face da distribuição de água, mesmo motivo pelo qual Espanha e Portugal litigam sobre o rio Tejo; *Na América*: a Baía de St. Lawrence é palco de disputas entre Canadá (Quebec) e Estados Unidos, em razão de obras hidráulicas; os Estados Unidos litigam ainda com o México, em função da poluição química, das cotas internacionais e níveis de salinidade sobre os rios Colorado e Grande, e também com o Canadá por causa da poluição dos Grandes Lagos; Bolívia e Chile estão em conflito sobre o rio Lauca por causa da salinidade e das barragens; Equador e Peru brigam pela distribuição de água do rio Cenepa e, finalmente, Brasil e Argentina, com freqüência, entram em atrito por causa das barragens e inundações do solo pelo rio Paraná. Vale ressaltar, ainda, os dados fornecidos pela UNESCO ([s.d.]) sobre os países que mais sofrem com a escassez de água no mundo, que são: Kuwait e Bahrain em primeiro lugar; Malta em segundo, Gaza em terceiro, seguida pelos Emirados Árabes em quarto, Líbia em quinto, Cingapura em sexto, Jordânia em sétimo, Israel em oitavo lugar e Chipre ocupando a nona colocação.

[68] PETRELA, 2002.

É preciso compreender-se que atribuir à água um valor econômico não significa transformá-la em mercadoria ou em *commodities* como pretendem alguns organismos e empresas multinacionais. Esta é, sem dúvida, a origem da rejeição popular deste princípio insculpido no inciso II, o que nos reporta às discussões travadas anteriormente à sua adoção.

A década de 1990 caracterizou-se no mundo pelas inúmeras "Declarações" referentes à água,[69] todas considerando-a indispensável para o desenvolvimento econômico, inclusive a Agenda 21 – "Conferência das Nações Unidas sobre o Meio Ambiente e Desenvolvimento" – realizada no Brasil, em junho de 1992, no Estado do Rio de Janeiro.[70]

A controvérsia iniciou, por assim dizer, com os fundamentos para uma política mundial sobre águas, elaborados na *Declaração de Dublin*, especialmente em virtude da redação conferida ao quarto princípio, a seguir transcrito:

> A água tem um valor econômico em todos os seus vários usos e deveria ser reconhecida como um bem econômico. Seguindo esse princípio, é especialmente crucial *reconhecer o direito básico de todos os seres humanos a terem acesso à água potável e ao saneamento básico a um preço que possam pagar*. A inabilidade em reconhecer o valor econômico da água no passado levou ao desperdício e a usos que foram prejudiciais ao meio ambiente. Gerenciar a água como um bem econômico é um passo importante para a obtenção de um uso eficiente e igualitário, e para o encorajamento da conservação e proteção dos recursos hídricos.[71]

Os outros documentos que se seguiram estipularam fundamentos semelhantes, mas nenhum tão explícito quanto o prelecionado no texto de *Haia*, firmado em 22 de Março de 2000, senão vejamos: "A água é um recurso escasso, um bem vital econômico e social. *Como o petróleo ou qualquer outro recurso natural, deve ser submetido às leis do mercado e aberto à livre competição*".

Ora, como previsível, tais "recomendações" ou "princípios norteadores" serviram para insuflar uma série de organizações não-governamentais e associações a protestarem veementemente em várias localidades e países ao longo desses anos, gerando ainda mais oposição às grandes empresas do setor (Suex-Lyonnaise des Eaux, Vivendi, Gènerale des Eaux, Saur-Bouygues, Nestlé, United Utilities, den-

---

[69] Apenas para exemplificar, citam-se as seguintes: *Carta de Montreal* sobre água e saneamento, em junho de 1990; *Declaração de Dublin* sobre água em uma perspectiva de desenvolvimento sustentável, em janeiro de 1992; *Declaração de Strasbourg* sobre água como fonte de cidadania, paz e desenvolvimento regional, *Declaração de Paris* sobre água e desenvolvimento sustentável, em 1998 e a *Declaração de Haia* sobre segurança hídrica, em março de 2000.

[70] Conforme GRANZIERA, Maria Luiza Machado. A cobrança pelo uso da água. *Revista CEJ*, Brasília, n. 12, p. 72, set./dez. 2000), a origem da dotação de valor econômico dos recursos hídricos encontra-se na Carta Européia da Água, de 1968, sendo que a necessidade de cobrança pelo seu uso apareceu, pela primeira vez, em documento elaborado pelo Conselho da OECD, em 1972. Diz a autora: "[...] saliente-se que a cobrança não é propriamente uma novidade no campo normativo brasileiro. O Código de Águas (1934) já previa a possibilidade de remuneração pelo uso das águas públicas. O Código Civil também faculta a cobrança pela utilização do bem público [...]. Todavia, nunca se implementou esse princípio no que se refere as águas".

[71] DECLARAÇÃO de Dublin. Rio de Janeiro: UERJ, [s.d.]. Disponível no seguinte endereço eletrônico: <http://www2.uerj.br/~ambiente/emrevista.htm#>. Acesso em: 20/11/2004. (grifo nosso).

tre outras), bem como aos organismos financeiros globais (FMI, Banco Mundial e grandes conglomerados, tais como Citibank).[72]

Desde logo, é preciso esclarecer que não foi este o conteúdo da norma adotada pela atual Política Nacional de Recursos Hídricos brasileira.[73] Por certo, houve uma desvirtuação, pelas Declarações anteriormente citadas, do princípio que considerou a água como um bem de valor econômico ao não se fazer a distinção essencial entre a água para o consumo humano básico, indispensável para a manutenção da vida, e a água para o lazer, para as atividades econômicas, para insumo nas indústrias, para irrigação agrícola ou qualquer outro tipo de exploração.

A Constituição Federal, ao dispor em seu artigo 5º que todos têm direito à vida, não pretendeu dizer que o ser humano somente terá este direito assegurado se pagar um preço razoável e acessível por ela, de sorte que adotar um fundamento como qualquer um dos anteriormente propostos seria justamente ir de encontro à Carta Magna. Por isso, imprescindível se faz dar tratamento distinto aos diversos usos da água, como foi feito expressamente pela Lei 9.433/97.

O Brasil possui, segundo dados do IBGE, cerca de 40 milhões de habitantes vivendo abaixo da linha de pobreza, sem condições de pagar, portanto, pelo uso da água. Por isso, juristas como Paulo Affonso Leme Machado defendem a gratuidade deste recurso para o consumo insignificante, o que fazem com fulcro nos arts. 12, § 1º, incisos I e II, e 20, da Lei 9.433/97. Todavia, tudo o que exceder ao consumo básico (água para beber, para comer e para a higiene), poderá (e até mesmo, deverá) ser objeto de valoração econômica.[74]

Mais, o Brasil não está livre de sofrer com a escassez de água (a falta de energia elétrica de alguns anos atrás, popularmente conhecida como "apagão", e que causou tantos prejuízos econômicos, não será tão cedo esquecida!). Não obstante o fato de o país ter sido beneficiado pela natureza, uma vez que seu território concentra cerca de 13,7% da água doce superficial do planeta, os recursos aqui

---

[72] PETRELA, 2002.

[73] Posicionamento oposto é defendido por Christian Guy Caubet (CAUBET, Christian Guy. A água, a lei, a política...e o meio ambiente? Curitiba: Juruá, 2004, p. 103, grifo do autor). Diz o autor: "A água não é mais abundante, no sentido de outrora, e a Lei 9.433/97 estabeleceu que ela não é mais gratuita, possivelmente de maneira inconstitucional". E posteriormente, (CAUBET, 2004, 146-147): "Como foi alçada à categoria de bem escasso, a água ingressa no império da economia: passa a ter valor monetário determinado pela oferta e pela procura, no contexto de uma eventual concorrência entre os diversos usuários. [...] Este aspecto da lei choca profundamente as convicções da opinião pública nacional e de muitos países estrangeiros, pelo fato de não prever a garantia de abastecimento para as pessoas que estão fora do mercado da água. A reivindicação de *garantia de acesso à água como direito*, na base de 40 litros de água potável gratuita/dia/pessoa, passou a afrontar a lei. Mas a lei afronta a dignidade das pessoas: não se pode prescindir do uso da água para a sobrevivência diária, mesmo que o interessado não tenha condições de pagar por ela. Essa observação de bom senso leva a questionar a possibilidade de considerar a água como um bem com valor econômico em todos os casos de seu uso".

[74] MACHADO, 2002, p. 33. O autor assim afirma: "O uso das águas em pequena quantidade é gratuito, isto é, não pode ser cobrado. A lei 9.433/97 não fez qualquer favor ao usuário da água. Ela seguiu a orientação da Constituição Federal, reconhecendo uma das facetas do direito à vida [...]. Primeiro, satisfazem-se as necessidades básicas e só depois se pode partir para a cobrança".

existentes vêm sendo, ao longo dos tempos, muito mal utilizados e explorados.[75] Não há uma só região que não tenha sido agraciada com água, mas em algumas a concentração é muito pequena ou as reservas são de difícil acesso. É o caso do nordeste, que sofre com as constantes secas e estiagens. Há quem sustente, todavia, que o problema desta região é muito mais político do que geográfico/climático.[76] [77]

Ao dotar a água de valor econômico, pretendeu o legislador dar ao usuário (não apenas o residencial, mas também o comercial) uma indicação real de valor, incentivando o uso racional deste precioso bem. Da mesma forma, objetivou angariar fundos para os programas previstos nos Planos de Recursos Hídricos, dando suporte aos estudos e projetos de recuperação dos mananciais. Mas jamais considerou a água como uma mercadoria qualquer,[78] similar ao petróleo ou a outros recursos naturais, passível de ser deixada à mercê da regulação do mercado. Ao contrário, priorizou o consumo humano, conforme se depreende do princípio seguinte.

2.3.2. O uso prioritário, em caso de escassez, é o consumo humano e a dessedentação de animais

Em perfeita harmonia com os fundamentos anteriores, segue este que determina a prioridade no uso da água. Não poderia ser diferente: por ser indispensável

---

[75] RANGEL, Carlos. Capitais desperdiçam metade da água tratada. Uma campanha, lançada nesta quarta-feira, em São Paulo, pelo Instituto Socioambiental (ISA) com o tema De Olho nos Mananciais vai dar informações sobre a situação das fontes de água que abastecem as grandes cidades do País. Um estudo inédito sobre o abastecimento público e saneamento básico nas 27 capitais brasileiras revela que quase 50% da água retirada dos mananciais é desperdiçada em vazamentos, fraudes e submedições. A água jogada fora seria suficiente para abastecer 38 milhões de pessoas por dia, informa o ISA. Os vazamentos na rede de distribuição das 27 capitais causam perdas de 45%. São 6,14 bilhões de litros. E menos de 50% da população das capitais tem esgoto tratado. O levantamento sobre coberturas e desperdícios nas redes públicas de abastecimento e saneamento, baseado em dados do Sistema Nacional de Informações sobre Saneamento (SNIS), do Ministério das Cidades (ano base 2004), é inédito. Apenas seis das 27 capitais atendem à totalidade da população com abastecimento de água. Porto Velho, Rio Branco e Macapá cobrem apenas 30,6%, 56,2% e 58,5% da população, respectivamente. A média de consumo per capita é de 150 litros/dia. Em São Paulo, Rio de Janeiro e Vitória, a média sobre para 220 litros, o dobro do recomendado pela ONU 110 litros. A capital campeã do desperdício é Porto Velho, com 78,8% do total. Em volume de desperdício, Rio de Janeiro lidera, com 1,54 bilhão de litros/dia. Cerca de 30% da população das capitais, mais de 13 milhões de pessoas, não têm acesso a redes de coleta de esgoto. Manaus, Belém e Rio Branco apresentam os piores índices, com menos de 3% de seus moradores atendidos pelo serviço. Para abastecer a população residente na cidade de São Paulo, são produzidos aproximadamente 3,4 bilhões de litros de água por dia. A perda de água média no município de São Paulo é de 30,8% em relação ao volume produzido. A perda equivale a um volume de água de cerca de 1 bilhão de litros de água por dia". http://invertia.terra.com.br/sustentabilidade/interna/0,,OI2090643-EI10425,00.html, acesso em 21 nov 2007.

[76] Neste sentido, veja-se o excelente artigo de autoria de Ulisses Capozolli (CAPOZOLLI, Ulisses. *Guerra de patentes, jornalismo científico e alienação social*. São Paulo: Labjor/Unicamp, [s.d.]. Disponível em: http://www.jornalismocientifico.com.br>. Acesso em: 12/09/2004).

[77] Várias obras foram iniciadas em períodos eleitorais e abandonadas antes de seu término, causando sérios prejuízos às populações locais e ao erário. A impunidade levou muitos políticos a desperdiçarem o dinheiro público com a construção de "esqueletos gigantescos e inúteis" que jamais funcionaram. Nesta esteira, a Lei de Responsabilidade Fiscal surgiu em boa hora, obrigando a mudança de postura dos administradores públicos.

[78] BONGAROVSKY, Sandra Helena; PEIXOTO FILHO, Aser Cortines. Água, bem econômico e de domínio público. *Revista CEJ*, Brasília, n. 12, p. 13-16, set./dez. 2000). Os autores entendem, ao contrário do aqui defendido, que a água pode ser considerada uma mercadoria como outra qualquer.

à sobrevivência das espécies, assim como o ar, o uso preferencial da água sempre será o consumo humano e a dessedentação dos animais.

Mas o que compreende o consumo humano? E quantos litros de água por dia são necessários para a sua satisfação? Embora essas questões pareçam simples, no fundo, encerram uma grande complexidade, conforme se passará a evidenciar, não se encontrando na doutrina nacional, consenso acerca de seus significados e medidas.

Defende-se, neste estudo, que o consumo humano referido no artigo 1º, inciso III, da Lei 9.433/97 refere-se à água para beber, para cozinhar alimentos e para a higiene pessoal,[79] o que leva a elucidar, também, o conteúdo desta. Salvo melhor juízo, tem-se que a higiene inclui o banho, a limpeza das roupas e dos utensílios domésticos (louças em geral), o *saneamento básico* e a limpeza interna das residências.

Disso extraem-se duas conclusões preliminares: a primeira, de que a água necessária para a limpeza das calçadas e dos pátios, bem como para o lazer, não está incluída no consumo tido como essencial;[80] a segunda (e mais importante), de que a água necessária para o *saneamento básico* deve ser fornecida gratuitamente para a população, o que não significa dizer, por outro lado, que os usuários nada pagarão pelo "serviço de saneamento básico" (custos de tratamento da água e disposição final dos esgotos), tema que será aprofundado no capítulo seguinte deste estudo.

Fator problemático reside na ausência de definição legal acerca da quantidade de água suficiente para suprir as necessidades consideradas essenciais, gerando grande confusão e insegurança jurídica tanto para as empresas que investem (ou querem investir) no setor quanto para os consumidores.

Conforme mencionado anteriormente, a Conferência das Nações Unidas realizada no Brasil em 1992, denominada de Agenda 21, recomendou no item 18.58 que todos os estados procurassem garantir que até o ano 2000, 75% de suas populações dispusessem de serviços de saneamento básico e que "[...] todos os residentes em zonas urbanas tivessem acesso *a pelo meno*s 40 litros per capita por dia de água potável".[81]

---

[79] Nesse sentido, veja-se: MACHADO, 2002, p. 15.

[80] Um dos principais fatores de desperdício está na limpeza externa das residências. Muitas donas-de-casa utilizam aparelhos de jato de água por pressão para "varrerem" suas calçadas, gastando, em média, 300/l a cada 15 minutos, gerando o colapso de alguns sistemas. É o caso, por exemplo, da região metropolitana de Campinas/SP (ZANCHETTA,Diego. *Região metropolitana de Campinas registra 30% de desperdício de água*. Correio Popular Cidades, 24/03/2004. Disponível em:
<http://www.unicamp.br/unicamp/canal_aberto/clipping/marco2004/clipping040324>, acesso em: 26/07/04. Também as piscinas dos hotéis e residências são consideradas vilãs no combate ao desperdício, eis que ao invés de tratarem a água, muitos proprietários esvaziam e tornam a enchê-las com freqüência absurda.

[81] CONFERÊNCIA DAS NAÇÕES UNIDAS SOBRE MEIO AMBIENTE E DESENVOLVIMENTO. *1992*: Rio de Janeiro. 3. ed. Brasília: Senado Federal, Subsecretaria de Edições Técnicas, 2001, p. 358, grifo nosso.

Em publicação mais recente, a ONU elevou este índice mínimo para 50 litros por pessoa/dia,[82] resultado, infelizmente, não alcançado em muitas localidades.

Aparentemente, quarenta (ou cinqüenta) litros de água parecem ser muito – mormente porque existem locais onde as pessoas têm acesso a menos de 10 litros diários – mas de fato, não são. Tal medida representa a quantidade mínima para garantir a sobrevivência humana, estando longe de ser a ideal, de sorte que deve ser aplicada somente nos locais onde se apresenta falta (ou iminente risco de escassez total), sob pena de, em assim não o fazendo, ferir-se a dignidade das pessoas atingidas. Por outro lado, em locais onde os recursos hídricos não são tão precários, a quantia a ser fornecida deve ser outra, de forma a garantir, efetiva e eficazmente, o *consumo humano básico* em todas as suas modalidades.

Segundo a SABESP (Companhia de Saneamento Básico do Estado de São Paulo), um indivíduo que tem um comportamento exemplar e racional, isto é, não comete desperdícios, utiliza ente 180 e 220 litros de água por dia.[83] A Organização Pan-Americana de Saúde, por sua vez, determina que a quantia mínima para garantia de uma vida saudável é de 200 litros por pessoa/dia.[84]

Não há por que não ser adotada esta referência. Nesta esteira, defendemos que, em sede nacional,[85] devem ser fornecidos gratuitamente à população 200 litros de água por dia e por pessoa, cobrando-se apenas os custos de tratamento e

---

[82] ÁGUA: um bem cada vez mais ameaçado. [S.l.]: Sebrae, [s.d.]. Disponível em: <http://www.biblioteca.sebrae.com.br/bte/bte.nsf/>. Acesso em: 12/09/04.

[83] Segundo a Sabesp, um indivíduo que não desperdiça utiliza, em média, 48 litros de água a cada banho (se o chuveiro for elétrico, e o banho não ultrapassar 5 minutos), 10 litros de água a cada descarga acionada no vaso sanitário, meio litro a cada escovação de dentes e 20 litros para lavar a louça. Assim, se este indivíduo tomar um litro de água para saciar a sua sede, dois banhos, escovar os dentes e acionar a descarga três vezes, o seu consumo diário será de 148,5 litros d'água. Isso, sem contar a limpeza de suas roupas, atividade que, quando exercida com economia, consome cerca de 60 litros. Não se pode esquecer de acrescentar, ainda, a água necessária para cozinhar os alimentos (cerca de 5 litros diários) e para saciar a sede de seus animais. Se, por um lado, é certo que nem todo o dia esse indivíduo irá lavar as suas roupas, também é provável, por outro, que ele acionará mais vezes a descarga do vaso sanitário e/ou utilizará um pouco de água para a limpeza interna de sua residência, o que induz a aceitar-se como razoável um consumo diário de 200 litros por pessoa, medida esta recomendada como ideal pela OMS (Organização Mundial de Saúde) e pela OPAS (Organização Pan-Americana de Saúde) Essa medida, frisa-se, é a ideal para a vida com saúde e dignidade, e não, simplesmente, para a sobrevivência. Informação coletada de: SABESP. Sabesp ensina. São Paulo, [s.d.]. Disponível em: <http://www.sabesp.sp.gov.br>. Acesso em: 12/10/04, bem como nos seguintes endereços eletrônicos: www.unesc.rct-sc.br/pega/agua.htm e www.uniagua.org.br/default.asp?tp=3&pag=dicas.htm, pesquisas realizadas em 12/10/2004. Vale destacar que as atividades mencionadas consomem muito mais água (em média) do que estas indicadas como ideais. Isto, porque a maioria dos consumidores não age conscientemente, ignorando a situação vulnerável dos recursos hídricos no planeta. Apenas para exemplificar, o indivíduo que não economiza, costuma gastar em um banho de 15 minutos, aproximadamente 135 litros d'água (isto, se morar em casa, pois em apartamentos consomem-se quase o dobro); para lavar louça, 117 litros, para escovar os dentes, 12 litros, em cada descarga, 30 litros. Acrescentem-se os gastos supérfluos, tais como lavar calçadas (280 litros a cada 15 minutos) e lavar o carro com mangueira (216 litros).

[84] Informação divulgada pela Organização Pan-Americana de Saúde, vinculada à OMS: ORGANIZAÇÃO MUNDIAL DE SAÚDE. Água. Brasília: OPAS, 2001. Disponível em: <http://www.opas.org.br/mostrant.cfm?codigodest=116>, acesso em: 13/10/04. Assim refere: "Segundo a ONU (Organização das Nações Unidas), cada ser humano necessita de 200 litros de água por dia para satisfazer suas necessidades e manter sua saúde".

[85] A média brasileira de consumo diário é de 132 litros por habitante. (conforme notícia veiculada pelo PNUD no seguinte endereço eletrônico: http://www.pnud.org.br/noticias/impressao.php?id01=123, acesso em 25/08/04). Considerando-se que podem ser melhorados em muito os níveis de economia, especialmente com a adoção de tecnologias mais avançadas e comportamento ético/racional dos fazendeiros e agricultores, podemos concluir

distribuição. A água excedente utilizada pelo consumidor deverá ser valorada e cobrada de forma progressiva, a fim de evitar-se o desperdício e, conseqüentemente, a escassez total. Trata-se, em verdade, da aplicação do Princípio da Precaução constitucionalizado pelo artigo 225, seus incisos e parágrafos.[86]

2.3.3. O princípio do respeito aos usos múltiplos da água

A água não serve apenas para saciar a sede dos seres humanos e animais. Serve também, e principalmente, para as demais facetas do saneamento básico, para a irrigação agrícola, para insumo nas indústrias, para o transporte aquaviário, como potencial hidrelétrico e assim por diante. O seu aproveitamento será determinado em função do Plano de Recursos Hídricos, um dos instrumentos de gestão previstos na Lei 9.433/97.

---

que até mesmo nos Estados que hoje consomem menos de cem litros diários, a meta da OMS poderá ser alcançada.

[86] O Princípio da Precaução, segundo Cristiani Derani (DERANI, Cristiani. *Direito ambiental e econômico*. São Paulo: Max Limonad, 1997, p. 167), "[...] está ligado aos conceitos de afastamento de perigo e segurança das gerações futuras, como também de sustentabilidade ambiental das atividades humanas. Este princípio é a tradução da busca da proteção da existência humana, seja pela proteção de seu ambiente como pelo asseguramento da integridade da vida humana. A partir desta premissa, deve-se também considerar não só o risco iminente de uma determinada atividade, como também os riscos futuros decorrentes de empreendimentos humanos, os quais nossa compreensão e o atual estágio de desenvolvimento da ciência jamais conseguem captar em toda densidade". Este conceito ganha reforço nas palavras de Paulo Affonso Leme Machado (MACHADO, Paulo Affonso Leme *Direito ambiental brasileiro*. 9. ed. São Paulo: Malheiros, 2001), para quem este princípio tem o escopo de garantir a "[...] durabilidade da sadia qualidade de vida". Importante consignar que existe divergência entre os doutrinadores ambientalistas no sentido de haver ou não distinção entre os Princípios da Precaução e da Prevenção. Estão entre os que não vislumbram diferenças Celso Antônio Pacheco Fiorillo (veja-se FIORILLO, Celso Antônio Pacheco. *Curso de direito ambiental brasileiro*. 4. ed., ver. e atual. São Paulo: Saraiva, 2003), Edis Milaré (MILARÉ, Edis. *Direito do ambiente*: doutrina, prática, jurisprudência, glossário. São Paulo: Revista dos Tribunais, 2001), José Adércio Leite Sampaio (SAMPAIO, José Adércio Leite. *Princípios de direito ambiental na dimensão internacional e comparada*. São Paulo: Del Rey, 2003) e Eckard Rehbinder (REHBINDER, Eckard. *Los princípios del derecho ambiental en la Republica Federal Alemana*: ambiente y futuro. Buenos Aires: Fundacion Maliba, 1987). Tais autores defendem que a prevenção está contida na precaução. Entre os que admitem uma tênue linha distintiva entre esses dois princípios estão José Rubens Morato Leite (LEITE, José Rubens Morato; AYALA, Patryck de Araújo. *Direito Ambiental na sociedade de risco*. 2. ed. Rio de Janeiro: Renovar, 2004; MACHADO, 2001). Segundo esses juristas, o princípio da prevenção, para ser aplicado, exige mais do que uma potencialidade abstrata de ocorrência de dano, isto é, exige uma verossimilhança do potencial lesivo. Nos dizeres da Desembargadora Federal Marga Inge Barth Tessler (Palestra proferida no Congresso "Meio Ambiente: Prevenção e Precaução", ocorrido nos dias 18 e 19 de Agosto de 2004, no centro de Eventos da Fiergs, em Porto Alegre. A palestra intitulou-se "Os princípios da precaução e da prevenção na legislação ambiental brasileira"): "O risco, na prevenção não é mais 'risco de perigo' mas risco de produção de efeitos sabidamente ruinosos". Para fins deste estudo, a diferença entre os conceitos não é tão relevante. O que importa é que a água seja usada de forma racional, como forma de impedir a sua escassez (consumo dispendioso capaz de provocar a sua exaustão) e a sua inviabilidade (poluição que a torna imprópria para o consumo). Neste sentido, vale trazer à baila as palavras de Fernando Baum Salomon (SALOMON, Fernando Baum. Princípio da Precaução frente ao nexo de causalidade no dano ambiental. In: SILVA, Bruno Campos. *Direito ambiental*: enfoques variados. São Paulo: Lemos & Cruz, 2004a, p. 215) que, com propriedade, consigna restar patente "[...] que o princípio da precaução é mandamento informativo de nosso ordenamento sobre meio ambiente, entendido aí o conjunto de leis e normas de proteção ao meio ambiente, de modo que as políticas de proteção ao aos bens ambientais seja eficazes em momento anterior ao da degradação que possa ser gerada pela ação do homem. Com uma atuação preventiva e de forma cautelosa, o planejamento para um desenvolvimento sustentável confirma que 'através de medidas selecionadoras, diferenciadoras e restritivas, nomeadamente no tocante à utilização de espaços e recursos' poder-se-á pensar em um futuro com um meio ambiente sadio".

Ponto nevrálgico desta norma centra-se, portanto, no mapeamento dos principais usos, bem como na definição das formas de racionalizar o aproveitamento da água em cada qual, compatibilizando-os entre si, eis que todos se revestem de potenciais degradadores do meio ambiente e podem inviabilizar uns aos outros se explorados equivocadamente.

Sabe-se, por exemplo, que 93,4% da água doce disponível no planeta é destinada à agricultura, mas apenas 20% chegam à plantação. O restante (mais de 70%) é desperdiçado, "[...] tornando-se veículo de resíduos com substâncias tóxicas que inevitavelmente vão parar nos rios".[87]

O agronegócio é, sem sombra de dúvidas, o grande vilão dos recursos hídricos, mas não o único. Vários mananciais já secaram em razão da exploração excessiva efetuada pelo homem, aliada às péssimas condições climáticas, tais como ausência de chuvas, efeito estufa e queimadas (a maioria, provocada pelo próprio homem). A atividade agrícola, não raro, está associada ao desmatamento. Cite-se como exemplo as matas ciliares, constantemente destruídas pelos agricultores e agropecuaristas.[88] Somente na região do Distrito Federal, cerca de 600 (seiscentas) nascentes secaram em razão da erosão e do assoreamento provocados pela destruição da vegetação lindeira, o que demonstra a extensão que um dano ambiental pode ter.[89]

Outro exemplo que merece destaque, não só pelo fato de ser o mais audacioso da atualidade, mas também pela polêmica que tem gerado, está igualmente relacionado à agricultura. Trata-se de um empreendimento gigantesco que visa a transpor águas do rio São Francisco para irrigar o sertão de Pernambuco, Ceará, Paraíba e Rio Grande do Norte.[90] São mais de 1.400 quilômetros de canais e tu-

---

[87] No Brasil, o percentual utilizado na agricultura é de 70%, conforme informado pela ANA (Agência Nacional de Águas). E sobre poluentes orgânicos persistentes, indispensável é a leitura de ALBUQUERQUE, Letícia. *Poluentes Orgânicos Persistentes: uma análise da Convenção de Estocolmo.* Curitiba: Juruá Editora, 2006.

[88] OLIVEIRA, Silvio Aparecido Garcia de. Proposta: criação dos cadastros regionais das reservas legais das matas ciliares. In: FREITAS, Vladimir Passos de (Org.). *Direito ambiental em evolução.* Curitiba: Juruá, 1998, p. 333-344.

[89] CORTEZ, José Henrique. A água "municipal". *Revista Mais Brasil*, São Paulo, ano 4, n. 41, 2002. Disponível em: <http://www.camaradecultura.org/A%20agua%20municipal%20II.pdf>. Acesso em: 28/07/04.

[90] Ao comentar este projeto, Christian Guy Caubet (2004, p. 73) descreve, com precisão, a extensão do problema, valendo destacar suas palavras: "Com a transferência das águas do São Francisco, pretende-se essencialmente, passar a idéia de que o problema da seca está resolvido de vez. Entretanto, a água que serve para a irrigação não é a que resolve os problemas da população. Nem é um fator tão importante como afirmam os partidários do projeto de transferência. Em relação à água, o problema do Nordeste do Polígono das Secas é muito menos uma questão de quantidade total deficitária do que a de um uso racional e efetivo das disponibilidades hídricas existentes. Concebido de maneira isolada de seu verdadeiro contexto e tão-somente como um projeto essencialmente de irrigação, o projeto de transferência descura de importantes dimensões dos problemas regionais e da maneira de resolvê-los; apesar de serem dimensões tão essenciais, que foram incorporadas à Lei 9.433/97. O projeto informa que levará em consideração a recuperação da bacia, mais deixa de fazer sua avaliação. Se fosse considerado apenas o custo de recuperação da mata ciliar e em relação à calha do rio principal, os custos financeiros necessários seriam da ordem de 400 milhões de dólares [...] Independente de qualquer projeto de transferência e ainda mais considerando que este foi eventualmente apenas adiado, deveria existir um programa de reflorestamento. Mas as atividades existentes, em nome do produtivismo mais simplório, só têm o efeito de multiplicar os impactos nocivos das atividades promovidas, sem que se implementem medidas de recuperação, proteção ou conservação [...]"

bulações que atravessarão as terras destes estados. Não fosse pela experiência internacional desastrosa neste sentido e pelo elevado índice de desperdício, seria o caso de ver tal projeto com otimismo e esperança, conforme bem salienta Ulisses Capozoli. Ocorre que os exemplos de que se têm conhecimento foram por demais desastrosos,[91] não valendo a pena segui-los.

Ainda no contexto dos usos múltiplos das águas, impende destacar a importância do transporte aquaviário para a economia do país. Renomados especialistas afirmam que este é um meio de escoamento da produção muito mais barato do que o rodoviário, movimentando bilhões de dólares a cada ano. Mas, de fato, a questão não pode ser simplificada ao extremo, pois o fluxo constante de embarcações e navios freqüentemente atrapalha os ecossistemas[92] e danifica as margens dos rios.[93]

---

[91] Na Rússia, o caso do *"Mar de Aral"*, ganhou destaque por ser considerado o maior desastre ambiental do século XX. Na década de 1960, os cursos de dois rios da região (o *Amu Daria* e o *Syr Daria*) foram desviados para garantir a irrigação da plantação de algodão. O resultado econômico em curto prazo foi considerado excelente, mas atualmente, deixa a desejar. Já o passivo ambiental pode ir muito além das piores estimativas, conforme Capozolli ([s.d.]). Assim refere o autor: "O algodão cresceu, multiplicou-se, abasteceu o país e deixou sobras para a exportação. Mas o que parecia uma benção acabou como praga bíblica. O Mar de Aral está secando, espalhando doenças respiratórias e câncer por toda a sua antiga margem que, em alguns casos, recuou mais de trinta quilômetros e continua encolhendo. No deserto, que já foi o antigo leito do mar, navios pesqueiros apodrecem calcinados pelo sol e corroídos por tempestades de areia. A atividade pesqueira foi encerrada e o desemprego e a fome espalham-se pela região." (CAPOZOLLI, [s.d.], p. 4). No Golfo da Califórnia, problemas semelhantes ocorreram com o desvio de águas do rio Colorado para a agricultura, causando prejuízos irreparáveis à biodiversidade daquele que esculpiu o *Grand Cânion*.

[92] Vários são os exemplos, valendo destacar o da Bacia Hidrográfica do Rio Paraná III, especialmente no que tange à eutrofização (envelhecimento/degradação precoce) do reservatório da Usina Hidrelétrica de Itaipu. É que o fluxo constante de embarcações nos afluentes desta bacia trouxeram o mexilhão dourado (espécie de um molusco bivalve, com 3 a 4 cm de comprimento, em média, originário dos rios asiáticos, em especial da China, encontrado, geralmente, fixado a substratos duros, naturais ou artificiais). Esse organismo, de água doce e salobra, foi introduzido na Bacia do Prata, Argentina, em 1991, avançando pelos rios Paraná e Paraguai. No Brasil, o primeiro registro da sua presença foi em 1998, na área do Delta do Jacuí, em frente ao porto de Porto Alegre, Rio Grande do Sul. O mexilhão vem provocando redução de diâmetro e obstrução de tubulações das companhias de abastecimento de água potável, e o entupimento de filtros dos sistemas de arrefecimento das turbinas no setor de geração de energia, demandando manutenções específicas e mais freqüentes, com custos extraordinários, forçando mudanças nas práticas de controle ambiental, na rotina de pesca de populações tradicionais e prejudicando o sistema de refrigeração de pequenas embarcações, além de fundir motores. Ver, neste sentido: BRASIL. Ministério do Meio Ambiente. *Mexilhão dourado*. Brasília: MMA, [s.d.]. Disponível em: <http://www.mma. gov.br/aguadelastro/mexilhao.html>. Acesso em: 24/10/04.

[93] Recentemente, foi objeto de Ação Civil Pública o desassoreamento do rio Itajaí-Açu, no Estado de Santa Catarina, onde se discutia, dentre outros, a importância dos estudos de impacto ambiental para a proteção dos ecossistemas locais, sobretudo, em razão da dragagem do rio e do despejo de milhares de toneladas de detritos no oceano, valendo transcrever a ementa que sintetizou o voto do Ministro José Augusto Delgado, *sic*:
"RESP 588022/SC ; RECURSO ESPECIAL, 2003/0159754-5 ADMINISTRATIVO E AMBIENTAL. AÇÃO CIVIL PÚBLICA. DESASSOREAMENTO DO RIO ITAJAÍ-AÇU. LICENCIAMENTO. COMPETÊNCIA DO IBAMA. INTERESSE NACIONAL. 1. Existem atividades e obras que terão importância ao mesmo tempo para a Nação e para os Estados e, nesse caso, pode até haver duplicidade de licenciamento. 2. O confronto entre o direito ao desenvolvimento e os princípios do direito ambiental deve receber solução em prol do último, haja vista a finalidade que este tem de preservar a qualidade da vida humana na face da terra. O seu objetivo central é proteger patrimônio pertencente às presentes e futuras gerações. 3. Não merece relevo a discussão sobre ser o Rio Itajaí-Açu estadual ou federal. A conservação do meio ambiente não se prende a situações geográficas ou referências históricas, extrapolando os limites impostos pelo homem. A natureza desconhece fronteiras políticas. Os bens ambientais são transnacionais. A preocupação que motiva a presente causa não é unicamente o rio, mas, principalmente, o mar territorial afetado. O impacto será considerável sobre o ecossistema marinho, o qual receberá milhões de toneladas de detritos. 4. Está diretamente afetada pelas obras de dragagem do Rio Itajaí-Açu

Talvez o exemplo mais conhecido seja o caso da hidrovia Paraná-Paraguai, que foi objeto de uma Ação Civil Pública[94] na qual se discutiu a necessidade de um estudo de impacto ambiental que vislumbrasse o projeto como um todo, rejeitando-se o licenciamento fragmentado,[95] mas, por certo, este não é o único: também a hidrovia Tietê-Paraná e a da Ilha do Marajó emergem como focos potenciais de conflitos (esta última também foi objeto de ação civil pública),[96] gerando o debate e o engajamento de toda a sociedade.

toda a zona costeira e o mar territorial, impondo-se a participação do IBAMA e a necessidade de prévios EIA/RIMA. A atividade do órgão estadual, in casu, a FATMA, é supletiva. Somente o estudo e o acompanhamento aprofundado da questão, através dos órgãos ambientais públicos e privados, poderá aferir quais os contornos do impacto causado pelas dragagens no rio, pelo depósito dos detritos no mar, bem como, sobre as correntes marítimas, sobre a orla litorânea, sobre os mangues, sobre as praias, e, enfim, sobre o homem que vive e depende do rio, do mar e do mangue nessa região. 5. Recursos especiais improvidos." (BRASÍLIA. Superior Tribunal de Justiça. RESP 588022 / SC ; RECURSO ESPECIAL, 2003/0159754-5. Relator: Min. José Delgado Julgado em: 17 de fevereiro de 2004. Diário de Justiça, Brasília, p. 217, 5 abr. 2004).

[94] Trata-se da Ação Civil Pública nº 2000.36.00.010649-5, que tramitou perante o Tribunal Regional Federal da 1ª Região, cuja ementa ora se transcreve: DIREITO AMBIENTAL. HIDROVIA PARAGUAI-PARANÁ. ANÁLISE INTEGRADA. NECESSIDADE DO ESTUDO DO IMPACTO AMBIENTAL EM TODA EXTENSÃO DO RIO, E NÃO POR PARTES. APLICAÇÃO DO PRINCÍPIO DA PRECAUÇÃO. 1. O projeto da Hidrovia Paraguai-Paraná, envolvendo realização de obras de engenharia pesada, construção de novos portos e terminais, ampliação dos atuais, construção de estradas de acesso aos portos e terminais, retificações das curvas dos rios, ampliação dos raios de curvatura, remoção dos afloramentos rochosos, dragagens profundas ao longo de quase 3.500km do sistema fluvial, contrução de canais a fim de possibilitar uma navegação comercial mais intensa, com o transporte de soja, minério de ferro, madeira, etc., poderá causar grave dano à região pantaneira, com repercussões maléficas ao meio ambiente e à economia da região. É necessário, pois, que se refaça um estudo desse choque ambiental em toda a extensão do Rio Paraguai até a foz do Rio Apa. 2. Aplicação do princípio que o intelectual chama de *precaução*, que foi elevado à categoria de regra do direito internacional ao ser incluído na Declaração do Rio, como resultado da Conferência das Nações Unidas sobre o Meio Ambiente e Desenvolvimento – Rio/92. "Mais vale prevenir do que remediar", diz sabidamente o povo. 3. Os serviços rotineiros de manutenção, como, por exemplo, dragagens que não exijam grandes obras de engenharia, devem continuar. A navegação atual, a navegação de comboios de chatas no Rio Paraguai, permanece da maneira como vem sendo feita há anos, obedecendo-se às normas baixadas pela Capitania Fluvial do Pantanal e às orientações do IBAMA. 4. Havendo, como há, ordem judicial no sentido de que os atuais portos e terminais continuarem operando, o funcionamento dos mesmos não constitui crime, não podendo, assim, haver abertura de inquérito policial para apurar possível ocorrência de dano ambiental, tão só pelo funcionamento. O não atendimento da decisão judicial implica prática do crime desobediência. (BRASÍLIA. Tribunal Regional Federal. Ação Civil Pública nº 2000.36.00.010649-5. Relator: Tourinho Neto. Disponível em: <http://www.trf1.gov.br/jurisprudencia>. Acesso em: 23 fev. 2005).

[95] Neste sentido é a notícia veiculada pelo Brasilnews, ora transcrita "Apesar de ainda não estar operando, a hidrovia Paraná-Paraguai já está causando impactos ambientais na região. Um relatório publicado pelo WWF (Fundo Mundial para a Natureza) foi entregue para os secretários de meio ambiente do Mato Grosso e Mato Grosso do Sul. Segundo ele, o aumento no número de embarcações de carga na região já tem trazido seus prejuízos para a natureza. Cerca de 100 Km de barrancos, leitos de rio e matas ciliares já foram destruídos e existem ainda inúmeros pontos de erosão. Os pesquisadores incluíram no relatório algumas recomendações, tais como a normatização das dimensões e operação das barcaças de carga, medidas de controle da navegação e avaliação e recuperação das margens danificadas". (BRASILNEWS. Hidrovia Paraná-Paraguai já causa problemas. Campinas, SP, 8 fev. 2001). Disponível em: <http://www.brasilnews.com.br/News3.php3?CodReg=1161&edit=Ecologia&Codnews=999>. Acesso em: 24/10/04.

[96] Mister transcrever, assim, a seguinte ementa: "DIREITO AMBIENTAL E PROCESSUAL CIVIL. POSSIBILIDADE DE ANTECIPAÇÃO DE TUTELA NO ÂMBITO DE AÇÃO CIVIL PÚBLICA PARA O FIM DE SE ANULAR O CONTRATO DE OBRA PÚBLICA PARA CONSTRUÇÃO DE HIDROVIA NA ILHA DO MARAJÓ. 1. Presente a relevância do direito tutelado, é perfeitamente adequada a concessão de tutela antecipada no âmbito da ação civil pública. 2. A Lei Federal nº 9.494/97 (artigo 1º) deve ser interpretada de forma restritiva, não cabendo sua ampliação em hipótese especialíssima, na qual resta caracterizado o estado de necessidade e a exigência de preservação da vida humana. No presente caso, o bem jurídico tutelado é o meio ambiente, um dos

Outro tipo de uso protegido pelo inciso IV da Lei 9.433/97 refere-se ao industrial: sabe-se que as empresas consomem muita água para a fabricação de seus produtos,[97] mas também que desperdiçam cerca de 20% do que lhes é destinado,[98] lançando os resíduos de suas atividades diretamente nos corpos hídricos, a maioria das vezes sem qualquer tipo de tratamento.[99] Este é, ao lado da agricultura, um dos usos mais nocivos dos cursos d'água, pois dificilmente permite a recuperação integral do manancial contaminado, sendo inúmeros os casos contra empresas julgados por nossos tribunais.[100]

Igualmente tutelada pelo dispositivo que trata dos usos múltiplos está a água necessária para o saneamento básico. É de conhecimento público que o grau de nocividade produzido pela poluição doméstica, causada pelo lançamento dos esgotos sanitários nos cursos d'água sem qualquer tratamento, representa a principal fonte de contaminação das águas superficiais e subterrâneas. Apenas para demonstrar um panorama da situação atual, quadra referir que o Brasil trata apenas 27,3% de todo o esgoto que produz.[101] Esse ponto será, todavia, melhor abordado no segundo capítulo deste trabalho, no qual a realidade brasileira será detalhada em números e gráficos.

Também previstos nos usos múltiplos das águas estão as atividades de pesca e lazer. Aparentemente inofensivas, podem gerar grandes prejuízos aos ecossistemas e cursos d'água: a pesca, quando realizada intensamente, acaba afetando a reprodução das espécies locais, sem mencionar a poluição causada pelas embarcações (motores geralmente movidos a óleo); o lazer, porque comumente vem associado ao desperdício da água (por exemplo, piscinas que em vez de receberem

---

bens jurídicos mais preciosos para toda a humanidade, tendo alcançado a eminência de garantia constitucional. 3. A tutela antecipada concedida e mantida, para anular o contrato administrativo, não vai de encontro aos interesses da Fazenda Pública, apenas busca preservar o meio ambiente da ilha do Marajó, que é o bem jurídico em questão. 4. Agravo regimental a que se nega provimento." (BRASÍLIA. Superior Tribunal de Justiça. AgRg no Agravo de Instrumento nº 427.600 – PA (2001/0190650-2). Rel. Min. Luiz Fux. Julgado em: 19 de setembro de 2002. *Diário de Justiça*, Brasília, p. 200, 07/10/02).

[97] Exemplo interessante é o da IBM, empresa que necessita de água extremamente pura para a fabricação dos seus *chips*, conforme afirmado por Riccardo Petrela (2002).

[98] Veja-se ABES, 2003, p. 18.

[99] ALVES, Francisco. O que está sendo feito com os resíduos industriais? *Revista Saneamento Ambiental*, São Paulo, n. 54, p. 16-24, nov./dez. 1998. Veja-se, também, ALBUQUERQUE, Letícia. Op. Cit, p. 113 e ss.

[100] Uma pesquisa realizada junto ao Poder Judiciário e a Procuradoria Geral da República feita pela ONG "Defensoria da Água", culminou com o relatório "O estado real das águas no Brasil", onde foi elaborado um ranking das principais empresas poluidoras dos recursos hídricos e do meio ambiente, quais sejam: 1º Petrobras; 2º Shell; 3º CSN (Companhia Siderúrgica Nacional); 4º Grupo Gerdau; 5º Votorantim; 6º Schultz Compressores; 7º Fundição Tupi; 8º Cargill; 9º Chrysler e em 10º lugar, Rhodia. Importante frisar que o juiz da 4ª. Vara Criminal Federal do Estado de São Paulo recusou a proposta de acordo da Shell para reparação de danos ambientais causados (a proposta foi no sentido de financiar um curso para 300 jovens/adolescentes), ordenando o prosseguimento do feito. Conforme notícias divulgadas no site do Observatório Social: (INSTITUTO OBSERVATÓRIO SOCIAL. Multinacionais são principais responsáveis pela poluição da água. *Boletim das Redes Sindicais nas Empresas Multinacionais*, Florianópolis, n. 59, 28 set. 2004. Disponível em: <http://www.observatoriosocial.org.br/boletim/boletim59.htm>. Acesso em: 30/01/05.

[101] Informação divulgada pela equipe do PNUD: BRASIL. Programa Das Nações Unidas Para O Desenvolvimento. *Brasil trata apenas 27,3% de todo esgoto que produz*. Brasília: PNUD, 31/03/04. Disponível em: <http://www.pnud.org.br/noticias/impressao.php?id01=216>. Acesso em: 12/10/04.

tratamento, são esvaziadas e enchidas sistematicamente, especialmente em hotéis e parques aquáticos).

Neste contexto, é possível concluirmos que toda a forma de uso da água pode ser (e de fato, ainda é) altamente danosa aos corpos hídricos, visto que até o momento é realizada de forma não-razoável. Parece-nos que falta ao homem a consciência de que na natureza tudo está interligado, de sorte que a degradação de um bem ambiental irá refletir automaticamente na qualidade/produção de outro recurso e, se levada ao extremo, inviabilizará a vida na Terra.[102]

E, como se não bastasse, além dos problemas advindos do mau aproveitamento de cada uso específico da água, não podemos deixar de mencionar a existência de conflitos entre duas ou mais modalidades sobre o mesmo corpo hídrico. Importante observar que, à exceção da hipótese de escassez (momento em que privilegia o consumo humano e a dessedentação dos animais), a Lei 9.433/97 não estabeleceu qualquer prioridade entre os demais usos, deixando essa tarefa sob a responsabilidade da ANA e dos demais órgãos de regulação,[103] que deverão deci-

---

[102] Neste sentido, interessante é a leitura de CAPRA, Fritjof. *A teia da vida*: uma compreensão científica dos sistemas vivos. São Paulo: Cultrix, 1996. Aliás, várias obras do autor são indispensáveis para a noção de sistema e ecossistema, dentre as quais destacam-se "The Turning Point" (O Ponto de Mutação), e "As conexões ocultas", também traduzidas para o nosso idioma, e publicadas pela Editora Cultrix.

[103] Conforme informado na página eletrônica da Agência Nacional de Águas (ANA), são inúmeros os conflitos de interesses entre os diversos usuários das águas. No ano de 2001 destacou-se, por exemplo, a disputa entre o setor hidroviário – Hidrovia Tietê-Paraná e o setor elétrico. Por ocasião da crise de energia no mês de abril de 2001, houve uma proposta do setor elétrico de utilizar um dos reservatórios da bacia do Tietê-Paraná, o reservatório de Ilha Solteira, até o seu volume mínimo, para produzir uma quantidade de energia da ordem de 4.700 MW por mês. Para isso, seria necessário construir uma barreira no Canal Pereira Barreto, que impediria temporariamente a navegação. Esta situação era inaceitável pelo setor hidroviário, em função da interrupção da navegação e de uma eventual demora na sua retomada. A partir de reuniões entre os setores envolvidos, com a participação e mediação da ANA, foram definidas novas regras operativas do sistema e, ao invés de paralisar o setor hidroviário, a solução encontrada acabou permitindo um aumento de 26 % na carga de grãos transportada. Outros dois exemplos de conflitos entre os diversos usuários das águas são registrados por Christian Guy Caubet (2004). Tratam-se, respectivamente, dos casos da Barragem de Cubatão (em Joinville) e o da Arcelor (em São Francisco do Sul), ambos no Estado de Santa Catarina. No primeiro, o litígio ocorre entre o setor elétrico e o de saneamento básico; no segundo, a disputa é entre o consumo humano básico e o uso industrial, valendo a pena comentá-los um pouco mais detalhadamente. *Caso da Barragem de Cubatão*: existe um projeto de construção de uma barragem no rio Cubatão, próximo do pólo industrial da cidade de Joinville, que vem gerando grande polêmica na região, especialmente por falhas no projeto e ausência de transparência na prestação de informações para a população interessada. Dita barragem visa armazenar água suficiente para abastecer uma Usina Hidrelétrica a ser construída no local. Ocorre que a população da região ainda não está abastecida, em sua totalidade, com água potável e saneamento básico, considerados como preferenciais pela Lei 9.433/97. Ademais, estudos comprovam a existência de soluções alternativas para suprir a deficiência elétrica sem que seja necessária a construção da referida barragem e usina. Christian Caubet (2004, p. 52-53) salienta, neste ponto que "A legislação ambiental não é obedecida, nem em relação aos estudos de impacto, nem quanto à divulgação e debates públicos das obras da Usina Hidrelétrica. Continua sendo desrespeitada, em relação à exigência, formulada pela Lei 9.433 (mas já presente no Código das Águas de 1934) de atribuir a prioridade absoluta ao abastecimento de água potável da população local". Mais, segundo o autor, o convênio firmado para construir esta barragem envolve empresas privadas, que visam somente ao lucro, não havendo garantias de que respeitarão os direitos básicos dos consumidores locais: "A empresa construtora afirma que a barragem auxiliará na regularização do abastecimento de água potável da cidade. Porém acontece que a Inepar pretende produzir energia para ter lucro e não possui compromisso algum com relação ao abastecimento da cidade. No intuito de produzir energia, deverá reter água (bem de domínio público) no reservatório de sua barragem. A mesma massa d'água, bem público, estará represada em uma área privada, com duas finalidades potenciais distintas. Caso seja usada para produzir energia, esta será faturada. Mas caso haja necessidade de soltar água para abastecer a população, é preciso indi-

dir de acordo com o caso concreto, não se afastando a possibilidade de solução do litígio por parte do Poder Judiciário.

Nesta senda, para compatibilizar os diversos usos das águas, a Lei 9.433/97 incluiu dentre os seus princípios fundamentais, na seqüência, a adoção da bacia hidrográfica como unidade de planejamento e gestão, o qual passamos a analisar.

2.3.4. A adoção da bacia hidrográfica como unidade de gerenciamento e de planejamento

O debate acerca da adoção da bacia hidrográfica como instrumento de planejamento e gerenciamento das políticas de recursos hídricos não é novidade no cenário nacional, estando em pauta há várias décadas. Sabe-se que o governo federal iniciou a difusão da idéia por volta de 1970, tomando como base as experiências estrangeiras bem-sucedidas (França, Inglaterra, Alemanha e Estados Unidos), países que conseguiram obter resultados bem melhores dos que os locais na tentativa de otimização dos usos da água e do controle da poluição.[104]

---

car, por convênio entre a autoridade pública outorgante e a empresa, que a água não poderá ser faturada, pois é obrigação legal usá-la, em prioridade, para abastecimento público e dessedentação de animais. Se essa obrigação não for determinada de maneira expressa, poderá haver exigência da Inepar no sentido de receber pagamento pela água que solta, a título de indenização pelo fato de não poder usar a água para finalidade de produção de energia. Deve ficar claro que soltar a água não é decisão que depende da empresa [...] Essa conseqüência absurda não foi evocada por nenhuma das partes envolvidas, porém, necessita de urgentes providências legais, para não acarretar a conseqüência de a população de Joinville ter que pagar um preço específico e extra pela sua água de consumo diário, sob pretexto de que, ao consumir a água, provocaria lucrum cessans nas contas da empresa [...]". *Caso Arcelor*: O outro caso citado pelo autor, também se revela deveras problemático. Trata-se do conflito instaurado no município de São Francisco do Sul desde que o grupo Arcelor resolveu instalar-se no local. Dito conglomerado – terceiro maior produtor mundial de aço – conquistou os políticos da região com a promessa de investimentos da ordem de US$ 420 milhões, bem como com a imediata contratação de trabalhadores, em um empreendimento denominado Vega do Sul, gerando emprego e crescimento para o local. Para tanto, firmou um "Protocolo de Acordo para a construção de Indústria Siderúrgica" com o Estado de Santa Catarina, a Fadesc (Fundo de Apoio ao Desenvolvimento Empresarial de Santa Catarina), o Conselho Deliberativo do Prodec, o Município de São Francisco do Sul e com a Federação Catarinense das Associações dos Municípios (Fecam), no qual estes se comprometeram a fornecer àquela, "água potável" (ou "água industrial") em quantidade e qualidade especificadas, o mesmo não sendo garantido à sua população, conforme consignado no referido acordo (FORNECIMENTO DE ÁGUA: O Estado, por intermédio da Casan, deverá fornecer ao Projeto, seja tal fornecimento efetuado direta ou indiretamente à VEJA, nos limites do termo onde será instalada sua planta industrial, até 115 m³/h de água industrial, podendo a demanda de fornecimento chegar a picos de até 220 m³/h, com possibilidade de aumento do consumo para até 200 m³/h, pelo prazo e nas tarifas acordadas. [...] Além dos volumes de água industrial especificados neste item, a Casan deverá fornecer à VEGA um volume de água potável suficiente para abastecer, em média, 600 (seiscentas) pessoas em caráter permanente, consoante o prazo, a tarifa e as outras condições também constantes do compromisso de Fornecimento que constitui Anexo VII ao presente Protocolo). Ao comentar estes dispositivos, Caubet afirma, com propriedade, que "o Estado de Santa Catarina passa a assumir, em relação à Vega do Sul, um compromisso que não cumpre quando se trata de satisfazer os interesses de sua própria população [...] O consumo humano só aparece garantido pelo Estado à população se ela se tornar integrada à empresa, como no caso de empregar a sua força de trabalho. Se não receberem abastecimento de água como pessoas assalariadas da Vega do Sul, os habitantes do Município voltam à sua condição de não-abastecidos e desamparados". O autor ressalta, ainda, o compromisso absurdo do Estado em "garantir" que tomará todas as providências necessárias para a outorga das licenças ambientais necessárias à empresa quando, na realidade, esta é quem deveria tomar tais providências (adequando-se à legislação), para obter as autorizações competentes.

[104] CÁNEPA, Eugenio Miguel; GRASSI, Luiz Antonio Timm. *Os Comitês de Bacia no Rio Grande do Sul:* uma experiência histórica. Porto Alegre: ABES-RS, [s.d.]. Disponível em: <http://www.abes-rs.org.br/rechid/comites-1.htm>. Acesso em: 04/10/04.

Nesta esteira, foram criados (em 1978) os Comitês de Estudos Integrados em algumas das principais bacias federais, consistindo-se, estes, em órgãos colegiados interinstitucionais, que funcionavam sob a coordenação do Departamento Nacional de Águas e Energia Elétrica (DNAEE). Alguns Estados – como o Rio Grande do Sul, por exemplo – passaram a adotar posturas semelhantes, criando os seus próprios comitês estaduais e locais (contando com o auxilio federal para tanto),[105] lançando raízes sólidas de participação social na formulação de políticas públicas.

O aperfeiçoamento dessa idéia culminou com a adoção obrigatória das Bacias Hidrográficas como unidades de planejamento e gerenciamento dos recursos hídricos pela Lei 9.433/97, por força do art. 1º inciso V, como forma de garantir maior racionalidade ao sistema.

Os novos paradigmas de gestão dos recursos hídricos concentram-se, assim, no planejamento e no gerenciamento que ocorrem em dois níveis, quais sejam, o da implementação (e viabilização) de políticas públicas e o da interpretação. Segundo José Galizia Tundisi,

> No primeiro plano estão situados os objetivos, as opções e a zonação em larga escala das prioridades no uso integrado do solo, agricultura, pesca, conservação, recreação e usos domésticos e industriais da água em uma unidade que é a bacia hidrográfica. No segundo, o da interpretação, destaca-se a capacidade de gerenciar conflitos resultantes dos usos múltiplos e a interpretação de informações existentes de forma a possibilitar a montagem de cenários de longo prazo incorporando as perspectivas de desenvolvimento sustentável, os impactos dos usos múltiplos e a escolha de alternativas adequadas para a conservação e recuperação dos recursos hídricos.[106]

O autor sintetiza seu pensamento afirmando ser fundamental considerar a mudança de paradigma de um sistema *"setorial, local e de resposta a crises"* para um sistema *"integrado, preditivo e em nível de ecossistema"*.[107] Este é o grande mérito da nova Política de Recursos Hídricos.

Não podemos deixar de enfrentar, aqui, a polêmica levantada por Paulo Affonso Leme Machado: segundo o autor, as bacias hidrográficas abrangem tão-somente os rios, lagos e quaisquer outros tipos de águas superficiais, não atingindo, contudo, as reservas subterrâneas, pois estas constituem as "bacias hidrogeológicas".[108]

---

[105] CANEPÁ, [s.d.]. Diz o autor: "Mesmo não comportando um corpo de água federal, a bacia hidrográfica do Guaíba foi contemplada com um desses comitês, o Comitê Executivo de Estudos Integrados da Bacia do Guaíba – CEEIG. Esse organismo, instalado em 1979, realizou uma competente tarefa de aglutinar órgãos federais, estaduais e municipais e de sistematizar conhecimentos a partir de estudos já existentes, chegando a propor um enquadramento por classes de usos para os principais cursos de água da bacia, transformado em norma legal. O CEEIG operou até os primeiros anos da década de oitenta, sempre com caráter de grupo de estudos e de consulta".

[106] TUNDISI, José Galizia. *Água no século XXI:* enfrentando a escassez. São Carlos: RIMa, IIE, 2003, p. 105.

[107] TUNDISI, 2003, p. 105.

[108] MACHADO, 2002, p. 34.

Não obstante a terminologia científica diferenciada, defendemos aqui neste estudo que, para fins de planejamento, gerenciamento e execução de políticas públicas, os aqüíferos estão vinculados às bacias hidrográficas.[109] Pensamos que o "sistema nacional de recursos hídricos" pretendeu instituir ações integradas e coerentes, visando a uma melhor administração dos recursos naturais a fim de assegurar a máxima proteção possível ao meio ambiente. E os aqüíferos e as reservas subterrâneas não podem ser isolados do sistema (gerenciados apartadamente) sob pena de se inviabilizar as demais políticas traçadas.[110] Destarte, ou se criam comitês para gerenciar os aqüíferos (mesmo sem expressa previsão legal), ou se admite que eles estejam vinculados às bacias hidrográficas. Neste caso, deverá haver a comunicação entre os diversos comitês que abrangem a área das reservas subterrâneas que perpassam os territórios de mais de uma bacia para a efetivação de ações integradas, fazendo valer os princípios fundamentais da Política Nacional de Recursos Hídricos.

Impende ressaltar que a Lei 9.433/97 não definiu o significado da expressão "bacia hidrográfica", tendo-se como vigente o conceito elaborado no art. 20 da Lei de Política Agrícola (Lei nº 8.171/91),[111] segundo o qual as bacias "[...] constituem-se em unidades básicas de planejamento do uso, da conservação e da recuperação dos recursos naturais".

Ora, ao mencionar tão-somente "recursos naturais", o legislador conferiu ao exegeta o poder de verificar, no caso concreto, o encaixe da situação fática ao preceito em comento. Neste caso, tem-se que a melhor interpretação é a que considera as reservas subterrâneas como integrantes das bacias hidrográficas para fins de planejamento, gerenciamento e execução das políticas públicas.[112]

Resta consignar que, em nível federal, são sete as principais bacias hidrográficas brasileiras, a saber: Atlântico Sul – trecho leste, Atlântico Sul – trecho norte e nordeste, Atlântico Sul – trecho sudeste, Platina, a do Rio Amazonas, a do Rio

---

[109] TUNDISI, 2003, p. 124, grifo nosso. O autor é partidário da mesma idéia aqui defendida. Isto é o que se depreende da seguinte passagem: "A bacia hidrográfica é uma unidade geofísica bem delimitada, está presente em todo o território, em várias dimensões, apresenta ciclos hidrológicos e de energia relativamente bem caracterizados *e integra sistemas a montante, a jusante e as águas subterrâneas e superficiais* pelo ciclo hidrológico".

[110] Os aqüíferos não podem ser isolados ou desconsiderados no gerenciamento dos recursos hídricos, mormente porque têm se tornado cada vez mais comum à exploração (desordenada e clandestina) dessas reservas subterrâneas, especialmente no território do Estado de São Paulo. Imperioso, assim, consignar o caso da cidade de Ribeirão Preto, que é abastecida integralmente pelas águas desta reserva e onde o consumo é muito acima da média nacional. Neste sentido, veja-se: GOCKEL, Luísa; MEDEIROS, Marcelo. *Aqüífero Guarani:* reserva de preocupação. Rio de Janeiro: TCM, 26 out. 2004. Disponível em: <http://www.tcm.rj.gov.br/hp/saibamais_a.asp?Noticia=1592>. Acesso em: 30/01/05. Refere o autor: "Outra ameaça é a perfuração de poços artesianos para consumo e irrigação. [...] No Brasil, São Paulo é o estado que mais explora as águas subterrâneas. Segundo a SABESP, 65 % da zona urbana do estado depende *de alguma forma desse tipo de extração. Ribeirão Preto é um exemplo dessa dependência*".

[111] PODER LEGISLATIVO. *LEI – 8171 de 17/01/1991*. Brasília: Senado Federal, [s.d.]. Disponível em: <http://www.senado.gov.br/sf/legislacao/legisla/>. Acesso em: 24/07/04.

[112] FREITAS, Juarez. O intérprete e o poder de dar vida à constituição: preceitos de exegese constitucional. In: GRAU, Eros Roberto; GUERRA FILHO, Willis Santiago (Org.). *Direito constitucional:* estudos em homenagem a Paulo Bonavides. São Paulo: Malheiros, 2001.

São Francisco e a do Tocantins. Cada uma dessas bacias está dividida em várias outras sub-bacias para facilitar a execução das políticas públicas. Esta é a razão de ser do próximo princípio fundamental da Política Nacional de Recursos Hídricos a seguir analisado.

2.3.5. O princípio da gestão descentralizada e participativa

O sexto fundamento da Lei de Recursos Hídricos preleciona que a gestão da água deverá ser descentralizada e contar com a participação do Poder Público, dos Usuários e das Comunidades. Esta foi uma das formas que o legisladzor encontrou de promover, em solo nacional, o Princípio da Democracia Direta,[113] instituído pelo § 1º do art. 1º da Carta Política vigente: "Art. 1º, Parágrafo único: *Todo o poder emana do povo, que o exerce por meio de representantes eleitos ou diretamente, nos termos desta Constituição.*[114]

Paulo Bonavides, a despeito da teoria dos direitos fundamentais, afirma que a participação social (ou exercício da democracia direta) constitui-se em um direito fundamental de quarta geração, concernente à fase de institucionalização do Estado social, senão vejamos:

> São direitos da quarta geração o *direito à democracia*, o direito à informação e o direito ao pluralismo. Deles depende a concretização da sociedade aberta do futuro, em sua dimensão de máxima universalidade, para a qual parece o mundo inclinar-se no plano de todas as relações de convivência. A democracia positivada enquanto direito da quarta geração há de ser, de necessidade, uma *democracia direta* [...][115]

Todavia, a teoria que sustenta a existência de uma quarta geração de direitos fundamentais, segundo Ingo Wolfgang Sarlet, está longe de obter o devido reconhecimento no direito positivo interno (e também no plano internacional). Não obstante, os direitos que abarca estão, sob outras nuanças, tutelados pelas demais dimensões dos direitos fundamentais.[116]

---

[113] Veja-se, neste sentido, FREITAS, (2004b, p. 89-103) (especialmente o capítulo 2º "O Controle social do orçamento público").

[114] BRASIL, 2004, p. 13, grifo nosso.

[115] BONAVIDES, Paulo. *Curso de Direito Constitucional*. 13. ed. São Paulo: Malheiros, 2003a, p. 572. Importante destacar que para o jurista "[...] os direitos de primeira geração (direitos individuais), os da segunda (direitos sociais) e os da terceira (direitos ao desenvolvimento, ao meio ambiente, à paz e à fraternidade) permanecem eficazes, são infra-estruturais, formam a pirâmide cujo ápice é o direito à democracia [...] Os direitos da quarta geração não somente culminam a objetividade dos direitos das duas gerações antecedentes, como absorvem – sem, todavia, removê-la – a subjetividade dos direitos individuais, a saber, os direitos da primeira geração".

[116] SARLET, 2002, p. 58. Diz o autor: "Além disso, cumpre reconhecer que alguns dos clássicos direitos fundamentais da primeira dimensão (assim como alguns da segunda) estão, na verdade, sendo revitalizados e até mesmo ganhando em importância e atualidade, de modo especial em face das novas formas de agressão aos valores tradicionais e consensualmente incorporados ao patrimônio jurídico da humanidade, nomeadamente da liberdade, da igualdade, da vida e da dignidade da pessoa humana. Neste contexto, aponta-se para a circunstância de que, na esfera do direito constitucional interno, esta evolução se processa habitualmente e não por meio da positivação destes 'novos' direitos fundamentais no texto das Constituições, mas principalmente em nível de uma transmutação hermenêutica e da criação jurisprudencial, no sentido do reconhecimento de novos conteúdos e

Fernanda Luiza Fontoura de Medeiros demonstra com precisão esta imbricação ao aduzir

> [...] que a liberdade de participação política do cidadão, atuando como sujeito ativo e intervencionista nos processos decisórios em virtude da incorporação das efetivas atribuições inerentes à soberania, constitui ingrediente indispensável às demais liberdades protegidas pelos direitos fundamentais.[117]

Com efeito, entendemos que a participação ativa da sociedade na tomada de decisões caracteriza-se como elemento concretizador dos preceitos constitucionais (princípios fundamentais e direitos fundamentais), angariando cada vez mais espaço no ordenamento jurídico nacional, a exemplo da Lei em exame.

Segundo a melhor doutrina, a gestão preconizada na Lei de Recursos Hídricos poderá ser pública ou mista (quando contar com a participação privada), dependendo da escolha da União, dos Estados, dos Municípios, dos Usuários e das Organizações Civis, mas jamais poderá ser exclusivamente privada,[118] devendo ser exercida de acordo com os instrumentos elencados no capítulo IV, a seguir comentados.

2.3.5.1. Instrumentos de gestão

A Lei 9.433/97 previu seis instrumentos essenciais para a boa administração dos recursos hídricos, dos quais um foi vetado,[119] e cinco estão em vigor, sendo todos complementares e interdependentes. São eles: o Plano Nacional de Recursos Hídricos, o enquadramento dos corpos de água em classes segundo os usos preponderantes, a outorga do direito de uso, a cobrança pelo uso da água e o Sistema Nacional de Informações sobre Recursos Hídricos. Todos esses instrumentos, da forma como foram elaborados, reforçam os novos paradigmas do direito público brasileiro, fundado em "políticas de Estado", e não mais em "políticas de governo", e merecem ser comentados, ainda que superficialmente, o que se passa a fazer.

---

funções de alguns direitos já tradicionais.[...] No que diz com o reconhecimento de novos direitos fundamentais, impende apontar, a exemplo de Perez Luño, para o risco de uma degradação dos direitos fundamentais, colocando em risco o seu '*status* jurídico e científico', além do prestígio de sua própria fundamentalidade. Assim, fazem-se necessárias a observância de critérios rígidos e a máxima cautela para que seja preservada a efetiva relevância e prestígio destas reivindicações e que efetivamente correspondam a valores fundamentais consensualmente reconhecidos no âmbito de determinada sociedade ou mesmo no plano universal. De outra parte, observa-se que, nada obstante, a já relevada dimensão coletiva e difusa de parte dos novos direitos da terceira (e da quarta?) dimensão, resta, de regra, preservado o seu cunho individual. Objeto último, em todos os casos referidos, é sempre a proteção da vida, da liberdade, da igualdade e da dignidade da pessoa humana, o que pode ser bem exemplificado pelo direito ao meio ambiente [...]"

[117] MEDEIROS, Fernanda Luiza Fontoura de. *Meio Ambiente:* direito e dever fundamental. Porto Alegre: Livraria do Advogado, 2004, p. 156.
[118] MACHADO, 2002.
[119] Trata-se do inciso V, cuja redação previa a compensação aos Municípios.

2.3.5.1.1. Plano Nacional de Recursos Hídricos

O Plano Nacional de Recursos Hídricos é formado por diversos outros instrumentos elaborados por bacia hidrográfica, por Estado e para o País. Seu conjunto consiste em um "plano diretor" de longo prazo, que visa a fundamentar e orientar a implementação da Política Nacional de Recursos Hídricos.[120]

A mudança de norte vem estampada em toda a estrutura desta nova política: os planos não serão mais elaborados pela cúpula administrativa; ao contrário, nascerão na base do Sistema, isto é, nas bacias hidrográficas, dando eficácia aos princípios da descentralização e da participação social, tendendo a ser mais eficazes porque formulados com observância das especificidades locais. Mais: tais planos deverão ser elaborados de forma responsável, com objetivos de longo prazo, e não mais para estancar crises e solucionar temporariamente os problemas do setor.

Ao prever a durabilidade dos planos gestores, não pretendeu o legislador engessar o sistema, de modo a torná-lo obsoleto ou desgastado. Ao contrário, quis compelir o administrador a elaborar políticas públicas de Estado, e não de Governo. Políticas que ultrapassem os interesses partidários imediatos, políticas essas que visem essencialmente à satisfação do interesse público e, exatamente por isso, transcendam aos governos.[121] Isto não quer dizer, por outro lado, que os planos não possam ser, ao longo dos tempos, revistos e alterados. Ao revés, devem conter cláusulas que, em face de acontecimentos supervenientes, possibilitem sua revisão com vistas a garantir o equilíbrio econômico-financeiro, bem como alcance dos objetivos traçados.[122]

Seguindo a lógica de descentralização e integração preconizadas na Lei em exame, tem-se que os planos formulados pelas bacias hidrográficas constituem o documento-base para a criação dos projetos Estaduais e Nacional, sem, contudo, substituí-los. Observando o conteúdo mínimo estipulado no artigo 7º e seus incisos, cada um destes planos deve conter o diagnóstico detalhado da situação dos recursos hídricos da bacia na qual está sendo formulado. Em outras palavras, devem conter o mapeamento dos usos atuais das águas, a qualidade e a quantidade aproximada disponível, bem como conflitos existentes.

---

[120] Isto é o que se depreende da leitura combinada dos artigos 6º, 7º e 8º da Lei 9.433/97, *sic*: "art. 6º: Os planos de Recursos Hídricos são planos diretores que visam a fundamentar e orientar a implementação da Política Nacional de Recursos Hídricos e o gerenciamento dos recursos hídricos; art. 7º: Os Planos de Recursos Hídricos são planos de longo prazo, com horizonte de planejamento compatível com o período de implantação de seus programas e projetos e terão o seguinte conteúdo mínimo [...]; art. 8º: Os Planos de Recursos Hídricos serão elaborados por bacia hidrográfica, por Estado e para o País." (BRASIL, 9 jan. 1997).

[121] Esta é, segundo Juarez Freitas, uma característica essencial do novo direito administrativo. Ver, sobretudo, a obra: FREITAS, Juarez. *O controle dos atos administrativos e os princípios fundamentais*. 3. ed., ver. e ampl. São Paulo: Malheiros, 2004.

[122] MACHADO, 2002, p. 45. Diz o autor: "O plano deve ter uma durabilidade condizente com sua implantação e aceitação. Mudanças constantes podem levar à inaplicabilidade do plano. Contudo, o plano precisa prever sua revisão, para se adaptar a fatos supervenientes".

Ato contínuo, devem ser procedidas as análises das perspectivas de crescimento demográfico, da evolução das atividades produtivas e das modificações dos padrões de ocupação do solo, conforme preleciona o inciso II do artigo em comento. Segundo Paulo Affonso Leme Machado, esta etapa do plano é de suma importância porque, ao proceder-se à análise detalhada de todos os núcleos populacionais urbanos e rurais, bem como das correntes migratórias e da legislação de loteamento e uso do solo (especialmente pela detecção de distritos industriais), o legislador enfocou o meio ambiente como um todo, buscando "uma visão conjunta território-água e um planejamento integrado montante-jusante, de modo que seja possibilitado um desenvolvimento eqüitativo de todos os Estados e Municípios da bacia ou sub-bacia".[123]

Os planos de recursos hídricos devem conter, também, um balanço entre as disponibilidades e as demandas futuras de água em quantidade e qualidade, com identificação dos conflitos potenciais. Destarte, se em um primeiro momento a Lei ordena que seja procedido um diagnóstico da situação atual, com a redação deste inciso III, o legislador quer, agora, que os planos de recursos contenham uma prospecção do porvir, alertando para os futuros conflitos e potenciais focos de degradação da qualidade e da quantidade dos corpos hídricos.[124]

O passo seguinte será, após o cotejo destes dados, fixarem-se expressamente as metas de racionalização de uso, aumento da quantidade e melhoria da qualidade, isto, por força do inciso IV deste mesmo art. 7º. Outros elementos obrigatórios a serem vislumbrados são as medidas a serem tomadas, os programas a serem desenvolvidos e os projetos a serem implantados para o atendimento dessas metas traçadas (inciso V), incluindo-se os referentes à educação ambiental e à conscientização das populações locais.[125]

Com base nesses elementos serão definidas as prioridades para a outorga de direitos de uso dos recursos hídricos (inciso VIII). Embora enfadonho, cumpre reiterar que o uso prioritário sempre será o consumo humano e a dessedentação dos animais. Satisfeitos estes, com previsão expressa nos planos de recursos hídricos, deverão ser elencados e hierarquizados os demais usos, de acordo com os interesses predominantes em cada situação. A escolha das prioridades, contudo, não

---

[123] MACHADO, 2002, p. 47. Para o autor, também nesta etapa deve ser dada a devida atenção para as bacias de rios transfronteiriços de gestão compartilhada.
[124] MACHADO, 2002, p. 48.
[125] Os planos de recursos hídricos devem vislumbrar, também, programas de investimentos que envolvem componentes de gestão (tais como desenvolvimento institucional, sistemas de informações, outorga, fiscalização e cobrança, levantamentos, estudos, projetos e medidas não estruturais de proteção e conservação) e de serviços e obras de recursos hídricos (tais como barragens e tratamento de esgotos) e de áreas correlatas (saneamento, energia, irrigação, navegação, etc), devendo conter a proposição de arranjo institucional, econômico e financeiro para a execução, operação e manutenção, conforme informado pela Agência Nacional de Águas (ANA): AGÊNCIA NACIONAL DE ÁGUAS. *Planejamento de recursos hídricos*: apresentação. Brasília: ANA, [s.d.]. Disponível em: <http://www.ana.gov.br/gestaoRecHidricos/PlanejHidrologico/ default2.asp>. Acesso em: 02/11/04.

poderá ser arbitrária, devendo ser fundamentada adequadamente – como aliás, se exige hodiernamente em todos os atos administrativos, sob pena de nulidade.[126]

---

[126] Tema relevantíssimo é este da sindicabilidade dos atos administrativos. No atual contexto, não existe mais espaço para a discricionariedade pura, sendo todos os atos passíveis de controle e apreciação. A forma como este controle será exercido é que pode (ou não) ser considerada lícito e pertinente. José Carlos Vieira de Andrade, eminente jurista português, escreveu sua tese de doutoramento sobre o tema (ANDRADE, José Carlos Vieira de. *O dever da fundamentação expressa de actos administrativos.* Coimbra: Almedina, 2003, p. 12, grifo do autor), que a fundamentação de qualquer ato administrativo deve vislumbrar, necessariamente, duas dimensões, a saber: a formal e a substancial, valendo transcrever a seguinte passagem: "na linguagem comum, 'fundamentação' pode ser entendida como uma exposição enunciadora das razões ou motivos da decisão, ou então, como a recondução do decidido a um parâmetro valorativo que o justifique: no primeiro sentido, privilegia-se o aspecto formal da operação; no segundo, dá-se relevo à idoneidade substancial do acto praticado, integrando-o num sistema de referência em que encontre bases de legitimidade. Neste quadro, a fundamentação obrigatória há-de necessariamente incluir ambas as dimensões, em particular num ordenamento jurídico como o nosso, que estabelece um dever de fundamentação expressa. Por um lado, a formulação dos fundamentos num enunciado lingüístico exprime o caráter 'público' da decisão, tornando-a acessível à compreensão da comunidade dos destinatários e possibilitando o seu controle (o seu conhecimento crítico) numa dimensão intersubjectiva; por outro lado, a justificação normativa é exigida pelo caráter jurídico e vinculado do acto, intencionalmente dirigido à satisfação de fins heteronomamente fixados numa ordem de Direito. Não será correcto, portanto, confundir a fundamentação com a justificabilidade objectiva ou com a conformidade ao Direito (juridicidade) da decisão, reduzindo-a a uma qualidade ou atributo do acto; e também não se pode aceitar como fundamentação uma pura indicação de motivos 'publicitários', que não constitua ou não pretenda ser um 'discurso' justificador". O autor deixa claro, na seqüência, que defende um controle por princípios constitucionais, isto é, uma espécie de verificação de conformidade do ato administrativo com os preceitos constitucionais. Aplicando-se a tese do administrativista português em solo nacional, verifica-se de imediato a fragilidade e inadequação da tradicional fundamentação dos atos administrativos praticados pelas nossas autoridades, cujos despachos geralmente referem *por motivo de conveniência e oportunidade, com base no art. X, defiro o pedido (ou ordeno tal medida).* Por certo, um despacho neste teor está longe de ser uma 'motivação' real e consistente, tal como preconizada em nossa Carta Magna. Em sede nacional, a tese da sindicabilidade dos atos administrativos é defendida de forma mais profunda e extensiva. Vale destacar, nesta senda, a lição de Juarez Freitas (2004b, p. 19), que assim afirma: "A discricionariedade administrativa, no Estado Democrático, deve estar vinculada aos princípios fundamentais, sob pena de se traduzir em arbitrariedade e de minar os limites à liberdade de conformação como racional característica fundante do ordenamento. Desse modo, os atos administrativos podem ser vinculados propriamente ditos ou de discricionariedade vinculada ao sistema, ambos devendo obediência à totalidade dos princípios, fazendo-se urgente, em face da dialógica concepção esposada, proclamar-se a inexistência de atos exclusivamente políticos: tanto os atos administrativos vinculados como os discricionários devem guardar vinculação forte com o sistema positivado. Numa visão sistemática, o mérito do ato, por via reflexa, pode ser inquirido (efetuado o controle de demérito) e, em razão disso, o controle de adequação deve ser realizado com maior rigor, uma vez que a discrição existe, presumidamente, para que o agente concretize, com maior presteza, a vinculante finalidade pública". Em outra passagem (FREITAS, 2004b, p. 222), o jurista deixa ainda mais claro a necessidade de fundamentação de todo e qualquer ato administrativo, senão vejamos: "[...] No mais, tanto os atos administrativos discricionários como os vinculados devem ser motivados. E o administrador se vincula aos fundamentos que externar. Em sintonia com essa orientação, sobreleva e se faz inescapável o dever de motivar os atos discricionários. Com efeito, na perspectiva adotada, é exatamente na consecução desses atos administrativos que mais aparentemente reservam liberdade ao administrador, que se deve cobrar, com rigor máximo, a devida fundamentação. Além disso, mesmo que a lei (contra a qual, por certo, militariam indícios irretorquíveis de inconstitucionalidade) dispensasse a motivação, expressamente atribuído aos juízes no exercício da tutela jurisdicional (e aos Tribunais, inclusive, no âmbito de suas decisões administrativas), sob pena de nulidade dos atos de discricionariedade vinculada ou propriamente vinculados, sempre que afetarem direitos". Adreas J. Krell, outro jurista que escreve sobre o tema (KRELL, Adreas J. *Discricionariedade administrativa e proteção ambiental:* controle dos conceitos jurídicos indeterminados e a competência dos órgãos ambientais: um estudo comparativo. Porto Alegre: Livraria do Advogado, 2004, p. 53), afirma não existir mais dúvidas de que no Brasil, "[...] todo e qualquer ato administrativo, inclusive o ato discricionário e também decorrente da valoração administrativa dos conceitos indeterminados de prognose, é suscetível de um controle jurisdicional mínimo, baseado nos princípios constitucionais e nos princípios gerais de direito", o que nos leva a defender, com afinco, a idéia de que também os atos praticados pelos comitês de bacias, pelas agências de águas e por todos os administradores públicos responsáveis pela elaboração dos planos de recursos hídricos, devem ser fundamentados, motivados, afastando-se as sombras nefastas

Também devem constar nos planos de recursos hídricos as diretrizes e os critérios para a cobrança pelo uso da água, bem como propostas para a criação de áreas sujeitas à restrição de uso com vistas à proteção dos corpos hídricos, previstas, respectivamente, nos incisos IX e X da Lei 9.433/97.

Importante observar que as obrigações contidas nos vários incisos do art. 7º anteriormente mencionadas e comentadas representam o *"conteúdo mínimo"* e indispensável que cada um dos planos previstos nesta Lei deve apresentar. Em outras palavras, embora o plano de bacia seja a base, os planos Estaduais e Nacional devem seguir o roteiro traçado no dispositivo em comento, sob pena de nulidade. Ademais, além do conteúdo mínimo obrigatório, deverão ser observadas as resoluções do Conselho Nacional de Recursos Hídricos[127] em sua formulação.

Por certo, o Plano Nacional de Recursos Hídricos é extremamente complexo e requer a mudança de postura do setor público, traduzida em consideráveis investimentos em tecnologia avançada, equipamentos e, sobretudo, em treinamento de recursos humanos, capacitando as comunidades das bacias para que possam desempenhar com eficiência as suas atribuições.

2.3.5.1.2. Enquadramento dos corpos de água em classes, segundo os usos preponderantes

Outro importante instrumento de gestão refere-se ao enquadramento dos corpos hídricos por classes de uso. Trata-se, em verdade, de uma operação que visa a definir critérios objetivos de classificação das águas segundo o padrão de qualidade que apresentam e de acordo com o uso a que se destinam, garantindo a proteção da saúde pública.

Essa classificação é feita com base na Resolução nº 20/1986 do CONAMA (Conselho Nacional do Meio Ambiente), que separa a água em "doce", "salina" e "salobra". A água "doce" está dividida em cinco classes, sendo uma especial, cuja pureza é maior, considerando que se destina a garantir o abastecimento humano e as condições de vida nos diversos ecossistemas, e mais quatro classes (enumeradas de I a IV, de acordo com as substâncias tóxicas que possuem). As águas "salinas" e "salobras" são classificadas, cada uma, em dois níveis, perfazendo o total de nove classes institucionalizadas por tal resolução.[128]

---

da arbitrariedade, da politicagem, da proteção de interesses escusos. Uma fundamentação clara (e pública) poderia esclarecer à população de Joinvile, por exemplo, sobre o caso da Barragem do Rio Cubatão, ou a população de São Francisco do Sul sobre o caso do grupo Arcelor. Pensamos, como Andreas Krell, que nosso ordenamento não tolera mais decisões arbitrárias, irracionais, desproporcionais, não-razoáveis, discriminatórias e fraudadoras da legitima confiança. Ainda sobre discricionariedade administrativa, especialmente no que tange à aplicação de sanções aos particulares por danos ambientais, indispensável a leitura de ILARRAZ, Marcelo Pedroso (*Discricionariedade Administrativa e Limites na Aplicação de Sanções no Direito Ambiental*. In: WERNECK, Mário; SILVA, Bruno Campos; (Org.). *Direito Ambiental: visto por nós advogados*. Belo Horizonte: DelRey, 2005, p. 571-584).

[127] MACHADO, 2002.

[128] Resolução 20/1986 (CONSELHO NACIONAL DO MEIO AMBIENTE – CONAMA. *Resolução CONAMA nº 20, de 18 de junho de 1986*. Brasília, MMA, [1986]. Disponível em: <http://www.mma.gov.br/tome-

O enquadramento de um corpo hídrico em determinada classe de uso influenciará, diretamente, todas as ações dos comitês de bacias. Assim, se por exemplo um lago servir como ponto de captação de água para o consumo humano, o seu padrão de qualidade, isto é, de potabilidade, deverá ser bem mais rigoroso do que se esta fonte servir apenas para o transporte aquaviário. Por conseqüência, os custos de tratamento e de manutenção também serão bem maiores.

2.3.5.1.3. Outorga de direito de uso dos recursos hídricos

O terceiro instrumento de gestão consiste na outorga de direito do uso da água. A Lei 9.433/97 não conceituou esta outorga; todavia, o Ministério do Meio Ambiente, por meio da Instrução Normativa nº 4, de 21.6.2000, definiu-a como sendo "[...] um ato administrativo, *de autorização*, mediante o qual o Poder Público outorgante faculta ao outorgado o direito de uso do recurso hídrico, por prazo determinado, nos termos e condições expressas do respectivo ato".[129]

Segundo os clássicos de Direito Administrativo, a *autorização de uso* consiste em "um ato administrativo unilateral e discricionário, pelo qual o Poder Público faculta *ao particular* o uso privativo de bem público, a título *precário*.[130]

---

nota.cfm?tomenota=http://www.mma.gov.br/port/conama/legiano.cfm?codlegitipo=3&titulo=Tome%20Nota> Acesso em: 9 nov. 2004, grifo nosso. "Art. 1º – São classificadas, segundo seus usos preponderantes, em nove classes, as águas doces, salobras e salinas do Território Nacional: ÁGUAS DOCES – I – Classe Especial – águas destinadas: a) ao abastecimento doméstico sem prévia ou com simples desinfecção. b) à preservação do equilíbrio natural das comunidades aquáticas. II – Classe 1 – águas destinadas: a) ao abastecimento doméstico após tratamento simplificado; b) à proteção das comunidades aquáticas; c) à recreação de contato primário (natação, esqui aquático e mergulho); d) à irrigação de hortaliças que são consumidas cruas e de frutas que se desenvolvam rentes ao Solo e que sejam ingeridas cruas sem remoção de película. e) à criação natural e/ou intensiva (aquicultura) de espécies destinadas á alimentação humana. III – Classe 2 – águas destinadas: a) ao abastecimento doméstico, após tratamento convencional; b) à proteção das comunidades aquáticas; c) à recreação de contato primário (esqui aquático, natação e mergulho); d) à irrigação de hortaliças e plantas frutíferas; e) à criação natural e/ou intensiva (aquicultura) de espécies destinadas à alimentação humana. IV – Classe 3 – águas destinadas: a) ao abastecimento doméstico, após tratamento convencional; b) à irrigação de culturas arbóreas, cerealíferas e forrageiras; c) à dessedentação de animais.V – Classe 4 – águas destinadas: a) à navegação; b) à harmonia paisagística; c) aos usos menos exigentes. ÁGUAS SALINAS – VI – Classe 5 – águas destinadas: a) à recreação de contato primário; b) à proteção das comunidades aquáticas; c) à criação natural e/ou intensiva (aquicultura) de espécies estinadas à alimentação humana.VII – Classe 6 – águas destinadas: a) à navegação comercial; b) à harmonia paisagística; c) à recreação de contato secundário. ÁGUAS SALOBRAS – VIII – Classe 7 – águas destinadas: a) à recreação de contato primário; b) à proteção das comunidades aquáticas; c) à criação natural e/ou intensiva (aquicultura) de espécies destinadas à alimentação humana.IX – Classe 8 – águas destinadas: a) à navegação comercial; b) à harmonia paisagística; c) à recreação de contato secundário. [...] Art. 3º – Para as águas de Classe Especial, são estabelecidos os limites e/ou condições seguintes: COLIFORMES: *para o uso de abastecimento sem prévia desinfecção os coliformes totais deverão estar ausentes em qualquer amostra*".

[129] INSTRUÇÃO Normativa nº 4, de 21.6.2000. Brasília: Ministério do Meio Ambiente, [s.d.]. Disponível em: < http://www.mma.gov.br/>. Acesso em: 20/09/03.

[130] Veja-se: DI PIETRO, Maria Sylvia Zanela. *Direito administrativo*. 13. ed. São Paulo: Atlas, 2001, p. 211, grifo nosso. Também GASPARINI, Diógenes. *Direito administrativo*. 5. ed. São Paulo: Saraiva, 2000, p. 77. Segundo o autor, "[...] autorização é o ato administrativo discricionário, mediante o qual a Administração Pública outorga a alguém, que para isso se interesse, o direito de realizar certa atividade material que sem ela lhe seria vedada. Por ser discricionário, não está o Poder Público obrigado a agir conforme a solicitação que lhe fora feita, ainda que o interessado tenha atendido a todos os requisitos legais. São desta natureza os atos que autorizam a captação de água de rio público. Os direitos outorgados por esta espécie de ato são, em tese, precários [...]"

Ocorre que o inciso I do art. 12 da Lei 9.433/97 dispõe que até mesmo o Poder Público necessitará requerer a outorga de uso dos recursos hídricos para o abastecimento de sua população,[131] o que nos leva a questionar se tal outorga sempre se tratará de uma autorização ou se os conceitos doutrinários estão equivocados ao referir que esta será dada apenas aos particulares. Fato certo é que, quando se tratar de outorga cujo fim se destine à prestação de serviços públicos (*saneamento básico* e energia elétrica, por exemplo), será necessário, além da outorga para o uso da água, firmar-se um contrato de concessão, sendo imprescindível a realização de licitação pública, ressalvado os casos de dispensa ou inexigibilidade.

Outro aspecto do conceito doutrinário de "autorização de uso" que merece comentário prende-se à expressão *"título precário"*. É que nos tempos atuais, dada a nova conformação do Direito Público – muito mais dialógico e voltado aos princípios constitucionais – nenhum ato administrativo poderá ser considerado absolutamente precário, nem mesmo as autorizações. Destarte, ainda que se esteja diante de um dos casos tipificados nos incisos I a VI do art. 15,[132] não poderá o administrador revogar sumariamente uma autorização de uso da água outrora concedida, necessitando, para tanto, fundamentar a sua decisão, restando vinculado à motivação que der.[133]

Disciplinada na seção III – arts. 11 a 18 – a outorga de direito de uso da água possui uma série de imbricações. Denominada por Paulo Affonso Leme Machado

---

[131] LEI 9433/97, art. 12 (BRASIL, 9 jan. 1997): "Estão sujeitos a outorga pelo Poder Público os direitos dos seguintes usos de recursos hídricos", inciso I: "derivação ou captação de parcela de água existente em um corpo de água para consumo final, inclusive abastecimento público, ou insumo de processo produtivo".

[132] LEI 9.433/97, art. 15 (BRASIL, 9 jan. 1997): "A outorga de direito de uso de recursos hídricos poderá ser suspensa parcial ou totalmente, e definitivo ou por prazo determinado, nas seguintes circunstâncias: I – não cumprimento pelo outorgado dos termos da outorga; II – ausência de uso por três anos consecutivos; III – necessidade premente de água para atender a situações de calamidade, inclusive as decorrentes de condições climáticas adversas; IV – necessidade de se prevenir ou reverter grave degradação ambiental; V – necessidade de se atender a usos prioritários, de interesse coletivo, para os quais não se disponha de fontes alternativas; VI – necessidade de serem mantidas as características de navegabilidade do corpo de água".

[133] FREITAS, 2004b, p. 273. Neste sentido, majestosa é a lição do autor. Primeiramente, quando tratava do princípio da segurança jurídica assim referiu: "A antinomia ordem/justiça foi um dos maiores equívocos registrados na jusfilosofia, tão grave como o corte rígido entre ser e dever-ser. É que, sem estabilidade, a justiça não se afirma, carecendo do amparo da ação estatal, que há de ser inspiradora dos laços de coesão, permanência e de respeitabilidade mútua. Vai daí que se apresenta insuprimível a ligação deste princípio com o da confiança ou boa-fé, apesar das sutis distinções. *Do princípio em voga infere-se a menor precariedade possível nas relações de administração, donde segue que, v.g., as autorizações devem ser vistas como atos constitutivos e, portanto, não revogáveis sumariamente sem direito à indenização"*. (FREITAS, 2004b, p. 62, grifo nosso) Posteriormente, quando discutia a revogação dos atos administrativos (assim consignou: "A idéia tradicional de que um ato administrativo poderia ser revogável sumariamente e sem respeito a direitos indenizatórios deve ser revista pelos controladores no novo paradigma do Direito Administrativo vocacionado ao diálogo. *Tome-se o caso emblemático das autorizações, vistas, não raro, como precárias a ponto de serem revogáveis sumariamente*. Não procede inteiramente a impressão por duas razões primordiais: primeira, porque a autorização, bem como o seu desfazimento, *exige motivação*: logo, o administrador está vinculado aos motivos que der, os quais são plenamente sindicáveis. Em segundo lugar, a autorização, no geral das vezes, tem efeitos constitutivos, de sorte que a revogação, com relação a ter efeitos ex nunc, experimenta os limites traçados pela proteção que o ordenamento destina aos direitos fundamentais. *Não há sumariedade nem revogação que se apresente, nos casos de sacrifício desproporcional*, sem gerar direito à indenização. A sumariedade ofente os mais caros princípios do processo administrativo contemporâneo, ao passo que a negativa de indenização representa a negação do caráter constitutivo que qualquer ato discricionário ou vinculado pode ostentar". (FREITAS, 2004b, p. 273, grifo nosso).

como sendo um direito subjetivo do requerente, que nasce com o preenchimento dos requisitos indispensáveis à sua concessão, a outorga prescinde de dois instrumentos de controle ambiental, quais sejam, o "Estudo Prévio de Impacto Ambiental" e o "Licenciamento Ambiental".[134]

O Estudo Prévio de Impacto Ambiental é exigido sempre que o uso da água for destinado ao *saneamento*, à construção de barragem para fins hidrelétricos acima de 10MW, à abertura de canais de navegação, à drenagem e à irrigação, à retificação de cursos d'água, à abertura de barras e embocaduras, bem como para a transposição de bacias e diques.[135]

Já o Licenciamento Ambiental consiste no ato pelo qual a autoridade administrativa verifica se a atividade desenvolvida está apta a cumprir o exigido pela legislação ambiental, permitindo o seu início. A concessão da outorga não exime o outorgado de obter o licenciamento ambiental; por isso, havendo interesse da Administração, esses dois procedimentos podem ser unificados, como forma de garantir maior agilidade e eficácia social.[136]

A outorga do direito de uso da água será feita, inicialmente, por um prazo não-superior a 35 (trinta e cinco) anos, levando-se em consideração a natureza e o porte do empreendimento, bem como o período de retorno do investimento, podendo, contudo, ser renovada, conforme dispõem os artigos 16 da Lei 9.433/97 e 5º, §§ 2º e 3º, da Lei 9.984/00.[137]

Esta última norma previu, ainda, duas figuras especiais, quais sejam, a outorga preventiva para declaração de disponibilidade de água[138] e a declaração de disponibilidade hídrica para uso do potencial de energia elétrica,[139] ambas com o escopo de estimular o planejamento de investimentos no setor.

---

[134] MACHADO, 2002.

[135] Conforme preleciona o art. 2º, inciso VIII, da Resolução nº 1/1986 do CONAMA.

[136] MACHADO, 2002, p. 65. O autor menciona os Decretos 41.258, de 31/10/1996, do Estado de São Paulo (art. 5º), e o 37.033, de 21/11/1996, do Estado do Rio Grande do Sul (art. 6º) como exemplos de legislações que exigem o licenciamento ambiental além da outorga do direito de uso.

[137] Inovação interessante é a trazida pelo art. 5º, § 4º da Lei 9.984/00 (BRASIL. Senado Federal. Lei 9.984 de 17/07/2000. *Diário Oficial da União*, Brasília, p. 1, 18 jul. 2000. Disponível em: http://www.senado.gov.br/sf/legislacao/legisla/. Acesso em: 09/07/2004), cuja redação ora se transcreve: "As outorgas de direito de uso de recursos hídricos para concessionárias e autorizadas de serviços públicos e de geração de energia hidrelétrica vigorarão por prazos coincidentes com os dos correspondentes contratos de concessão ou atos administrativos de autorização", o que nos faz presumir incluídos os serviços de saneamento básico.

[138] Dispõe o art. 6º da Lei 9.984/00 (BRASIL, 18 jul. 2000, grifo nosso) que: "A ANA poderá emitir *outorgas preventivas* de uso dos recursos hídricos, com a finalidade de declarar a disponibilidade de água para os usos requeridos, observando o disposto no art. 13 da Lei 9.433/97; § 1ºA outorga preventiva não confere direito de uso de recursos hídricos e se destina a reservar a vazão passível de outorga, possibilitando, aos investidores, o planejamento de empreendimentos que necessitem desses recursos; § 2º O prazo de validade da outorga preventiva será fixado levando-se em conta a complexidade do planejamento do empreendimento, limitando-se ao máximo de 3 (três) anos, findo o qual será considerado o disposto nos incisos I e II do art. 5º".

[139] Refere o art. 7º da Lei 9.984/00 (BRASIL, 18 jul. 2000, grifo nosso): "Para licitar a concessão ou autorizar o *uso de potencial de energia hidráulica* em corpo de água de domínio da União, a Agência Nacional de Energia Elétrica – ANEEL deverá promover, junto à ANA, a prévia obtenção de *declaração de reserva de disponibilidade hídrica*".

Os casos de inexigibilidade de outorga de uso da água estão previstos nos incisos I, II e III do § 1º da Lei 9.433/97 e referem-se ao uso de recursos hídricos para a satisfação das necessidades de pequenos núcleos populacionais distribuídos no meio rural, às derivações, captações e lançamentos considerados insignificantes, bem como às acumulações de volumes de água consideradas insignificantes. O que percebemos da redação desses três incisos é a quantidade de conceitos "abertos" e "subjetivos", capazes de inviabilizar sua aplicação prática. Todavia, como bem leciona Paulo Affonso Leme Machado,[140] deverá o legislador esclarecer tais conceitos mediante resoluções ou decretos, dando parâmetros para que o administrador possa aplicar a Lei.[141]

No que tange à vinculação da outorga à cobrança pelo uso dos recursos hídricos, pode-se afirmar – com base no artigo 20 da Lei 9.433/97 – que ambos os institutos estão entrelaçados, sendo esta condição para a concessão daquela. Em outras palavras, tem-se que toda a outorga será cobrada. Disso depreende-se que, nos casos de inexigibilidade de outorga, não haverá cobrança, persistindo, contudo, o dever de cadastramento dos usuários e de fiscalização do uso destes por parte do Poder Público.

As infrações contra o regime de outorga estão tipificadas no art. 49, incisos I a VIII, sendo as penalidades elencadas no art. 50 caput, incisos I a IV, §§ 1º a 4º. Segundo Christian Guy Caubet, essas disposições "[...] também constituem instrumentos de gestão, à disposição de uma eventual polícia administrativa da água".[142]

Por fim, cumpre trazer à baila as principais críticas elaboradas pela doutrina no que concerne à outorga do direito de uso dos recursos hídricos. Assim como prevista na Lei 9.433/97 e nas diversas resoluções do Conselho Nacional de Recursos Hídricos, este instituto comporta três (principais) e severas objeções. A primeira, lançada por Christian Guy Caubet,[143] diz respeito à possibilidade de se revender os direitos de uso obtidos por uma outorga, cuja previsão legal, para o autor, encontra abrigo no art. 2º da Resolução nº 16 do CNRH, de 08/05/2000, ora transcrita:[144]

> Art. 2º: A *transferência do ato de outorga a terceiros* deverá conservar as mesmas características e condições da outorga original e poderá ser feita total ou parcialmente quando aprovada pela autoridade outorgante e será objeto de novo ato administrativo indicando o(s) titular(es).

---

[140] MACHADO, 2002.

[141] Sobre conceitos abertos e indeterminados veja-se, sobretudo: KRELL, 2004, p. 33.

[142] CAUBET, 2004, p. 161.

[143] Id.,ibid., 2004.

[144] O texto integral desta resolução, bem como todas as demais do Conselho Nacional de Recursos Hídricos, encontram-se em: BRASIL. Ministério do Meio Ambiente. Secretaria de Recursos Hídricos. *Resolução nº 16, de 08 de maio de 2001*. Brasília, [s.d.]. Disponíveis em: <http://www.cnrh-srh.gov.br>. Acesso em: 09/07/04.

Segundo o jurista, a água pode ser tratada de duas formas: ou como um bem público de uso comum de todos, ou como um recurso hídrico. No primeiro caso, estaria fora do comércio; no segundo, estaria sujeito às leis de um mercado específico. Tal resolução, afirma o autor, além de tratar a água de acordo com a segunda acepção, é eivada de vícios, pois permite decisões sobre o destino da água (especialmente sobre a revenda deste bem) sem que os legitimados (comitês de bacias e usuários) sejam consultados.[145]

A questão, por certo, é delicada. Embora compreendamos a preocupação do autor, não endossamos a crítica. Concordamos que a água não deva ser tratada como uma mercadoria qualquer, um produto de que os investidores obtenham lucro fácil. Por outro lado, não acreditamos que a resolução acima transcrita deva ser banida do sistema jurídico;[146] ao contrário, na linha de interpretação "conforme", ela deve ser interpretada à luz da Constituição vigente e de forma tópico-sistemática,[147] prática que vem sendo apregoada ao longo deste estudo, para possibilitar fazer-se justiça ao caso concreto, mormente porque a "transferência" mencionada não implica venda (ou revenda) do uso da água.[148]

Resta claro, ademais, que o Poder Público Concedente não figurará como mero chancelador da transação, possuindo a tarefa inextirpável de detectar o fim que este novo usuário pretende dar ao recurso hídrico em questão (se compatível

---

[145] A crítica do autor parece ter pertinência, principalmente se considerarmos os atuais vícios da nossa Administração Pública. Não bastasse a impropriedade do termo "titular", a impressão que se tem é a de que a redação do dispositivo acima transcrito permite a conclusão de que o Poder Público – único que detém o direito de conceder uma outorga de uso de recurso hídrico, por força do art. 12 caput da Lei 9.433/97 (BRASIL, 9 jan. 1997) – tenha passado a atuar como mero figurante, limitando-se a referendar uma transação já acertada entre particulares. A parte final do dispositivo em comento parece ferramenta criada para burlar o sistema, transformando em legal uma verdadeira simulação, contrariando dispositivos basilares da nossa Constituição. E pode, de fato, para este fim se prestar, se não for utilizada sob os novos paradigmas do Direito Público. Ora, já se firmou o entendimento de que a água é um bem público, de titularidade da União e dos Estados e, portanto, inalienável, sendo que a outorga refere-se apenas ao uso do recurso hídrico. Destarte, não pode o outorgado pretender vender algo que já usou e não mais possui! E se a água é um bem público, não pode, por outro lado, querer obter lucro com a transferência de um bem que igualmente não lhe pertence. Por outro lado, não se pode permitir que o Poder Concedente obtenha lucro indevido se o outorgado não puder usar a água que pagou pelo prazo combinado, sob pena de ferir-se o dispositivo que veda o enriquecimento ilícito.

[146] STEINMETZ, Wilson Antônio. *Colisão de direitos fundamentais e o princípio da proporcionalidade*. Porto Alegre: Livraria do Advogado, 2001. Explica o autor que a interpretação conforme a Constituição originou-se e desenvolveu-se na Alemanha que, por meio do BverfGE 2,266, preconizou que uma lei não deve ser declarada nula sempre que se puder interpretá-la de maneira congruente com a Constituição.

[147] Neste sentido é o 10º preceito adotado por Juarez Freitas (2004a, p. 218), segundo o qual "[...] uma pertinente e adequada interpretação sistemática só declara a inconstitucionalidade quanto a afronta ao sistema revelar-se manifesta e insanável". No caso em tela, esta suposta incompatibilidade com a Constituição é facilmente superada, de sorte que não é preciso retirar a norma do ordenamento vigente.

[148] Veja-se, neste sentido: SILVA, Luciano Meneses Cardoso; MONTEIRO, Roberto Alves. *Outorga de direito de uso de recursos hídricos:* uma das possíveis abordagens. Brasília: MMA, [s.d.]. Disponível em: <http://www.mma.gov.br>. Acesso em: 10 dez. 2004. À fl. 10, os autores esclarecem que a transferência ou cessão de outorga do uso dos recursos hídricos tem lugar quando ocorrer à transferência do empreendimento a terceiros, mas nas mesmas condições de utilização que possuía a outorga original. Ora, se um empreendimento que depende da fonte de água objeto da outorga para a fabricação de seus produtos estiver sendo vendido, não existe motivos para que a outorga do uso daquela fonte não possa ser transferida ao novo proprietário do empreendimento. Note-se que o que está sendo vendido é o comércio em si, e não a água ou fonte de captação hídrica. O particular jamais poderá obter lucro com a venda de outorgas.

ou não com a classe daquela fonte), bem como de averiguar o preenchimento de todos os demais requisitos necessários para a obtenção da outorga, tendo o dever de frustrar a composição se tais requisitos não forem preenchidos adequadamente.

Frisa-se, contudo, que a transferência não poderá gerar lucros para o outorgado, sob pena de, aí sim, declarar-se a inconstitucionalidade da referida resolução.[149]

A segunda crítica, também sustentada por Cristian Guy Caubet, refere-se à constante violação do art. 13 da Lei de Recursos Hídricos[150] por parte da ANA (Agência Nacional de Águas). Menciona as inúmeras e constantes outorgas de direito de uso deferidas sem o prévio estabelecimento das prioridades pelos Planos de Recursos Hídricos,[151] gerando situações de difícil reversão. Aduz o autor que:

> A outorga não pode ser efetuada sem que sejam reconhecidas as prioridades de usos e sem que elas estejam estabelecidas nos Planos de Recursos Hídricos. As outorgas concedidas pela ANA não indicam a conformidade do pedido deferido com os Planos de Recursos Hídricos, que geralmente não existem, nem informam qual é a classe do corpo d'água objeto do pedido ou a possibilidade de alteração da classe de enquadramento em função dos impactos da outorga. A água é outorgada como uma substância em si, sem consideração das conseqüências de seus usos para o conjunto do ambiente. O divórcio entre os usos das águas e a gestão ambiental é praticamente total.[152]

Esta crítica tem fundamento, especialmente pela época em que elaborada, pois já havia se passado sete anos do advento da Lei 9.433/97, bem como quatro anos e meio da Lei 9.984/00, sem que nenhum Plano de Recursos Hídricos tivesse sido totalmente terminado. As outorgas continuavam sendo feitas a esmo, isto é, sem o necessário enquadramento técnico previsto na legislação ambiental,[153] o que poderia gerar transtornos futuros se, em razão do Plano superveniente, o uso outrora concedido a alguém restar inviabilizado.

---

[149] A declaração de inconstitucionalidade é sempre medida extremada, que deve ser utilizada somente quando não existem outros mecanismos para salvar a norma viciada. Todavia, quando "incurável", ela deve ser banida do sistema, e nosso País é pródigo em exemplos desta natureza: é o único – ao que se sabe – que já teve duas Emendas Constitucionais declaradas inconstitucionais (e está em vias de declarar uma terceira), que dirá de Resoluções e outras normas inferiores. Veja-se, a respeito do tema, BACHOF, Otto. *Normas Constitucionais Inconstitucionais?* Coimbra: Atlântida, 1977.

[150] Dispõe o art. 13º da Lei 9.433/97 (BRASIL, 9 jan. 1997) que "Toda outorga estará condicionada às prioridades de uso estabelecidas nos Planos de Recursos Hídricos e deverá respeitar a classe em que o corpo de água estiver enquadrado e a manutenção de condições adequadas ao transporte aquaviário, quando for o caso".

[151] CAUBET, 2004.

[152] CAUBET, 2004, p. 167-168.

[153] A própria ANA admite que deu prioridade para a concessão das outorgas de uso em detrimento da elaboração dos Planos. (BRASIL. Agência Nacional de Águas. *Outorga de Direito de Uso*: apresentação. Brasília: ANA, [s.d.]. Disponível em: <www.ana.gov.br/gestaoRecHidricos/ Outorga/default2.asp>. Acesso em: 1/11/04. Vale transcrever este trecho: "Ao assumir suas atribuições legais, a ANA passou a responsabilizar-se pela continuidade da análise técnica de 223 pedidos de outorga, então em tramitação na Secretaria de Recursos Hídricos do Ministério do Meio Ambiente, aos quais viriam a se somar mais 201 novos pedidos, protocolizados entre janeiro e dezembro de 2001, na própria Agência, totalizando 424 pedidos de outorga. A necessidade de priorizar o atendimento, ante tal volume de pedidos de outorga, praticamente canalizou os esforços do setor, em processo de estruturação, prejudicando o desenvolvimento de atividades de caráter estratégico para a elaboração dos procedimentos gerais e específicos da outorga".

Para evitar conflitos, Paulo Affonso Leme Machado recomendava que quando a outorga fosse emitida sem a prévia adoção do Plano de Recursos Hídricos da Bacia Hidrográfica, fosse explicitada na regulamentação, a obrigatoriedade de o outorgado adaptar suas atividades e obras ao Plano superveniente, nos prazos estabelecidos.[154]

Ainda que não tenha constado no ato de outorga este dever de adaptação ao Plano superveniente, pensamos tratar-se de uma obrigação implícita, decorrente de todo o ordenamento, de sorte que o outorgado teria (e terá, nos casos em que essa situação ainda se verificar) o dever de adequar-se ao novo plano, sob pena de perder o direito que outrora lhe foi concedido.

E, embora atualmente já existam alguns Planos terminados,[155] inclusive o nacional, ainda é cedo para falarmos em resultados satisfatórios.

---

[154] MACHADO, 2002.

[155] São os seguintes: 1. Plano Decenal de Recursos Hídricos da Bacia Hidrográfica do Rio São Francisco – PBHSF (2004-2013) (Publicados o Resumo Executivo do Plano – em 2004 e a Síntese Executiva com apreciação das deliberações do CBHSF aprovadas na III Reunião Plenária de 28 a 31 de julho de 2004 – em 2005); 2. Plano Nacional de Recursos Hídricos – PNRH (Concluído e aprovado pelo CNRH em 30/01/06) Coordenação e elaboração de 18 estudos técnicos de abrangência nacional para orientar as ações da ANA e fornecer subsídios para a elaboração do Plano Nacional de Recursos Hídricos – PNRH, dentro da atribuição da Agência de implementar o Sistema Integrado de Gerenciamento dos Recursos Hídricos – SIGRH. Do total, um está publicado, sete em editoração, dois concluídos e oito em conclusão; 3. Programa de Ações Estratégicas para o Gerenciamento Integrado do Pantanal e da Bacia do Alto Paraguai (Relatório Final publicado em 2005); 4. Plano de Ações e Gestão Integrada do Complexo Estuarino-Lagunar Mundaú Manguaba (CELMM) (Finalizado em dezembro de 2005). O Plano tem como objeto a definição de medidas estruturais e não estruturais, bem como a promoção do arranjo institucional para que as ações voltadas ao equacionamento direto dos problemas identificados possam ser efetivamente implementadas e sustentadas. As Lagoas Mundaú e Manguaba estão localizadas no litoral médio do Estado de Alagoas (abrangendo os municípios de Maceió, Rio Largo, Satuba, Santa Luzia do Norte, Coqueiro Seco, Marechal Deodoro e Pilar), conformando um sistema estuarino, denominado Complexo Estuarino-Lagunar Mundaú-Manguaba. O crescimento desordenado da área urbana de Maceió, localizada às margens da Lagoa Mundaú, a presença de um pólo cloroquímico e a intensa atividade sucro-alcooleira, ao longo das bacias hidrográficas contribuintes, são fatores que resultam numa situação crítica no que se refere à vulnerabilidade ambiental e à importância socioeconômica e cultural da região; 5. Plano Estratégico de Recursos Hídricos da Bacias Hidrográficas dos Rios Piracicaba, Capivari e Jundiaí – PCJ (2004-2007) (O Plano foi concluído e aprovado pelo Comitê da Bacia em 03/11/05) A bacia hidrográfica dos Rios Piracicaba, Capivari e Jundiaí estende-se por 14.042,64 km2 em território do Estado de São Paulo e 1.189 km² em território do Estado de Minas Gerais. O Plano objetiva atualizar o anterior (2000-2003), referente a área da bacia localizada em território paulista, e promover a adequada integração territorial da parte mineira; 6. Plano Estratégico de Recursos Hídricos da Bacia Hidrográfica dos Rios Tocantins-Araguaia (Iniciada a elaboração do Plano, em dezembro de 2005, com término previsto para maio de 2007). O Plano tem como objetivos principais: diagnosticar potencialidades hídricas e demandas de usos dos recursos hídricos; definir plano de investimentos para as ações de recursos hídricos, levando-se em conta as condições físicas, ambientais e socioeconômicas de cada bacia; definir e hierarquizar as sub-bacias prioritárias para o detalhamento de novos estudos ou planos específicos; identificar conflitos entre ações e atividades desenvolvidas pelos setores usuários de água e medidas necessárias à conservação ambiental, possibilitando a compatibilização e mediação de conflitos; 7. Plano de Recursos Hídricos das Bacias Hidrográficas dos Rios Guandu, Da Guarda e Guandu Mirim – PBH-Guandu (Iniciada a elaboração do Plano, em dezembro de 2005, com término previsto para julho de 2006). A Bacia Hidrográfica do Rio Guandu possui cerca de 1.400 km², incluindo-se o ribeirão das Lajes como seu formador, sendo o curso d'água contribuinte da Baía de Sepetiba, no Rio de Janeiro, de maior importância. O plano visa identificar e propiciar a redução dos principais problemas e conflitos na bacia, além de ordenar ações e programas para possibilitar a oferta de água em qualidade e quantidades adequadas para proporcionar melhor qualidade de vida à população; 8. Plano de Recursos Hídricos das Bacias dos Rios Afluentes da Margem Direita do Rio Amazonas (Termos de Referência em elaboração) A região compreendida pelas bacias hidrográficas dos afluentes da margem direita do rio possui uma área de cerca de 2,6 milhões km², e estão localizadas nas regiões

A terceira crítica diz respeito aos incisos III e IV do art. 12, cujas redações, segundo Caubet, ferem expressamente a legislação ambiental e a própria Constituição Federal, visto que consagram o desrespeito ao meio ambiente. É que no inciso III, o legislador tutelou o lançamento de esgotos não-tratados nos corpos hídricos, ao passo que, no inciso IV, silenciou sob a forma de aproveitamento dos potenciais hidrelétricos permitindo que, ao se inundar uma região para se formar o reservatório, não se retire previamente a vegetação local, que acaba apodrecendo e gerando gases causadores do efeito estufa.[156]

Concordamos, particularmente, com esta terceira crítica. Pensamos, como o autor, que neste aspecto a Lei de Recursos Hídricos cometeu um retrocesso socioambiental, referendando práticas reputadas negativas pela Lei instituidora da Política Nacional do Meio Ambiente, precisando urgentemente ser revista e alterada.

2.3.5.1.4. Cobrança pelo uso da água

A cobrança pelo uso da água, quarto instrumento de gestão previsto no art. 19, incisos I, II e III, da Lei 9.433/97, encontrou inspiração em um outro princípio básico do Direito Ambiental, qual seja, o do Poluidor-Pagador, adotado pelo ordenamento jurídico nacional em decorrência da Agenda 21, que determinou a assunção dos custos da poluição por parte daquele que a tiver causado.[157]

José Rubens Morato Leite alerta para a freqüente má compreensão terminológica deste princípio, que tem sido visto como sinônimo do princípio *da responsabilização*, mas que, com este, não se confunde. Segundo o autor, o poluidor-pagador transcende o caráter reparatório ou indenizatório, tendo sua razão de

---

norte e centro-oeste do Brasil, em terras dos Estados do Amazonas, Acre, Rondônia, Mato Grosso e Pará. Na porção brasileira os principais formadores do rio Amazonas pela margem direita são os rios Javari, Jutaí, Juruá, Purus, Madeira, Tapajós e Xingu; 9. Plano de Recursos Hídricos da Bacia do Rio Doce (Diagnóstico e Termos de Referência elaborados e aprovados pelo Comitê da Bacia – CBH Doce em 14/12/05) A Bacia do Rio Doce tem uma área de 83.400 km², dos quais 86% estão em Minas Gerais e 14% no Espírito Santo. A população de 3,5 milhões de habitantes distribui-se em mais de 230 municípios; 10. Planos de Recursos Hídricos das Bacias Hidrográficas do Rio Alto Iguaçu / Afluentes do Alto Ribeira e do Rio Tibagi – PR (Assinado convênio em 22/06/05 e a elaboração do Plano teve início em dezembro de 2005). O Convênio celebrado entre a ANA e o órgão gestor do Estado do Paraná – SUDERHSA objetiva o fortalecimento do Sistema Nacional de Gerenciamento de Recursos Hídricos – SINGRH no Estado do Paraná. Dentre as ações previstas há a elaboração dos Planos de Recursos Hídricos das Bacias do Rio Alto Iguaçu / Afluente do Alto Ribeira e do Rio Tibagi que estarão a cargo da SUDERHSA e a ANA fará o acompanhamento técnico;

[156] CAUBET, 2004, p. 166. Diz o autor: "O aproveitamento dos potenciais hidrelétricos é um uso não-consuntivo e não poluente. Porém, pode tornar-se consuntivo, se o reservatório constituído para produzir energia elétrica é objeto de evaporação. E tem-se tornado poluente de diversas maneiras. Uma delas resulta da produção de gases que causam o efeito estufa, em função do fato de que a vegetação não é removida antes do enchimento do reservatório e, ao apodrecer depois de recoberta pelas águas, produz grandes quantidades de gases geradores de efeito de serra" e, posteriormente, a conclui: "Neste contexto, verifica-se que a Lei 9.433/97 passa a introduzir e referendar práticas e comportamentos que a Lei 6.948/81, de Política Nacional do Meio Ambiente, reputava ontologicamente negativos. Num espaço temporal que corresponde a uma geração, verifica-se um gigantesco retrocesso socioambiental, institucionalizado pela nova legislação." (CAUBET, 2004, p. 170).

[157] Conferência das nações unidas sobre meio ambiente e desenvolvimento, 2001, p. 596.

existir centrada no momento anterior à ocorrência do dano ambiental e, por isso, tem vocação preventiva/cautelar/repressiva.[158]

Esse princípio, todavia, não tem sido aplicado com a eficácia outrora almejada. Isto porque o poluidor, além de não adotar postura condizente a evitar o dano ambiental, efetivamente polui o meio ambiente e, uma vez autuado, agrega ao seu produto o valor da multa que lhe foi imposta, transferindo ao consumidor o ônus com que deveria arcar sozinho.[159]

Segundo Maria Luiza Machado Granziera, o "poluidor-pagador" jamais foi implementado em sede nacional, vigorando, no Brasil,

> [...] o princípio do ônus social, que é a antítese do poluidor-pagador. Toda a comunidade paga pela despoluição dos rios, pela sua preservação. O Poder Público, quando aplica parte de seu orçamento para cumprir um determinado plano ou para realizar certo programa, está onerando a comunidade como um todo.[160]

Eugênio Miguel Cánepa concebe de forma um pouco diversa a adoção destes princípios pela atual Lei de Recursos Hídricos, conforme segue:

> O Estado, na maioria dos casos, passa a cobrar preço pela utilização das águas: em primeiro lugar, complementando a tarifa d'água, passa a cobrar pela sua retirada do manancial; em segundo lugar, complementando a tarifa de esgoto, passa a cobrar pelo despejo de

---

[158] LEITE; AYALA, 2004, p. 96. Dizem os autores: "[...] conquanto encerre um conteúdo econômico ínsito em sua natureza, deve ser afastada a defeituosa tendência que tende a considerar o princípio do poluidor-pagador em relação de identidade com o princípio da responsabilização – e, assim, enfatizando sua dimensão repressiva e de índole reparatória e ressarcitória –, ou mesmo como uma espécie de autorização legal para o desenvolvimento de atividades poluentes, o que pode ser sintetizada por meio de grosseira leitura que o reputa uma espécie de licença para poluir. Santos, Figueiredo Dias e Aragão afirmam ser uma idéia '[...] fundamentalmente errada pensar que o PPP tem uma natureza curativa e não preventiva, uma vocação para intervir a posteriori e não a priori'. A sigla inglesa bem ilustra o equívoco ou certas imprecisões e dificuldades observadas ao se pretender conceituar o princípio na doutrina, indicando que seu conteúdo é essencialmente cautelar e preventivo, importando necessariamente na transferência dos custos e ônus geralmente suportados pela sociedade na forma de emissões de poluentes ou resíduos sólidos, para que seja suportado primeiro pelo poluidor. E os custos de que tratamos não objetivam originariamente a reparação e o ressarcimento monetário, mediante a fórmula indenizatória e compensatória reproduzida pela legislação civilística, mas envolvem todos os custos relativos, principalmente, à implementação de medidas que objetivam evitar o dano, medidas de prevenção ou mitigação da possibilidade de danos, que devem ser suportadas primeiro pelo poluidor, em momento antecipado, prévio à possibilidade da ocorrência de qualquer dano ao ambiente, mediante procedimento econômico de largo uso na economia do ambiente, que consiste na internalização de todas as externalidades nos custos de produção da atividade pretensamente poluidora".

[159] Paulo Affonso Leme Machado tem um ponto de vista um pouco diferente, enxergando nesta transferência de ônus ao consumidor uma certa eqüidade, na medida em que o prejuízo é compartilhado com aqueles que se beneficiaram da poluição (MACHADO, 2002). Assim, por exemplo, uma indústria de alimentos, multada em razão da poluição que provoca no rio que passa próximo a sua fábrica, poderia tranqüilamente repassar o prejuízo obtido com esta multa para o preço final de seus produtos, repartindo-o entre os consumidores de seus produtos (destinatários finais) e beneficiários da poluição. Seria, com base na tese do autor, uma aplicação correta do princípio "poluidor-pagador". Não concordo com este ponto de vista, pelo menos não integralmente. Penso que o consumidor só poderá arcar com este prejuízo se tiver conhecimento que o produto que consome foi produzido mediante degradação ambiental, ou seja, ao optar pelo consumo consciente de que este teve um custo ambiental. Caso contrário, não se estará diante da aplicação do princípio "poluidor-pagador", mas sim, da impunidade irracional, que estimula o poluidor a continuar degradando o meio ambiente deliberadamente, sem adequar-se às normas, pois isto implicaria em despesas e o que ele visa é o lucro fácil.

[160] GRANZIERA, 2000, p. 73.

efluentes. Estes dois componentes de cobrança constituem, em conjunto, o chamado Princípio Usuário-Pagador (PUP), sendo que o segundo componente tem um nome específico: Princípio do Poluidor-Pagador.[161]

Disso se depreende que a cobrança pelo uso da água se dará em dois ou até mesmo em três momentos distintos, a saber: primeiro, quando da outorga – o outorgado paga ao Poder Concedente para usar a água; segundo, o outorgado, após utilizar a água na fabricação de seus produtos (ou distribuí-la para a população), repassa os custos ao consumidor final; terceiro, quando, além dos custos da água em si, o usuário é compelido ao pagamento do custo de lançamento dos efluentes.

O art. 21 da Lei de Recursos Hídricos dispõe sobre os critérios a serem observados na fixação do valor a ser cobrado pelo uso da água. Para tanto, em seu inciso I, aduz que nas derivações, captações e extrações de água, será considerado o volume retirado, bem como o regime de variação daquele corpo hídrico. Já o inciso II preleciona que, nos casos de lançamentos de esgotos e demais resíduos líquidos ou gasosos, serão considerados o volume lançado, o regime de variação do lançamento e as suas características físico-químicas, biológicas e toxicológicas.

Além destes critérios, deverão ser observadas as especificidades da bacia hidrográfica, as características das populações locais e todos os demais elementos relevantes para a composição do preço.[162] Importante frisar que o valor a ser cobrado não será sempre o mesmo, variando de Estado para Estado, Bacia para Bacia, pois dependerá das peculiaridades socioeconômicas e geográfico-climáticas de cada localidade.[163]

---

[161] CÁNEPA, Eugênio Miguel. Fundamentos econômico-ambientais da cobrança pelo uso dos recursos hídricos. In: BALARINE, Oscar Fernando Osório (Org.). *Projeto Rio Santa Maria*: a cobrança como instrumento de gestão das águas. Porto Alegre: EDIPUCRS, 2000, p. 48.

[162] MATEO, Ramón Martín. Precios del Água y Política Ambiental. *Revista de Direito Ambiental*, São Paulo, v. 8, n. 32, p. 13-31, out./dez. 2003. O autor faz uma abordagem interessante sobre o impacto da avaliação social quando da fixação do preço da água.

[163] JARDIM, Sérgio Brião. *Cobrança pelo uso da água:* uma proposta de modelagem. In: BALARINE, Oscar Fernando Osório (Org.). *Projeto Rio Santa Maria: a cobrança como instrumento de gestão das águas.* Porto Alegre: EDIPUCRS, 2000, p. 109). O autor elaborou um modelo de cobrança para a bacia hidrográfica do rio Santa Maria (Rio Grande do Sul), que apresenta uma situação preocupante de escassez, devido ao uso irracional da lavoura arrozeira, que além de desperdiçar água, lança uma enorme quantidade de produtos nocivos nos mananciais. O modelo seguido foi o genérico MODCOTA, "concebido para o apoio à tomada de decisão em situações complexas, quando há muitos concorrentes com objetivos e interesses conflitantes". Mister destacar, assim, a seguinte passagem: "Numa primeira fase, esse modelo possibilita a classificação dos concorrentes, através de uma medida que fixa a posição hierárquica de cada um, utilizando variáveis quantitativas (contínuas) ou qualitativas (discretas), que especificam os objetivos e caracterizam concorrentes, como forma de avaliação no processo classificatório. Numa segunda fase, estabelecida a classificação dos concorrentes, o modelo possibilita a fixação de cotas de participação na forma de uma equânime divisão de bens, interesses, recursos ou obrigações de qualquer espécie entre eles". E, na seqüência, adverte: "Para o caso de aplicação do modelo em outras bacias hidrográficas, é indispensável o ajuste e adequação do algoritmo e, principalmente, das novas variáveis a serem usadas, conforme as peculiaridades de cada situação. O uso indevido do modelo STÁgua trará, certamente, distorções nos resultados obtidos, com a perda da aplicabilidade aqui garantida para a bacia do rio Santa Maria [...]"

Alguns estados brasileiros passaram a emitir leis com o intuito de iniciar a cobrança pelo uso dos recursos hídricos, como é o caso do Rio de Janeiro, provocando imediata reação da sociedade, conforme se vislumbra da Ação Direta de Inconstitucionalidade movida pela Confederação Nacional das Indústrias, sob o número 3336, onde se busca a anulação da Lei 4.247/03-RJ.[164] Segundo os autores, esta Lei tem cunho arrecadatório e, ao pretender desviar os recursos advindos da cobrança do uso da água de suas finalidades originais, fere os princípios basilares da Política Nacional de Recursos Hídricos, bem como da Política Nacional de Proteção ao Meio Ambiente.

Com razão está José Marcos Domingues de Oliveira[165] ao afirmar, em sua obra, que a natureza da cobrança do uso da água é extrafiscal, isto é, não é tributária, posição esta endossada por Paulo Affonso Leme Machado, que afirma, categoricamente, não ter a Lei 9.433/97 instituído qualquer tipo de imposto, taxa ou contribuição de melhoria.[166] Conseqüência lógica, não se aplica a estes recursos o art. 165 da Constituição Federal. Em outras palavras, os recursos advindos da cobrança pelo uso da água não entram no orçamento fiscal da União ou dos Estados, restando vinculados aos órgãos e aos fins previstos na Lei que lhe deu origem.[167]

---

[164] CNI questiona lei do RJ sobre cobrança de taxa pelo uso de recurso hídrico. A Confederação Nacional da Indústria (CNI) ajuizou Ação Direta de Inconstitucionalidade (ADI 3336), com pedido de liminar, contra Lei do Estado do Rio de Janeiro que dispõe sobre a cobrança pela utilização dos recursos hídricos de domínio do Estado. A entidade aponta violação ao artigo 21 da Constituição Federal, que atribui à União competência para instituir sistema nacional de gerenciamento de recursos hídricos. A CNI sustenta que a União editou, em atendimento à Constituição Federal, lei que institui a Política Nacional de Recursos Hídricos (PNRH) e cria o Sistema Nacional de Gerenciamento de Recursos Hídricos (SNGRH). Um dos fundamentos da PNRH, diz a entidade na ação, é o de que a cobrança pelo uso da água é um instrumento de gestão, e não de arrecadação. "Tanto é assim que o valor a ser cobrado pelo uso da água deverá ser dimensionado em razão dos programas e projetos a serem realizados na bacia hidrográfica", afirma. Segundo a CNI, a Lei estadual 4.247/03 não se limitou a complementar as normas gerais da lei nacional. Ao contrário, afirma, a lei questionada enfraqueceu o Conselho de Recursos Hídricos do Estado do Rio de Janeiro e os Comitês de Bacia, pois passou a gestão e execução da política estadual de recursos hídricos ao órgão estadual Fundação Superintendência Estadual de Rios e Lagoas (Serla). A lei, diz a entidade, exclui os órgãos colegiados pertencentes ao Sistema de Gerenciamento de Recursos – dos quais a indústria participa – contrariando os fundamentos da PNRH. Salienta ainda que a lei estabeleceu, para os setores agropecuário, de aqüicultura, energia elétrica e demais atividades, usuários das bacias dos rios estaduais, exatamente os mesmos valores definidos pelo Comitê para Integração da Bacia Hidrográfica do Rio Paraíba do Sul para esse rio federal. "Não há base legítima para atribuir, de modo inteiramente arbitrário, o mesmo valor pago pelo uso das águas de um rio interestadual, como é o Paraíba do Sul, como por exemplo para um pequeno rio estadual, como é o rio Maracanã, com regimes qualitativo e quantitativo de água completamente diferentes", afirma a CNI. Portanto, segundo a ação, a lei estadual invadiu a competência da União e dita regras de caráter geral que "não se destinam a atender a peculiaridades locais, mas que transgridem princípios e normas gerais da lei nacional". Notícia veiculada no endereço eletrônico do Supremo Tribunal Federal: PERTENCE, Sepúlveda. CNI questiona lei do RJ sobre cobrança de taxa pelo uso de recurso hídrico. Brasília: STF, 5 nov. 2004. Disponível em: <http://www.stf.gov.br/noticias/imprensa/ultimas/ler.asp?CODIGO=112221&tip=UN>. Acesso em: 2/11/04.

[165] OLIVEIRA, José Marcos Domingues. *Direito tributário e meio ambiente*. Rio de Janeiro: Renovar, 1995.

[166] MACHADO, 2002.

[167] Necessário aqui fazer-se uma observação: a natureza extrafiscal a que nos referimos é somente no que tange aos valores angariados com a cobrança pelo uso da água que exceder a quantia a ser fornecida gratuitamente pelo Estado. Por isso é necessário que a conta venha discriminada. Já os valores que são cobrados atualmente (referente ao custo de tratamento e distribuição da água e coleta e tratamento de esgotos) para alguns refere-se a taxa, para outros tarifa e ainda, há quem sustente ser preço público, valendo destacar a seguinte ementa: "RESP 480692 / MS ; RECURSO ESPECIAL, 2002/0146237-6, Rel. Ministro LUIZ FUX (1122), T1 – PRIMEIRA TURMA, julgado em 10/06/2003, DJ 30/06/2003 p. 148, RET vol. 33 p. 39. PROCESSO CIVIL. RECURSO ES-

Advogamos, como os autores anteriormente mencionados, que os recursos angariados com a cobrança da água, diferentemente dos valores já cobrados – concernentes ao serviço de tratamento e distribuição – devem ser vinculados, não podendo ir para o "caixa único" do Estado ou da União, sob pena de perder o seu fundamento de existir, qual seja o de financiar a recuperação ambiental dos corpos hídricos e atingir a universalização dos serviços de abastecimento de água e de saneamento básico.

Segundo a Agência Nacional de Águas, a cobrança pelo uso dos recursos hídricos em âmbito federal está em fase de estudos na maioria das bacias hidrográficas, tendo sido implementada em apenas duas, a saber: na Bacia do Paraíba do Sul e na Bacia do Alto Iguaçu. Em ambas, houve ampla discussão com a sociedade e as organizações civis, que participaram de todo o processo de tomada de decisões.[168]

Fato certo é que, quando definitivamente implementada nas demais bacias, a cobrança pelo uso da água deverá ser calculada de forma transparente,

---

PECIAL. AUSÊNCIA DE PREQUESTIONAMENTO. SÚMULA 211/STJ. TARIFA DE ÁGUA E ESGOTO. NATUREZA JURÍDICA TRIBUTÁRIA. OBSERVÂNCIA AO PRINCÍPIO DA ESTRITA LEGALIDADE. 1. Recusando-se o tribunal de 2ª instância a emitir pronunciamento acerca dos pontos tidos como omissos, contraditórios ou obscuros, embora provocado, via embargos declaratórios, deve a recorrente, na impugnação especial, alegar contrariedade ao art. 535 do CPC, pleiteando a anulação do acórdão. 2. Inadmissível recurso especial quanto à questão que, a despeito da oposição de embargos declaratórios, não foi apreciada pelo tribunal a quo. (Súmula 211 do STJ). 3. A natureza jurídica do valor cobrado pelas concessionárias de serviço público de água e esgoto é tributária, motivo pelo qual a sua instituição está adstrita ao Princípio da Estrita Legalidade, no sentido de que somente por meio de 'lei em sentido estrito' pode exsurgir a exação e seus consectários. A natureza jurídica da remuneração percebida pelas concessionárias pelos serviços públicos prestados possui a mesma natureza daquela que o Poder Concedente receberia, se os prestasse diretamente. 4. O serviço de fornecimento de água e esgoto é cobrado do usuário pela entidade fornecedora como sendo taxa, quando revela compulsoriedade. 2. Trata-se no caso em exame, de serviço público concedido, de natureza compulsória, visando atender necessidades coletivas ou públicas. 3. Não tem amparo jurídico a tese de que a diferença entre taxa e preço público decorre da natureza da relação estabelecida entre o consumidor ou usuário e a entidade prestadora ou fornecedora do bem do serviço, pelo que, se a entidade que presta o serviço é de direito público, o valor cobrado caracterizar-se-ia como taxa, por ser a relação entre ambos de direito público; ao contrário, sendo o prestador do serviço público pessoa jurídica de direito privado, o valor cobrado é preço público/tarifa. 4. Prevalência no ordenamento jurídico das conclusões do X Simpósio Nacional de Direito Tributário, no sentido de que "a natureza jurídica da remuneração decorre da essência da atividade realizadora, não é afetada pela existência da concessão. O concessionário recebe remuneração da mesma natureza daquela que o Poder Concedente receberia, se prestasse diretamente o serviço. (RF, julho a setembro. 1987, ano 1897, v.299, p.40). 5. O art. 11, da Lei nº 2312, de 3.09.94 (Código Nacional de Saúde) determina: "É obrigatória a ligação de toda construção considerada habitável à rede de canalização de esgoto, cujo afluente terá destino fixado pela autoridade competente". [...] 7. Obrigatoriedade do serviço de água e esgoto. Atividade pública (serviço) essencial posta à disposição da coletividade para o seu bem estar e proteção à saúde, [...]".(RESP 167489/SP, Rel. Min. José Delgado, DJ 24/08/1998) 5. A fonte primária do direito tributário é a "lei" porquanto dominado esse ramo pelo "princípio da legalidade" segundo o qual não há tributo sem lei que o estabeleça, como consectário de que ninguém deve ser coativamente instado a fazer ou deixar de fazer algo senão em virtude de lei. 6. Recurso especial parcialmente conhecido, porém, improvido. Vistos, relatados e discutidos estes autos, acordam os Ministros da Primeira Turma do Superior Tribunal de Justiça, na conformidade dos votos e das notas taquigráficas a seguir, por unanimidade, conhecer parcialmente do recurso e, nessa parte, negar-lhe provimento, nos termos do voto do Sr. Ministro Relator. Os Srs. Ministros Teori Albino Zavascki, Humberto Gomes de Barros e José Delgado votaram com o Sr. Ministro Relator. Ausente, justificadamente, o Sr. Ministro Francisco Falcão. Presidiu o julgamento o Sr. Ministro Luiz Fux".

[168] Informação disponível no site da ANA: BRASIL. Agência Nacional de Águas. *Cobrança de uso da água.* Brasília: ANA, [s.d.]. Disponível em: <http://www.ana.gov.br/GestaoRecHidricos/Cobranca/default2.asp>. Acesso em: 1.11.2004.

demonstrando-se à sociedade o que corresponde aos custos e o que corresponde ao financiamento dos projetos e estudos para intervenções. Mais: o princípio do poluidor-pagador deve ser aplicado sempre que possível em toda a sua extensão sobre aquele indivíduo (ou aquela empresa) que provocou o dano, diminuindo a parcela que sempre acaba sobrecarregando a sociedade. Esta, por sua vez, deverá participar de todo o processo deliberativo, cobrando dos administradores a demonstração da aplicação do dinheiro arrecadado na respectiva bacia.[169]

2.3.5.1.5. Sistema Nacional de Informações sobre Recursos Hídricos

O último fundamento da Política Nacional de Recursos Hídricos diz respeito ao Sistema Nacional de Informações, cuja definição encontra-se no art. 25 da Lei 9.433/97, *sic*:

> Art. 25: O Sistema de Informações sobre Recursos Hídricos é um sistema de coleta, tratamento, armazenamento e recuperação de informações sobre recursos hídricos e fatores intervenientes em sua gestão.
>
> Parágrafo único: Os dados gerados pelos órgãos integrantes do Sistema Nacional de Gerenciamento de Recursos Hídricos serão incorporados ao Sistema Nacional de Informações sobre Recursos Hídricos.[170]

Este sistema, regido pelos princípios gerais da descentralização da obtenção e produção dos dados, da coordenação unificada do sistema e do acesso aos dados e informações garantidos a toda a sociedade, tem como objetivos específicos, segundo o art. 27, a reunião e a divulgação de dados consistentes sobre a situação qualitativa e quantitativa dos recursos hídricos em território nacional, atualizando-as permanentemente com o intuito de fornecer subsídios adequados e necessários para a elaboração dos Planos de Recursos Hídricos.

Em outras palavras, esse Sistema foi criado para privilegiar e dar eficácia ao Princípio da Publicidade, tornando de conhecimento público as reais condições da água existente em solo nacional, permitindo o controle da sociedade sobre este tema tão relevante à vida humana.[171]

Sintetizando o exposto neste tópico, concluímos que os dados contidos no Sistema Nacional de Informações sobre Recursos Hídricos servirão de base para a formulação do Plano Nacional de Recursos Hídricos, instrumento mediante o qual se definirão as prioridades de cada região, localidade e população após o

---

[169] Recentemente, em 21/03/05, o Conselho Nacional de Recursos Hídricos expediu a Resolução nº 48, definindo critérios gerais para a cobrança pelo uso da água, destacando-se as redações dadas aos arts. 8 e 9, ora transcritos: "Art. 8º O valor e o limite a serem cobrados pelo uso de recursos hídricos deverão estar definidos conforme critérios técnicos e operacionais, acordados nos comitês de bacia hidrográfica e órgãos gestores e aprovados pelo respectivo Conselho de Recursos Hídricos. Art. 9º O usuário poderá solicitar revisão do valor final que lhe foi estabelecido para pagamento pelo uso de recursos hídricos, mediante exposição fundamentada ao respectivo Comitê de Bacia Hidrográfica e, em grau de recurso, ao competente Conselho de Recursos Hídricos".

[170] BRASIL, 9 jan. 1997.

[171] Os endereços eletrônicos do Sistema Nacional de Recursos Hídricos são: http://www.mma.gov.br/port/srh/sistema/ e http://www.cnrh-srh.gov.br.

levantamento e a análise das disponibilidades hídricas, isto é, após a separação dos corpos de água por classes de uso. Esses elementos darão suporte ao administrador para conceder as outorgas de direito de uso, bem como para instituir e fixar os valores para a cobrança do uso da água.

A utilização de tais instrumentos de gestão deverá ser exercida de forma conjunta e democrática pelas diversas instituições que compõem o Sistema Nacional de Gerenciamento dos Recursos Hídricos[172] previsto, primeiramente, no art. 21, inciso XIX, da Constituição Federal e, posteriormente, pelo art. 32 da Lei de Recursos Hídricos.

2.3.5.2. Instituições componentes

2.3.5.2.1. Conselho Nacional de Recursos Hídricos (CNRH)

Regulamentado pelo Decreto nº 2.612, de 03/06/97, e redefinido pelo Decreto nº 4.613, de 11/03/03, o Conselho Nacional de Recursos hídricos reúne-se ordinariamente a cada seis meses e, atualmente, conta com 57 (cinqüenta e sete) membros, sendo 29 representantes do Executivo Federal, 10 representantes dos Conselhos Estaduais de Recursos Hídricos, 12 representantes dos usuários e 6 de organizações civis.[173]

Dentre as suas principais atribuições destacam-se a competência para arbitrar, em última instância administrativa, os conflitos instaurados entre os diversos Conselhos Estaduais de Recursos Hídricos, a competência para aprovar propostas de instituição dos Comitês de Bacia Hidrográfica e estabelecer critérios gerais para a elaboração de seus regimentos, bem como para aprovar o Plano Nacional de Recursos Hídricos, acompanhar a sua execução e estabelecer os critérios gerais para a outorga de direitos de uso e cobrança dos recursos hídricos.[174]

A primeira crítica diz respeito à composição deste Conselho: o Poder Executivo tem a maioria dos votos e um número elevado de vagas, impossibilitando que todos os Estados estejam representados, bem como as Agências de Águas e os Comitês de Bacias (afinal, são apenas 10 vagas para os Conselhos Estaduais e nenhuma para as duas outras entidades citadas).[175] Tal composição faz parecer

---

[172] MACHADO, 2002, p. 93. Diz o autor: "O fato de a Constituição Federal ter inserido o tema em seu texto tem como imediata conseqüência a obrigação para a União, os Estados, o Distrito Federal e os Municípios de se articularem na gestão das águas. A existência de um sistema hídrico não elimina a autonomia dos entes federados; mas olhando-se para o art. 18, caput, da Constituição Federal, vê-se que a autonomia existe 'nos termos desta Constituição'. Assim, União, Estados, Distrito Federal e Municípios são autônomos e, ao mesmo tempo, obrigatoriamente interligados no 'Sistema Nacional de Gerenciamento dos Recursos Hídricos'".

[173] Conforme CAUBET, 2004. Informação também disponível no endereço eletrônico da ANA: http://www.ana.gov.br, acesso em 29/10/04.

[174] As competências originais do Conselho Nacional de Recursos Hídricos estão previstas no art. 35, incisos I a X, da Lei 9.433/97, bem como em alguns dispositivos da Lei 9.984/03.

[175] Ao comentar tal dispositivo, Paulo Affonso Leme Machado (2002) menciona que o CONAMA sempre funcionou muito bem, e o Governo Federal nunca teve a maioria dos votos. Ademais, o fato de os usuários e das organizações civis terem sido contemplados com assentos no Conselho não suprime a falta de representação

retóricos os preceitos de gestão descentralizada e participativa, bandeiras maiores na divulgação da nova política das águas.

A segunda crítica diz respeito à usurpação, pelo Conselho Nacional, de uma atribuição que não lhe pertence. Referimo-nos à redação do art. 21, § 4º, da Lei 9.984/00, cujo comando acrescentou ao CNRH o poder de definir as prioridades de aplicação dos recursos mencionados no art. 22, da Lei 9.433/97. Ora, a leitura deste último dispositivo não deixa dúvidas de que os recursos obtidos com a cobrança deverão ser aplicados *prioritariamente* na bacia em que foram arrecadados (e, portanto, sob a deliberação dos Conselhos Estaduais e dos Comitês de Bacias), valendo destacar a lição de Paulo Affonso Leme machado, *in verbis*:

> Em suma, é de inegável razoabilidade que os valores arrecadados devem retornar para quem os pagou. É um princípio de justiça natural. Se tal não ocorrer, o preço da água será apequenado. Só quando houver a satisfação das necessidades da bacia hidrográfica em que esses valores "foram gerados" é que poderá, moral e legalmente, haver seu repasse para outras bacias. A solidariedade não será hipócrita, pois começará amando as próprias pessoas e o próprio meio ambiente da bacia hidrográfica, para depois, se for possível, transbordar em ajuda a outros. A infringência desse dever prioritário de retorno do valor arrecadado, como já está acentuado noutro tópico, ensejará a utilização das ações judiciais cabíveis.[176]

Cumpre salientar, por fim, que o Conselho Nacional é gerido por um presidente – ocupante do cargo de Ministro do Meio Ambiente – e um secretário executivo, possuindo competência, inclusive, para deliberar (ainda que em caráter geral) sobre saneamento básico, tema central deste trabalho.

2.3.5.2.2. Os Conselhos Estaduais de Recursos Hídricos

Previstos no art. 33, inciso II, da Lei 9.433/97 (com redação dada pela Lei 9.984/00), os Conselhos Estaduais têm competência para deliberar sobre acumulações, derivações, captações e lançamentos de pouca expressão, para fins de isenção da obrigatoriedade da outorga de direito de uso quando os recursos hídricos forem estaduais, conforme preleciona o art. 38, V, deste mesmo diploma legal.

São considerados instância recursal para as decisões tomadas pelos Comitês de Bacias, por força do que dispõe o parágrafo único do art. 38, tendo competên-

---

dos Comitês de Bacias e Agências de Águas, instituições-chaves para o bom desenvolvimento da Política Nacional de Recursos Hídricos. Christian Guy Caubet (2004, p. 186), por sua vez, assim refere: "Na opinião das ONG's e com base nos critérios amplamente adotados para definir o que é público, privado e representativo da Sociedade Civil Organizada, nem os consórcios e outras entidades de bacias, idealizados ou fomentados pelos órgãos públicos, nem as universidades e outras instituições de pesquisa mantidas pelos órgãos públicos podem ser considerados elementos representativos da sociedade civil, pois emanam de órgãos governamentais. Dos 57 membros do CNRH, 51 são do primeiro e do segundo setores. Dos outros seis, dois são certamente indicados por entidades que podem ser públicas ou privadas. A 'sociedade civil' de interesse público pode ter de dois a quatro representantes, ou seja, menos de 3% do total de membros! Nestas condições, a noção de 'participação' já carece de sentido. Em vez de participar no órgão nacional que impulsiona o processo, a sociedade civil está institucionalmente excluída".

[176] MACHADO, 2002, p. 99.

cia, ainda, para criar as Agências de Águas em bacias sob seu domínio, conforme art. 42, parágrafo único.

Tais Conselhos devem ser criados pelos próprios Estados quando da implementação de suas políticas de recursos hídricos. Mister destacar, assim, que quase todas as Unidades da Federação já os criaram,[177] com exceção de Mato Grosso do Sul, Acre, Amazonas, Roraima e Amapá, conforme informado pela Secretaria de Recursos Hídricos do Ministério do Meio Ambiente.[178]

Dado importante a ser registrado é que a composição da maioria dos Conselhos Estaduais abriga, em seu seio, assento para os Secretários Estaduais de Saneamento, o que só vem a confirmar a tese defendida ao longo deste estudo, qual seja, a de que a Política Nacional de Recursos Hídricos está intimamente im-

---

[177] Estado do Maranhão (Decreto nº 20.378, de 31 de março de 2004. Cria o Conselho Estadual de Recursos Hídricos, dispõe sobre o Plano Estadual de Recursos Hídricos e o Sistema Estadual de Gestão de Recursos Hídricos e dá outras providências); Estado do Piauí (Lei nº 5.165, de 17 de agosto de 2.000 – Dispõe sobre a Política Estadual de Recursos Hídricos, institui o Sistema Estadual de Gerenciamento de Recursos Hídricos e dá outras providências, sendo que o Decreto nº 10. 880, de 24 de setembro de 2002. Aprova o Regulamento do Conselho Estadual de Recursos Hídricos – CERH/PI); Estado do Ceará (Decreto nº 23.039, de 01 de fevereiro de 1994. Aprova o Regimento Interno do Conselho Estadual dos Recursos Hídricos – CONERH); Rio Grande do Norte (Decreto nº 13.284, de 22 de março de 1997. Regulamenta o Sistema Integrado de Gestão de Recursos Hídricos – SIGERH, e dá outras providências); Estado da Paraíba (Decreto nº 18.824, de 02 de abril de 1997, cria o Conselho Estadual de Recursos Hídricos); Pernambuco (Decreto nº 20.269 de 24 de dezembro de 1997 – Dispõe sobre a Política Estadual de Recursos Hídricos e o Plano Estadual de Recursos Hídricos, institui o Sistema Integrado de Gerenciamento de Recursos Hídricos); Alagoas (Decreto nº 37.784, de 22 de outubro de 1998, publicado em 23 de outubro de 1998 – Regulamenta o Conselho Estadual de Recursos Hídricos); Sergipe (Decreto nº 18.099 de 26 de maio de 1999. Dispõe sobre o Conselho Estadual de Recursos Hídricos – CONERH/SE,e dá providências correlatas); Bahia (Lei nº 7.354, de 14 de setembro de 1998. Cria o Conselho Estadual de Recursos Hídricos e dá outras providências); Pará (Lei 6.381 de 25/07/2001); Tocantins (Decreto nº 637, de 22 de julho de 1998 . Cria o Conselho Estadual de Recursos Hídricos, e dá outras providências); Mato Grosso (Decreto nº3.952 de 06 de março de 2002. Regulamenta o Conselho Estadual de Recursos Hídricos); Rondônia (Decreto nº 10.114, de 20 de setembro de 2002. Cria o Conselho Estadual de Recursos Hídricos, dispõe sobre o Plano Estadual de Recursos Hídricos e o Sistema Estadual de Gestão de Recursos Hídricos e dá outras providências); Goiás (Decreto nº 4.468, de 19/06/95. Dispõe sobre o Conselho Estadual de Recursos Hídricos – CERH); Distrito Federal (Decreto nº 22.787, de 13 de março de 2002. Dispõe sobre a regulamentação do Conselho de Recursos Hídricos do Distrito Federal e dá outras providências); Minas Gerais (Decreto nº 37.191 de 28 de agosto de 1995. Dispõe sobre o Conselho Estadual de Recursos Hídricos – CERH-MG – e da outras providências, e Decreto nº 3.952 de 06 de março de 2002. Regulamenta o Conselho Estadual de Recursos Hídricos); Espírito Santo (Decreto nº 038-R de 06 de Abril de 2000. Dispõe sobre o Conselho Estadual de Recursos Hídricos – CERH); Rio de Janeiro (Decreto nº 27.208, de 02 de outubro de 2000. Dispõe sobre o Conselho Estadual de Recursos Hídricos, e dá outras providências); São Paulo (Decreto nº 27.576, de 11 de novembro de 1987. Cria o Conselho Estadual de Recursos Hídricos, dispõe sobre o Plano Estadual de Recursos Hídricos e o Sistema Estadual de Gestão de Recursos Hídricos e dá outras providências, e Decreto nº 36.787, de 18 de maio de 1993. Adapta o Conselho Estadual de Recursos Hídricos – CRH e o Comitê Coordenador do Plano Estadual de Recursos Hídricos – CORHI, criados pelo Decreto nº 27.576, de 11 de novembro de 1987, às disposições da Lei nº 7.663, de 30 de dezembro de 1991); Paraná (Decreto nº 2314, de 14 de julho de 2000, cria o Conselho Estadual de Recursos Hídricos. Decreto nº 4320, de 29 de junho de 2001 que nomeia os integrantes do Conselho Estadual de Recursos Hídricos); Santa Catarina (Lei nº 6739, de 16 de dezembro de 1985, alterada pelas Leis nº 10644 de 07 de janeiro de 1998, nº 8360 de 26 de setembro de 1991 e nº 10007 de 18 de dezembro de 1995); Rio Grande do Sul (Decreto nº 36.055, de 04 de julho de 1995 Regulamenta o artigo 7º da Lei nº 10.350, de 30 de dezembro de 1994, que instituiu o Sistema Estadual de Recursos Hídricos, e Decreto nº 40.505, de 08 de dezembro de 2000 Altera o Decreto nº 36.055, de 4 de julho de 1995, que trata do Conselho Estadual de Recursos Hídricos).

[178] Informação disponível em: BRASIL. Ministério do Meio Ambiente. *Sistema Nacional de Gerenciamento de Recursos Hídricos*. Brasília: MMA, já. 2004. Disponível em: <http://www.mma.gov.br/port/srh/sistema/conselhos.html>. Acesso em: 30/11/04.

bricada com o saneamento, sendo, tais matérias, indissociáveis, de tal forma que a conclusão não poderia ser outra: também os Conselhos têm competência para deliberar sobre o saneamento básico.[179]

2.3.5.2.3. Os Comitês de Bacia Hidrográfica

Outro órgão administrativo referendado pela Lei 9.433/97 para compor o quadro institucional de gestão descentralizada e participativa – talvez o que mais caracterize os ideais desta nova política – refere-se aos Comitês de Bacia Hidrográfica.

Ao contrário do que muitos pensam, os comitês de bacia foram implementados bem antes do advento da Lei 9.433/97 – alguns, antes mesmo da própria Constituição Federal de 1988.

Segundo Eugênio Miguel Cánepa e Luiz Antônio Timm Grassi, as décadas de 1970 e 1980 foram profícuas na difusão e na implementação de comitês de estudos separados por bacias hidrográficas, que serviram de fóruns de debates sobre a qualidade e a disponibilidade dos recursos hídricos.[180] Tais órgãos, embora desprovidos de poder efetivo e regulamentação apropriada, lançaram raízes sólidas de participação e engajamento social, servindo como embriões para a atual conformação.

Pioneiro quando se trata de participação social, o Estado do Rio Grande do Sul foi berço, em 1979, de um dos primeiros comitês de bacia: o CEEIG – Comitê Executivo de Estudos Integrados da Bacia do Guaíba – formado por órgãos federais, estaduais e municipais. Este Comitê funcionou bem até os primeiros anos da década de 1980, época em que foi instituído o "Sistema Estadual de Recursos Hídricos".[181] Interessante destacar que o modelo gaúcho previa, inicialmente, uma forma segundo a qual, para cada bacia hidrográfica, haveria dois comitês: um "executivo", formado apenas por órgãos oficiais, e outro "consultivo", composto por entidades não-governamentais. Posteriormente, o modelo foi abandonado, criando-se os comitês unificados (persistentes até hoje), aptos para o gerenciamento unificado e permanente de cada bacia.[182]

---

[179] Veja-se: Primeira Reunião do Conselho Gestor da Baía da Guanabara: RIO DE JANEIRO. *Centro de Informação da Baía de Guanabara*. Rio de Janeiro: CIBG, [s.d.]. Disponível em: <http://www.cibg.rj.gov.br/detalhenotícias.asp?codnot=319&codman=31>. Acesso em: 1/11/04.

[180] CÁNEPA; GRASSI, [s.d.].

[181] CÁNEPA; GRASSI, [s.d.], p. 2.

[182] CÁNEPA; GRASSI, [s.d.], p. 2. Referem, os autores, que "[...] em 1987, deflagrou-se a campanha SOS Sinos, conduzida por entidades ecológicas da região, meios de comunicação locais, autoridades locais e estaduais e setores da indústria. Esse movimento culminou com um seminário, em 17 de setembro de 1987, na Universidade do Vale do Rio dos Sinos (UNISINOS), sediada na cidade de São Leopoldo. Na oportunidade, foi decidida a criação de um 'comitê de bacia' para enfrentar a morte do rio dos Sinos. Já na primeira reunião preparatória, foi abandonado o modelo de dois comitês paralelos, um executivo e outro consultivo, e decidido propugnar pela criação oficial de um comitê que se dedicasse ao gerenciamento permanente das águas da bacia".

Com efeito, os exemplos mais antigos de que se têm conhecimento, neste formato, referem-se ao *"Comitê de Preservação, Gerenciamento e Pesquisa do Rio dos Sinos"*, criado em 17 de março de 1987, e ao *"Comitê de Gerenciamento da Bacia do Rio Gravataí"*, criado em 15 de fevereiro de 1989, ambos por decretos do governador gaúcho. Tais comitês, segundo Cánepa e Grassi,

> [...] apesar da precariedade de recursos e da falta de poder legal efetivo de gerenciamento dos recursos hídricos das respectivas bacias, conseguiram aglutinar entidades e pessoas, tanto da sociedade civil, dos setores produtivos e do setor público, *mantendo suas atividades ininterruptamente até o presente.*[183]

Funcionam, portanto, há mais de dezessete anos, precedendo, em muito, a atual Política de Recursos Hídricos.

Se, por um lado, os comitês de bacia já existiam antes da Lei 9.433/97, há que se reconhecer, por outro, que foi somente após a edição desta que ganharam o devido respaldo normativo, firmando-se como órgãos de efetivação do princípio constitucional da democracia participativa.[184]

---

[183] CÁNEPA; GRASSI, [s.d.], p. 2, grifo nosso. Interessante consignar que, segundo os autores, um dos principais objetivos desses dois Comitês centrou-se, desde o princípio, em solucionar os problemas advindos da falta de tratamento dos esgotos sanitários lançados nos dois rios formadores destas bacias.

[184] Sabe-se que a democracia vem evoluindo ao longo dos tempos, e que este processo, especialmente na América Latina, ocorre de forma lenta e problemática. Inicialmente vista apenas como uma forma de governo, a democracia serviu, especialmente a partir da década de 80, para sustentar o liberalismo econômico desenfreado e voraz, garantido por políticos corruptos que não visavam ao bem do povo, somente ao próprio. Segundo Emir Sader (SADER, Emir. Para outras Democracias. In: SANTOS, Boaventura de Souza (Org.). *Democratizar a democracia*: os caminhos da democracia participativa. Rio de Janeiro: Civilização Brasileira, 2002, p. 654), "Duas décadas de hegemonia desse tipo de valores e de modelo de sociedade desarticularam boa parte da estrutura produtiva dos países do hemisfério sul, fragilizaram suas economias pela hegemonia do capital financeiro e pela dependência do capital especulativo, enfraqueceram a capacidade de seus Estados para garantir direitos e para dirigir processos de democratização social, aumentaram rapidamente a mercantilização da cultura e enfraqueceram todos os elementos que compõe a política – além do Estado e dos governos, os partidos, os parlamentos, as campanhas eleitorais, os debates políticos, a cultura política, o interesse pelo destino das sociedades. Foi tal a corrosão que as políticas neoliberais produziram na base das relações sociais, que hoje talvez nem se possa dizer que os regimes políticos que sofreram essas transformações correspondam aos modelos liberais, uma vez que tais governos concentraram poderes – muitas vezes governando por decreto – os parlamentos foram esvaziados, as eleições deixaram de representar disputas de alternativas, o poder do dinheiro corrompeu os processos eleitorais e o próprio exercício dos governos. Uma versão bastarda dos modelos liberais foi se impondo, fragilizando a política e o Estado em favor da financeirização e do primado da economia sobre toda a vida social". Tanto é assim que ainda hoje persiste a "ignorância" política e social da população desses países, inclusive no Brasil. Por outro lado, em seu emprego mais amplo e recente, o termo "democracia" passou a significar muito mais do que uma simples forma de governo, especialmente em razão do fato de ocorrer inúmeros exemplos de sistemas que adotam a "forma externa" da democracia, mas de fato, não a praticam em seus valores essenciais. Segundo Lipset (LIPSET, S. M. *Political man*. Garden City, N.Y.: Doubleday, 1960), "Há uma idéia muito difundida de que para as formas democráticas funcionarem na prática, deve haver um certo nível de educação geral; e, na impossibilidade de um bem-estar econômico, pelo menos a ausência da pobreza geral. Cada vez mais, portanto, há o sentimento de que para uma sociedade ser democrática no sentido mais amplo deve haver não só liberdade e igualdade política, mas também liberdade e igualdade econômicas". Percebe-se, olhando para a nossa Carta Política de 1988, que foi esta a intenção do constituinte: diminuir as desigualdades econômicas e sociais, para instituir um verdadeiro Estado Democrático de Direito. Vale destacar, assim, a redação dada ao Preâmbulo da Constituição Federal e ao parágrafo único do artigo 1º (BRASIL, 2004, p. 12): "Nós, representantes do povo brasileiro, reunidos em Assembléia Nacional Constituinte para instituir um Estado Democrático, destinado a assegurar o exercício dos direitos sociais e individuais, a liberdade, a segurança, o bem-estar, o desenvolvimento, a igualdade e a justiça como valores supremos de uma sociedade fraterna, pluralista e sem preconceitos, fundada

Em muitos países, esses comitês são conhecidos como "Parlamentos das Águas"[185] justamente porque são os órgãos que abrigam as discussões travadas pelos diversos atores interessados (sociedade, usuários, políticos, autoridades públicas, técnicos, entidades civis de recursos hídricos, etc.). Em outras palavras, as decisões – antes tomadas única e exclusivamente pelos governantes – agora são avaliadas primeiramente pela sociedade no âmbito dos comitês, organismos que consistem em fóruns colegiados aptos a apontar a melhor solução (que deverá ser referendada pela autoridade competente). A "participação" do povo deixou de ser retórica, isto é, deixou de ser um discurso vazio, letra morta da lei, mero expediente "formal" para tornar-se real, concreta e efetiva.

Conceituados pelo art. 1º da Resolução nº 5 do CNRH (de 10/04/2000), tem-se que os comitês são órgãos colegiados que possuem atribuições normativas, deliberativas e consultivas a serem exercidas em seus limites territoriais, devendo, segundo Paulo Affonso Leme Machado, possuir personalidade jurídica, característica que lhes garantirá maior autonomia e possibilitará a sua responsabilização em caso de atuação ineficiente.[186]

A composição dos Comitês, conforme preleciona o art. 39 da Lei 9.433/97, contará, em princípio, com a representação da União (inciso I), dos Estados e do Distrito Federal, cujos territórios se situem, ainda que parcialmente, em suas respectivas áreas de atuação (inciso II), dos municípios situados, no todo ou em parte, em sua área de atuação (inciso III), dos usuários (inciso IV) e das entidades civis de recursos hídricos com atuação comprovada na bacia (inciso V).[187] O nú-

---

na harmonia social e comprometida, na ordem interna e internacional, com a solução pacífica das controvérsias, promulgamos, sob a proteção de Deus, a seguinte Constituição da República Federativa do Brasil. Art. 1º, parágrafo único: todo o poder emana do povo, que o exerce por meio de representantes eleitos *ou diretamente*, nos termos desta Constituição". (grifo nosso). Ora, a redação é cristalina no sentido de conferir a proteção de determinados valores sociais para, com isso, dar suporte às duas formas de democracia: a representativa e a direta (ou participativa). Esta segunda forma consiste no modo de exercício do poder político através do qual o povo desenvolve atividade de gestão, controle, orientação ou decisão. SADER, com propriedade afirma (SADER, 2002, p. 659) que "As iniciativas de democracia participativa buscam romper esse círculo vicioso, regatando a dimensão pública e cidadã da política. Essas iniciativas tendem a ocorrer em alguns sentidos diferentes: um deles é o da mobilização de setores sociais interessados na realização de políticas públicas – saúde, saneamento básico, educação, segurança pública – levando aos governos e aos parlamentos reivindicações e buscando formas de concretizá-las, pressionando, controlando, buscando manter um grau de mobilização que possa estabelecer uma nova relação entre um setor da cidadania e a política". Resta claro, assim, a importância dos Comitês de Bacia na medida em que propiciam, efetivamente, o exercício da democracia direta e participativa de diversos atores sociais.

[185] Vale, aqui, mencionar o "Tribunal de las Águas de la Veja de Valencia", que existe (comprovadamente) desde o ano de 1238 (embora muitos historiadores sustentem que este órgão funciona desde 960, época do governo de Califato de Córdoba). E, ao contrário do que se imagina, este "tribunal" funciona ininterruptamente, com reuniões semanais que se realizam às portas da Catedral de Valença. Neste sentido, veja-se: EL TRIBUNAL de las Águas Valenciano: justiça Árabe. *Revista Ibérica*, Madrid, [s.d.]. Disponível em: <http://www.revistaiberica.com/Grandes_Reportajes/valencia.htm>. Acesso em: 12/12/04. Veja-se, também, a página eletrônica do próprio Tribunal: http://www.nova.es/cifa/tribunal.htm, acessado em 12/12/04.

[186] MACHADO, 2002.

[187] Algumas particularidades devem ser observadas. A participação da União só será obrigatória quando o Comitê tiver área de atuação federal, mas nada impede que se faça representar nos comitês Estaduais (MACHADO, 2002). Quando se tratarem de bacias que englobam rios transnacionais ou fronteiriços, a União deverá incluir em sua representação um representante do Ministério das Relações Exteriores (§ 2º). Também o caso indígena

mero de representantes de cada um desses setores será determinado no regimento interno do próprio comitê, sendo vedada a participação de representantes do Poder Executivo em patamar superior a 50%.

Também os votos no processo decisório estão limitados de acordo com a categoria.[188] Destarte, tem-se que o Executivo (conjunto dos representantes da União, Estados, Distrito Federal e Municípios) deverá obedecer ao limite de 40%; os usuários (pessoas físicas ou jurídicas que dependem da outorga do direito de uso dos recursos hídricos para desenvolverem suas atividades),[189] também terão como limite o montante de 40%; por fim, as sociedades civis de recursos hídricos (tais como consórcios e associações intermunicipais de bacias hidrográficas, associações regionais, locais ou setoriais de usuários de água – inclusive os de usos insignificantes, organizações técnicas e de pesquisas e ensino, ONGs, dentre outras)[190] terão garantidos 20% do total de votos.

Christian Guy Caubet tece duras críticas quanto à composição mencionada. Para o autor, a sociedade sempre sairá perdendo, porque os "poderosos" (representantes dos interesses econômicos) e "políticos" sempre serão a maioria e sempre deterão o poder decisório, não havendo uma possibilidade real de participação e de decisão por parte da sociedade civil.[191]

Outra crítica é sustentada por Pedro Roberto Jacobi.[192] Segundo o autor, a composição dos Comitês de Bacia tende a obedecer à lógica sociotécnica, na qual

---

apresenta situação diferenciada: se a reserva situar-se em área de comitê federal, a União incluirá em sua representação, membros da FUNAI, o que não dispensa a participação das comunidades indígenas. Por outro lado, se a reserva estiver restrita à área de um comitê Estadual, não será obrigatória a presença da FUNAI (art. 39, § 3º, incisos I, e II, da Lei 9.433/97).

[188] Conforme art. 8º, inciso I, da Resolução nº 5 de 2000, do CNRH (Conselho Nacional de Recursos Hídricos).

[189] Veja-se art. 14 da Resolução nº 5 de 2000, do CNRH (Conselho nacional de Recursos Hídricos), segundo a qual são considerados integrantes da classe dos usuários os setores de: "a) abastecimento urbano, inclusive diluição de efluentes urbanos; b) indústria, captação e diluição de efluentes industriais; c) irrigação e uso agropecuário; d) hidroeletricidade; e). hidroviário; f) pesca, turismo, lazer e outros usos não consuntivos". (BRASIL. Ministério do Meio Ambiente. Conselho Nacional de Recursos Hídricos. *Resolução nº 5 de 10 de abril de 2000*. Brasília, 2000, grifo nosso). Percebe-se, pela redação constante na alínea "a", o destaque que o setor de saneamento básico possui dentro dos comitês de bacia.

[190] Elencadas no art. 47 da Lei de Recursos Hídricos (9.433/97). Existem várias organizações civis atuantes no sistema de recursos hídricos. Os consórcios intermunicipais estão relacionados no seguinte endereço eletrônico: http://www.cnrh-srh.gov.br/orgaos/consorcios.htm, acesso em 30/11/04.

[191] CAUBET, 2004, p. 189. Diz o autor: "Deve-se evocar a representatividade dos segmentos que participam nos Comitês de bacias. Faz-se necessário realizar uma indagação pormenorizada sobre esse assunto, em razão de vários equívocos específicos constantemente encontrados, em relação às modalidades da participação nas decisões ou à própria noção ou concepção da participação. [...] a análise pormenorizada dos textos regulamentares do CBH indica que a participação NÃO será de todos, a não ser de maneira nominal. As categorias de participantes são taxativamente enumeradas e verifica-se que a lei garante 80% do espaço para duas categorias de representantes: a) a dos poderes públicos que emanam do poder executivo da União, Estados, Distrito Federal e Municípios (40% do total); e b) os das atividades econômicas (outros 40%), que correspondem aos usos reputados dominantes e são chamados de usuários. Os que pensam que a sociedade civil deverá ter uma influência, associada a um poder de decisão real, haverão de constatar que o conceito de sociedade civil recebe uma aplicação numérica mais do que modesta (20% do total de participantes), nas definições da lei".

[192] JACOBI, Pedro Roberto. *Comitês de Bacias Hidrográficas:* dimensão político-social. São Bernando do CAmpo: AGDS, [s.d.]. Disponível em: <http://http://www.agds.org.br/midiambiente/pdf/ jacobi.pdf>. Acesso em: 30/11/04.

as relações de poder não desaparecem, apenas passam a ser negociadas entre especialistas e leigos, evidenciando-se as disparidades entre as duas categorias, o que dificulta o consenso e a agilidade na tomada de decisão.

Discordamos destes posicionamentos. No primeiro caso, especialmente porque a lei não determinou percentuais fixos, apenas estabeleceu limites mínimos e máximos, não impedindo a determinação de composição diversa pelos regimentos internos dos comitês de bacia. Imperioso transcrever, assim, o art. 8º da Resolução 5/2000 do CNRH:

> Art. 8º: Deverá constar nos regimentos dos Comitês de Bacias Hidrográficas o seguinte:
>
> I – número de votos dos representantes dos poderes executivos da União, dos Estados, do Distrito Federal e dos Municípios, *obedecido o limite* de quarenta por cento do total de votos;
>
> II – número de representantes e entidades civis, proporcional à população residente no território de cada Estado e do Distrito Federal, cujos territórios se situem, ainda que parcialmente, em suas respectivas áreas, *com pelo menos*, vinte por cento do total de votos, garantida a participação de pelo menos um representante por Estado e do Distrito Federal;
>
> III – número de representante dos usuários dos recursos hídricos, obedecido quarenta por cento do total de votos, e [...][193]

Exemplo disso é o caso do Rio Grande do Sul: em sua Lei de Recursos Hídricos, Lei nº 10.350/94 optou-se por uma composição diversa, privilegiando a sociedade civil em detrimento do Poder Público, garantindo-se àquela o mesmo percentual conferido aos usuários (40% dos votos).[194] Cabe, portanto, a cada Estado, ao instituir a sua Política de Recursos Hídricos e ao implementar os seus Comitês de Bacia, o poder de ampliar a participação da sociedade no processo democrático e deliberativo.

No segundo caso, discordamos da crítica feita porque a presença de técnicos na composição dos comitês é imprescindível para o cumprimento das finalidades de tais organismos. Ademais, à medida que a população se engaja e participa dos debates, vai adquirindo o conhecimento para acompanhar e implementar as ações necessárias. Não se deve subestimar, portanto, a sua capacidade. Por mais que existam termos técnicos e questões complexas, a grande maioria dos indivíduos (especialmente os que procuram exercer sua cidadania, participando efetivamente

---

[193] BRASIL, 2000, grifo nosso.

[194] Conforme depreende-se da redação dada aos arts. 13 e 14 da Lei 10.350/94. Neste sentido, Canepá e Grassi ([s.d.], p. 6, grifo nosso): "A distribuição proporcional dessas representações apresenta uma importante inovação, ao reservar 40% dos votos de um comitê a cada um dos dois primeiros grupos e apenas 20% aos representantes diretos do Poder Público. Observe-se que entes públicos, como órgãos da administração municipal ou estadual podem integrar o grupo dos usuários, desde que detentores de serviços que impliquem determinados usos dos recursos hídricos. No grupo da população, também o Poder Legislativo tem sua representação prevista. Fica alterada, portanto, a divisão tradicional entre entes oficiais e não governamentais, em proveito de uma outra divisão, baseada na relação dos organismos com a água e seus usos. *De qualquer forma, garante-se a preponderância da representação societária, em níveis inéditos em termos de gestão pública de um bem natural.* Isso é realçado, também, pelo fato de que a presidência de um comitê deve ser exercida por um integrante do grupo dos usuários ou do grupo da população".

do processo democrático) tem condições de discernir entre uma e outra solução, optando pela melhor. Qual seria a razão de ser dos comitês, senão a de se constituírem em colegiados formados por membros diversos, mas qualificados, aptos a optarem pela melhor solução a ser impingida aos casos concretos?[195]

Acreditamos, assim, que vivenciamos uma nova era, na qual o povo, cada vez mais consciente e politizado, trabalha por mudanças políticas profundas, porém não partidário-radicais. O novo cidadão que compõe este "povo" possui esperança, sim. Mas não o sentimento tolo dos ingênuos, desprovido de racionalidade. Ao contrário, a esperança que tem nasce do inconformismo, encontrando sentido no fazer valer dos novos paradigmas do direito público, renovando-se, diária e constantemente, em cada fórum ou espaço de discussão.

Nunca a participação direta da população esteve tão estimulada e tão praticada em nosso país. Esta nova cultura, impulsionada pela Carta de 1988, em que se privilegiou a inclusão social, a educação, o crescimento humano e cultural ao lado do desenvolvimento econômico (e não de forma excludente ou contraposta a este), fez amadurecer a idéia de preservação constante do interesse público – que não se confunde com os interesses particulares dos administradores e/ou de seus partidos políticos – mas se coaduna com o da sociedade. Estamos vivenciando, pois, uma verdadeira democracia deliberativa, arraigada na tradição aristotélica de justiça distributiva. E os comitês de bacia nada mais são do que a realização prática dessa acepção.[196]

No que tange à natureza, impende salientarmos que tais órgãos podem ser de âmbito federal (se a área de atuação abranger um rio – ou reserva – da união, fronteiriço ou transnacional), ou estadual. Em sede nacional, foram implantados

---

[195] Neste sentido, também Luis Fernando Barzotto (BARZOTTO, Luis Fernando. *A democracia na Constituição*. São Leopoldo: Unisinos, 2003, p. 41). Ao tratar das diversas formas de concepção da democracia, o autor traz à baila a teoria aristotélica de democracia deliberativa, ressaltando a importância do debate qualificado para a busca da verdade (melhor solução). Vale transcrever as seguintes passagens: "[...] No meio termo, temos Aristóteles, que propõe a deliberação na esfera política, porque nesta a verdade não é evidente, como pretende o dogmático, e deve ser buscada, porque existe, ao contrário do que pensa o cético. [...] Aristóteles coloca a verdade no interior da opinião. Nas questões morais, jurídicas e políticas, só se obtém a verdade a partir de raciocínios que não partem de premissas necessárias e evidentes (como na ciência), mas opiniões que são prováveis: 'são prováveis as opiniões que são aceitas por todos os homens, ou pela maior parte dentre eles, ou pelos sábios, e entre estes últimos, os mais sábios entre eles, seja, enfim, o pelos mais notáveis ou mais ilustres'. Estas opiniões devem ser submetidas a exame e expostas ao confronto com outras opiniões. [...] Como a razão prática aristotélica é teleológica, a democracia proposta consubstancia-se em uma articulação da vida política onde o consenso alcançado pela discussão não é o fundamento do certo e do errado, mas a natureza humana, com o telos que lhe é específico, é que constitui este fundamento. O consenso será apenas o melhor indício de que se alcançou a verdade na discussão".

[196] BARZOTTO, 2003, p. 44. Diz o autor: "Uma democracia fundada em uma razão prática que busca uma verdade prática será chamada de deliberativa. O termo *bouleusis*, deliberação, um conceito técnico da ética aristotélica, é 'um conceito emprestado da prática política', pois a *Boulé*, na democracia ateniense, é o conselho dos Quinhentos, 'o conselho dos homens de experiência, dos *phronimoi* (prudentes)'. Pierre Aubenque vincula as noções de prudência (razão prática) e deliberação, lembrando que em Homero quem delibera não é o valente Aquiles, mas o 'prudente Ulisses'. Assim, o regime que pressupõe a racionalidade do diálogo, no qual os cidadãos reunidos ponderam os argumentos sobre ações e decisões coletivas, usando um discurso voltado ao futuro que Aristóteles na Retórica classifica como 'discurso deliberativo', pode ser chamado, sem maiores inconvenientes, de 'democracia deliberativa'".

até o momento 07 comitês de bacia.[197] Já na esfera estadual, têm-se notícias de que foram implementados mais de 100 (cem).[198]

As competências dos comitês de bacias, no âmbito de suas áreas de atuação, conforme preleciona o art. 38 da Lei 9.433/97, referem-se à promoção do debate das questões relacionadas aos recursos hídricos e à articulação das entidades intervenientes (inciso I); ao poder de arbitrar, em primeira instância administrativa, os conflitos relacionados aos recursos hídricos (inciso II); a aprovação do Plano de Recursos Hídricos da bacia (inciso III); ao acompanhamento da execução deste Plano, podendo (e devendo) sugerir providências necessárias para o cumprimento das metas (inciso IV); a indicação, junto aos Conselhos Nacional e Estadual, de acumulações, derivações, captações e lançamentos de pouca expressão, para efeitos de isenção da outorga de uso, de acordo com os domínios destes (inciso V); o estabelecimento de mecanismos de cobrança pelo uso dos recursos hídricos, devendo sugerir os valores a serem cobrados (inciso VI), bem como o estabelecimento de critérios e a promoção do rateio de custo das obras de uso múltiplo, de interesse comum ou coletivo (inciso IX). Cumpre enfatizar, igualmente, que *os Comitês de Bacia têm competência para deliberar sobre o saneamento básico* e efetivamente têm decidido sobre a matéria.[199]

Para concluirmos este tópico, quadra referir que os Comitês de Bacia são órgãos indispensáveis para a implementação eficaz da Política Nacional de Recursos Hídricos. Tanto é assim, que a Lei 9.433/97 os previu de forma cogente. Em outras palavras, a instituição de um Comitê não é faculdade dos Conselhos, mas uma obrigação, tanto que a omissão neste sentido já foi objeto de ações extrajudiciais

---

[197] Conforme informações divulgadas nos endereços eletrônicos da ANA e do Conselho Nacional de Recursos Hídricos, os sete comitês federais de bacia são os seguintes: VERDE GRANDE (compreendido nas áreas geográficas dos Estados da Bahia e de Minas Gerais, concernente ao Rio Verde Grande, foi instituído por decreto em 03/12/2003); PCJ-FEDERAL (compreendido nas áreas geográficas dos Estados de São Paulo e de Minas Gerais, concernente aos rios Piracicaba, Capivari e Jundiaí, foi instituído por decreto em 20/05/2002); CEIVAP (compreendido nas áreas geográficas dos Estados de São Paulo, Rio de Janeiro e Minas Gerais, concernente ao rio Paraíba do Sul, foi instituído por decreto em 22/03/1996); SÃO FRANCISCO (compreendido nas áreas geográficas dos Estados de Minas Gerais e do Rio de Janeiro, concernente ao Rio São Francisco, foi instituído por decreto em 05/06/2001); Rio Doce (compreendido nas áreas geográficas dos Estados do Espírito Santo e de Minas Gerais, concernente ao Rio Doce, foi instituído por decreto em 25/01/2002); O comitê (sem nome/sigla definido, compreendendo as áreas geográficas de Minas Gerais, Goiás, Distrito Federal, Bahia, Pernambuco, Sergipe e Alagoas, criado por decreto em 05/06/2001); e, por fim, também sem nome ou sigla determinada, o comitê compreendido nas áreas geográficas da bacia que engloba o Distrito Federal, Goiás, Minas Gerais e Mato Grosso do sul, criado por decreto em 16/07/2002).

[198] Conforme: ASSESSORIA GERAL DE COMUNICAÇÕES DO ESTADO DA BAHIA. *Bahia sedia Encontro Nacional de Comitês de Bacias Hidrográficas*. [S.l.]: AGECOM, 24 set. 2004. Disponível em: <http://http://www.agecom.ba.gov.br/exibe_noticia.asp?cod_noticia=9614>. Acesso em: 30/11/04.

[199] É fácil comprovar-se esta afirmação. Basta analisar as atas de reuniões dos diversos comitês existentes, quase todas, disponíveis na internet. Também o Fórum Nacional dos Comitês de Bacias Hidrográficas deliberou sobre saneamento, ressaltando a importância de aproximação com o setor, para a elaboração e execução de políticas públicas conjuntas. (FÓRUM NACIONAL DOS COMITÊS DE BACIAS HISDROGRÁFICAS. *Reunião do colegiado coordenador*. Brasília: CBH-PCJ, ago. 2004. Disponível em: http://www.comitepcj.sp.gov.br/forum-nacional/Reu_coleg-coord_18-19-Ago-04.pdf>. Acesso em: 15/11/04.

por parte do Ministério Público Federal.[200] Mais um motivo para serem rechaçadas as críticas puramente ideológico-partidárias, uma vez que existem, comprovadamente, instrumentos eficazes para obrigar os administradores ao cumprimento da Lei.

2.3.5.2.4. As Organizações Civis de Recursos Hídricos

Também compõem o Sistema Nacional de Recursos Hídricos as chamadas "Organizações Civis",[201] que são aquelas previstas no art. 47 da Lei 9.433/97, senão vejamos: I – consórcios e associações intermunicipais de bacias hidrográficas; II – associações regionais, locais ou setoriais de usuários de recursos hídricos; III – organizações técnicas e de ensino e pesquisa com interesse na área de recursos hídricos; IV – organizações não-governamentais com objetivos de defesa de interesses difusos e coletivos da sociedade, e V – outras organizações reconhecidas pelo Conselho Nacional ou pelos Conselhos Estaduais de Recursos Hídricos. A Lei exige, para tanto, que tais organizações estejam legalmente constituídas, conforme disposto no art. 48 deste mesmo diploma legal.

Cada uma das modalidades enumeradas no art. 47 tem suas peculiaridades, mas todas, sem exceção, devem possuir uma característica em comum, qual seja,

---

[200] Neste sentido, veja-se a Recomendação PRDC – AM N° 007/2003, através da qual o Ministério Público Federal exigiu providências por parte do Governo do Amazonas e da ANA, no intuito de que estes tomassem as medidas legais necessárias para a Criação dos Comitês de Bacia, para a implementação do Programa PRODES (de despoluição de bacias), bem como para que cumprissem a Lei 9.433/97. Vale transcrever, assim, a seguinte passagem (BRASIL, 9 jan. 1997): "O Ministério Público Federal, [...], considerando [...], resolve: RECOMENDAR à ANA – Agência Nacional de Águas – que realize um Convênio de Integração com o Estado do Amazonas, através da Secretaria Estadual de Recursos Hídricos (SEARH), órgão da Secretaria de Meio Ambiente e Desenvolvimento Sustentável – SDS, para a implantação efetiva do PRODES neste Estado, e também um Convênio de Cooperação para viabilizar a instalação do Sistema Estadual de Gerenciamento dos Recursos Hídricos, na forma da legislação e resoluções pertinentes, especialmente quanto à instalação de Comitês de Bacias Hidrográficas neste Estado, para, dentre outras atribuições, sugerir os valores da cobrança pelo uso da água; RECOMENDAR ao Estado do Amazonas, que dê efetividade aos instrumentos da Lei da Política Estadual de Recursos Hídricos (Lei n°2.712/2001), principalmente o Plano Estadual de Gerenciamento dos Recursos Hídricos, o enquadramento dos cursos d'água em classes conforme os usos preponderantes, a outorga do direito de uso e a cobrança pelo uso da água, bem como para que proceda a instalação de Comitês de Bacias Hidrográficas neste Estado. V – Fixar – para a integral efetividade das providências supra-referidas, o prazo de 60 (sessenta) dias, devendo, entretanto, a ANA – Agência Nacional de Águas e o Estado do Amazonas manifestarem sua intenção de cumprir esta recomendação no prazo de dez (10) dias de seu recebimento. Informamos que o não cumprimento dos termos desta recomendação, bem como a ausência de resposta ou resposta negativa, no prazo de dez dias fixado, da intenção da ANA e do Estado do Amazonas em cumprir a presente recomendação, ensejará a adoção das medidas judiciais e extrajudiciais que o Ministério Público Federal entender necessárias. Comunique-se. Cumpra-se. Manaus, 08 de setembro de 2003".

[201] LEAL, Rogério Gesta. Gestão Pública Compartida e Organizações Sociais: um novo paradigma à Administração Pública. *Direitos Sociais & Políticas Públicas: desafios contemporâneos*. Santa Cruz do Sul: EDUNISC, 2001, p. 35-72. Conforme bem destaca o autor, as organizações sociais passaram a ser denominadas "organizações da sociedade civil de interesse público sem fins lucrativos" a partir do advento da Lei 9.790, de 23 de março de 1999, quando ganharam um novo contorno jurídico. Para o autor, essas instituições representam a possibilidade de participação da sociedade na efetivação de políticas públicas, sendo indispensáveis para a concretização do princípio constitucional da democracia. Através destas, "a participação popular na administração dos interesses públicos deixa de ser retórica eleitoral e passa a ser condição de possibilidade governamental, sob pena de anomia institucional em face do seu descrédito e a agudização dos flagelos e exclusões sociais".

a de se constituírem em organizações civis "sem fins lucrativos".[202] De imediato, torna-se evidente o problema encerrado no inciso I, concernente aos "consórcios e associações intermunicipais de bacias hidrográficas". É que a Lei em comento não conceituou essas entidades,[203] deixando margem para que outra o fizesse – fato concretizado com a posterior edição da Lei 11.107, em 06 de abril de 2005.[204]

Mister consignar que dita norma manteve a essência de muitos dispositivos do PL nº 3.884/2004,[205] deveras criticado no meio jurídico. Miguel Reale, por exemplo, respondendo a consulta do Dr. Mauro Arce (Secretário de Estado de Energia Elétrica, Recursos Hídricos e Saneamento), elaborou parecer acerca do mencionado projeto[206] antes que fosse transformado na sobredita Lei, alertando que esse continha uma miscelânea entre vários conceitos jurídicos existentes (mas inconciliáveis), criando um novo tipo de entidade e extrapolando, em muito, o disposto no art. 241 da Carta Magna vigente.[207]

Para o jurista, a expressão "consórcio" foi utilizada indiscriminadamente, ignorando o conceito legal conferido pela Lei das Sociedades Anônimas, segundo o qual tais órgãos serão constituídos para executar um determinado empreendimento, mas *não terão personalidade jurídica* (conforme art. 278 § 1º da Lei 6.404/76 com redação alterada pela Lei 10.303/2001),[208] incongruência esta mantida na atual redação. Da mesma forma, a expressão "associação" foi mal empregada, pois esta jamais poderá ter fins lucrativos (art. 53 do Novo Código Civil brasileiro), ao

---

[202] MACHADO, 2002, p. 122.

[203] Mesmo não tendo a Lei 9433/97 conceituado os consórcios intermunicipais, o Conselho Nacional de Recursos Hídricos os definiu como sendo "Associação de cooperação entre dois ou mais municípios que se comprometem a realizar determinadas ações em benefício mútuo". Trata-se de "Sociedade civil, sem fins lucrativos, que pode ser composta por municípios com a participação de empresas públicas ou privadas, cujos consorciados possuem a faculdade de aderir e/ou rescindir livremente os compromissos firmados". Esta definição, vale frisar, não consta de nenhuma resolução, portaria ou ato oficial, ma sim, mera explicação constante na página eletrônica do conselho: http://www.cnrh-srh.gov.br/orgaos/consorcios/htm, acesso em 29/11/04.

[204] BRASIL. Presidência da República. Lei nº 11.107 de 06 de abril de 2005. Brasília, 2005. Disponível em <http://www.planalto.gov.br/ccivil_03/_Ato2004-2006/2005/Lei/L11107.htm>. Acesso em 05/09/2005.

[205] BRASIL. Ministério das Cidades. *Projeto de Lei nº 3.884/2004*. Brasília, 2004. Disponível em: <http://www.cidades.gov.br/>. Acesso em: 11/11/04, grifo nosso. O texto integral do projeto de lei em comento (PL nº 3.884/2004) encontra-se no seguinte endereço eletrônico: http://www.camara.gov.br/sileg/integras/231720.htm, acesso em 04/12/04. Conforme apontou em Parecer Miguel Reale (dado em atendimento à consulta realizada pelo Dr. Mauro Arce, Secretário de Estado de Energia Elétrica, Recursos Hídricos e Saneamento, cujo teor encontra-se disponível para consulta no seguinte endereço eletrônico: http://www.sops.rs.gov.br, acesso em 10/08/04).

[206] Reale afirma que o Projeto de Lei 3.884/2004, possuí, em seu bojo, uma série de incongruências e inconstitucionalidades, a começar pela definição conferida a este organismo, que assim preleciona: "consórcio público é a *associação pública* formada por dois ou mais entes da federação, para a realização de objetivos de interesse comum. O inciso VIII do art. 5º complementa a definição acrescentando que este órgão *terá personalidade jurídica de direito público* e *integrará a administração indireta* de cada um dos entes federativos consorciados".

[207] Dispõe o art. 241 da CF/88 (BRASIL, 2004, p. 135) que "A União, os Estados, o Distrito Federal e os Municípios disciplinarão por meio de lei os consórcios públicos e os convênios de cooperação entre os entes federados, autorizando a gestão associada de serviços públicos, bem como a transferência total ou parcial de encargos, serviços, pessoal e bens essenciais à continuidade dos serviços transferidos".

[208] REALE, Miguel. Parecer sobre Projeto de Lei que disciplina os consórcios públicos e contratos de programas para a gestão de serviços públicos. São Paulo: SABEST, [s.d.]. Disponível em: <http://www.sabesp.www.sabesp.sp.gov.br>. Acesso em: 15/11/04.

contrário dos consórcios, que pressupõem este fim em sua essência, de sorte que estes jamais poderão ser regidos pelas leis que disciplinam aquelas, sendo equivocadas as redações dos art. 32 e 42 do Projeto de Lei em comento.[209] Importante frisar que o art. 42 foi suprimido do texto da Lei 11.107/2005, mas a redação do 32 (agora 15) foi mantida integralmente.

Reale afirma, com propriedade, que o projeto em exame pretendeu

> estabelecer, por vias transversas, uma nova entidade da administração indireta, ao lado da autarquia e da sociedade de economia mista instituídas por lei [...] dando ao consórcio público uma configuração jurídica que conflita com os reais objetivos visados pelo art. 241, transformando-o em entidade da administração indireta, com o mais amplo espectro de encargos e competências. A meu ver, ele extrapola do preceito constitucional apresentado como seu fundamento e razão de ser, em pleno contraste com a natureza de nosso federalismo.[210]

Segundo o autor, os poderes conferidos a esses novos organismos equiparam-se aos da União, Estados e Municípios, caracterizando usurpação de competências e servindo, a bem da verdade, como pretexto para a União (especialmente) intervir em matérias sobre as quais só poderia dispor estabelecendo normas gerais.[211]

Não bastasse isso, os arts. 10, inciso II (atual art. 2º, §1º, III), 12 e 13 do mencionado projeto previram, expressamente, a dispensa de licitação nos contratos firmados pelos consórcios em destaque, não somente nos casos de contratos firmados com entidades públicas, mas também nas hipóteses de contratos de rateio, estes regidos pelo direito privado.[212]

---

[209] REALE, [s.d.], p. 12. Mister transcrever, assim, tais dispositivos. Diz o art. 32, *sic*: "No que não contrariar esta Lei, a organização e funcionamento dos consórcios públicos serão disciplinados pela legislação que rege as associações civis"; e art. 42: "As associações civis de entes da Federação que tenham sido inscritas no registro civil até a data da promulgação desta Lei poderão ser convertidas em consórcios públicos".

[210] REALE, [s.d.], p. 4.

[211] REALE, [s.d.], p. 1-13. Diz o autor: "Nessa ordem de idéia, cumpre advertir que sempre a pretexto de 'prestação de serviços públicos por meio de gestão associada', a União, como parceira do consórcio público pode interferir em questões locais dos Estados e Municípios, até mesmo em assuntos pertinentes à proteção do Meio Ambiente (art. 3º, VI), ou na gestão e proteção de patrimônio paisagístico ou turístico comum (inciso IX). É inegável esta conclusão, pois a União pode atuar e participar como consorciada (art. 2º do Projeto e seus incisos) compondo o órgão supremo do consórcio público que é a Assembléia Geral, a qual, consoante art. 5º, inciso IX, é a instância máxima do consórcio público, composta exclusivamente pelos chefes do Poder Executivo dos entes consorciados. [...] Esta intervenção oblíqua na vida administrativa dos Estados e Municípios, a meu ver, conflita com o disposto, em matéria de intervenção, com os arts. 34 e 35 da Carta Magna. [...] Efetivamente, não se compadece com a competência da União a participação desta em característicos serviços locais dos Estados e Municípios, por meio dos programados consórcios públicos, os quais vêm, assim, indevidamente, alterar os limites de competência dos três entes que compõem a Federação".

[212] REALE, [s.d.], p. 8. Ao comentar os vários casos de dispensa de licitação previstos no Projeto de Lei em debate, o autor assim refere: "Essa inexigibilidade de licitações pode ter amplitude, aumentando as hipóteses de sua ocorrência previstas no art. 25 da Lei 8.666/93. Por aí se tem idéia da magnitude das atribuições conferidas aos mencionados consórcios. O essencial é verificar que os consórcios estão armados do mais amplo poder, tal como o de promover desapropriações ou instituir servidões que sejam consideradas necessárias ao desenvolvimento de suas finalidades, nos termos de anterior declaração de utilidade ou necessidade pública ou de interesse social (art. 10, inciso II). Além disso, é conferido ao consórcio público o poder de cobrar e arrecadar tarifas e outros preços públicos pela prestação de serviços, tudo à margem de autorização legal específica (art. 3º § 2º). Na realidade, são-lhe atribuídos poderes próprios dos entes federados, qual seja o de 'outorgar concessão, permissão ou autorização de obras e serviços públicos, mediante autorização prevista no contrato de consórcio público' [...]!

Para fins de *saneamento básico*, a figura dos "consórcios e associações intermunicipais" tende a criar uma série de conflitos com os Estados (e com as Companhias Estaduais de Saneamento Básico), visto que obstaculizarão o exercício da competência estadual para instituir regiões metropolitanas, bem como micro ou macrorregiões e poderão, por meio de manobras jurídicas, conceder a prestação deste serviço público essencial sem o devido procedimento licitatório, o que contraria todo o ordenamento constitucional vigente e fere, diretamente, os princípios supremos do Direito Administrativo, bem como o Interesse Público de forma geral.

Logo, percebe-se que mais do que meras antinomias, a Lei que disciplina os consórcios públicos apresenta a tentativa de violação da estrutura federativa do Estado Brasileiro, pois esvazia a competência dos Estados e amplia, injustificadamente, o poder de intervenção da União.

Neste ponto, é preocupante a constatação de que já existem inúmeros consórcios intermunicipais firmados nos diversos Estados brasileiros, o que poderá acarretar longas disputas judiciais.[213]

Quanto aos outros modelos de organizações civis previstas no art. 47 da Lei 9.433/97, cumpre salientar que existem inúmeras entidades atuantes, sendo impossível listar todas aqui. Todavia, a título de exemplificação, cita-se a ABES (Associação Brasileira de Engenharia Sanitária) e a ONG "O Grito das Águas".

2.3.5.2.5. As Agências de Água

Previstas no capítulo IV da Lei de Recursos Hídricos (9.433/97), tem-se que as "Agências de Água" foram criadas para exercer a função de secretaria executiva dos Comitês de Bacia Hidrográfica e a estes sempre estarão vinculadas. Por isso, são também conhecidas como "agências de bacias".[214]

A denominação "agências", importada do modelo francês,[215] pode, em princípio, gerar grande confusão, mormente porque vivenciamos um período de

---

Quem não percebe que o consórcio público é, inconstitucionalmente, comparado às três Unidades que compõem a nossa Federação? Ante tal figura jurídica, parece-me que o Projeto analisado extrapola, a olhos vistos, o disposto no art. 241 da Constituição Federal, ao referir-se este a "consórcios públicos e os convênios de cooperação entre os entes federados". A criação, para tal fim, de uma pessoa de direito público, equiparável às autarquias e sociedades de economia mista instituídas por lei, afigura-se-me inconstitucional".

[213] Segundo informado pelo Conselho Nacional de Recursos Hídricos, existem, atualmente, 41 (quarenta e um) consórcios firmados e atuantes no País. A relação nominal encontra-se no seguinte endereço eletrônico: http://www.cnrh-srh.gov.br/orgaos/consorcios.htm, acesso em 30/11/04.

[214] CAUBET, 2004.

[215] Em França, as Agências de Água constituem-se entes autônomos da administração. Portanto, deve ficar bem claro que a única "importação" concentrou-se no nome, eis que tais órgãos são essencialmente distintos. Ver, especialmente, Paulo Affonso Leme Machado (2002, p. 119). O autor assim afirma: "A lei francesa 64-1.245 de 16/12/1964, criou os "Comitês de Bacias" (art. 13) e as "Agências Financeiras de Bacia". Essa lei foi modificada em 1974, 1976, 1984 e 1986. As bacias – quadro administrativo dos Comitês de Bacias e das Agências de Água – são determinadas por decisão do Primeiro-Ministro. São seis: Artois-Picardie (com sede em Douai), Rhin-Meuse (com sede em Metz), Seine-Normandie (com sede em Nanterre), Loire-Bretagne (com sede em Orleans), Adour-Garonne (com sede em Toulouse) e Rhône-Méditerranée-Corse (com sede em Lyon) (arrête do Ministro

importantes marcos regulatórios, efetivados pela implementação das Agências Reguladoras – também conhecidas no direito europeu como "Autoridades Administrativas Independentes" – entidades estas, totalmente distintas e diferentes das Agências de Água em comento (cuja origem se encontra no sistema norte-americano e que serão objeto de análise em tópico subseqüente).

Imperioso frisar que a "Agência de Água" ora analisada consiste, a bem da verdade, em uma *agência executiva*, não tendo independência nem autonomia[216] diante do Poder Executivo. Ela deverá ter personalidade jurídica, podendo constituir-se sob várias formas. Christian Guy Caubet afirma que ela poderá aproveitar "[...] o modelo da associação, da autarquia ou da fundação de direito privado".[217] A forma mais comum – adotada inicialmente em São Paulo e seguida por muitos outros Estados – refere-se à fundação de direito privado, mas cabe ao Estado, conforme observa Cid Pompeu Tomanik, "[...] pautados na consulta à sociedade civil, a definição de modelos adequados a cada região".[218]

Note-se que a Agência de Água terá a mesma área de atuação do(s) Comitê(s) a que estiver ligada, sendo a sua criação condicionada à prévia existência do respectivo Comitê de Bacia Hidrográfica, bem como à sua viabilidade financeira (assegurada pela cobrança do uso dos recursos hídricos na sua área de atuação).[219]

Competirá ao Conselho Nacional de Recursos Hídricos deferir o pedido de criação de uma Agência de Água quando a área de atuação desta corresponder à de um Comitê de Bacia Federal e aos Conselhos Estaduais de Recursos Hídricos quando o Comitê estiver no âmbito do Estado, conforme dispõe o art. 42, parágrafo único, da Lei 9.433/97.

Imperioso destacar, ainda, as inovações introduzidas pela Lei 10.881/2004. É que tal norma possibilitou a substituição das Agências de Água por outras entidades, desestimulando a sua implementação.[220] Em outras palavras, permitiu que

---

do Meio Ambiente de 14/11/1991)". E, citando Michel Prieur, aduz que as Agências de Água são "[...] estabelecimentos administrativos dotados de personalidade civil e de autonomia financeira".

[216] JUSTEN FILHO, Marçal. *O direito das Agências Reguladoras Independentes*. São Paulo: Dialética, 2002.

[217] CAUBET, 2004, p. 196.

[218] TOMANIK, Cid Pompeu (Palestra conferida no Seminário das Águas de Minas II). O Estado de Minas Gerais, por exemplo, não poderá adotar o modelo paulista, pois sua Lei de Recursos Hídricos impede a delegação de competências a entes privados. Somente poderão ser instituídas entidades de direito público, sejam consórcios intermunicipais, sejam associações de usuários ou da sociedade civil que possam equiparar-se às Agências de Água.

[219] MACHADO, Paulo Affonso Leme. A substituição das agências de água. *Revista Interesse Público*, Porto Alegre, ano 5, n. 26, p. 19-28, jul./ago. 2004). Diz o autor à p. 20; "As agências de água e os comitês de bacia hidrográfica devem constituir a base dos órgãos integrantes do Sistema Nacional de Gerenciamento dos Recursos Hídricos. As agências de água só poderão existir onde houver um comitê de bacia, tanto que terão a mesma área de atuação [...] Esses dois órgãos devem agir em conjunto, de forma complementar: a Agência executando e o Comitê planejando e fiscalizando; a Agência com um mínimo de pessoas e com homogeneidade operativa e o Comitê mais amplo, na pluralidade e diversidade de sua composição".

[220] Nada impede que as Agências sejam implementadas, o que ocasionará o rompimento do contrato de gestão firmado com a organização civil, como bem leciona Paulo Affonso Leme Machado (2001, p. 21) Vale transcrever a seguinte passagem: "A Lei 10.881/2004 opera um alargamento dos tipos de organizações civis de recursos hídricos que poderão receber a delegação das funções das Agências de Água. A lei não estabeleceu um único modelo de entidade delegatária, nem um tipo preferencial. A prática irá mostrar se foi uma medida acertada ou

as atribuições das "agências de água", enquanto estas não forem criadas, sejam conferidas às organizações civis de recursos hídricos, mediante contrato de gestão[221] a ser firmado com a Agência Nacional de Águas (ANA).

As principais competências conferidas às Agências de Água estão enumeradas nos incisos constantes do art. 44 da Lei 9.433/97, destacando-se o poder de efetuar a cobrança pelo uso dos recursos hídricos, mediante delegação do outorgante (inciso III), analisar e emitir pareceres sobre os projetos e as obras a serem financiados com os recursos angariados com a cobrança (inciso IV), celebrar convênios e contratar financiamentos e serviços para a execução de suas competências (inciso VII), elaborar o Plano de Recursos Hídricos do respectivo Comitê de Bacia (inciso X) e, ainda, propor a este o enquadramento dos corpos de água nas classes de uso, os valores a serem cobrados pelo uso dos recursos hídricos, o plano de aplicação desses recursos e o rateio do custo das obras de uso múltiplo de interesse comum e coletivo (tudo em conformidade com o inciso XI, alíneas "a", "b", "c" e "d").

O que importa especialmente a este estudo é que também as Agências de Água (ou suas substitutas) *possuem competência para deliberar sobre saneamento básico*, seja em razão da elaboração dos Planos de Recursos Hídricos, seja em razão da classificação dos corpos d'água em classe de uso, seja, ainda, pelo exercício de qualquer uma das competências mencionadas no parágrafo anterior, eis que todas estão interligadas.

2.3.5.2.6. A Agência Nacional das Águas – ANA

A Agência Nacional de Águas – ANA – não estava prevista inicialmente no Sistema de Gerenciamento de Recursos Hídricos. Sua inserção se deu com o

---

um equívoco essa pulverização de modelos de organizações civis. Não se decretou a morte das Agências de Água. Elas poderão ser instituídas a qualquer tempo e, em conseqüência, encerra-se o contrato de gestão com a entidade delegatária, na sua área de atuação (art. 1º § 2º da lei 10.881/204)".

[221] O Contrato de Gestão não chega a ser um contrato nos moldes tradicionais. Maria Sylvia Zanella Di Pietro (2001, p. 281) afirma tratar-se de um ajuste entre a Administração Pública Direta e a entidade delegatária, que pode ser tanto da administração indireta como entidades privadas que atuam paralelamente ao Estado. Conforme a autora, "[...] o objetivo do contrato é o de estabelecer determinadas metas a serem alcançadas pela entidade em troca de algum benefício outorgado pelo Poder Público. O contrato é estabelecido por tempo determinado, ficando a entidade sujeita a controle de resultado para verificação do cumprimento das metas estabelecidas". Mais adiante, complementa: "[...] o objetivo a ser alcançado pelos contratos de gestão é o de conceder maior autonomia à entidade da Administração Indireta ou ao órgão da Administração Direta de modo a permitir a consecução de metas a serem alcançadas no prazo definido no contrato; para esse fim, o contrato deve prever um controle de resultados que irá orientar a Administração Pública quanto à conveniência ou não de manter, rescindir ou alterar o contrato. O fim último dos contratos de gestão é a eficiência, como princípio constitucional previsto no art. 37, caput, da Constituição Federal (alterado pela Emenda Constitucional nº19/98)". Interessante, por outro lado, é o pensamento de Egon Bockmann Moreira (MOREIRA, Egon Bockmann. As agências executivas brasileiras e os "contratos de gestão". *Revista de Direito Administrativo*. Rio de Janeiro, n. 229, p. 151, jul./set. 2002). Diz o autor: "[...] ora, é nítido que o simples carimbo legislativo de uma nomenclatura específica não traz consigo os efeitos jurídicos visados: as agências executivas brasileiras não são as 'executive agencies' norte-americanas, nem tampouco os contratos de gestão celebrados pelas autarquias (ou fundações) são contratos. Têm em comum com as realidades normativas de origem apenas e tão-somente aquilo que uma constelação celeste e um animal terrestre possuem de igual: o nome".

advento da Lei 9.984, de 17 de Julho de 2000, cujo art. 1º, combinado com o art. 30, introduziu o inciso I – A ao art. 33 da Lei 9.433/97.[222]

Para muitos juristas, a ANA foi criada tardiamente, considerando o fato de que a maioria das agências reguladoras foi implementada em solo nacional nos anos de 1997 e 1998.[223] Sustentam, assim, que à época da elaboração da Lei 9.433/97, o legislador já teria condições de prevê-la, não o tendo feito por inércia. Há quem sustente, todavia, que o legislador deixou de criá-la naquele momento por prudência, almejando que o transcurso do tempo fizesse amadurecer, no âmago da sociedade brasileira, o instituto da regulação.

Nesta senda, imprescindível se faz tecermos alguns comentários, ainda que superficiais, acerca das agências reguladoras, suas origens e principais características, ressaltando a forma e o momento em que foram incorporadas ao sistema brasileiro para, somente após, procedermos a análise um pouco mais detalhada da Agência Nacional de Águas e seu papel no ordenamento nacional.

2.4. BREVES CONSIDERAÇÕES SOBRE MARCOS REGULATÓRIOS E AGÊNCIAS REGULADORAS

As Agências Reguladoras Independentes surgem num contexto de "crise do Estado",[224] em que se discute e (re)pensa o papel exercido por ele na economia. Depois de exauridos o Estado Liberal e o Estado Social, a pós-modernidade[225]

---

[222] Diz o art. 1º da Lei 9.984/00 (BRASIL, 2000): "Esta Lei cria a Agência Nacional de Águas – ANA, entidade federal de implementação da Política Nacional de Recursos Hídricos, integrante do Sistema Nacional de Gerenciamento de Recursos Hídricos, estabelecendo regras para a sua atuação, sua estrutura administrativa e suas fontes de recursos". Já o art. 30 assim prescreve: "O art. 33 da Lei 9.433 de 8 de janeiro de 1997, passa a vigorar com a seguinte redação: Art. 33: Integram o Sistema Nacional de Gerenciamento de Recursos Hídricos: (redação dada pela Lei 9.984, de 17/07/2000): I – o Conselho Nacional de Recursos Hídricos; (redação dada pela Lei 9.984, de 17/07/2000) I-A – a Agência Nacional de Águas; (redação dada pela Lei 9.984, de 17/07/2000) II – os Conselhos de Recursos Hídricos dos Estados e do Distrito Federal; (redação dada pela Lei 9.984, de 17/07/2000) III – os Comitês de Bacia Hidrográfica; (redação dada pela Lei 9.984, de 17/07/2000) IV – os órgãos dos Poderes Públicos Federal, Estaduais, do Distrito Federal e Municipais cujas competências se relacionem com a gestão de recursos hídricos; *(redação dada pela Lei 9.984, de 17/07/2000)* V – as Agências de Água. *(redação dada pela Lei 9.984, de 17/07/2000)*".

[223] Basta verificar a Lei instituidora de cada uma das agências existentes, a saber: Lei nº 9.427, de 26 de Dezembro de 1996, que criou a Agência Nacional de Energia Elétrica – ANEEL; A Lei Lei nº 9.472, de 16 de julho de 1997, que criou a Agência Nacional de Telecomunicações – ANATEL; A Lei nº 9.478, de 06 de agosto de 1997 em conjunto com o Decreto nº 2.455/98, que instituíram a Agência Nacional de Petróleo – ANP; E várias agências estaduais, destacando-se a Agência Estadual de Regulação dos Serviços Delegados do Rio Grande do Sul – AGERGS, criada pela Lei Estadual nº 10.931/97. É bem verdade que outras agências foram criadas nos anos seguintes, dando continuidade ao projeto de transformação do Estado brasileiro, valendo destacar a Lei nº 9.782/99 e o Decreto nº 3.029/99 que, em conjunto, instituíram a Agência Nacional de Vigilância Sanitária – ANVISA e a Lei nº 9.961/2000, e Decreto nº 3.327/2000 que criaram a Agência Nacional de Saúde Suplementar – ANS.

[224] Veja-se, sobretudo: CASSESSE, Sabino. *La crisi dello stato*. Bari: Laterza, 2002.

[225] REICH, Norbert. Intervenção do Estado na economia. *Revista de Direito Público*, São Paulo, ano 23, n. 94, p. 265, 1993). Sobre a pós-modernidade no mundo jurídico, veja-se, sobretudo: JAYME, Erik. *Identité culturelle*

exsurge em meio a incertezas e necessidade de mudanças de paradigmas,[226] dando escopo à eclosão de um novo modelo – muito mais equilibrado e dialógico – em que o interesse público sobrepõe-se às rígidas dicotomias que já não mais encontram abrigo no mundo globalizado.[227]

Paulo Ferreira da Cunha explica o fenômeno com particular talento, conforme se infere do transcrição, *sic*:

> A pós-modernidade não é uma tardo-modernidade. Opera uma ruptura suave, mas radical, com a modernidade, as suas esperanças, os seus mitos, as suas utopias. Quer com a modernidade oficial (capitalista) quer com a modernidade pseudo-marginal (anti-capitalista). A modernidade vivia dessa dialéctica, a postmodernidade não pode recupera-la, ou favorecer-lhe um dos termos. [...]. Se a postmodernidade rompe com a modernidade, o certo é que é sintética (não tanto ecléctica), procurando colher o bom, o belo e o verdadeiro enquanto do passado o tenha. Daí que seja pluralista, não no sentido da miscelânea, mas no sentido da

---

et intégration: le droit international prive postmoderne. Paris: Recueil des Cours 251, 1995 e, também, LYOTARD, Jean-François. *La condition postmoderne.* Paris: Minuit, 1979.

[226] As "fases" características perpassadas pelo Estado neste último século podem ser denominadas de pré-modernidade, modernidade e pós-modernidade. A cada uma delas, corresponde um modelo político-filosófico-econômico, a saber: o "Estado Liberal", o "Estado Social" e o "Estado Regulador". A primeira fase, correspondente ao final do século XIX e início do XX, caracterizou-se pela não-intervenção do Estado nas atividades econômicas dos indivíduos. A máxima que vigia era a do *"laissez-faire"*, traduzida no sentimento de liberdade contratual, de livre iniciativa e de proteção à propriedade privada, valores que orientaram o Estado Liberal. Criou-se uma redoma em torno do indivíduo, a qual o Poder Público não podia (e não queria) ultrapassar. A atuação do Estado era mínima e especialmente onde o particular não tinha interesse (BARROSO, Luís Roberto. *Agências Reguladoras:* Constituição, transformação do estado e legitimidade democrática. In: TEMAS de Direito Constitucional. Rio de Janeiro: Renovar, 2003a. t. 2, p. 272). O autor, em nota aposta à p. 272, assim aduz: "No modelo liberal clássico, o Estado tinha três papéis a cumprir, consoante página clássica de Adam Smith (The nature and causes of the wealth of nations. The works of Adam Smith, vol. IV, Londres, 1811, p. 42): 1º – o dever de proteger a sociedade da violência e da invasão por outros Estados; 2º – o dever de estabelecer uma adequada administração da justiça; 3º – o dever de realizar obras públicas e prestar certos serviços públicos que são economicamente desinteressantes para os particulares". A segunda fase, denominada de modernidade ou Estado Social, teve como expressão de destaque (ou palavra-chave) a *"welfare-state"*. Iniciado na segunda década do século XX, este modelo caracterizou-se pela presença marcante do Poder Público em todas as esferas possíveis. Segundo Barroso, o Estado assumiu diretamente tanto o papel econômico de condutor do desenvolvimento, quanto o de redistribuidor de riquezas e corretor das falhas de mercado, atuando de forma redistributivista. Mas, se por um lado houve um avanço muito grande em termos de garantias sociais – o que se verifica pela formalização de inúmeros direitos trabalhistas, bem como pela introdução de importantes conceitos, tais como o de função social da propriedade e da empresa – por outro, o Estado do bem-estar social passou a sufocar a iniciativa privada, atuando, na maioria das vezes, de forma ineficiente e burocratizada, gerando a estagnação econômica e, por conseqüência, social. A terceira fase, por sua vez, corresponde a atual, onde o Estado busca o equilíbrio entre os dois modelos anteriores.

[227] Antony Giddens (GIDDENS, Antony. *O mundo em descontrole:* o que a globalização está fazendo de nós. 3. ed., Rio de Janeiro: Record, 2003) *explica* que o fenômeno da globalização tende a ser visto de forma unilateral e geralmente associada ao aspecto econômico, o que não é correto. As tendências unilaterais são sentidas em ambos os lados: há os que o negam veementemente, questionando tudo o que se refere a esta nova ordem. O autor os denomina de céticos (defensores do Welfare State). Por outro lado, há os que defendem que não só a globalização é real, como também, o Estado-Nação tradicional, soberano, não passa de uma mera ficção. A esses, o autor chama de radicais (defensores do liberalismo extremado). Ambos estão equivocados, valendo destacar o seguinte trecho: "Eu não hesitaria, portanto, em dizer que a globalização, tal como a estamos experimentando, é sob muitos aspectos, não só nova, mas também, revolucionária. Não acredito, porém, que nem os céticos nem os radicais tenham compreendido corretamente nem o que ela é, nem suas implicações para nós. Ambos os grupos vêem o fenômeno quase exclusivamente em termos econômicos. Isso é um erro. A globalização é política, tecnológica e cultural, tanto quanto econômica. Foi influenciada acima de tudo por desenvolvimentos nos sistemas de comunicação que remontam apenas ao final da década de 1960". (GIDDENS, 2003, p. 20-21).

tolerância. [...] Assim, propõe-se a superar as falsas dicotomias: razão e fé, razão e mito, arte, ciência e religião, individualidade e socialidade, velho e novo, etc. A pós-modernidade proclama o primado do Homem sobre as coisas, do Espírito sobre a matéria, da Arte e do pensamento sobre a técnica, sem, todavia, esquecer (pelo contrário, enfatizando) a ingência da harmonização do Homem com a Natureza [...]; trata-se de uma Idade Ética, Estética e aberta aos Transcendentes. Constatando a falência dos sistemas políticos materialistas, ensaia novas soluções mais adaptáveis ao ser do Homem, sem ilusões utopistas.[228]

Nesta esteira, tem-se que o Estado – que em pouco tempo passou de um extremo (*laissez-faire*) a outro *(welfare state)* – busca, agora, o meio-termo. Se inicialmente era omisso, praticamente ausente na condução da economia e, no momento seguinte, extremamente intervencionista, procura, agora, exercer uma atuação equilibrada. Para tanto, rompe barreiras ao afastar as nefastas dicotomias, uma vez que a separação radical entre público e privado, Estado e economia, dentre tantas outras testadas anteriormente, mostra-se frágil e impertinente.[229] O novo

---

[228] CUNHA, Paulo Ferreira da. *Pensar o Direito*. Coimbra: Almedina, 1991. v. 2, p. 49.

[229] Nesse sentido, veja-se PASQUALINI, Alexandre. O público e o privado. In: SARLET, Ingo W. *O.* (Org.). *Direito Público em tempos de crise*: estudos em homenagem a Ruy Rubem Ruschel. Porto Alegre: Livraria do Advogado, 1999, p. 15-37). Segundo o autor, a imbricação entre o público e o privado constitui-se em tema antiquíssimo, que remonta a origem humana e cujo debate permanece atual, valendo destacar as seguintes lições: "Indivíduo e Sociedade: tais são os dois principais ângulos da geografia humana. Esses dois ângulos são, ao mesmo tempo, as suas duas necessidades (ananke). Uma não existe sem a outra. Mas há duas guerras nestas duas fronteiras: a guerra da opressão, que é a preponderância do Estado sobre o indivíduo, e a guerra do individualismo, que é a supremacia do indivíduo sobre o Estado. Dois excessos produtos de um único erro: a falta de identidade moral entre ambos. Assim, superando a esquizofrenia do contratualismo clássico (Locke), a ética deve ser uma e uma. O princípio do interesse público, sem ferir a abertura e a pluralidade dos valores, há de ser essa espécie de norte axiológico (=metaprincípio), em cujo magnetismo, Estado e Indivíduo, na agora ou na hestia, no parlamento ou no mercado, asseguram a racionalidade do convívio entre o exercício da autonomia e a criação de instituições – instituições essas fora das quais, num retorno ao estado de natureza, já não resta nada além de barbárie e voluntarismo. A vontade individual, enquanto ser-para-si, tem de ligar-se à dos outros numa atmosfera que a todos oriente e envolva – a esta desafiadora e exigente atmosfera dá-se o nome de interesse público. Desarte, o todo e a parte são indissociáveis e possuem, dentro de si, o fundamento um do outro. Em sua substância e conteúdo, cada qual pressupõe o outro numa circularidade onde tudo se torna, simultaneamente, público e privado, onde tudo, até mesmo a vida, define-se pela participação no todo, porém através da consciência de si. Em outras palavras, público e privado são, na unidade teleológica dos interesses universalizáveis, uma mesma e única realidade, nascida dos mesmos princípios e votada aos mesmos fins: um é a vida do outro". Outro texto clássico sobre o tema e que não pode deixar de ser mencionado é de Juarez Freitas (2004a, p. 227-228), especialmente o capítulo 10, que sob o subtítulo "A interpretação Sistemática e a superação da dicotomia rígida entre Direito Público e Direito Privado e outras ilustrações", onde o autor assim refere: "[...] distinções rígidas e ossificadas, repetidas outrora com naturalidade, soam, nos dias que correm, artifícios falaciosos e datados. Na prática, as tradicionais distinções entre o Direito Público e o Direito Privado somente se afiguram metabolizáveis quando situadas, modesta e restritamente, no plano funcional e, mesmo assim, desde que não se desconsiderem áreas de necessária intersecção (ex.: normas de ordem pública regendo relações de consumo). Não continuam autorizadas, assim, as prerrogativas que se transmudam em privilégios, cujo exercício deixa de resguardar ou de restabelecer, conforme o caso, o justo equilíbrio e a igualdade proporcional nas relações jurídicas, sem prejuízo do mencionado respeito às desigualdades eminentemente funcionais, vale dizer, relativas ao exercício apropriado das prerrogativas como poderes-deveres. A diferença, pois, entre os reinos do público e do privado não radica na eventual subordinação, tampouco se deixa explicar, satisfatoriamente, pelas teorias do direito especial, sequer pelas teorias dos interesses em causa, do sujeito, nem pela teoria dos três níveis. A diferença sutil há de ser encontrada no plano dos princípios)". Veja-se, ainda, sobre o tema, Facchini Neto (2003). O jurista traça um escorço histórico sobre a evolução do tema, aprofundando as reflexões sobre a publicização do direito privado e a privatização do direito público. Sob a dicotomia Estado/Economia, e a impropriedade do termo "intervenção do Estado na atividade econômica", veja-se, especialmente, Eros Roberto Grau (GRAU, Eros Roberto. *A ordem econômica na Constituição de 1988*. 8. ed. São Paulo: Malheiros, 2003).

modelo necessita, pois, de segurança jurídica, eqüidade e interatividade[230] entre o Estado, a sociedade e o mercado.[231]

Neste cenário, firma-se o Estado Regulador, que não é e nem deve ser, nas palavras de Juarez Freitas, *nem mínimo, nem máximo, mas tão-somente essencial.*[232] O que caracteriza este novo modelo é a atuação comedida do Poder Público, que passa a exercer as suas funções indelegáveis sem intervir exageradamente nas atividades privadas, e sem, também, descurar-se de seu principal papel, que é o de fiscalização e mediação de interesses.[233]

A idéia de Estado Regulador surgiu e desenvolveu-se no sistema norte-americano,[234] propagando-se, a partir da década de 1980, pelos países europeus e sul-americanos. Ela consiste, basicamente, no controle pontual do Estado sobre a esfera econômica, para corrigir as falhas do mercado e, sobretudo, para garantir a concretização do interesse público. Tal "controle" é feito pelas Agências Reguladoras (ou Autoridades Administrativas Independentes, como são conhecidas no sistema europeu).[235]

---

[230] KAHN, Alfred Edward. *The economics of regulation: principles and insitutions.* Cambridge: The Mit, 1988. v. 2.

[231] Não se trata, assim, de isolar em redomas o público do privado, mas de aumentar a área de intersecção entre essas duas esferas. Nem o Público, nem o Privado deixarão de existir. Apenas terão reduzidos os seus campos de abrangência exclusiva. Neste sentido é a lição de Eugênio FACCHINI NETO (2003, p. 46), conforme segue: "[...] Ludwig Raiser sustentou a necessidade de o direito privado não perder a sua especificidade, ainda que sofrendo o influxo das opções valorativas do legislador constituinte. Isto porque o direito privado torna possível a múltipla diferenciação da e na sociedade, constituindo um precioso contrapeso ao assistencialismo e reforçando, com seus instrumentos, o sentido de auto-responsabilidade do indivíduo, oferecendo, com isso, uma preciosa contribuição à democracia. Portanto, é necessário realizar uma sociedade fundada sobre o direito privado que não seja nem separada e nem absorvida pelo Estado, mas que esteja a ele integrada, garantindo-se sua autonomia, em um sistema vinculado à Lei Fundamental. Mas talvez tenha sido Hannah Arendt, justamente uma filósofa não-jurista, quem percebeu a irredutibilidade do privado ao público e a impossibilidade de uma completa funcionalização do privado ao público. H. Arendt distingue três esferas: a pública, a social e a privada. O princípio da esfera pública é o da igualdade, que não é um dado, mas um construído, pelo qual igualam-se as pessoas que, pela sua natureza e origem, são diferentes. Na esfera privada, o princípio regente e o da diferença e da diferenciação, que justamente realça a especificidade única de cada indivíduo. A essas duas esferas, que coexistem desde a antiguidade, agrega-se a esfera do social, em cujo âmbito os seres humanos passam a conviver a maior parte do tempo. Trata-se, esta última, de uma esfera híbrida, caracterizada pela variedade, na qual 'ingressamos devido à necessidade de ganhar a vida, seguir uma vocação, associarmo-nos a pessoas com as quais temos negócios ou interesses em comum'". Também Maria Celina Bodin de Moraes (MORAES, Maria Celina Bodin de. A caminho de um direito civil constitucional. *Revista de Direito Civil*, São Paulo, n. 65, p. 26, 1993) endossa este pensamento, senão vejamos: "É o fim das dicotomias. Subsistem diferenças, porém elas são meramente 'quantitativas', pois há institutos onde prevalecem os interesses individuais, embora também estejam presentes interesses da coletividade, e outros institutos onde predominam os interesses da sociedade, embora funcionalizados à realização dos interesses existenciais dos cidadãos".

[232] FREITAS, 2004b.

[233] A mediação de interesses econômicos com o ambiental no contexto de um Estado Socioambiental e Democrático de Direito (que é essencialmente regulador em sua essência) é abordada de modo ímpar por Carlos Alberto Molinaro em sua Dissertação de Mestrado, submetida à apreciação do Programa de Pós-Graduação em Direito da Faculdade de Direito da PUCRS, intitulada *Racionalidade ecológica e estado socioambiental e democrático de direito*, defendida em 2006, bem como em sua obra *Direito Ambiental: proibição de retrocesso.* (MOLINARO, Carlos Alberto. Direito Ambiental: Proibição de Retrocesso. Porto Alegre: Livraria do Advogado, 2007).

[234] LAWSON, Gary. *Federal administrative law.* 2. ed. St.Paul, Minn.: West Group, 2001.

[235] Veja-se sobre o tema em Portugal: MOREIRA, Vital; MAÇÃS, Fernanda. *Autoridades Administrativas Independentes:* estudo e projecto de Lei-quadro. Coimbra, 2003 e MOREIRA, Vital; MARQUES, Maria M. L. *A mão visível:* mercado e regulação. Coimbra: Almedina, 2003; em França: COLLET, Martin. *Le contrôle*

Não existe consenso quer na doutrina estrangeira, quer na doutrina nacional, acerca do que compreende a regulação. Marçal Justen Filho adverte que o conteúdo desse conceito "[...] irá refletir concepções ideológicas distintas, o que se traduzirá na identificação das funções reservadas ao Estado".[236]

Alguns juristas utilizam definições mais restritivas, como é o caso de Maria Sylvia Zanella Di Pietro,[237] Marcos Juruena Villela Souto[238] e Alexandre Santos Aragão.[239] Enquanto a primeira adota um critério meramente normativo para definir regulação, os outros dois tratam de apenas alguns aspectos desta, deixando de mencionar características relevantíssimas – que são justamente as atividades planejadora e fomentadora do desenvolvimento econômico, fulcradas nos arts. 170 e 174 da Constituição Federal de 1988.

Outros adotam conceitos mais abrangentes, como é o caso de Floriano de Azevedo Marques Neto[240] e o próprio Marçal Justen Filho,[241] que incluem

---

juridictionnel des actes des autorités administratives indépendantes. Paris: L.G.D.J, 2003; COLLIARD, Claude-Albert; TIMSIT, Gérard. *Les autorités administratives indépendantes.* Paris: Universitaires de France, 1988; na Itália: IRTI, Natalino. *L'ordine giuridico del mercato.* Roma: Laterza, 2003; LABRIOLA, Silvano. *Le autorità indipendenti:* da fattori evolutivi ad elementi della transizione nel diritto pubblico italiano. Milano: Giuffrè, 1999; LUPPI, Silvia A. Frego. *L'Amministrazione regolatrice.* Torino: Giappichelli, 1999; NICCOLAI, Silvia. *I poteri garanti della costituzione e le autorità indipendenti.* Pisa: ETS, 1996; TESAURO, Giuseppe; D'ALBERTI, Marco. *Regolazione e concorrenza.* Bologna: Il Mulino, 2000.

[236] JUSTEN FILHO, 2002, p. 27.

[237] DI PIETRO, Maria Sylvia Zanella. *Direito Regulatório:* temas polêmicos. Belo Horizonte: Fórum, 2003, p. 30. A autora define a regulação como "[...] conjunto de regras de conduta e de controle da atividade econômica pública e privada e das atividades sociais não exclusivas do Estado, com a finalidade de proteger o interesse público". Aborda, portanto, apenas o aspecto normativo, esquecendo-se de todas as demais atividades inerentes e imprescindíveis da regulação.

[238] SOUTO, Marcos J. Villela. Função regulatória. *Revista Diálogo Jurídico.* Salvador, n. 11, fev, 2002. Disponível em: <http://www.direitopublico.com.br>. Acesso em: 30/11/04. Para o autor, "A regulação (estatal) é uma função por força da qual a autoridade administrativa intervém nas decisões econômicas privadas, por meio de atos gerais, individuais ordinários e decisórios, com vistas ao atendimento dos interesses relevantes da coletividade, distinta da auto-regulação, que envolve o mesmo conjunto de atos aos quais os interessados voluntariamente aderem por convenção". A falha deste conceito está em não vislumbrar as funções de planejamento e fomento da economia.

[239] ARAGÃO, Alexandre Santos. *Agências reguladoras.* 2. ed. Rio de Janeiro: Forense, 2003, p. 37. Segundo o autor, "A regulação estatal da economia é um conjunto de medidas legislativas, administrativas e convencionais, abstratas ou concretas, pelas quais o Estado, de maneira restritiva da liberdade privada ou meramente indutiva, determina, controla, ou influencia o comportamento dos agentes econômicos, evitando que lesem os interesses *sociais definidos no marco da Constituição e orientando-os em direções socialmente desejáveis*". O problema desta definição é semelhante à anterior, isto é, ausência das funções de incentivo e planejamento.

[240] MARQUES NETO, Floriano de Azevedo. Regulação setorial e autoridade antitruste: a importância da independência do regulador. In: CAMPILONGO, Celso Fernandes; ROCHA, Jean Paul Cabral Veiga da; MATOS, Paulo Todescan Lessa (Org.). *Concorrência e Regulação no Sistema Financeiro.* São Paulo: Max Limonad, 2002, p. 96). Para o autor, a regulação é "[...] toda a atividade estatal sobre o domínio econômico que não envolva a assunção direta da exploração de atividade econômica (em sentido amplo). É dizer, toda a atividade do poder público no campo da economia que não implique nem na assunção da titularidade da exploração de atividade econômica – quer como serviço público (art. 175 da CF), quer como monopólio da atividade econômica em sentido estrito (art. 177 da CF) – e nem envolva a exploração destas atividades, em regime de mercado, por meio de empresas estatais (art. 173 da CF). No âmbito da regulação estatal estariam compreendidas as atividades como a de coordenar, fiscalizar, dirigir, coibir ou desincentivar condutas, incentivar, fomentar, planejar, organizar, que sejam necessárias para atingimento de objetivos de ordem pública consetâneos com os objetivos da ordem econômica constitucional (art. 170 da CF)".

[241] JUSTEN FILHO, 2002, p. 40. O autor defende ser a regulação "[...] um conjunto ordenado de políticas públicas, que busca a realização de valores econômicos e não econômicos, reputados como essenciais para

em suas definições, além do viés econômico, também o social e o jurisdicional.

No ordenamento estrangeiro, o jurista português Vital Moreira e o economista norte-americano Joseph Stiglitz[242] figuram dentre os expoentes que acolhem o conceito amplo de regulação e, embora a realidade européia e estadunidense seja bem diferente da nossa, a espinha dorsal deste instituto é a mesma em todos os lugares.[243]

Nesta esteira, balizando os ensinamentos ora colacionados, entendemos que a regulação a ser adotada em sede nacional deve ser a mais ampla possível, de forma a possibilitar que o Estado, por meio de uma instituição de direito público (mas que tenha autonomia suficiente para desvincular-se da manipulação político-partidária dos governos), possa intervir[244] no mercado, corrigindo as suas falhas e garantindo a preservação dos interesses de todos os envolvidos (poder público, iniciativa privada e, especialmente, dos consumidores/usuários).[245]

---

determinados grupos ou para a coletividade em conjunto. Essas políticas envolvem a adoção de medidas de cunho legislativo e de natureza administrativa, destinadas a incentivar práticas privadas desejáveis e a reprimir tendências individuais e coletivas incompatíveis com a realização dos valores prezados. As políticas regulatórias envolvem inclusive a aplicação jurisdicional do Direito".

[242] STIGLITZ, Joseph E. *Os exuberantes anos 90:* uma nova interpretação da década mais próspera da história. São Paulo: Companhia das Letras, 2003, p. 12. Diz o autor: "Hoje, o desafio é alcançar o equilíbrio correto entre o Estado e o mercado, entre a ação coletiva nos âmbitos local, regional e global, e entre ações governamentais e não-governamentais. Na medida em que as circunstâncias econômicas mudam, o equilíbrio tem de ser redesenhado. Cabe ao governo empreender novas atividades e abandonar velhas. Entramos em uma era de globalização, na qual os países e os povos estão mais estreitamente integrados do que nunca. Mas a globalização, em si mesma, significa que temos de mudar aquele equilíbrio: necessitamos mais de ação coletiva em nível internacional e não podemos nos esquivar das questões de democracia e justiça social na arena global".

[243] KAHN, Alfred Edward. *The economics of regulation*: principles and institutions. Cambridge: The MIT, 1988.

[244] GRAU, 2003, p. 82. Explica o autor: "A intervenção, pois, na medida em que o vocábulo expressa, na sua conotação mais vigorosa, precisamente atuação em área de outrem. Daí se verifica que o Estado não pratica intervenção quando presta serviço público ou regula a prestação do serviço público. Atua, no caso, em área de sua própria titularidade, na esfera pública. Por isso mesmo dir-se-á que o vocábulo intervenção é, no contexto, mais correto do que a expressão atuação estatal: intervenção expressa atuação estatal em área de titularidade do setor privado; atuação estatal, simplesmente, expressa significado mais amplo".

[245] O conceito de Regulação que se adota neste estudo é o elaborado com inovação por Alexandre Schubert Curvelo (CURVELO, Alexandre Schubert. *Regulamentos autônomos e legalidade*: o caso das Agências Reguladoras. 2004. 188 f. Trabalho de Conclusão do Curso Ciências Jurídicas e Sociais (Bacharelado) – Faculdade de Direito, PUCRS, 2004, p. 77), o qual se transcreve integralmente: "[...] a atividade do Estado visando à regulação, precipuamente, deve ser aquela que não pretenda tão-somente corrigir falhas de mercado ou impor condutas por intermédio da edição de regras ou diretrizes políticas. Não. Tratando-se o fim último do agir administrativo o interesse público (aqui entendido, também, o desenvolvimento econômico, portanto, o desenvolvimento dos mercados) e a proteção dos direitos fundamentais, a atividade regulatória não necessita ser tratada como atividade eminentemente interventiva; ao contrário, na garantia de todos os princípios arrolados e na consecução dessa nova função, o Estado Regulador deve, através de sua abstenção coerente, promover uma regulação essencial, por intermédio de uma relação dialética com os mercados, sem que isso se configure auto-regulação ou desregulação (tampouco, desregulamentação), sempre atuando, nesse contexto, de forma proporcional e razoável. Nesse sentido, o Estado deve atuar (e, por vezes, intervir) somente no momento certo, não para corrigir, mas de maneira profilática às falhas de mercado, bem como precedentes à má-prestação dos serviços públicos. Isso se faz possível, sobretudo, através de uma atitude planejada, de controle das atividades e num ambiente de segurança das relações jurídicas, controle esse exercido através de medidas promotoras do desenvolvimento do setor privado, não descurando a proteção do consumidor – e do usuário de serviços públicos – e do meio ambiente,

Floriano de Azevedo Marques Neto, por seu turno, ressalta que a atividade de regulação, embora seja uma forma de intervenção do Estado na economia, é, na verdade, substancialmente diferente em seus pressupostos, objetivos e instrumentos daquela realizada diretamente sobre o domínio econômico, valendo destacar a seguinte lição:

> É essencial à noção de moderna regulação que o ente regulador estatal dialogue e interaja com os agentes sujeitos à atividade regulatória buscando não apenas legitimar a sua atividade, como tornar a regulação mais qualificada porquanto mais aderente às necessidades e perspectivas da sociedade. Fruto da própria dificuldade do Estado, hoje, de impor unilateralmente seus desideratos sobre a sociedade, mormente no domínio econômico, faz-se necessário que a atuação estatal seja pautada pela negociação, transparência e permeabilidade aos interesses e necessidades dos regulados. Portanto, o caráter de imposição da vontade da *autoridade estatal* (que impõe o interesse público selecionado pelo governante) dá lugar, na moderna regulação, à noção de mediação de interesses, no qual o Estado exerce sua autoridade não de forma impositiva, mas arbitrando interesses e tutelando hipossuficiências.[246]

Importante se faz compreender o momento em que o Estado Regulador passa a ser vital para o desenvolvimento brasileiro. Ele emergiu em um período de amadurecimento político em que o País, em meio ao caos institucional, profundamente abalado pela proliferação da corrupção, pelo desperdício de recursos, pela malversação do erário, pela ineficiência e pela burocracia exacerbada, pelo desemprego e pela miséria, procurou rever o seu papel, a sua estrutura e os seus valores, para ingressar de vez no rol das nações desenvolvidas.[247]

A década de 1990 foi palco, assim, de uma imensa transformação: presenciou a flexibilização dos monopólios (tais como telefonia e energia elétrica) e a abertura dos setores ao capital estrangeiro. Paralelamente, viu crescer o nível de conscientização da população, estimulado pelas novas formas de participação direta na formulação de políticas públicas (orçamento participativo, audiências públicas para fins diversos, comitês de bacia e assim por diante). De igual sorte, viu

---

bem como por intermédio de um sempre crescente desenvolvimento do aparato estatal – tão visado sob o manto do princípio da eficiência".

[246] MARQUES NETO, Floriano de Azevedo. *Agências reguladoras:* instrumentos do fortalecimento do Estado. Porto Alegre: ABAR, 2003, p. 12, grifo nosso.

[247] BARROSO, Luís Roberto. Saneamento básico: competências constitucionais da União, Estados e Municípios. *Revista de Informação Legislativa*, Brasília, v. 38, n. 153, p. 273, jan./mar. 2002. Pontual é a observação do autor, ao afirmar que "O Brasil chegou à pós-modernidade sem ter conseguido ser nem liberal nem moderno. De fato, no período liberal, jamais nos livramos da onipresença do Estado. A sociedade brasileira, historicamente, sempre gravitou em torno do oficialismo. As bênçãos do poder estatal sempre foram – ressalvadas as exceções que confirmam a regra – a razão do êxito ou do fracasso de qualquer projeto político, social ou empresarial que se pudesse implantar. Este é um traço marcante do caráter nacional, com raízes na colônia e que atravessou o Império, exacerbou-se na República Velha e ainda foi além. A modernidade teria começado com a Revolução de 30, institucionalizando-se com a Constituição de 1934 – que abriu um título para a ordem econômica e social – e se pervertido no golpe do Estado Novo, de 1937. Reviveu, fugazmente, no período entre 1946-1964, mas sofreu desfecho melancólico do golpe militar de 1964. Findo o ciclo ditatorial, que teve ainda como apêndice o período entre 1985-1990, chegou-se à pós-modernidade, que enfrentou, logo na origem, a crise existencial de ter nascido associada ao primeiro governo constitucionalmente deposto da história do país".

nascer normas protetivas dos interesses difusos e coletivos (Código de Defesa do Consumidor, Lei do Meio Ambiente e dos Crimes Ambientais, Lei de Defesa da Ordem Econômica, dentre outras). A democracia se aperfeiçoou de tal forma que, mesmo com o Estado abrindo mão da prestação de serviços públicos essenciais (aqui entendida tão-somente a execução, pois a titularidade será sempre do Poder Público), o modelo liberal não encontra mais abrigo na atual conjuntura.[248]

Em sede nacional, esse Estado Essencial, ou Estado Regulador, encontra respaldo na Carta Magna de 1988, especialmente nos arts. 174 e 175.[249] Enquanto o primeiro prevê a atividade fiscalizadora e regulatória, o segundo dispõe sobre a possibilidade de delegação da prestação de serviços públicos essenciais a terceiros, reforçando a idéia de atuação moderada (equilibrada) do Estado. Neste sentido, é a lição de Juarez Freitas, *in verbis*:

> Os serviços públicos, assim entendidos normativamente como essenciais para a realização dos objetivos do Estado Democrático, são de titularidade do Poder Público (CF, art. 175), ainda que preferenciais as delegações a terceiros (CF, art. 174). Mais um motivo para que o Estatuto Constitucional seja entendido como não pretendendo propriamente a redução do Estado, muito menos o seu esfacelamento, mas a concentração qualificada em suas atividades essenciais.[250]

Deixando de atuar diretamente na prestação do serviço, o Estado passa a ter mais autoridade para exigir qualidade e eficiência daquele que assumiu tal tarefa. Com isso, todos ganham: o poder público, porque se desincumbe de atividades extremamente onerosas; a iniciativa privada, porque passa a contar com uma nova

---

[248] Discute-se muito o projeto de desestatização promovido pelo governo federal a partir de 1990, mais precisamente com a Lei 8.031, de 12/04/1990, substituída, posteriormente, pela Lei 9.491, de 09/09/1997. Partidários da "esquerda radical" sustentam que essas normas representam os ideais neoliberais e que, com a sua promulgação, legalizou-se o esvaziamento do Estado com a conseqüente "entrega" das riquezas nacionais para o capital privado e especulativo estrangeiro. Não creio que tenha sido assim. Os objetivos dessas normas são claros, conforme se depreende do art. 1°, incisos I e VI, *sic:* "reordenar a posição estratégica do Estado na economia, transferindo à iniciativa privada atividades indevidamente exploradas pelo setor público; contribuir para a modernização do parque industrial do país, ampliando a sua competitividade e reforçando a capacidade empresarial nos diversos setores da economia". Tem razão Luís Roberto Barroso (2003b, p. 277), quando afirma que foram entregues à iniciativa privada atividades que não eram típicas do Estado, tais como empresas dos setores siderúrgico, metalúrgico e de fertilizantes. Mas, se por um lado o Estado abriu mão de atuar ativamente em tais áreas, por outro, não se desincumbiu (ao contrário, reforçou) o seu papel fiscalizador, criando diversas agências reguladoras para este fim. Bem colocada, portanto, a conclusão de Barroso: "A redução expressiva das estruturas públicas de intervenção direta na ordem econômica não produziu um modelo que possa ser identificado como Estado mínimo. Pelo contrário, apenas deslocou-se a atuação estatal do campo empresarial para o domínio da disciplina jurídica, com a ampliação de seu papel na regulação e fiscalização dos serviços públicos e atividades econômicas. O Estado, portanto, não deixou de ser um agente econômico decisivo. Para demonstrar a tese, basta examinar a profusão de textos normativos editados nos últimos anos." (BRASIL. Lei nº 9.491, de 9 de setembro de 1997. Brasília: Senado Federal, 1997. Disponível em: <http://www6.senado.gov.br/legislacao/ListaTextoIntegral.action?id=125049>. Acesso em: 2/09/4).

[249] Dispõe o "Art. 174: Como agente normativo e regulador da atividade econômica, o Estado exercerá, na forma da lei, as funções de fiscalização, incentivo e planejamento, sendo este determinante par o setor público e indicativo para o setor privado. E o Art. 175: Incumbe ao Poder Público, na forma da lei, diretamente ou sob regime de concessão ou permissão, sempre através de licitação, a prestação de serviços públicos; [...]" (BRASIL, 2004, p. 108, grifos nossos).

[250] FREITAS, 2004b, p. 81.

fonte de investimentos, e a sociedade, porque tem seus direitos protegidos com mais rigor, pois, como já advertia Vital Moreira,

> Se o regulador e o gestor de serviços públicos não estão separados, os organismos públicos ou as empresas encarregadas da gestão ficam numa posição de domínio, o que é incompatível com as regras de concorrência. *Ao actuar no mercado ao mesmo tempo que dita as suas regras, o Estado pode ser tentado a distorcê-las em seu favor.*[251]

O caráter regulador está, portanto, umbilicalmente ligado à idéia de busca e satisfação primordial do interesse público. Condizente com os novos paradigmas do Direito Administrativo cria o ambiente ideal para a efetivação de políticas públicas elaboradas para além dos governos. Nunca antes na história a Administração foi vista sob esse enfoque.[252]

A forma como o Estado essencialmente regulador irá exercer as suas atividades de planejamento e fiscalização também constitui certa novidade no cenário nacional. É que as Agências Reguladoras Independentes, oriundas de países com estrutura jurídica bem diversa da brasileira,[253] não encontraram em nosso ordenamento uma formatação adequada de personalidade jurídica e tampouco uma estrutura político-social suficientemente madura para compreender as suas carac-

---

[251] MOREIRA; MAÇÃS, 2003, p. 11, grifo nosso. Em sede nacional, Sérgio Mannheimen (MANNHEIMEN, Sérgio. Agências Estaduais Reguladoras de Serviços Públicos. *Revista Forense*, Rio de Janeiro, v. 343, n. 221, p. 225, 1998) defende a mesma idéia, sic: "Quando o Estado é o prestador do serviço, ocorrem distorções no seu papel fiscalizador, uma vez que não se sente ele estimulado a denunciar as próprias falhas ou deficiências".

[252] BACELLAR FILHO, Romeu Felipe. A Administração Pública: tendências atuais (reforma administrativa). *Revista do* Tribunal de Contas do Estado do Rio de Janeiro. Rio de Janeiro: TCE, 1997, ano 18, n. 38, out/dez 1997, p. 27-39. Neste sentido, pontual a lição do autor: "O Direito Administrativo autoritário que se verificava antes da Constituição de 88, em face, quem sabe, de uma estreiteza de visão, ditada pela vivência, pela mania da época, hoje já não se compadece mais com o nosso texto constitucional, a partir do momento em que a Administração Pública foi tratada com seriedade na Constituição. Afinal, pela primeira vez na história da República, a Administração foi mencionada no texto constitucional e, mais do que isso, os princípios básicos da Administração Pública foram expressamente citados no art. 37, caput, do texto. (...) A partir deste momento, e também com a menção destes dispositivos no art. 70 e seguintes da Constituição (...) o Poder Judiciário e os Tribunais de Contas ganharam uma amplitude muito grande nas suas atribuições. Afinal, o exame estrito da legalidade, que era uma prática a que se submetiam os Tribunais de Contas e notadamente o Poder Judiciário no Brasil, bastante tímidos em relação à análise de outros pressupostos do ato que não fossem a estreita legalidade, a partir de 88, e incentivados pelas perenes lições de Seabra Fagundes, passaram a exercitar um tipo de controle externo muito mais abrangente (...)".

[253] Surgidas nos Estados Unidos da América por volta de 1887, com a *Interstate Commerce Comission (ICC)*, as agências reguladoras independentes passaram, ao longo dos tempos, por distintas fazes que permitiram o seu amadurecimento, especialmente após o *New Deal*. Quase cem anos após, com a criação do *Office of Management and Budget (OMB)* – órgão que exerce uma espécie de "controle externo" das agências reguladoras – o modelo norte-americano passou por uma redefinição. Veja-se, sobre o tema: SUNSTEIN, Cass R. O Constitucionalismo após o New Deal. In: MATTOS, Paulo (Org.). *Regulação econômica e democracia*: o debate norte-americano. São Paulo: CEBRAP, 2004, p. 131-202; PELTZMAN, S. A teoria econômica da regulação depois de uma década de desregulamentação. In: MATTOS, Paulo (Org.). *Regulação econômica e democracia*: o debate norte-americano. São Paulo: CEBRAP, 2004, p. 81-127; POSNER, Richard A. Teorias da regulação econômica. In: MATTOS, Paulo (Org.). *Regulação econômica e democracia*: o debate norte-americano. São Paulo: CEBRAP, 2004, p. 49-80; e, também, MOREIRA; MAÇAS, 2003, p. 17 e ss. Ao abordar a origem das agências reguladoras, os autores assim mencionam: "A génese destas entidades localiza-se nos Estados Unidos da América, onde constituem uma realidade já com mais de um século, na figura das Independent Agencies e nas denominadas Independent Regulatory Commissions (IRC). "

terísticas essenciais, sem as quais jamais serão alcançados os resultados pretendidos. Falta, por certo, a edição de uma Lei específica para esse fim.[254]

Não obstante, é possível traçarmos um perfil desses entes a partir do próprio texto maior: as "Agências Reguladoras Independentes", a exemplo do sistema norte-americano,[255] devem revestir-se de *autonomia administrativa* e *financeira, ausência de subordinação hierárquica* e contar com todas as garantias inerentes ao exercício de funções de Estado, o que implica, por derradeiro, em *estabilidade de seus dirigentes,*[256] *regime de pessoal compatível, mandatos não-coincidentes* e *autoridade política suficiente para fazer valer as suas decisões.*

A grande dificuldade para a implementação desses órgãos em solo nacional foi justamente a ausência de um modelo institucional que possuísse esse grau de independência, o que levou o legislador (e a doutrina) a buscar uma nova classificação, enquadrando-as finalmente em uma nova espécie, qual seja, a de *autarquias sob o regime especial.*

---

[254] Tramita na Câmara dos Deputados o Projeto de Lei nº 3.337/2004, que "dispõe sobre a gestão, a organização e o controle social das Agências Reguladoras", conforme citado anteriormente aqui nesse estudo. Dito projeto, que teve versão anterior apresentada à sociedade no decorrer de 2004 em diversas audiências públicas, conta com várias emendas, e se aprovado com essa redação, certamente implicará em enorme retrocesso, pois contém, em seu bojo, além de diversas concepções jurídicas equivocadas (confunde, por exemplo, a titularidade do "Poder Concedente" – que somente pode ser da União, dos Estados, do Distrito Federal ou dos Municípios, por força constitucional –, conferindo-a aos Ministérios, crítica esta bem elaborada por Antônio Carlos Cintra do Amaral (veja-se "O Projeto de Lei sobre Agências Reguladoras, disponível em <http://www.abar.org.br/legba/banco-DeMidia/arquivos/O%20PROJETO%20DE%20LEI%20 SOBRE%20AGÊNCIAS%20REGULADORAS.doc, acesso em 28/08/2004)), normas que restringem a atuação das agências reguladoras, submetendo-as à vontade do governo, permitindo que os interesses sejam moldados de acordo com a ideologia daqueles que estão no poder, e por isso, retirando a segurança jurídica que poderiam (e deveriam) representar.

[255] Não se está, aqui, defendendo uma cópia integral e fechada do modelo norte-americano. O que se quer é que sejam adotadas as características indispensáveis para que as agências possam cumprir eficazmente o seu papel. No sistema americano, elas são consideradas entidades administrativas descentralizadas, dotadas de autonomia e garantias funcionais para os membros de seu colegiado (que são indicados pelo Presidente do Executivo, mas só assumem se forem aprovados pelo Congresso). Pontual é a observação de Moreira e Maças (2003, p. 18) ao ressaltar que este sistema respeita o equilíbrio das forças políticas existentes. Mais, segundo o autor: "Além das características apontadas, as Agências Reguladoras Independentes gozam de um estatuto de independência garantido por lei, destacando-se a não submissão a quaisquer ordens ou instruções presidenciais e a duração do mandato dos seus membros, geralmente superior ao do Presidente (5 anos em vez de 4), e que só podem ser destituídos em caso de negligência grave ou ilegalidade".

[256] A estabilidade dos dirigentes das agências reguladoras já foi objeto de Ação Direta de Inconstitucionalidade – ADIN 2.310-1-DF, movida pelo Partido dos Trabalhadores contra o regime de contratação estatuído pela Lei Federal 9.986/00, com voto do Ministro Marco Aurélio Mello, que, ao deferir a liminar, assim se pronunciou: "Inegavelmente, as agências reguladoras atuam com poder de polícia, fiscalizando, cada qual em sua área, atividades reveladoras de serviço público, a serem desenvolvidas pela iniciativa privada. [...] Está-se diante de atividade na qual o poder de fiscalização, o poder de polícia, fazem-se com envergadura ímpar, exigindo, por isso mesmo, que aquele que a desempenhe sinta-se seguro, atue sem receios outros, e isso pressupõe a ocupação de cargos públicos [...] próprio àqueles que desenvolvam atividades exclusivas de Estado" e, em outra passagem: "Ninguém coloca em dúvida o objetivo maior das agências reguladoras, no que ligado à proteção do consumidor, sob os mais diversos aspectos negativos – ineficiência, domínio de mercado, concentração econômica, concorrência desleal e aumento arbitrário de lucros. Hão de estar as decisões destes órgãos imunes a aspectos políticos, devendo fazer-se presente, sempre, o contorno técnico. É isso não só dos respectivos dirigentes – detentores de mandato, mas também dos servidores". Veja-se, também: AGÊNCIA REGULADORA: Regime do agente público. Notícia divulgada no endereço: http://www.interessepublico.com.br, pesquisado em 26/01/05.

Embora a maioria dos juristas aceite e ratifique esta definição, é preciso registrar, por dever de honestidade intelectual, que dois renomados administrativistas – Celso Antônio Bandeira de Mello[257] e Eros Roberto Grau[258] – não a aceitam e tampouco acolhem as características essenciais das agências reguladoras. Defendem tais autores – a nosso ver, equivocadamente – que esses entes administrativos não devem possuir autonomia, isto é, devem subordinar-se ao Executivo e obedecer à vontade do Presidente. Além disso, repudiam a estabilidade funcional garantida aos membros diretores dos órgãos reguladores, contrariando toda a evolução do Direito Público havida até então.[259] Suas críticas são fundamentadas por uma tese frágil, cujo alicerce se encontra na suposta ausência de controle sobre as agências reguladoras, o que as tornaria mais fortes e poderosas que o próprio Estado.

Com a máxima vênia, impossível acolhermos qualquer um dos argumentos ora comentados, especialmente porque as Agências Reguladoras são instrumentos dos Estados e devem, acima de tudo, resguardar o interesse público. Se fosse aceita a tese desses juristas, esses órgãos passariam a ser instrumentos de partidos políticos, obedecendo tão-somente à vontade do governo que estivesse no poder, o que, por si só, seria temerário, uma vez que a cada novo mandato projetos seriam interrompidos e os rumos do país alterados, gerando insegurança político-jurídica, afastando investidores e inibindo o desenvolvimento econômico e social.

Ademais, mister destacarmos que as entidades reguladoras são controladas tanto pelo Poder Legislativo, por força do art. 49, inciso X, da Carta Política

---

[257] MELLO, Celso Antônio Bandeira de. *Curso de Direito Administrativo*. 15. ed. São Paulo: Malheiros, 2003.

[258] GRAU, Eros Roberto. As agências estas repartições públicas. In: SALOMÃO FILHO, Calixto (Coord.). *Regulação e desenvolvimento*. São Paulo: Malheiros, 2002, p. 27. Diz o autor: "Logo, de entidades autárquicas se tratam. Nada mais do que isso; nada, absolutamente nada mais do que isso [...] sendo autarquias, inserem-se na estrutura do Estado [...]".

[259] O jurista Celso Antônio Bandeira de Mello (2003, p. 161) afirma que "Questão importante é saber se a garantia dos mandatos por todo o prazo previsto pode ou não estender-se além de um mesmo período governamental. Parece-nos óbvio que não. Isto seria o mesmo que engessar a liberdade administrativa do futuro Governo. Ora, é da essência da República a temporariedade dos mandatos, para que o povo, se o desejar, possa eleger novos governantes com orientações políticas e administrativas diversas do Governo precedente". Grau (2002, p. 28), por sua vez, corrobora este posicionamento, aduzindo que é "[...] absurda a idéia de que os dirigentes de autarquias seriam titulares de direito a serem mantidos em seus cargos". Tais posicionamentos, com a devida vênia aos ilustres dogmáticos, não podem ser aceitos, pois preconizam o retorno do velho Direito Administrativo, desprovido de responsabilidade e sucumbente aos interesses de poucos. Juarez FREITAS (2004a, p. 238) bem adverte que volta e meia surgem tentativas de interromper o avanço do direito público, valendo destacar suas palavras: "[...] recorde-se que o legislador introduziu, de maneira assistemática, regime de trabalho nas agências reguladoras, que passaria a ser, na esfera federal, o regime de emprego público. Ora, essas agências são autarquias, logo, pessoas jurídicas de direito público e, por conseguinte, pelo menos os servidores que desempenham funções tipicamente de Estado, como a do regulador, devem fazê-lo necessariamente sob o regime institucional com as garantias dele oriundas. Em lugar disso, preferiu o legislador ordinário, naquele momento, estabelecer para o regulador o regime no qual o servidor não faz jus à estabilidade prevista em nossa Constituição, indispensável princípio garantidor da continuidade das políticas públicas, além de proteção contra arbítrios de todos os matizes. Foi, possivelmente, uma tentativa de encontrar eficiência maior ou, talvez, demonstração de hostilidade ao instituto da estabilidade. Seja como for, o diploma em apreço, por inviabilizar a dialética positiva do público com o privado, mereceu ser lido como contrário (não simplesmente como contraditório) à sistematicidade, já que se cuida de uma relação, por índole e função, de Direito Públicos".

de 1988,[260] quanto pelo Tribunal de Contas, Ministério Público, Poder Judiciário e sociedade.[261] Não há, dessarte, qualquer risco para o Estado como instituição maior. Há risco, sim, se adotado o modelo ora defendido (contrário aos administrativistas anteriormente citados), de serem frustradas as políticas falaciosas, irresponsáveis e com fins eleitoreiros.

Para desenvolver a atividade reguladora, típica de Estado, e não de Governo, as agências devem possuir amplos poderes (normativo,[262] fiscalizatório, de outorga, de conciliação, e de recomendação),[263] capacidade técnica e independência.[264] A doutrina costuma exemplificar como atividades típicas desses entes as seguintes: "o controle de tarifas, de modo a assegurar o equilíbrio econômico-financeiro; a universalização do serviço, estendendo-os a parcelas da população que deles não se beneficiavam por força da escassez de recursos; fomento da competitividade, nas áreas nas quais não haja monopólio natural; fiscalização do cumprimento do contrato de concessão; arbitramento dos conflitos entre as diversas partes envolvidas – consumidores do serviço, poder concedente, concessionários, a comunidade como um todo, os investidores potenciais".[265] Com certeza, esse catálogo não está fechado. Outras atividades inerentes à regulação, típicas do poder de polícia administrativa, podem e devem ser desempenhadas pelas agências reguladoras independentes.

2.4.1. Retomando a ANA

A Agência Nacional de Águas (ANA), da mesma forma que as demais agências reguladoras brasileiras, constitui-se em uma *autarquia federal sob regime especial*, possuindo autonomia administrativa e financeira. Muito embora esteja vinculada ao Ministério do Meio Ambiente, é independente para tomar as decisões que julgar adequadas, não devendo obediência ao Chefe do Executivo ou a qualquer outro órgão.[266]

Sua diretoria é composta por um colegiado de cinco membros, todos nomeados pelo Presidente da República e sabatinados pelo Congresso Nacional para

---

[260] Conforme JUSTEN FILHO, 2002.

[261] Veja-se, neste sentido, AMARAL, Antônio Carlos Cintra do. Observações sobre as agências reguladoras de sérvio público. *Revista de Direito Administrativo*. Rio de Janeiro, v. 231, n. 1-3, p. 2, jan./mar. 2003. Também se recomenda, no direito estrangeiro, obra específica sobre este tema: COLLET, 2003.

[262] CURVELO, 2004.

[263] Conforme: MARQUES NETO, 2003, p. 25.

[264] Também a independência das Agências Reguladoras já foi questionada perante o Supremo Tribunal Federal. Trata-se da ADIN 1940-0 movida pelo governador do Rio Grande do Sul, em 1999, com o objetivo de retirar a autonomia da Agência Reguladora local (a AGERGS), o que felizmente foi repelido pelo Supremo Tribunal Federal.

[265] Veja-se, sobretudo: BARROSO, 2003b, p. 292.

[266] Conforme art. 3º da Lei 9984/00 (BRASIL, 2000): "Fica criada a Agência Nacional de Águas – ANA, autarquia sob regime especial, com autonomia administrativa e financeira, vinculada ao Ministério do Meio Ambiente, com a finalidade de implementar, em sua esfera de atribuições, a Política Nacional de Recursos Hídricos, integrando o Sistema Nacional de Gerenciamento de Recursos Hídricos".

exercerem mandatos fixos (não-coincidentes) de quatro anos, podendo ser reconduzidos aos cargos uma única vez.[267] Tais dirigentes possuem estabilidade, o que significa que não poderão ser exonerados, salvo se cometerem falta grave, devidamente apurada em processo administrativo disciplinar, ou se cometerem qualquer uma das infrações listadas no art. 10 e seus parágrafos da Lei 9.984/00.

Destacam-se, dentre as suas atribuições, "o poder de supervisionar, controlar e avaliar as ações e atividades decorrentes do cumprimento da legislação federal pertinente aos recursos hídricos" (inciso I); "disciplinar, em caráter normativo,[268] a implementação, a operacionalização, o controle e a avaliação dos instrumentos da Política Nacional de Recursos Hídricos" (inciso II); "outorgar, por intermédio de autorização, o direito de uso dos recursos hídricos em corpos de água de domínio da União, observado o disposto nos arts. 5°, 6°, 7° e 8°" (inciso IV); "fiscalizar os usos de recursos hídricos nos corpos de água de domínio da União" (inciso V); "implementar, em articulação com os Comitês de Bacia Hidrográfica, a cobrança pelo uso de recursos hídricos de domínio da União" (inciso VIII);[269]

Também estão entre as suas principais atribuições, "planejar e promover ações destinadas a prevenir ou minimizar os efeitos de secas e inundações, no âmbito do Sistema Nacional de Gerenciamento de Recursos Hídricos, em articulação com o órgão central do Sistema Nacional de Defesa Civil, em apoio aos Estados e Municípios" (inciso X); "definir e fiscalizar as condições de operação de reservatórios por agentes públicos e privados, visando a garantir o uso múltiplo dos recursos hídricos, conforme estabelecido nos planos de recursos hídricos das respectivas bacias hidrográficas" (Inciso XII); "bem como promover a coordenação das atividades desenvolvidas no âmbito da rede hidrometerológica nacional, em articulação com órgãos e entidades públicas ou privadas que a integram, ou

---

[267] MACHADO, 2002, p. 100. O autor destaca a importância dos "mandatos" fixos dos dirigentes e da estabilidade inerente ao cargo, essenciais para "[...] impedir a subserviência a ordens ou pressões não fundadas no interesse público e ambiental".

[268] Cumpre assinalar, a despeito dos termos jurídicos estabelecidos na sua legislação criadora, a ANA possui tão-somente capacidade normativa secundária, porquanto seus atos são atos administrativos. Neste sentido é precisa a lição de Alexandre CURVELO, sic: "Entendemos pela existência de caráter normativo auxiliar no conteúdo do regulamento, tendo em vista que ele não é ato administrativo conforme o padrão costumeiro do ato administrativo (no mais, em razão de que este via de regra não é geral e abstrato). De outra parte, não são leis em sentido estrito, sobretudo em razão de que não podem inovar originariamente no ordenamento jurídico, pelo menos no nosso. Ademais, cumpre referir, que tais atos se enquadram no campo do exercício da atividade infralegal que toca ao poder executivo parcela do poder normativo do Estado sem implicar exercício de função legislativa, mas sim administrativa no seu sentido próprio. Em razão do exposto, concluímos se tratar o regulamento de ato administrativo com cartáter normativo secundário emanado por autoridade administrativa legalmente legitimada para tanto, cuja função precípua é a de garantir a execução de lei o bem explicitar seu conteúdo e alcance, a fim de garantir sua parcela de atuação na harmonização entre os poderes, não podendo inovar no ordenamento jurídico e, quanto menos, se opor à lei, ressalvada a modalidade de regulamento autônomo, o qual, somente poderá existir se houver, no caso brasileiro, expressa determinação constitucional" (in: CURVELO, Alexandre S. e RUARO, Regina L. *O poder regulamentar (autônomo) e o Conselho Nacional de Justiça: algumas anotações sobre o poder regulamentar autônomo no Brasil*. Revista dos Tribunais, vol. 858, ano 96, abril de 2007, p. 113-114.).

[269] BRASIL, 9 jan. 1997.

que dela sejam usuárias" (inciso XIII) e "organizar, implantar e gerir o Sistema Nacional de Informações sobre Recursos Hídricos" (XIV).[270]

A essência da ANA como órgão de Regulação é questionada por Paulo Affonso Leme Machado sob o argumento de que o *planejamento* dos recursos hídricos (atividade típica das agências reguladoras) é de competência do Conselho Nacional de Recursos Hídricos, e não desta. Para o autor, a ANA se limita a ser um "braço executivo" do CNRH,[271] crítica com a qual não partilhamos.

Por certo, a norma que instituiu a ANA – Lei 9.984/00 – contém graves imperfeições técnicas, mas nenhuma capaz de lhe retirar a essência de Agência Reguladora Independente, conferida pelo art. 3º do mencionado diploma.[272] Seguindo a linha defendida ao longo deste estudo, deve-se realizar uma interpretação sistemática da mencionada norma à luz do plexo de princípios constitucionais, superando pequenas antinomias (talvez até declarando a inconstitucionalidade de alguns dispositivos em casos extremados) para preservar a unidade do sistema.

---

[270] BRASIL, 9 jan. 1997.

[271] MACHADO, 2002.

[272] Apenas para ilustrar, destacam-se as seguintes impropriedades da Lei que instituiu a ANA: a) a redação conferida ao art. 4º (A atuação da ANA obedecerá aos fundamentos, objetivos, diretrizes e instrumentos da Política Nacional de Recursos Hídricos e será desenvolvida em articulação com órgãos e entidades públicas e privadas integrantes do Sistema Nacional de Gerenciamento de Recursos Hídricos.). Uma interpretação precipitada poderia levar a crer que a ANA tem o dever de obediência não só para com o chefe do Executivo mas, também, para com o Ministério ao qual está vinculada, eis que a Política Nacional é traçada pelo Poder Executivo. Já uma interpretação sistemática levará à conclusão de que a ANA tem o dever de obedecer os princípios fundamentais da Política de Recursos Hídricos que é elaborada pelo Executivo (até porque o Direito Administrativo deve ser visto sob o plexo sistemático de princípios, regras e valores, como bem leciona Juarez Freitas (2004b, p. 85 e 86). Todavia, o dever de obediência não se estende aos elaboradores desta Política, uma vez que não existe hierarquia entre a ANA e os demais órgãos; b) a redação dada ao § 4º do art. 4º, cujo teor é (A ANA poderá delegar ou atribuir a Agências de Água ou de Bacia Hidrográfica a execução de atividades de sua competência, nos termos do art. 44 da Lei 9.433/97, e demais dispositivos legais aplicáveis). Essa é, em nosso entendimento, a regra mais problemática contida no bojo desta norma. Isto porque entendemos que as atividades de competência das Agências Reguladoras não podem ser delegadas para qualquer uma das partes envolvidas sob pena de perder sua razão de existir. É óbvio que se uma agência executiva (subordinada ao Executivo e sem qualquer autonomia) passar a exercer as atividades de uma agência reguladora (que possui autonomia e independência suficiente para tomar as decisões corretas, ainda que estas desagradem ao governo), o interesse público restará ameaçado. Frisa-se, mesmo que a agência executiva venha desempenhar a função da reguladora com extrema competência, o simples fato de ter ocorrido esta delegação fere o ordenamento jurídico e coloca em risco a segurança jurídica do mercado, de sorte que o melhor a ser feito, em nosso pensar, é a declaração de inconstitucionalidade deste dispositivo. A função reguladora exige imparcialidade e independência, característica que as Agências de Águas ou de Bacias *não* possuem; e, por fim, c). a redação conferida ao § 1º do art. 9º (o Diretor-Presidente da ANA será escolhido pelo Presidente da República entre os membros da Diretoria Colegiada, e investido na função por quatro anos, ou pelo prazo que restar de seu mandato), ao caput do art. 10 (A exoneração imotivada de dirigentes da ANA só poderá ocorrer nos quatro meses iniciais dos respectivos mandatos) e ao art. 18 (ficam criados, com a finalidade de integrar a estrutura da ANA, I – 49 cargos em comissão e II – 150 cargos de confiança). A conjugação desses dispositivos poderia levar a conclusão precipitada de que houve uma tentativa vil de dotar a ANA de uma estrutura frágil, negando-lhe estabilidade e um regime funcional adequado. Todavia, na linha da interpretação conforme, mister analisar tais redações à luz das conferidas aos arts. 16, 22 e 27 da mesma Lei, além, é claro, dos princípios contidos na Carta Política, o que levará a conclusão de que a estrutura prevista inicialmente o foi em caráter provisório, devendo ser realizado concurso público para o preenchimento das vagas que antes possuíam viés político e nenhuma estabilidade. Apenas um detalhe: consideramos equivocada a possibilidade de demissão imotivada dos Diretores da ANA – ainda que limitada aos quatro primeiros meses de mandato – eis que nenhum ato administrativo pode ser considerado insindicável. O dever de fundamentação persiste sempre e sempre. Negá-lo é contrariar a própria Constituição.

Por isso, a mera previsão de que a função de *planejamento* da Política Nacional de Águas pertence ao Conselho de Recursos Hídricos, e não à ANA não lhe esvazia a competência nem reduz a sua importância como Autoridade Reguladora Independente. Cabe destacar a lição de Luís Roberto Barroso,

> [...] se couber às agências a determinação integral das políticas públicas do setor regulado, pouco restará ao chefe do Executivo em termos de competência decisória, valendo lembrar que é ele quem detém a legitimidade democrática, recebida nas eleições, para exercer a função administrativa. É possível mesmo vislumbrar um cenário no qual a multiplicação das agências, cada qual dotada de completa independência em relação ao Executivo, acabaria por esvaziar o espaço decisório que lhe cabe constitucionalmente. Como se vê, os parâmetros dessa relação ainda deverão ser fixados.[273]

Uma última questão precisa ser abordada ainda neste tópico. Trata-se de perquirir se existe a necessidade de que as Agências Reguladoras Independentes sejam separadas não só por "matéria", mas também por "especificidade".[274] A água é o melhor exemplo, uma vez que comporta diversos usos e destinos. Para regulá-la já coexistem a ANA (em caráter geral, para disciplinar o uso das águas federais), a ANEEL (para exercer a regulação específica sobre o setor hidrelétrico) e a ANTAq (para regular a atividade de transportes aquaviário). Impende, assim, questionar: será necessária uma nova Agência para regular o saneamento básico? Será imprescindível uma Agência Reguladora específica para disciplinar o agronegócio? E quanto às atividades de turismo e lazer? E em caso de conflito entre decisões das diversas agências a quem caberá a última palavra?

Em um primeiro momento pode até parecer demasiada a criação de uma agência específica para cada fim. Todavia, conforme bem leciona Floriano de Azevedo Marques Neto, é essencial que cada agência

> [...] reúna conhecimentos e especialidades sobre o objeto da regulação [...] pois o arcabouço de normas, princípios, conceitos e instrumentos adequados à intervenção regulatória num setor, não necessariamente será adequado à aplicação em outros.[275]

Não se está, aqui, advogando em favor da proliferação insana de entes regulatórios – o que contraria toda a tese defendida até o momento de Estado nem mínimo, nem máximo, mas tão-somente essencial – até porque a criação exagerada desses órgãos acarretaria uma estrutura inflada e, provavelmente, burocratizada ao extremo.

O que defendemos é que pelo menos em nível federal exista uma agência reguladora para cada setor que *necessita* de regulação. No caso da água, a ANA não é suficientemente equipada para regular todos os usos/destinos dos recursos hídricos. A realidade mostrou a necessidade de um órgão específico para regular a energia elétrica e outro para o transporte aquaviário. Com o saneamento básico

---

[273] BARROSO, 2003b, p. 294.
[274] MARQUES NETO, 2003, p. 27.
[275] Ibidem.

não será diferente. Por possuírem características complexas, cada um desses usos necessita de ampla estrutura e pessoal extremamente qualificado, especialmente no que tange à fiscalização e à mediação de conflitos, de sorte que fica difícil para a ANA acolher tantos especialistas em seu quadro de pessoal, já que as vagas são limitadas por lei.

No âmbito dos Estados, cremos não haver necessidade de agências reguladoras específicas para cada matéria, ficando a escolha a critério do Executivo local. Basta que exista uma Agência Reguladora de caráter geral, com equipes técnicas especializadas nos setores em que a regulação será exercida. Vale trazer à baila o exemplo da AGERGS no Rio Grande do Sul, que possui competência para regular o setor de saneamento básico, transportes públicos, energia elétrica, dentre outras e a exerce de forma competente e eficaz.

Mister consignarmos, também, que até o presente momento quem tem solucionado as questões concernentes ao Saneamento Básico é a ANA, uma vez que toda a estrutura e a base da Política Nacional de Águas foram pensadas para atender também a este fim, o que não nos impede de constatar a timidez de sua atuação nessa área vital para o desenvolvimento humano.[276]

Nesta senda, após refletirmos sobre o regime das águas na Constituição, sobre a Política Nacional traçada e sobre o marco regulatório do setor, cumpre-nos, agora, aprofundar o estudo sobre o saneamento básico no país, revelando os detalhes que frustram o crescimento social, econômico e político brasileiro.

---

[276] A Agência Nacional de Águas (ANA) vem elaborando uma série de diretrizes e projetos para melhorar a prestação do serviço de saneamento em todo o País, com base no Sistema Nacional de Informações sobre Saneamento (SNIS) e em parceria com os Ministérios do Meio Ambiente, das Cidades e da Saúde. Um exemplo é o PRODES (programa de despoluição das bacias hidrográficas), pelo qual a Agência paga aos prestadores de serviço (públicos ou privados) pelos resultados obtidos, isto é, pelo esgoto tratado, em vez de financiar obras e equipamentos.

3. Saneamento básico, regime jurídico e marco regulatório

3.1. CONSIDERAÇÕES INICIAIS E CONCEITO

Até pouco tempo atrás, existia muita imprecisão na definição de saneamento básico, esta fomentada por inúmeros Anteprojetos de Lei do Executivo Federal, elaborados ao longo de vinte anos, que visavam instituir o marco regulatório para o setor.[277] A questão aparentemente foi solucionada com o advento da Lei 11.445, de 05/01/2007, que assim o definiu:

> Art. 3º Para efeitos desta Lei, considera-se:
>
> I – saneamento básico: o conjunto de serviços, infra-estruturas e instalações operacionais de:
>
> a) abastecimento de água potável: constituído pelas atividades, infra-estruturas e instalações necessárias ao abastecimento público de água potável, desde a captação até as ligações prediais e respectivos instrumentos de medição;
>
> b) esgotamento sanitário: constituído pelas atividades, infra-estruturas e instalações operacionais de coleta, transporte, tratamento e disposição final adequados dos esgotos sanitários, desde as ligações prediais até o seu lançamento final no meio ambiente;
>
> c) limpeza urbana e manejo de resíduos sólidos: conjunto de atividades, infra-estruturas e instalações operacionais de coleta, transporte, transbordo, tratamento e destino final do lixo doméstico e do lixo originário da varrição e limpeza de logradouros e vias públicas;
>
> d) drenagem e manejo das águas pluviais urbanas: conjunto de atividades, infra-estruturas e instalações operacionais de drenagem urbana de águas pluviais, de transporte, detenção ou retenção para o amortecimento de vazões de cheias, tratamento e disposição final das águas pluviais drenadas nas áreas urbanas; [...][278]

---

[277] Só para situar o quadro, em menos de seis meses foram elaborados dois anteprojetos de lei, contendo aspectos muito diferentes em cada qual. A versão que foi apresentada à sociedade no decorrer de 2004 através de "seminários regionais", transformou-se no Projeto de Lei 5296/2005, que foi substituído pelo PL 7361/2006, e que posteriormente foi transformado na Lei 11.445/2007.

[278] BRASIL. Presidência da República. Lei nº 11.445, de 05 de janeiro de 2007 – Estabelece diretrizes nacionais para o saneamento básico; altera as Leis nºs 6.766, de 19 de dezembro de 1979, 8.036, de 11 de maio de 1990, 8.666, de 21 de junho de 1993, 8.987, de 13 de fevereiro de 1995; revoga a Lei nº 6.528, de 11 de maio de 1978; e dá outras providências. Brasília, [s.d.]. Disponível em: < http://www.presidencia.gov.br/legislacao/>. Acesso em: 11 fev. 2007.

Desse dispositivo depreende-se, portanto, que o *saneamento básico* consiste em um processo complexo que se inicia com a captação ou derivação da água, seu tratamento em estações apropriadas (ETAs), adução e distribuição, incluindo o transporte da água desde o local de retirada até o de consumo final, culminando com o esgotamento sanitário, isto é, todo o procedimento de coleta e purificação nas estações de tratamento de esgotos (ETEs). Também integram o saneamento básico a coleta de lixo e drenagem urbana, o manejo de águas pluviais.[279]

Nesta senda, claro está que as *ações integradas* que compreendem o saneamento básico *envolvem as diversas fases do ciclo da água*, conforme bem observou Luís Roberto Barroso,[280] ensejando especial atenção pelas implicações decorrentes do regime jurídico inerente, conforme vem sendo demonstrado ao longo deste estudo. Impossível, assim, tratar de saneamento básico sem tratar da água, ainda que se reconheça a diferença entre os marcos regulatórios.[281]

Ademais, imperioso ressaltarmos que a definição do que compreende o saneamento básico é de extrema relevância porque refletirá, em escala direta, a titularidade e a competência dos entes federados para a prestação desses serviços.[282] Antes, porém, de adentrarmos neste ponto, mister fazermos um escorço histórico a fim de demonstrarmos como o setor evoluiu e em qual o estágio se encontra hodiernamente.

3.2. A EVOLUÇÃO DA PRESTAÇÃO DE SERVIÇOS DE SANEAMENTO BÁSICO NO BRASIL

Pode-se dizer que o serviço de saneamento básico, no Brasil, está dividido em três fases, a saber: o período anterior a 1970, o período compreendido entre

---

[279] Alguns autores discordam deste conceito amplo, restringido o seu espectro. Veja-se, neste sentido, SCHIRATO, Vitor Rhein. Setor de Saneamento Básico: aspectos jurídico-administrativos e competências regulatórias. *Revista de Direito Administrativo*, Rio de Janeiro, n. 237, p. 120, jul./set. 2004). Para o autor, o saneamento básico compreende tão-somente "[...] as atividades de produção, adução e distribuição de água, bem como coleta, tratamento e disposição final dos esgotos". De se notar, ainda, que o anteprojeto anterior acrescentava "o controle de vetores e reservatórios de doenças transmissíveis" no conceito de saneamento, expressão esta que foi suprimida do texto que entrou em vigor.

[280] BARROSO, 2003b, p. 118.

[281] Veja-se, neste sentido: MOTTA, Ronaldo Seroa. *Questões Regulatórias do Setor de Saneamento no Brasil*. Nota Técnica de Regulação nº 05 IPEA, p. 11, [s.d.]. Disponível em: <http://www.ipea.gov.br>. Acesso em: 20 dez. 2004.

[282] Por isso, não causa estranheza a grande repercussão gerada pelo Anteprojeto em comento que, ao separar a prestação de serviços de água da coleta e tratamento de esgoto (como se uma não estivesse umbilicalmente interligada a outra, isto é, como se uma não dependesse da outra), provocou insegurança jurídica para as entidades que atuam no setor, que sustentam ter o referido texto aberto à possibilidade de concessão fragmentada, o que poderá prejudicar a qualidade dos serviços.

1970-1990[283] e o período posterior a 1990, pelo que se passa a discorrer algumas linhas sobre cada uma dessas etapas.

3.2.1. Primeira fase: até 1970 – serviços prestados pelos Municípios

Na primeira metade do século XX, verificou-se um crescimento acelerado e constante da migração da população rural rumo às cidades em busca de novas oportunidades de trabalho. Tal fenômeno contribuiu para o progressivo déficit do saneamento básico (quase inexistente), agravado pela falta de investimentos e de políticas públicas nessa área vital.[284]

Com o advento do Código das Águas, em 1934, novas diretrizes para a gestão dos recursos hídricos foram elaboradas, em que pese nem todas tenham sido regulamentadas. Nada obstante, a crise só fez crescer.

Adriana de Mello Luchini,[285] a esse respeito, afirma que somente os dispositivos que faziam referência ao aproveitamento energético foram regulamentados, em detrimento de outros que abordavam questões relevantes, tais como o controle e preservação dos mananciais, uso comum das águas, minimização dos conflitos entre os diversos setores, saneamento (sanitário e ambiental), etc. Depreende-se da tese da autora que esse diploma legal foi elaborado por diversas instituições sem haver uma diretriz comum, um fio condutor que garantisse a sustentabilidade ambiental, isto é, o aproveitamento múltiplo e racional dos recursos hídricos mediante a adoção de políticas compatíveis e integradas.

Bastiaan Philip Reydon,[286] por sua vez, lembra que desde o período colonial o serviço de saneamento básico esteve a cargo dos *Municípios* e sua gestão vinculada ao Ministério da Saúde, tendo passado por diversas institucionalizações ao longo dos tempos.

Em um primeiro momento, foram criados departamentos específicos para o saneamento e posteriormente, autarquias, visando a uma maior autonomia. Assim, a partir de 1952, o Serviço Especial de Saúde Pública (SESP), atualmente denomi-

---

[283] Alguns autores restringem essa segunda fase ao ano de 1986, quando foi formalmente extinto o BNH e, junto com este, o PLANASA. Nesse sentido, veja-se REYDON, Bastiaan Philip. *Tratamento de esgoto e seu efeito no custo agregado do tratamento de água:* uma abordagem quantitativa. São Paulo: Universidade Estadual de Campinas (UNICAMP), Instituto de Economia, 2001, p. 5. Disponível em: <http://www.eco.unicamp.br/nea/agua/artigos.htlm>. Acesso em: 1º de set. 2003, e CANÇADO, Vanessa Lucena; COSTA, Geraldo Magela. *A política de saneamento básico:* limites e possibilidades de universalização. [S.l.]: RePec, [s.d.]. Disponível em: <http:// http://econpapers.repec.org/bookchap/cdpdiam02/200263.htm. Acesso em: 31 out. 2003. Todavia, para fins deste estudo, adotaremos o período estipulado pelo IPEA – Instituto de Pesquisa Econômica Aplicada, (ACQUA-PLAN – ESTUDOS, PROJETOS e CONSULTORIA. *Flexibilização Institucional da Prestação de Serviços de Saneamento: implicações e desafios.* Brasília: Ministério do Planejamento e Orçamento: Secretaria de Política Urbana, 1995).

[284] Conforme IPEA: Acqua-Plan – Estudos, Projetos e Consultoria, 1995.

[285] LUCHINI, Adriana de Mello. Os desafios à implementação do sistema de gestão dos recursos hídricos estabelecidos pela Lei 9.433/97. *Revista de Administração Pública*, Rio de Janeiro, v. 34, n. 1, p. 124, jan./fev. 2000.

[286] REYDON, 2001.

nado de Fundação Nacional de Saúde (FUNASA), concebeu os primeiros Serviços Autônomos de Água e Esgotos (SAAE) para funcionarem junto aos municípios mais carentes. Todavia, impende frisar que o SESP continuou administrando esses novos departamentos, com o objetivo de garantir-lhes auto-sustentação, preparando-os para que pudessem, mais tarde, administrar seus próprios serviços.

Já as primeiras Empresas de Economia Mista para o setor surgiram no final da década de 50, quando a Administração Pública havia assumido praticamente toda essa prestação. Em 1962, fundou-se a primeira Companhia Estadual de Saneamento Básico,[287] a CASAL de Alagoas e, em menos de uma década, apenas quatro Estados da Federação não possuíam companhias desse feitio.

É de se destacar, ainda, que a falta de informações precisas na área de saneamento reinava à época – fato ainda não resolvido integralmente nos dias atuais – o que impedia a formulação de programas específicos e sincronizados nos três níveis de governo. Estudos demonstram que no final dos anos 60 não havia critério para fixar, com rigor, quais eram os níveis de cobertura real desses serviços, estimando-se que cerca de 45% da população eram abastecidas com água encanada, caindo para 20% o atendimento com rede de esgoto.[288] [289]

Sintetizando essa primeira fase, é possível afirmarmos que os escassos recursos financeiros consignados nos orçamentos públicos, naquela época e em todos os níveis de governo, eram pulverizados em difeqrentes instituições. Ademais, o crescimento acelerado da população somado ao sistema de tarifação irreal praticado, aliados à ausência de instrumentos de planejamento sistemático, acabaram gerando o exaurimento do modelo, comprovado pelos baixos índices de atendimento à população, de sorte que a sociedade passou a clamar por transformações drásticas.

3.2.2. Segunda fase: 1970-1990: serviços prestados pelos Estados

Para enfrentar essa situação e instituir uma política adequada e eficaz de saneamento básico, o governo federal criou, em 1968, o Sistema Financeiro de Saneamento (SFS), tendo o Banco Nacional de Habitação (BNH) como órgão gestor. A partir de um estudo realizado e financiado por esses órgãos, criaram-se as condições necessárias para a implementação de um novo projeto. Destarte, em 1971, durante o VI Congresso Brasileiro de Engenharia Sanitária, foi lançado oficialmente o Plano Nacional de Saneamento, mais conhecido como PLANASA.

Cançado destaca que esse plano "[...] constituiu um marco histórico e institucional para o setor de saneamento, sendo o seu mais importante – e talvez único

---

[287] Doravante denominada de CESB.

[288] Trata-se do estudo elaborado (em 1968) pelo Engenheiro Irvando Mendonça Pires, gerente da Carteira de Operações do Sistema Financeiro do Saneamento do BNH à época, intitulado "O Planasa e o desenvolvimento institucional das companhias de saneamento no Brasil".

[289] Conforme dados divulgados pelo cqua-Plan – Estudos, Projetos e Consultoria, 1995, p. 40-41.

– modelo de regulação".²⁹⁰ Foi por meio deste projeto, extremamente técnico, que o acesso à água tratada e ao esgotamento sanitário atingiu os melhores níveis em todos os tempos no Brasil, sendo que a sua estrutura, em linhas gerais, permanece arraigada até hoje.

Dentre os objetivos desse Plano, estava o de garantir que até o ano de 1980, aproximadamente 80% da população urbana tivesse acesso ao sistema de água tratada e 50%, aos serviços de esgotamento sanitário.²⁹¹ Ocorre que, em 1975, essa meta foi revista, passando a exigir-se a ampliação do percentual de abastecimento de água para outras localidades. Isto provocou certo negligenciamento com o aspecto sanitário, pois não foram elaboradas diretrizes concretas para a coleta e tratamento de esgotos.

Importante compreender a estrutura criada para garantir a eficácia do Planasa, pois desde a sua concepção esse projeto caracterizou-se pela *centralização* – na União – das funções de planejamento, coordenação, controle e apoio financeiro.²⁹² Esta, por sua vez, passou a incentivar soluções em nível estadual por razões claras: o Banco (BNH) considerava os municípios muito fracos na estrutura político-administrativa,²⁹³ acreditando que os estados possuíam maior capacidade técnica e financeira para prestarem tal serviço. Partiu, assim, da premissa de que apenas uma empresa atuando em diversos municípios resultaria em maior eficiência e economia, rompendo, destarte, com o sistema anterior.

Argumentava-se, ainda em favor dessa tese, que se o setor de saneamento fosse administrado pelos municípios, restaria mais exposto a interferências políticas prejudiciais, quando o que se queria era justamente o contrário, ou seja, um ambiente de decisões técnicas, ainda que contrárias aos interesses imediatos dos políticos locais. A regulamentação desses serviços ficou, assim, sob a responsabilidade do BNH, enquanto as Companhias Estaduais (CESBs) foram incumbidas da execução das políticas formuladas.

Nesta senda, as Companhias Estaduais de Saneamento ganharam força, assumindo rapidamente o papel antes conferido aos municípios, eis que estes já não mais possuíam condições de competir, restando-lhes apenas a possibilidade de concederem aos Estados a prestação dos seus serviços,²⁹⁴ ou manterem-se às suas próprias expensas.

---

²⁹⁰ Conforme CANÇADO; COSTA, [s.d.], p. 3.

²⁹¹ O texto integral do Planasa encontra-se: ARRETCHE, Marta T. S. *Plano Nacional de Saneamento (Planasa)*. Brasília: Ministério das Relações Exteriores, [s.d.]. Disponível em: <http://www.mre.gov.br/cdbrasil/itamaraty/web/port/economia/saneam/planasa/>. Acesso em: 23 out. 2003.

²⁹² Ver Acqua-Plan – Estudos, Projetos e Consultoria, 1995, p. 41.

²⁹³ Nesse sentido, veja-se: BRITO, Ana Lúcia. A regulação dos serviços de saneamento no Brasil: perspectiva histórica, contexto atual e novas exigências de uma regulação pública. In: Encontro Nacional da Anpur, 9., 2001, Rio de Janeiro. *Anais....* Rio de Janeiro: Anpur, 2001.

²⁹⁴ CANÇADO; COSTA, [s.d.]. Destacam, os autores, que Embora os financiamentos do Planasa fossem teoricamente possíveis, os municípios a eles quase não tinham acesso, pois para serem concedidos exigiam uma grande contrapartida municipal, o que de fato não era possível. Recorrer ao Estado era inviável, pois os recursos do FAE, em razão da legislação vigente, só poderiam ser utilizados nas companhias estaduais. Sendo assim,

Os recursos financeiros utilizados para a implementação do Planasa provinham, principalmente, de três fontes: do volume de depósitos do FGTS,[295] dos Fundos de Águas e Esgotos Estaduais (FAEs)[296] e das tarifas cobradas dos usuários. Segundo publicação do IPEA, o princípio básico era o caixa único que permitiria, por meio de subsídios cruzados entre localidades, tornar factíveis projetos isoladamente inviáveis, isto é, beneficiar cidades pequenas e populações mais carentes.[297]

Almejando um processo célere de auto-sustentação, a estratégia sugerida pelo Planasa às Companhias Estaduais recomendava que essas concentrassem inicialmente os seus recursos nos sistemas de abastecimento de água – em média 22% mais barato do que o de esgotamento sanitário[298] – e nas grandes e médias cidades, para garantir maior retorno dos investimentos. Em um segundo momento, após estarem bem capitalizadas, as próprias companhias teriam recursos suficientes para investir no abastecimento de água das cidades menores e populações carentes, bem como nos serviços de tratamento de esgotos.

Destarte, num período inicial – em razão da disponibilidade quase ilimitada de verbas se comparada com a situação anterior – o país vivenciou uma intensa transformação estrutural devido às inúmeras e vultosas obras realizadas, que culminaram com o abastecimento de água para 75% da população urbana.

Os dados oficiais revelam que no período compreendido entre 1975 e 1982, foram aplicados pelo Planasa mais de seis (6) bilhões de dólares em obras de esgotos e de abastecimento de água, o que rendeu, em média, receitas anuais de aproximadamente 80 milhões de dólares em taxas de administração para as Companhias Estaduais, permitindo a própria estruturação de muitas delas.[299]

O sistema do Planasa funcionou bem até o final da década de 70, início dos anos 80, período em que o desequilíbrio financeiro das Companhias Estaduais

---

sem empréstimos federais ou estaduais, e sem recursos próprios que pudessem garantir a sua participação, só restavam aos municípios concederem os seus serviços às Cesbs; Nessa mesma linha, Costa (COSTA, A. M. Análise histórica do saneamento no Brasil. In: ASSEMBLÉIA NACIONAL DA ASSOCIAÇÃO NACIONAL DOS SERVIÇOS MUNICIPAIS DE SANEAMENTO, 22., 1996, Belo Horizonte. *Anais da XXII Assembléia Nacional da Associação Nacional dos Serviços Municipais de Saneamento*. Brasília: Assemae, 1996*)*, salienta, que no período anterior ao Planasa, os municípios tinham acesso aos recursos do FGTS para gerir os serviços de saneamento. Todavia, com o advento deste plano, somente as CESBs passaram a ser contempladas com tais recursos – forma encontrada pelo BNH para desestimular o interesse municipal.

[295] CANÇADO; COSTA, [s.d.], p. 4. Nesse sentido, afirmam que "[...] esse fundo, desde 1970, era o principal financiador do saneamento básico e, graças ao 'milagre' econômico, gozava de larga margem para aplicação em infra-estrutura urbana". Assim, foram destinados recursos para que os Estados compusessem os seus *FAE*, empréstimos esses, realizados com juros variáveis entre 2 e 7% ao ano.

[296] Exigência contida na Lei que instituiu o Planasa, tais Fundos foram criados para garantir a viabilidade do plano, permitindo a contrapartida estadual nos financiamentos via BNH.

[297] Ver Acqua-Plan – Estudos, Projetos e Consultoria, 1995, p. 40.

[298] Conforme: BNDES – BANCO NACIONAL DE DESENVOLVIMENTO ECONÔMICO E SOCIAL. Cadernos de Infra-estrutura. *Saneamento Ambiental*. Foco: Saneamento básico. Rio de Janeiro: BNDES, out. 1996.

[299] Sobre os dados financeiros, veja-se: REZENDE, Fernando. *O financiamento do setor saneamento – Primeiro relatório parcial*, Projeto de Modernização do Setor de Saneamento. [S.l.]: IPEA, [s.d.]. Disponível em: < http://www.ipea.gov.br/>. Acesso em: 28 ago. 2004.

passou a ser evidenciado em razão do agravamento da crise econômica enfrentada pelo país. Os autores consultados divergem sobre as causas que levaram ao exaurimento desse plano. Bastiaan Philip Reydon[300] afirma que o motivo foi a utilização das tarifas das empresas de saneamento como instrumento de política monetária, pois o período em que isso ocorreu coincidiu com o início dos pagamentos dos empréstimos ao BNH. Refere o autor que as CESBs não deixaram de realizar os pagamentos dos empréstimos, mas passaram a não ter recursos para investimentos, causando o colapso do sistema.

Outros doutrinadores, porém, creditam o esgotamento do sistema a vários fatores, destacando os elevados custos e perdas de faturamento em razão do desperdício resultante da falta de controle de medição do consumo e de eficiência, bem como do aumento constante da população urbana.[301]

Vanessa Cançado, por seu turno, além de reforçar o aspecto de crise econômica como fator relevante para a falência do sistema, evidenciado pela falta do "crédito fácil" que levou as Companhias Estaduais a endividarem-se com a União, faz alusão ao aspecto político conturbado que reinava à época com o surgimento dos movimentos sociais que lutavam pela redemocratização do país. Conseqüência lógica, também no sistema de saneamento o modelo "autoritário e centralizador" do Planasa tornou-se inadequado, clamando o setor pela sua superação.[302]

Importa ressaltar, ainda, que a crise econômica instaurada (a inflação, à época, superou a casa dos 80% ao mês), agravada pelos sucessivos planos econômicos que fracassavam impiedosamente um após o outro (Cruzado I, Cruzado II, Bresser e Plano Verão) foi acompanhada de perto por uma grande crise política: a reforma partidária,[303] o movimento das "Diretas Já" e outros tantos levaram à transformação do cenário constitucional, institucional e político da nação. E em meio a esta confusão, o BNH foi incorporado pela Caixa Econômica Federal (em 1986), e o Planasa, extinto.

Apenas dois anos após, em 05 de Outubro de 1988, o país vivenciou a promulgação de uma nova Constituição Federal, cujo texto é considerado o mais rico de toda a sua história. Essa Carta Política, denominada de Constituição Cidadã "mas que até hoje assim não se mostra" na opinião do douto ministro Marco Aurélio de Mello (STF) e "não por deficiência do respectivo conteúdo, mas pela ausência de vontade política em implementá-la",[304] previu um modelo de Estado equilibrado, onde tanto o Poder Público quanto à Iniciativa Privada desempenham

---
[300] REYDON, 2001, p. 5.

[301] Conforme Acqua-Plan – Estudos, Projetos e Consultoria, 1995, p. 43.

[302] CANÇADO; COSTA, [s.d.].

[303] Essa reforma consistiu no fim dos partidos políticos existentes, Arena e MDB, que foram substituídos por outros cinco: PMDB, PDT, PTB e PT representando a oposição, e PDS representando os governistas. Maiores informações podem ser obtidas em: ALDÉ, Lorenzo. *História política em primeira pessoa*. Rio de Janeiro: Educação Pública, [s.d.]. Disponível em: <http://www.educacaopublica.rj.gov.br/biblioteca/historia/hist14a.htm>. Acesso em: 28 fev. 2004.

[304] MELLO, Marco Aurélio. Optica constitucional: a igualdade e as ações afirmativas. *Revista Cidadania e Justiça*: fundamentos da ética e respeito ao outro, Brasília, ano 5, n. 12, p. 97, 2. sem. 2002.

papel relevantíssimo no desenvolvimento social e econômico: trata-se do Estado essencialmente Regulador, cumpridor de suas tarefas indelegáveis, conforme já explicitado deveras no capítulo anterior.

Ocorre que, sob o pretexto da falta de clareza das normas sobre saneamento básico contidas no Texto Maior, Estados e Municípios iniciaram uma acirrada disputa e, em razão disso, ainda não se conseguiu a fixação do marco regulatório do setor. E se por um lado a situação "jurídico-institucional" permaneceu indefinida e estagnada, por outro, a realidade social se agravou paulatinamente. A população das cidades e regiões metropolitanas aumentou consideravelmente a cada ano e, com ela, os problemas ligados ao saneamento – tais como lixo urbano, poluição dos córregos, rios e mananciais – ganharam proporções assustadoras.

3.2.3. Terceira fase: 1990 até a presente data – conflito de competências

No início dos anos 90, a nação ainda tentava acostumar-se com o novo texto constitucional quando foi surpreendida por uma nova crise política, desta vez acompanhada de uma crescente conscientização da população quanto aos direitos e deveres inerentes ao exercício pleno da cidadania.[305]

Passado o caos, o governo federal solicitou ao IPEA (Instituto de Pesquisa Econômica Aplicada) um estudo para a modernização da rede de infra-estrutura nacional, tendo sido formulado por este órgão e pela equipe técnica do Programa das Nações Unidas para o Desenvolvimento (PNUD) da ONU, o Plano de Modernização do Setor de Saneamento, denominado de PMSS.

A partir deste momento, todos os atores sociais envolvidos passaram a conjugar esforços para obter o máximo de informações possíveis sobre a realidade nacional, a fim de criar um projeto capaz de sanar o déficit existente e proporcionar a universalização da prestação deste serviço essencial e fundamental à dignidade

---

[305] Neste período, ocorreu no país o primeiro processo de "impedimento" de um presidente eleito pelo voto direto, sendo que Collor preferiu renunciar ao mandato à ser "retirado" do cargo. Passado o caos político, assumiu a Presidência da República o vice Itamar Franco, que nomeou seu ministro da economia o então senador Fernando Henrique Cardoso, mentor do "Plano Real", instrumento este que finalmente trouxe a estabilidade econômica e o fim da inflação, iniciando uma nova era no desenvolvimento do Brasil. No mandato seguinte, quando finalmente assumiu a Presidência da República, Fernando Henrique Cardoso solicitou ao IPEA (Instituto de Pesquisa Econômica Aplicada) a elaboração de um projeto que revolucionasse o setor de saneamento do país. Este órgão realizou, por conseguinte, diversos estudos por equipes distintas, que culminaram com a formulação do Projeto de Modernização do Setor de Saneamento (o PMSS). Conforme Fernando Rezende (Diretor executivo do IPEA) e Maria Emília Rocha Mello de Azevedo (secretária de política urbana do MPO à época), os estudos encomendados pela presidência que deram origem ao PMSS foram realizados concomitantemente e de forma integrada pelas diversas equipes que seguiram as recomendações do programa de desenvolvimento das Nações Unidas (PNUD), o que garantiu o sucesso do projeto. Nesta senda, destacam a publicação, em oito volumes, dos mencionados trabalhos, a saber: "Fundamentos e Propostas de Ordenamento Institucional" (vol. 1); "Novo Modelo de Financiamento para o Setor Saneamento" (vol. 2); "Implicações e Desafios da Flexibilização Institucional da Prestação de Serviços de Saneamento" (vol. 3); "Demanda, Oferta e Necessidades dos Serviços de Saneamento" (vol. 4); "Proposta de Regulação da Prestação de Serviços de Saneamento" (vol. 5); "Análise Comparada da Legislação Internacional sobre Regulação da Prestação de Serviços de Saneamento" (vol. 6); "Diagnóstico do Setor Saneamento: Estudo Econômico e Financeiro" (vol. 7) e "Aplicação do Método de Avaliação Contingente em Projetos de Abastecimento de Água" (vol. 8).

humana. Instituiu-se, para tanto, em 1995, o Serviço Nacional de Informações sobre Saneamento (SNIS), cuja equipe elabora todos os anos o Diagnóstico do Setor, representando o maior e mais qualificado banco de dados disponível.

E é com os dados fornecidos por este órgão, bem como pelo Instituto Brasileiro de Geografia e Estatística (IBGE), que conseguimos traçar um raio-x do saneamento básico em solo nacional, mapeando as principais características e necessidades, destacando-se o que se considera essencial a este estudo.

3.2.3.1. A realidade brasileira em números

A análise que procederemos será para identificar o nível atual de cobertura das redes de água e esgoto, o percentual de seu tratamento, a natureza jurídica dos prestadores de serviços, bem como a média de preços praticados. Também serão analisados indicadores sociais (níveis de cobertura por classe de renda), percentuais de coleta e disposição final do lixo urbano e dados relacionados à saúde pública.

Para tanto, faremos uso dos dados referentes ao ano de 2002, pois são os últimos confirmados pelo IBGE. Embora tenham sido divulgados dados referentes ao ano de 2005, o próprio Sistema Nacional de Informação sobre Saneamento (SNIS) reconhece a inconsistência dos mesmos, conforme mencionado no início deste trabalho.[306]

Passamos, então, e de imediato para o primeiro dado a ser esmiuçado: a cobertura das redes de água e esgoto. Segundo o diagnóstico do SNIS,[307] divulgado também pelo IBGE[308] (correspondente ao ano de 2002), em média, 91,7% da população brasileira está sendo abastecida com água encanada e 50,4% com alguma forma de coleta de esgoto, variando a proporção e percentuais conforme o Estado e a região.[309] Os melhores índices estão no Sudeste e os piores no Norte, conforme gráficos a seguir:

---

[306] Vide nota 5 da introdução. De se notar que os dados de 2005 não destoam muito daqueles concerntes à 2002, apresentando leve melhora na cobertura de rede de água (96,3%), piora na rede de esgoto (47,9%), e tímida melhora no tratamento do esgoto coletado (31,7%). Informação constante no 11º "Diagnóstico dos Serviços de Água e Esgotos – 2005" disponível em http://www.snis.gov.br. Acesso em 01 ago 2007.

[307] Os diagnósticos de saneamento, desde o ano de 1995, encontram-se disponíveis no endereço eletrônico do Serviço Nacional de Informação em Saneamento. (BRASIL. Ministério das cidades. *Diagnóstico*. Brasília: SNIS, [s.d.]. Disponível em: <http://www.snis.gov.br>. Acesso em 30 jan. 2005. Também estão disponíveis no site do Programa de Desenvolvimento das Nações Unidas (PNUD/ONU): http://www.pnud.org.br, pesquisa realizada em 30 jan. 2005

[308] Dados disponíveis tanto na rede (INSTITUTO BRASILEIRO DE GEOGRAFIA E ESTATÍSTICA. *Indicadores sociais – saneamento básico*. Rio de Janeiro: IBGE, [s.d.]. Disponível em: <http://www.ibge.gov.br>. Acesso em: 30 jan. 2005), quanto em versão impressa no Atlas de Saneamento Básico.

[309] Interessante observar que os dados são relativos. Enquanto que o percentual médio de atendimento da população brasileira com abastecimento de água girou em torno de 91,7 (alcançando o pico de 96,7% entre os prestadores locais e 90,4% entre os regionais), a média de domicílios atendidos por região obteve o percentual máximo de 91, conforme gráfico seguinte. Mister, assim, transcrever a conclusão do SNIS, *sic:* "A análise dos índices gerais de atendimento urbano mostra valores relativamente elevados, em termos de abastecimento de água (indicador I_{23}). O índice médio nacional para todo o conjunto do Diagnóstico 2002 é de 91,7%. Nos prestadores de

Figura 1: Domicílios abastecidos com rede de água e coleta de esgotos por Região

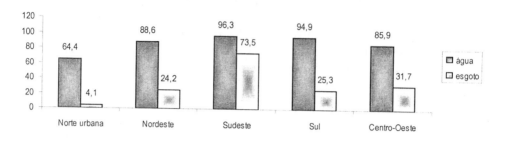

Fonte: PNAD – IBGE – Informações sobre amostras de domicílios referentes ao ano de 2002, publicadas no Relatório de Indicadores de desenvolvimento sustentável – Brasil – 2004 – Dimensão Ambiental – Saneamento.

Figura 2: Percentual de Rede de Abastecimento de Água e Rede Coletora de Esgoto por Estado

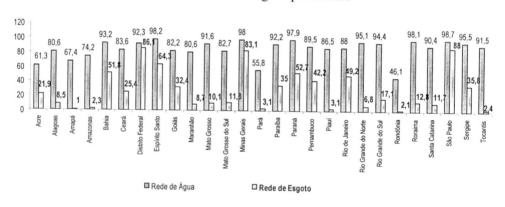

Não estão incluídos na Rede Coletora de Esgoto os dados referentes às fossas sépticas, e na rede de água, os números referentes ao abastecimento por poços artesianos.

Fonte: PNAD – IBGE – Informações sobre amostras de domicílios referentes ao ano de 2002, publicadas no Relatório de Indicadores de desenvolvimento sustentável – Brasil – 2004 – Dimensão Ambiental – Saneamento.

serviços de abrangência regional, 17 dos 25 em que esse indicador foi calculado apresentam valores iguais ou maiores que 80%, sendo a média do subconjunto igual a 90,4%. Entre os prestadores de abrangência local, 90,3% dos integrantes da amostra apresentavam valores superiores a 80% para esse indicador, sendo a média igual a 96,7%. Diferentemente, em termos de esgotamento sanitário, o atendimento urbano com coleta de esgotos (indicador I_{24}) é muito precário. O índice médio nacional para todo o conjunto do Diagnóstico de 2002 é de apenas 50,4%". (BRASIL. Ministério das cidades. Serviço Nacional de Informação em Saneamento. *Diagnóstico do Setor – 2002*. Brasília, [s.d.]. Disponível em: <http://www.snis.gov.br>. Acesso em 30 jan. 2005).

Se o baixíssimo nível de coleta de esgoto no país assusta, mais drástico ainda é o índice de seu tratamento, que se limita a 27,3%.[310] Em outras palavras, tem-se que 72,7% do esgoto produzido em solo brasileiro é lançado *in natura* nos rios, córregos e mananciais sem qualquer tipo de mitigação, causando sérios prejuízos ao meio ambiente e agravando ainda mais a crise do Sistema Único de Saúde. Estes percentuais também sofrem alterações em relação aos Estados e regiões do país, surpreendendo positivamente o alto índice de tratamento praticado na região Nordeste (explicado, em parte, pela recente implantação da rede e, em parte, pelo baixo volume de esgoto coletado), conforme demonstram os gráficos seguintes:

Figura 3: Percentual de Tratamento de Esgoto Coletado por Região

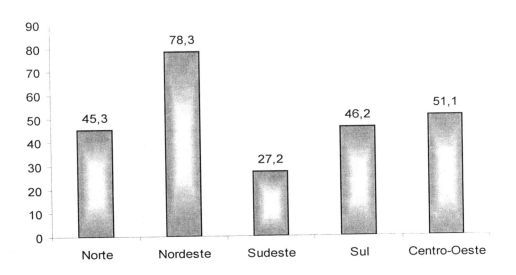

Fonte: PNAD – IBGE – Informações sobre amostras de domicílios referentes ao ano de 2002, publicadas no Relatório de Indicadores de desenvolvimento sustentável – Brasil – 2004 – Dimensão Ambiental – Saneamento.

---

[310] Veja-se, também, a reportagem: BRASIL. Programa das Nações Unidas para o desenvolvimento. *Brasil trata apenas 27,3% do seu esgoto:* o atendimento é classificado como precário e preocupante no relatório do SNIS (Sistema Nacional de Informações sobre Saneamento). Brasília: PNUD, 31 mar. 2004. Disponível em: <http://www.pnud.org.br/saneamento/reportagens/indez.php?id01=216&lay=san>. Acesso em: 12 out. 2004.

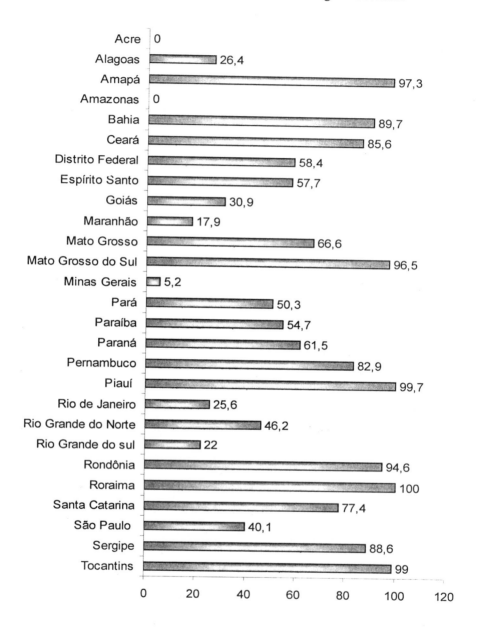

Figura 4: Percentual de Tratamento de Esgoto Coletado

Fonte: PNAD – IBGE – Informações sobre amostras de domicílios referentes ao ano de 2002, publicadas no Relatório de Indicadores de desenvolvimento sustentável – Brasil – 2004 – Dimensão Ambiental – Saneamento.

Os dados referentes ao saneamento básico também podem ser analisados sob outro aspecto, isto é, em relação ao tipo de prestador de serviço por população atendida. Sabe-se que no Brasil existem 5.507 Municípios,[311] mas apenas 4.186 integram a amostra do Serviço Nacional de Informação sobre Saneamento (os demais ou não enviaram os dados, ou não possuem redes de água e esgotos). Dos municípios integrantes, 248 possuem serviços próprios (locais). O restante é servido por empresas Estaduais/regionais (vinte e cinco)[312] ou microrregionais (seis).[313]

Em termos de proporção, as empresas Regionais são responsáveis pelo abastecimento de 76,2% da população brasileira,[314] o que demonstra a importância dos Estados nesta área vital ao desenvolvimento humano.

Ainda no que tange às Companhias Estaduais, mister destacar que das 25 existentes, apenas três operam em condições financeiras positivas, quais sejam, a CESAN (Companhia Espírito Santense de Saneamento), SABESP (Companhia de Saneamento Básico do Estado de São Paulo) e a SANEPAR (Companhia de Saneamento do Paraná). As outras 22 encontram-se endividadas, trabalhando no "vermelho", conforme consta no banco de dados do SNIS.[315] Vale, assim, demonstrar em números e percentuais a atuação de cada uma dessas empresas, cotejando-se a área de cobertura, o consumo médio, os custos de fornecimento bem como os valores médios cobrados dos usuários, conforme segue:

---

[311] Esse dado não é absoluto. Existe estimativa de população para 2002 do IBGE que inclui municípios cuja criação se encontra sub-judice, pelo que seriam 5.561 o total de municípios. Conforme: BRASIL. Ministério das cidades. *Diagnóstico dos Serviços de Água e Esgotos 2002*. Brasília: SNIS, 2002a, p. 6. Disponível em: <http://www.snis.gov.br>. Acesso em: 31 dez. 2004.

[312] Segundo o SNIS, consideram-se prestadores de serviços de abrangência regional as entidades legalmente constituídas para administrar serviços e operar sistemas, atendendo a vários municípios com sistemas isolados ou integrados, estando aí compreendidas as vinte e cinco companhias estaduais e a autarquia estadual do Acre. Veja-se: (BRASIL, 2002a).

[313] Consideram-se prestadores de serviços de abrangência microrregional, segundo o mesmo órgão, as entidades legalmente constituídas para administrar e operar sistemas isolados ou integrados, atendendo a mais de um município, normalmente adjacentes e agrupados em uma pequena quantidade, estando aí compreendidos os consórcios intermunicipais.

[314] Esse percentual diminuiu em relação ao período anterior, onde as Companhias Estaduais eram responsáveis pelo atendimento de 81,7% da população. Especula-se que esta diminuição ocorreu em virtude do vencimento de alguns contratos de concessão, com a conseqüente devolução da prestação dos serviços aos municípios titulares (especialmente na região do Amazonas). Veja-se, neste sentido: (BRASIL, 2002a).

[315] Informação divulgada em: BRASIL. Programa das Nações Unidas para o Desenvolvimento. *Você sabe quantas empresas de saneamento têm tarifas que cobrem suas despesas totais?* Brasília: PNUD, 2004. Disponível em: <http://www.pnud.org.br/curiosidades/indez.php?id04=36&are=san>. Acesso em: 30 jan. 2005.

Tabela 1: Indicadores de desempenho dos Prestadores de
Serviços de Abrangência Regional

UF Sigla Empresa	Quantidade economias ativas	Atendimento de Água %	Atendimento de Esgoto %	Consumo médio por economia (m3/mês/economia)	Despesa total por m3 (R$/m3)	Tarifa média (R$/m3)
SP – SABESP	7.242.272	99,5	79,0	14,8	1,11	1,33*
MG – COPASA	3.393.456	97,7	44,9	13,4	1,17	0,97
RJ – CEDAE	2.808.030	72,9	41,7	21,5	1,93	1,20
PR – SANEPAR	2.463.794	98,6	43,9	12,1	1,31	1,46*
BA – EMBASA	2.016.443	96,9	21,6	13,5	1,48	0,97
RS – CORSAN	1.844.837	100,0	9,4	12,3	2,71	2,23
PE – COMPESA	1.556.921	90,1	21,2	9,7	1,18	1,04
GO – SANEAGO	1.217.369	83,3	34,6	12,3	1,55	1,22
SC – CASAN	1.168.756	94,3	10,3	11,1	1,68	1,51
CE – CAGECE	1.067.459	73,7	26,8	13,7	0,99	0,85
PB – CAGEPA	618.159	94,3	26,8	12,7	1,23	1,16
ES – CESAN	617.511	94,5	20,3	17,1	1,10	1,12*
DF – CAESB	593.000	92,2	87,3	19,5	1,38	1,25
RN – CAERN	531.221	96,7	19,0	12,8	1,03	1,00
MA – CAEMA	468.230	78,8	20,7	18,8	1,38	0,77
PI – AGESPISA	442.355	92,8	6,8	10,7	2,39	1,17
PA – COSANPA	412.209	63,0	2,3	15,9	3,11	1,42
SE – DESO	361.332	94,1	17,5	13,5	1,53	1,46
AL – CASAL	315.482	70,6	13,5	12,6	2,05	1,40
MS – SANESUL	287.979	100,0	7,7	13,1	1,51	1,46
TO – SANEATINS	209.745	84,8	5,0	14,1	1,44	1,16
RO – CAERD	81.556	62,2	1,8	16,4	2,67	1,42
RR – CAER	69.256	99,0	13,6	21,1	1,69	0,98
AP – CAESA	55.442	51,8	5,4	24,1	1,48	1,03
AC – DEAS	18.946	51,7	0	16,6	1,97	1,04

Fonte: SNIS – Serviço Nacional de Informações sobre Saneamento Básico – Diagnóstico 2002.

Interpretando esses dados, concluímos que a maioria das empresas possui despesas (custos por metro cúbico) maiores do que as receitas (tarifas cobradas), o que provoca crescente e constante prejuízo financeiro. Também se constata o baixíssimo índice de coleta de esgotos, especialmente pelas duas prestadoras que atingiram 100% no abastecimento de água – CORSAN (RS) e SANESUL (MS) – sendo que a primeira possui outro agravante, uma vez que é responsável pela cobrança da tarifa mais cara, ainda que não tenha o custo mais elevado.

As prestadoras microrregionais e locais não discrepam muito do quadro acima: possuem elevada cobertura de água e baixíssima cobertura de esgoto. Todavia, em termos percentuais, tratam mais do esgoto que coletam do que as empresas regionais.

Outro aspecto importante a ser evidenciado cinge-se à natureza jurídica das empresas que atuam nos serviços integrados que compreendem o saneamento básico. O SNIS as separa em dois grandes grupos, quais sejam, entidades de direito público e entidades de direito privado, sendo este o aspecto que as diferencia do ponto de vista formal, direcionando todas as dimensões de suas atuações. Figuram entre o primeiro grupo os serviços municipais administrados diretamente pelas prefeituras[316] ou por autarquias,[317] e, no segundo, as empresas públicas,[318] as sociedades de economia mista,[319] as empresas privadas[320] e as organizações sociais,[321] conforme demonstrado no quadro abaixo:

Tabela 2: Prestadores de Serviços de Saneamento segundo a sua Natureza Jurídica

Natureza Jurídica	Abrangência		
	Regional	Microrregional	Local
Direito Público	1	4	224
Direito Privado	24	2	24
Total	25	6	248

Fonte: SNIS – Serviço Nacional de Informações sobre Saneamento Básico – Diagnóstico 2002.

---

[316] A administração Pública Direta é exercida através de Secretarias, Departamentos ou outros órgãos da administração direta.

[317] MELLO, 2003, p. 147. O jurista, ao comentar o Decreto-lei 200 (que dispõe sobre as autarquias), refere que houve grande infelicidade do legislador ao conceituá-las como "[...] serviço autônomo, criado por lei, com personalidade jurídica, patrimônio e receita próprios, para executar atividades típicas da Administração Pública, que requeiram, para seu melhor funcionamento, gestão administrativa e financeira descentralizada". Isto porque tal conceito omitiu a natureza pública da personalidade jurídica autárquica, valendo transcrever as suas palavras: "Como definição, o enunciado normativo não vale nada. Sequer permite ao intérprete identificar quando a figura legalmente instaurada tem ou não natureza autárquica, pois deixou de fazer referência ao único traço que interessaria referir: a personalidade de Direito Público. Exatamente por serem pessoas de direito público é que as autarquias podem ser titulares de interesses públicos, ao contrário de empresas públicas e sociedades de economia mista, as quais, sendo pessoas de direito privado, podem apenas receber qualificações para o exercício das atividades públicas; não, porém, para titularizar as atividades públicas". Para o Serviço Nacional de Informações sobre Saneamento, (BRASIL, 2002a) as autarquias são definidas como "[...] entidades com personalidade jurídica de direito público, criadas por lei específica, com patrimônio próprio, atribuições públicas específicas e capacidade de auto administrar-se, sob o controle do poder público". (no caso do saneamento básico, pelos Estados ou pelos Municípios).

[318] Empresas Públicas são entidades paraestatais, criadas por lei, com personalidade jurídica de direito privado e capital exclusivamente público.

[319] Por Sociedade de Economia Mista deve entender-se a entidade paraestatal criada por lei, com capital público e privado e que possua maioria pública nas ações com direito a voto. A gestão pode ser Pública (quando todos os dirigentes forem escolhidos pelo poder público), ou Privada (quando os sócios privados participam da administração dos negócios da empresa, indicando pelo menos um dirigente).

[320] Considera-se empresa privada aquela constituída com capital predominantemente (ou integralmente) privado, administrada exclusivamente por particulares;

[321] Segundo o SNIS, as Organizações Sociais são entidades sem fins lucrativos para as quais tenham sido delegadas a administração dos serviços de saneamento (como por exemplo, associações de moradores).

Com efeito, impende frisar que a natureza jurídica não se confunde com a propriedade, nem, tampouco, com a administração das entidades. O regime jurídico privado apenas possibilita que a Administração aja com maior autonomia do que se fosse constituída sob qualquer outra forma, mas não tem o condão de afastar a incidência das normas de direito público. Muito pelo contrário, utiliza uma forma híbrida e equilibrada para atuar em áreas vitais, mesclando as vantagens desses dois sistemas jurídicos, valendo destacar as lições de Maria Sylvia Zanella Di Pietro, *sic:*

> Sendo o interesse público indisponível e sempre predominante sobre o particular, a adoção pura e simples do regime jurídico privado seria inaceitável, porque retiraria das entidades da Administração Indireta determinadas prerrogativas que lhes são reconhecidas precisamente para permitir a consecução de seus fins; do mesmo modo que, ao permitir-lhes atuar com autonomia de vontade, própria do direito privado, suprimir-se-iam as restrições legais que o direito público impõe e que constituem a garantia fundamental da moralidade administrativa e do respeito aos direitos dos administrados. As normas de direito público que derrogam parcialmente o direito privado têm por objetivo assegurar o equilíbrio entre a posição de supremacia da Administração e a liberdade de atuação que caracteriza as pessoas jurídicas de direito privado.[322]

Disso depreende-se que as Companhias Estaduais e os Serviços Municipais constituídos sob a forma de Empresas, embora sejam entidades de direito privado, regem-se também pelas normas juspubliscistas,[323] restando vinculadas ao plexo de princípios constitucionais que sustentam nosso ordenamento jurídico. O mesmo ocorre com as empresas privadas atuantes no setor, ou as geridas por particulares, uma vez que o serviço de saneamento básico é público em sua essência, valendo destacar os ensinamentos de Juarez Freitas,[324] *in verbis:*

> [...] Desse modo, a relação apresentar-se-á jurídico-administrativa, não apenas pela subordinação à cogência do princípio do interesse público. Bem mais: a relação administrativa deve resultar da imantação ditada pela totalidade dos princípios, explícitos e implícitos, regentes da Administração Pública, *fazendo por extremá-la, neste passo, da relação apontada convencionalmente como privatista, sem que se deixe de reconhecer que esta também deve respeito, no Estado Democrático, ao telos do interesse público, o qual há de perpassar, de certo modo, a íntegra das relações jurídicas, morrmente tendo em mira a constitucionalização do Direito em geral.*

---

[322] DI PIETRO, 2001, p. 357.

[323] Id., ibid., 2001, p. 357, grifo do autor. Aduz, a autora, que o fato do Poder Público constituir empresas sob o regime de direito privado não implica em desvinculação com as normas de direito público, e que ao contrário, permite que a Administração aja com um pouco mais de liberdade (situação impossível quando se trata de administração direta), sem sujeitar-se inteiramente as regras privatistas, valendo destacar suas palavras: "[...] a Administração Pública, ao instituir, com autorização em lei, empresas públicas, sociedades de economia mista ou fundação de direito privado, está socorrendo-se de meios de atuação próprios do direito privado; foi precisamente o regime jurídico de direito privado que levou o poder público a adotar esse tipo de entidade, pois, sob este regime, ela pode atuar com maior liberdade do que a Administração Pública Direta. *No entanto, tais pessoas nunca se sujeitam inteiramente ao direito privado.* Seu regime jurídico é híbrido, porque, sob muitos aspectos, elas se submetem ao direito público, tendo em vista especialmente a necessidade de fazer prevalecer a vontade do ente estatal, que as criou *para atingir determinado fim de interesse público*".

[324] FREITAS, 2004a, p. 253, grifo nosso.

Feitas essas observações, necessário agora demonstrarmos o perfil dos prestadores de serviço dentro do quadro geral de entes de direito público e entes de direito privado. Segundo o SNIS, das 25 Companhias Estaduais, 1 (uma) é autarquia (DEAS – Acre) e 24 (vinte e quatro) são sociedades de economia mista, sendo 22 (vinte e duas) com administração pública e 2 (duas) com administração privada (SANEPAR – Paraná, e SANEATINS – Tocantins).[325] Dentre as prestadoras de abrangência microrregional, 4 (quatro) são autarquias e 2 (duas) empresas privadas. Por fim, no que tange às prestadoras locais, cabe mencionar que das 248 (duzentas e quarenta e oito), 70 (setenta) pertencem à administração direta dos Municípios, 155 (cento e cinqüenta e cinco) são autarquias, 15 (quinze) empresas privadas, 3 (três) empresas públicas e 5 (cinco) sociedades de economia mista com administração pública. O perfil dos prestadores de serviços é visualizado no gráfico abaixo:

Figura 5: Tipo de Prestador de Serviço de Saneamento Básico

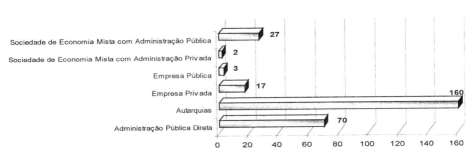

Fonte: SNIS – Serviço Nacional de Informações sobre Saneamento Básico – Diagnóstico 2002.

Em termos de desempenho, há muita controvérsia na interpretação dos dados. Ronaldo Seroa da Motta, pesquisador do IPEA, afirma ser a performance das empresas privadas (ou com gestão privada) melhor do que a das prestadoras públicas.[326] Oscar Adolfo Sanchez, pesquisador da USP, sustenta justamente o contrário, pelo menos no que se refere ao Estado de São Paulo, onde todas as empresas privadas (ou geridas por particulares) tiveram desempenho pior do que as públicas.[327] Esses dados serão melhor abordados, contudo, no tópico subse-

---

[325] Conforme informação divulgada no relatório de 2002 do Sistema Nacional de Informações sobre Saneamento: BRASIL. Ministério das Cidades. Sistema Nacional sobre Saneamento. *Relatório 2002*. Brasília: SNIS, [2002]. Disponível em: <http://www.snis.gov.br/inter_perfil_rel.asp?c_ano =2002&c_prestado>. Acesso em 31/01/05. Mister registrar, contudo, que o pesquisador do IPEA Ronaldo Seroa Motta ([s.d.]), em informa que dentre as regionais, apenas a SANEATINS (do Tocantins) continua com administração privada, tendo sido a SANEPAR reestatizada após experiência de dois anos de sucesso de gestão privada. O SNIS mantém, todavia, a SANEPAR como se tivesse administração privada, pelo que adotamos o dado oficial.

[326] MOTTA, [s.d.]. O autor adverte que sua pesquisa reflete as suas opiniões pessoais, e não as da Secretaria de Acompanhamento Econômico do IPEA.

[327] SANCHEZ, 2001.

qüente, onde se analisará o monopólio natural do setor, os casos já consolidados de concessão plena ocorridos no país, bem como as perspectivas com as Parcerias Público-Privadas. Por ora, continuaremos a retratar a realidade brasileira em todas as vertentes do saneamento básico.

Outra forma interessante de analisar os números referentes a esse serviço essencial cinge-se na comparação entre a cobertura de água e esgotos por domicílios separados por classes de renda. Observa-se que quanto maior for a renda familiar, melhor será a qualidade dos serviços. O resultado já era o esperado, mormente em se tratando de um país com drásticas desigualdades sociais,[328] conforme demonstra o próximo gráfico:

---

[328] O Brasil é um país que tem tradição em exclusão social. Desde a sua formação, criou-se a cultura de privilégios à elite dominante e de descaso com o povo. Este, por sua vez, de natureza dócil e servil, raras vezes insurgiu-se contra o sistema, constituindo-se em massa analfabeta, alijada de cultura, facilmente manipulada. Sobre a formação da sociedade brasileira, veja-se, especialmente, FAORO, Raymundo. *Os donos do poder:* formação do patronato político brasileiro. 3. ed. São Paulo: Globo, 2001 e HOLANDA, Sérgio Buarque de. *Raízes do Brasil.* 26. ed. São Paulo: Companhia das Letras, 1995. (reimpressão em 2004). Vale, também, destacar que o país ocupa uma das piores posições no IES (índice de exclusão social), conforme FUTEMA, Fabiana. *Desigualdade coloca Brasil em 109ª lugar no ranking mundial de exclusão social.* São Paulo: Folha Online, 16 de junho de 2004. Disponível em: <http://www.folhaonline.com.br/> . Acesso em: 16 jun. 2004. "O Brasil é o 109º colocado no ranking mundial de exclusão social, medido pelo IES (Índice de Exclusão Social). Essa posição coloca o país num patamar pior do que o medido pelo IDH (Índice de Desenvolvimento Humano) da ONU (Organizações das Nações Unidas). Pelo IDH -- que mede o desenvolvimento dos países com base na expectativa de vida, no nível educacional e na renda per capita--, o Brasil é o 65º país do ranking mundial. "Pelo IDH, o Brasil estava entre o 1/3 dos países melhores colocados. Pelo IES, o Brasil fica dentro do 1/3 dos países com pior resultado", disse o economista Marcio Pochmann, que lança amanhã durante a 11ª Unctad (Conferência das Nações Unidas sobre Comércio e Desenvolvimento) o livro *"A exclusão no mundo".* Segundo ele, o IES mede outros indicadores de exclusão que não são detectados pelo IDH, como pobreza, desemprego, desigualdade social, alfabetização, escolarização superior, homicídios e população infantil. "O Brasil teve um crescimento econômico pífio nos últimos anos. Como explicar sua melhora de posição no IDH? O IDH mede alguns fatores, como a escolaridade, que melhoram naturalmente, independentemente de outros fatores de qualidade de vida". Desigualdade e desemprego -- Pochmann disse os fatores que puxaram para baixo o IES do Brasil foram a desigualdade social, violência e desemprego. Nesses quesitos, o Brasil ocupa a 167ª posição no ranking de desigualdade, está em 161º lugar no de homicídios e em 99º colocação em desemprego. "Somos a 15ª economia do mundo e no ranking de exclusão estamos em 109º lugar. Temos o quarto maior PIB da América, mas somos o 28º em exclusão", afirmou Pochmann. Para o economista, os dados sobre a exclusão mundial poderão ser usados na elaboração de políticas sociais de combate à pobreza, redução da desigualdade social e geração de emprego e renda. "É preciso ter crescimento econômico para reduzir esses problemas. Mas só crescimento econômico não basta. É preciso crescer com igualdade e inclusão social para melhorar as condições de vida da população", afirmou o economista. O livro -- o quarto da série "Atlas da Exclusão Social", da Cortez Editora-- elabora um ranking de exclusão social com 175 países. Pelo IES, os melhores países em inclusão social são o Canadá (1º), Japão (2º) e Finlândia. Os piores são a Namíbia (173º), Lesoto (174º) e Honduras (175º)".

Figura 6: Cobertura dos Serviços de Saneamento por
Classes de Renda – 2000 (%)

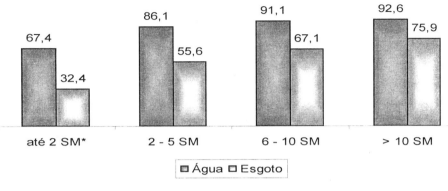

* SM = Salário Mínimo

Fonte: IBGE, Censo Demográfico de 2000.

Também integram o saneamento básico a coleta de lixo, a drenagem urbana. Desses, o que tem melhor desempenho é o primeiro item, eis que todas as regiões possuem sistema de coleta de lixo urbano, conforme segue:

Figura 7: Domicílios atendidos com coleta de lixo (%)

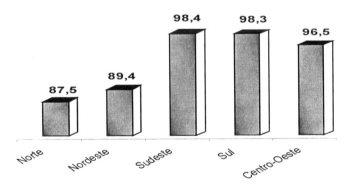

Fonte: PNAD – IBGE – Informações sobre amostras de domicílios referentes a ano de 2002, publicadas no Relatório de Indicadores de desenvolvimento sustentável – Brasil – 2004 – Dimensão Ambiental – Saneamento.

O problema está justamente no destino que as cidades dão aos detritos que coletam: poucas são as que garantem alocação final adequada, isto é, em aterros sanitários, incineração em equipamentos e locais apropriados ou que os remetem às estações de triagem, reciclagem e compostagem. A grande maioria os despeja em depósitos a céu aberto (lixões) próximos a córregos ou banhados, aumentando o foco de doenças transmissíveis e a degradação ambiental,[329] que ocorre especialmente pela penetração do chorume[330] no solo.

Por certo, a destinação final do lixo é tão importante quanto à sua coleta, sendo vital para a preservação do meio ambiente bem como para a saúde da população, facilitando o controle e a redução de vetores e, por conseqüência, das doenças por eles transmitidas. É de causar alarme, assim, o retrato nacional: apenas 40% dos detritos coletados recebem disposição final adequada. O restante, ou seja, 60%, são largados na natureza, em locais impróprios e sem qualquer tipo de tratamento, isto quando não são queimados a céu aberto, provocando prejuízos irreparáveis à atmosfera.

Dentre as regiões, a que apresenta melhor resultado é a Sul (que dá destinação adequada a 46,6% do lixo que coleta – ainda assim, menos da metade, o que revela o absurdo da situação), e a pior, a Norte (que mantém o percentual de adequação em torno de 13% apenas), conforme gráfico:

Figura 8: Destinação do lixo coletado

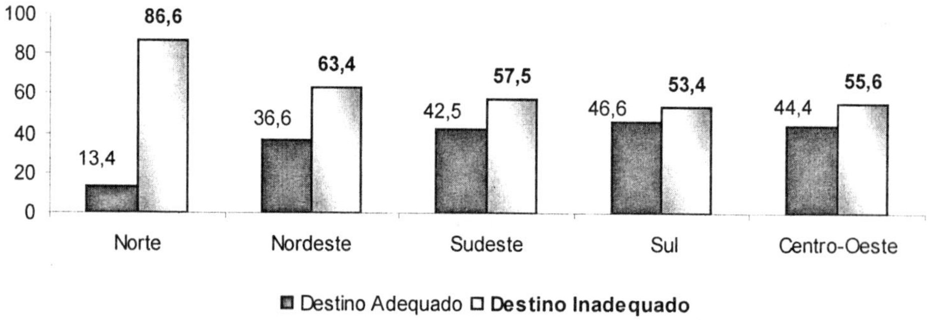

Região	Destino Adequado	Destino Inadequado
Norte	13,4	86,6
Nordeste	36,6	63,4
Sudeste	42,5	57,5
Sul	46,6	53,4
Centro-Oeste	44,4	55,6

Fonte: PNAD – IBGE – Informações sobre amostras de domicílios referentes a ano de 2002, publicadas no Relatório de Indicadores de desenvolvimento sustentável – Brasil – 2004 – Dimensão Ambiental – Saneamento.

---

[329] Veja-se, neste sentido, (ALVES FILHO, Francisco. País sujo. *Revista Isto É*, São Paulo, Edição de 28 de março de 2002) matéria de capa. Ao abordar o trabalho desenvolvido pelo IBGE, assim comenta: "O documento revela um Brasil mergulhado na sujeira: 47,8% dos municípios não têm serviço de esgoto sanitário, 68,5% dos resíduos das grandes cidades são jogados em lixões e alagados e só 451 cidades fazem coleta seletiva de detritos. Os brasileiros produzem todos os dias 125.281 toneladas de lixo, além dos 14,5 milhões de metros cúbicos de esgoto. A destinação inadequada desse material ajuda a explicar por que ainda estamos às voltas com males do século XIX, como a febre amarela, a hepatite, a diarréia e mesmo a dengue. Outra conseqüência da sujeira é a falta de drenagem, que provoca tragédias sempre que chove, como se vê em São Paulo com o transbordamento dos rios Tietê, Pinheiros e Aricanduva. As valas negras também se reproduzem pelo País, como acontece, por exemplo, em praias de Fortaleza".

[330] O chorume é um líquido altamente poluente, de composição variável, rico em compostos orgânicos e elementos tóxicos (inclusive vários metais pesados), formado pela percolação das águas pluviais por depósitos de lixo não-controlados. Veja-se, sobretudo: INSTITUTO BRASILEIRO DE ECONOMIA E ESTATÍSTICA. *Indicadores de Desenvolvimento Sustentável – Brasil – 2004 – Dimensão Ambiental/Saneamento*. Rio de Janeiro, [2004?], p. 142.

Os lixões e depósitos não-controlados geram ainda um outro problema social, qual seja, o abrigo, em seu entorno, de pessoas desesperadas que não possuem moradia e que encontram, no lixo, a única forma de sobrevivência. Os "catadores", como são conhecidos, crescem de número a cada dia, revelando um outro dado cruel: dos 24.340 cadastrados pela Pesquisa Nacional de Saneamento Básico divulgada pelo IBGE (referente ao ano de 2000), **22%** – ou seja, cerca de 5360 – são crianças menores de 14 anos de idade, que disputam os restos com adultos e também com cães, urubus, moscas e outros insetos e animais, vivendo em condições subumanas.[331] [332] Imprescindível, assim, mostrarmos a "vergonha nacional" estratificada por Estado, conforme o seguinte gráfico:

---

[331] Ver, sobretudo, ALVES FILHO, 2002, p. 2 e o artigo intitulado "*Catadores em Recife*" (FIRESTONE, Laurel. *Catadores em Recife*. Taduzidos por Daniela Santos. Harvard: Harvard University, 11 fev. 2003. Disponível em: <http://blogs.law.harvard.edu/lixo/stories/storyReader$97>. Acesso em: 13/ fev. 2005).

[332] Ver, também, SANTOS, Saint-Clair Honorato. Disposição dos Resíduos Urbanos. Artigo disponível em < http://www.mp.pr.gov.br/cpmeio/dresiduos.html>. Menciona o autor que "(...) A irregular descarga de lixo a céu aberto, sem as necessárias medidas de proteção, causa grande desconforto e acarreta inúmeros malefícios à saúde dos moradores da região, em conseqüência do mau cheiro e da proliferação de moscas, roedores, baratas e outros vetores. As moscas apresentam um ciclo reprodutivo de 12 dias e botam cerca de 120 a 150 ovos por dia, sendo responsáveis pela transmissão de cem espécies patogênicas; os roedores transmitem doenças tais como a leptospirose e a salmonelose, e em apenas um ano de vida uma fêmea gera 98 novos ratos; as baratas, por sua vez, se reproduzem exageradamente, visto que em apenas um ano e meio a barata gera 1.300 novas baratas, transmitindo doenças como o vírus da poliomielite e bactérias intestinais. Os "lixões" urbanos a céu aberto constituem-se num sério problema em relação a aspectos do meio ambiente, saúde e suas interações. Desconhece-se o grau de extensão de influência danosa dos "lixões" sobre o meio ambiente. Sabe-se, isto sim, o tipo de influência que estes resíduos podem causar sobre o ser humano. Alguns desses resíduos degradam-se facilmente em contato com as intempéries, tal como o papel; outros, ao contrário, persistem por muitos de anos no meio ambiente, como é o caso do plástico, da lata, do vidro e do alumínio. O impacto causado por determinados resíduos podem trazer conseqüências irreversíveis ao meio ambiente. Na questão do lixo doméstico, por exemplo, tem-se o problema das pilhas de rádio, que são comumente colocadas dentro dos sacos de lixo (que são de plástico). As pilhas contém mercúrio, substância que representa um dos mais sérios e graves problemas de contaminação do homem e do meio ambiente. Ao ser depositado no "lixão", o mercúrio contamina a terra e a água (lixiviação para o lençol freático), entrando com facilidade na cadeia alimentar, o que representa um perigo potencial para o homem, já que ele se alimenta dos peixes ou aves das áreas vizinhas aos lixões. A ação tóxica do mercúrio afeta o sistema nervoso central, provocando lesões no córtex e na capa granular do cérebro. São observadas alterações em órgãos do sistema cardiovascular, urogenital e endócrino. (...) O depósito de lixo pode estar situado numa área de preservação permanente, às margens de um córrego. Estando em uma área de preservação permanente o córrego não está sujeito apenas à poluição hídrica, mas também à erosão, que ocasiona o assoreamento do rio, acabando por provocar a degradação ambiental da área. (...)".

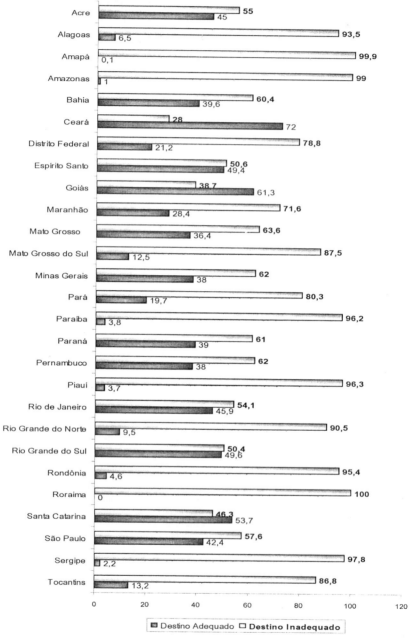

Figura 9: Destino final do lixo por estado

Fonte: PNAD – IBGE – Informações sobre amostras de domicílios referentes ao ano de 2002, publicadas no Relatório de Indicadores de desenvolvimento sustentável – Brasil – 2004 – Dimensão Ambiental – Saneamento.

Nota-se que apenas três Estados garantem destinação final adequada a mais de 50% do lixo que coletam (Ceará, Goiás e Santa Catarina) e, mesmo nestes, as autoridades não conseguem evitar que os depósitos irregulares (alguns clandestinos, outros oficiais) recebam todo o tipo de lixo, inclusive o hospitalar, considerado extremamente perigoso. Pior: em muitos casos o Poder Público referenda a má prática,[333] sendo necessário a intervenção do Judiciário para correção da situação.[334]

---

[333] O líder do Partido Verde na Câmara, deputado Sarney Filho (PV-MA), denunciou em plenário que o lixo hospitalar, na maioria das cidades brasileiras, está sendo depositado sem tratamento prévio nos aterros sanitários. "Bolsas de sangue, vísceras de animais ou fetos humanos são acondicionados apenas em sacos plásticos e depositados nos lixões, causando uma situação perigosa aos catadores de lixo e dos garis que manipulam esse material. De acordo com Resolução da Agência Nacional de Vigilância Sanitária – ANVISA, determinados lixos hospitalares como bolsas de sangue, peças anatômicas humanas não precisam ter tratamento prévio para ser depositados nos aterros sanitários. Podendo ser dispostos apenas em sacos plásticos brancos leitosos. O deputado do PV pediu a revogação ou alteração dessa resolução argumentando que essa norma desrespeita os princípios da precaução e do poluidor–pagador, bem como duas resoluções do Conselho Nacional do Meio Ambiente – CONAMA que obrigam a incinerar ou esterilizar a vapor o lixo hospitalar. "o contato com o lixo hospitalar, além de criar situações graves e danosas ao meio ambiente, pode acarretar num aumento de infecções e endemias ao ser humano", salientou o parlamentar. De acordo com a última Pesquisa Nacional de Saneamento Básico, realizada pelo Instituto Brasileiro de Geografia e Estatística – IBGE, todo dia são recolhidas cerca de quatro mil toneladas de lixo geradas nos serviços de saúde dos mais de 5.500 municípios brasileiros. Desses municípios, 21% depositam o lixo hospitalar sem nenhum tratamento, 37% não coletam os resíduos de saúde de maneira separada e diferenciada e 28% os queimam a céu aberto ou dão outros fins considerados inadequados. Fonte: PARTIDO VERDE. Líder dos Verdes denúncia em plenário o descaso com o lixo hospitalar. [S.l.]: PV, 2003. Disponível em: <http://www.pvbauru.org.br/noticiasmostra.asp?id=14686> Acesso em 13/02/05. (Notícia enviada por e-mail da Assessoria de imprensa do Gabinete do Dep. SARNEY FILHO).

[334] Neste sentido são as seguintes ementas: "APELAÇÃO CÍVEL – AÇÃO CIVIL PÚBLICA – DIREITO AMBIENTAL – ÁREA UTILIZADA INADEQUADAMENTE COMO DEPÓSITO DE RESÍDUOS SÓLIDOS URBANOS, LIXO DOMICILIAR PRODUZIDO NA CIDADE DE MIRASOL – Área esta situada na nascente do córrego do Fatura, próxima de colégio e de bairros residenciais – Presença das condições da ação, legitimação ativa "ad causam" do Ministério Público à regra das disposições constitucionais e infraconstitucionais – Injustificada a ação e a omissão da municipalidade local em sanar tão grave erronia – prova do alegado bem produzida – procedência integral da ação determinada na irretocável sentença atacada. Improvimento. Vistos, relatados e discutidos estes autos, APELAÇÃO CIVEL N 53.885-5/9, da Comarca de Mirassol, que é recorrente o juízo "ex officio", sendo apelada a Prefeitura Municipal de Mirassol e o Ministério Público, acordam, por votação unânime, negar provimento aos recursos, de conformidade com o relatório e voto do relator, que ficam fazendo parte do acórdão. J. em 17/11/1999. 7ª. Câm. Direito Público. TJSP. Rel. Prado Pereira". (SÃO PAULO. Tribunal de Justiça. *Apelação Civil n. 53.885-5/9.* Rel. Prado Pereira. 7ª. Câm. Direito Público. Julgado em 17/11/1999). Disponível em: http://www.tj.sp.gov.br. Acesso 13/02/05.
"AGRAVO DE INSTRUMENTO N 121.684-8 DE GUARAPUAVA – 1ª. VARA. AÇÃO CIVIL PÚBLICA. MEIO AMBIENTE. LIXÃO URBANO A CÉU ABERTO, DANOS AMBIENTAIS. APLICAÇÃO DO PRINCÍPIO DA PREVALÊNCIA DO MEIO AMBIENTE (VIDA). LIMINAR CONCEDIDA. AGRAVO. DECISÃO CONFIRMADA. 1. Presentes os requisitos do fumus boni iuris e do periculum in mora, é cabível a imposição de medida liminar em ação civil pública, por força do art. 12 da Lei 7.347/85; 2. No Direito Ambiental, o poder geral de cautela do juiz deve ser norteado pelo princípio da prevalência do meio ambiente (vida), podendo impor ao Poder Público à cessação da atividade danosa, justamente por ser seu dever defendê-lo e preservá-lo para as presentes e futuras gerações (art. 225, caput, CF); 3. Os lixões à céu aberto causam sérios danos ao meio ambiente e à saúde da população (por exemplo, as pilhas contém mercúrio, elemento responsável por graves problemas de contaminação do homem e do meio ambiente; a decomposição do lixo com pouco ou nenhum oxigênio contribui para a formação do gás metano, representando sério risco de incêndio; as moscas, os roedores e as baratas são transmissores de doenças, etc.), não podendo o juiz hesitar na utilização desses instrumentos processuais que a lei lhe coloca à disposição. Diante do exposto, acordam os desembargadores integrantes da 7ª. Câm. Cível do TJPR, por unanimidade, em negar provimento ao Agravo. J. em 09/09/2002." (PARANÁ. Tribunal de Justiça. Agravo de Instrumento n. 121.684-8. 7ª. Câm. Cível do TJPR. Julgado em 9 de set. 2002. Disponível em: <http://www.tj.pr.gov.br>. Acesso em 25/01/05).

A irracionalidade impera no setor. O país negligencia nas ações de saneamento, perpetuando a incidência de enfermidades como malária, chagas, dengue, diarréias, febre amarela, tracoma, hepatites, escabioses, poliomielite, febre tifóide, leptospirose, esquistossomose e outras verminoses.[335] Uma pesquisa encomendada pelo Ministério da Saúde/Funasa, mostra que a inexistência ou inadequação de saneamento é responsável por 32,32% das internações em hospitais universitários e privados contratados pelo Sistema Único de Saúde (SUS), valendo destacar o gráfico seguinte:

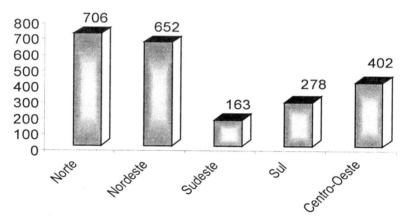

Figura 10 : Internações Hospitalares por 100.000 habitantes por doenças relacionadas ao saneamento inadequado

Fonte: PNAD – IBGE – Informações sobre amostras de domicílios referentes ao ano de 2002, publicadas no Relatório de Indicadores de desenvolvimento sustentável – Brasil – 2004 – Dimensão Social – Saúde.

Como se não bastasse, contribui sensivelmente para o agravamento da crise nos setores da saúde e do saneamento básico a falta de educação da população – e aqui referimo-nos não só à educação formal, mas também e principalmente à educação moral, de natureza principiológica, relacionada aos valores essenciais que

---

[335] O Brasil registrou um grande número de casos de dengue no verão 2001/2002, mas a situação de epidemia se caracterizou apenas no estado do Rio de Janeiro (foram confirmados mais de 250 mil casos de infecção e 60 mortes). Outros, como Pernambuco e Mato Grosso do Sul, por exemplo, experimentaram um considerável aumento no número de casos. A dengue, que tem sido objeto de uma das maiores campanhas de saúde pública realizadas no país, teve um crescimento significativo na década de 1990, atingindo o nível mais elevado em 1998, quando foram registrados cerca de 528 mil casos. Houve uma redução acentuada em 1999, com 210 mil casos. Mas ocorreu um novo aumento a partir de 2000, culminando nos cerca de 794 mil casos em 2002, muitos deles do tipo 3, uma variante a que ninguém estava imune. No primeiro semestre de 2003, foram notificados 274.494 casos de dengue, ou seja, uma redução de 62,6% em relação ao mesmo período de 2002. Conforme DREYER, Diogo. *O paradoxo da saúde brasileira*. [S.l.]: Educacional, 2 ago. 2002. Disponível em: <http://www.educacional.com.br/noticiacomentada/020802_not01.asp>. Acesso em: 13 fev. 2005.

toda a sociedade deve possuir em seu alicerce. A ausência de consciência coletiva e o descaso com a natureza e com os demais co-cidadãos demonstram o perfil de uma comunidade egoísta, individualista e irresponsável, sem visão de mundo.[336]

Não se pode creditar a sujeira nacional unicamente ao governo ou às empresas de limpeza e de saneamento. Conforme demonstra a Pesquisa Nacional outrora citada, 25% do lixo recolhido são jogados nas vias públicas e arroios pela própria população que o faz de forma deliberada, não se dando ao trabalho de depositá-los em latas de lixo e locais apropriados. É comum, assim, ver-se sofás, vasos sanitários e todos os tipos de "sucatas" abandonadas especialmente nas margens dos córregos que cruzam as cidades, o que agrava um outro problema afeto ao saneamento, qual seja, o da drenagem urbana.[337]

Estão se tornando constantes as inundações nas grandes metrópoles, provocadas não só pela ocupação irregular do solo (geralmente, à custa de desmatamento), mas pelo mau comportamento dos cidadãos, que jogam lixo em qualquer lugar, provocando o entupimento dos bueiros e galerias que deveriam escoar as águas das chuvas. Em razão disso, epidemias se alastram, e os infectados lotam os postos de saúde que, por seu turno, gastam cada vez mais no tratamento das doenças relacionadas, num ciclo vicioso que se repete diuturnamente, estimulado pela negligência e descaso de todos os envolvidos. Não é demais lembrar que para cada dólar investido em saneamento economizam-se cinco em saúde, conforme já citado no início deste estudo, o que faz perpetuar o questionamento: porque as autoridades não transformam esse quadro? Será por que, como diz Francisco Alves

---

[336] REPORTAGEM PUBLICADA NO JORNAL ZERO HORA (MELO, Itamar. População evita sanemento: moradores dispensam ligação a sistema alegando alto custo. *Zero Hora*, Porto alegre, p. 30, 27/01/04): "O município de Tapes conta desde 1997 com uma Estação de Tratamento de Esgotos (ETE), capaz de atender a 4 mil imóveis, mas apenas oito moradores tomaram a iniciativa de providenciar sua ligação às redes. A obra custou R$ 3 milhões. Esse não é um caso isolado. Conforme a Companhia Riograndense de Saneamento (CORSAN), grandes investimentos na área estão ociosos por indiferença da população. Para não pagar a taxa de esgoto, uma parcela significativa dos gaúchos prefere recorrer a fossas sépticas mal dimensionadas ou a ligações clandestinas à rede pluvial, contaminando lençóis freáticos e cursos de água. Os investimentos são feitos em um quadro de escassez de recursos, mas não encontram correspondência na população. Há necessidade de uma maior conscientização [...] Outro exemplo do parco interesse popular pelo tratamento dos esgotos pode ser verificado em Cachoeirinha e Gravataí. Como parte do programa Pró-Guaíba, os municípios receberam investimento de US$ 70 milhões em uma ETE e em redes coletoras com condições de atingir 25 mil imóveis. As campanhas de convencimento não conseguiram mais do que 17 mil adesões até o momento. Parte dos moradores segue despejando dejetos no Rio Gravataí, comprometendo um manancial que está entre as principais fontes de água da região [...]".

[337] CARDOSO NETO, Antônio. *Sistemas urbanos de drenagem*. Brasília: ANA, [s.d.]. f. 1 Disponível em: <http://www.ana.gov.br/PortalConhecimento/AntonioCardosoNeto/Introducao_a_drenagem_urbana.pdf>. Acesso em: 11/11/03). Diz o autor: "Drenagem é o termo empregado na designação das instalações destinadas a escoar o excesso de água, seja em rodovias, na zona rural ou na malha urbana, sendo que a drenagem desta última é o objetivo do nosso estudo. A drenagem urbana não se restringe aos aspectos puramente técnicos impostos pelos limites restritos à engenharia, pois compreende o conjunto de todas as medidas a serem tomadas que visem à atenuação dos riscos e dos prejuízos decorrentes de inundações aos quais a sociedade está sujeita. [...] Além de degradar a qualidade da água e possibilitar a veiculação de moléstias, a deficiência de redes de esgoto contribui também para aumentar a possibilidade de ocorrência de inundações. Uma coleta de lixo ineficiente, somada a um comportamento indisciplinado dos cidadãos, acaba por entupir bueiros e galerias e deteriorar ainda mais a qualidade da água. A estes problemas soma-se a ocupação indisciplinada das várzeas, que também produz maiores picos, aumentando os custos gerais de utilidade pública e causando maiores prejuízos".

Filho, as redes de esgotos ficam escondidas no solo, longe das vistas dos eleitores, e, por isso, não geram votos?

3.3. A IMPORTÂNCIA DO SANEAMENTO BÁSICO PARA O DESENVOLVIMENTO HUMANO

É triste constatarmos que o Brasil tem pior desempenho na área do saneamento básico (isoladamente considerado) do que a Colômbia, o Suriname, o Chile e o Paraguai, por exemplo.[338] Mais triste ainda é sabermos que o país possui recursos para mudar este quadro e não o faz por entraves burocráticos fomentados por disputas político-partidárias. A vida do cidadão, mais uma vez, está sendo relegada a segundo plano.

Forçoso aqui comentarmos que o saneamento básico influencia no cálculo do Índice de Desenvolvimento Humano (IDH). Esta medida é utilizada pelo Programa das Nações Unidas para o Desenvolvimento (PNUD-ONU) para avaliar os países em suas dimensões social e cultural. O objetivo maior é, portanto, oferecer um contraponto a outro indicador muito utilizado, qual seja, o Produto Interno Bruto (PIB) per capita, que considera apenas o viés econômico do desenvolvimento das nações.

O IDH foi criado pelo paquistanês Mahbub ul Haq, que contou com a colaboração do indiano Amartya Sen,[339] ganhador do Prêmio Nobel em Economia no

---

[338] ABE, Maria Carolina. "Genebra, 30/08/2004 – Em saneamento, Brasil rural iguala Burundi: *Na metade do prazo para alcançar os Objetivos do Milênio, país só conseguiu chegar a um terço da meta para saneamento básico*. [...] Na América do Sul, o Brasil figura em sexto lugar na cobertura de saneamento básico, com 75% no total, atrás de Uruguai (94%), Suriname (93%), Chile (92%), Colômbia (86%) e Paraguai (78%). No acesso à água potável, sobe uma posição, ficando atrás de Uruguai (98%), Chile (95%), Suriname (92%) e Colômbia (92%). No relatório não constam dados da Argentina referentes a 2002, nem a Guiana Francesa, que é um Departamento de Ultramar da França". BRASIL. Programa das Nações Unidas sobre Desenvolvimento. [Saneamento]. Brasília: PNUD, [s.d.]. Disponível em: <http://www.pnud.org.br/saneamento/reportagens/index.php?id01=641&lay=san>. Acesso em: 14 fev. 2005.

[339] SEN, Amarthya Kumar. *Desenvolvimento como liberdade*. São Paulo: Companhia das Letras, 2000. O autor buscou mostrar, nesta sua obra, a importância das "cinco liberdades" para o desenvolvimento dos Estados, partindo de uma perspectiva instrumental. Demonstrou, com particular êxito, o quão interdependentes são as *liberdades políticas*, as *facilidades econômicas*, as *oportunidades sociais*, as *garantias de transparência* e a *segurança protetora*, cruciais para o ser humano considerado enquanto indivíduo isolado e, principalmente, enquanto inserido em uma comunidade. Aliás, quanto maior for o estímulo ao desenvolvimento dessas liberdades individuais, maior será o desenvolvimento da nação como um todo. Vale, assim, transcrever algumas palavras: "O desenvolvimento requer que se removam as principais fontes de privação de liberdade: pobreza e tirania, carência de oportunidades econômicas e destituição social sistemática, negligência dos serviços públicos e intolerância ou interferência excessiva de Estados repressivos. A despeito de aumentos sem precedentes na opulência global, o mundo atual nega liberdades elementares a um grande número de pessoas – talvez, até mesmo à maioria. Às vezes a ausência de liberdades substantivas relaciona-se diretamente com a pobreza econômica, que rouba das pessoas a liberdade de saciar a fome, de obter uma nutrição satisfatória ou remédios para doenças tratáveis, a oportunidade de vestir-se ou morar de modo apropriado, *de ter acesso à água tratada ou saneamento básico*. Em outros casos, a privação da liberdade vincula-se estreitamente à carência de serviços públicos e assistência social, como por exemplo a ausência de programas epidemiológicos, de um sistema bem planejado de assistência médica e educação ou de instituições eficazes para a manutenção da paz e da ordem locais [...]" (SEN, 2000,

ano de 1988. Sua fórmula considera três fatores, a saber: educação, longevidade e renda. O saneamento é avaliado justamente no segundo item, onde são apuradas a expectativa de vida ao nascer, o percentual de mortalidade e as suas causas mais freqüentes.

Explicam os seus criadores que o IDH pretende ser uma medida geral e sintética do desenvolvimento humano, não abrangendo todos os aspectos do desenvolvimento, não representando, assim, a "felicidade" das pessoas e nem indicando "o melhor lugar no mundo para se viver", mas permitindo uma concepção real de como é considerada e tratada a vida humana em cada país.[340]

Segundo o Relatório da ONU publicado em 2007,[341] referente ao ano de 2005, o IDH do Brasil caiu uma posição. O país ficou em 70º lugar num rol de 177, embora tenha passado a integrar o rol das nações com "alto desenvolvimento", e continua com resultados piores que muitas nações subdesenvolvidas. A principal causa continua sendo a péssima distribuição da renda. Apenas para exemplificar, nossa renda média é sete vezes maior que a do Vietnã, mas os 20% mais pobres daqui têm renda inferior aos de lá. Além disso, os mais ricos brasileiros possuem renda média 21, 8 vezes superior à dos mais pobres, o que demonstra o imenso abismo social que enfrentamos.

Importante frisar, da mesma forma que fizemos no início deste estudo com os dados referentes ao saneamento básico, que o RDH de 2007 deve ser visto com cautela, pois houve alteração na fórmula de cálculo dos itens avaliados e não podemos olvidar que muitos dados informados pelo país não são consistentes. Além disso, diante da realidade que enfrentamos, não nos parece crível que o Brasil possa ser considerado um país com "alto desenvolvimento humano". Por isso, preferimos fazer referência também aos dados do RDH de 2006 e, de acordo com esse, somos o 10º país com maior desigualdade, onde os 10% mais ricos usufruem

---

p. 18, grifo nosso). Pugnando pela universalização de alguns valores – neste caso, a liberdade – o autor passa a refletir sobre a liberdade individual como um comprometimento social, concluindo pela consciência comum que todos devem ter do verdadeiro papel que desempenham e de como podem melhorá-lo para, com isso, agregar mais qualidade a situação dos demais, gerando um desenvolvimento mais justo, igualitário, menos dispare, menos excludente, valendo destacar o seguinte trecho: "Como seres humanos competentes, não podemos nos furtar à tarefa de julgar o modo como as coisas são e o que precisa ser feito. Como criaturas reflexivas, temos a capacidade de observar a vida de outras pessoas. Nosso senso de responsabilidade não precisa relacionar-se apenas às aflições que nosso próprio comportamento eventualmente tenha causado (embora isso também possa ser importantíssimo), mas também pode relacionar-se de um modo mais geral às desgraças que vemos ao nosso redor e que temos condições de ajudar a remediar. Essa responsabilidade evidentemente não é a única consideração que pode requerer nossa atenção. Contudo, negar a relevância dessa exigência geral seria deixar de lado algo fundamental em nossa existência social. Não é tanto uma questão de ter regras exatas sobre como exatamente devemos agir, e sim de reconhecer a relevância de nossa condição humana comum para fazer as escolhas que se nos apresentam." (SEN, 2000, p. 321).

[340] BRASIL. Programa das Nações Unidas para o Desenvolvimento. *Desenvolvimento humano e IDH*. Brasília: PNUD, [s.d.]. Disponível em: http://www.pnud.org.br/idh/>. Acesso em: 28/02/04.

[341] Os relatórios sempre se referem ao IDH de dois anos antes, sendo que o RDH de 2007 encontra-se disponível em: BRASIL. Programa das Nações Unidas para o Desenvolvimento. *Relatório de Desenvolvimento Humano de 2007*. Brasília: PNUD, 2007. Disponível em: <http://www.pnud.org.br/>. Acesso em 01 dez. 2007.

45,8% da riqueza nacional, enquanto os 10% mais pobres alcançam tão-somente 0,8% desta.[342] Diz o Relatório que:

> Apesar dos avanços, o Brasil ainda é mais desigual do que todos os países com Índice de Desenvolvimento Humano (IDH) superior ao seu — o que mais se aproxima é o Chile, que tem um índice de Gini de 0,571. Além disso, em apenas oito países os 10% mais ricos da população se apropriam de uma fatia da renda nacional maior que a dos ricos brasileiros. No Brasil, eles abocanham 45,8% da renda, menos que no Chile (47%), Colômbia (46,9), Haiti (47,7), Lesoto (48,3%), Botsuana (56,6%), Suazilândia (50,2%), Namíbia (64,5%) e República Centro-Africana (47,7%). No outro extremo, só em sete países a parcela da riqueza apropriada pelos 10% mais pobres é menor que no Brasil. Os pobres brasileiros detêm apenas 0,8% da renda, fatia superior à dos pobres de Colômbia, El Salvador e Botsuana (0,7%), Paraguai (0,6%), e Namíbia, Serra Leoa e Lesoto (0,5%). A comparação entre os 20% mais ricos e os 20% mais pobres mostra que, no Brasil, a fatia da renda obtida pelo quinto mais rico da população (62,1%) é quase 24 vezes maior do que a fatia de renda do quinto mais pobre (2,6%).[343]

Estima-se que existam atualmente no Brasil aproximadamente 40 milhões de pessoas vivendo abaixo da linha da pobreza.[344] E sem dinheiro para se alimentar, sem teto para se proteger, o indivíduo acaba sendo marginalizado, excluído, impedido de se desenvolver física e psiquicamente.

Por isso, Amartya Sen vem defendendo há muito e com ardor o "desenvolvimento como liberdade": liberdade política, liberdade de escolha, liberdade de pensamento, liberdade que só se concretiza com igualdade de oportunidades, com

---

[342] A distribuição de renda também é medida por um outro índice, qual seja, o índice de GINI, criado pelo matemático italiano Conrado Gini, como um instrumento para medir o grau de concentração de renda em determinado grupo. Ele aponta a diferença entre os rendimentos dos mais pobres e dos mais ricos. Numericamente, varia de zero a um (alguns apresentam de zero a cem). O valor zero representa a situação de igualdade, ou seja, todos têm a mesma renda. O valor um (ou cem) está no extremo oposto, isto é, uma só pessoa detém toda a riqueza. Na prática, o Índice de Gini costuma comparar os 20% mais pobres com os 20% mais ricos. Nesta proporção, o Brasil está entre os 7 últimos classificados. No Relatório de Desenvolvimento Humano 2006, elaborado pelo Pnud, o Brasil aparece com Índice de 0,593, quase no final da lista. Apenas sete países estão em pior colocação que o Brasil. Conforme divulgado em: http://www.pnud.org.br, acesso em 01 Ago. 2007. Disponível em http://pt.wikipedia.org/wiki/%C3%8Dndice_de_Desenvolvimento_Humano.

[343] Vide Programa das Nações Unidas para o Desenvolvimento. *Relatório de Desenvolvimento Humano de 2006*. Brasília: PNUD, 2006. Disponível em: <http://www.pnud.org.br/>. Acesso em 01 ago. 2007.

[344] Outro dado interessante é o específico acerca da pobreza humana, medida por um índice derivado do IDH. Nesse sentido, diz o Relatório de Desenvolvimento Humano de 2006: "O RDH 2006 também traz o ranking de dois índices derivados do IDH. No Índice de Pobreza Humana (IPH), elaborado desde 1997 e calculado apenas para países em desenvolvimento, o Brasil aparece na 22ª posição num total de 102 territórios, pouco pior que Turquia (21º), Líbano (20º) e Tailândia (19º) e pouco melhor que Suriname (23º), Ilhas Maurício (24º) e Peru (25º). O país em melhor posição é o Uruguai e o pior, Mali (na África). Esse indicador mede a privação em três aspectos: curta duração da vida (calculada como possibilidade de se viver menos de 40 anos), falta de educação elementar (calculada pela taxa de analfabetismo de adultos) e falta de acesso a recursos públicos e privados (calculada pela porcentagem de pessoas sem acesso a serviço de água potável e pela porcentagem de crianças com peso inferior ao recomendado). Outro indicador derivado do IDH é o Índice de Desenvolvimento Ajustado ao Gênero (IDG), que leva em conta as mesmas dimensões do IDH, mas considera as desigualdades entre homens e mulheres. No ranking com 136 países, o Brasil fica em 55º, logo à frente de Colômbia (56º) e Omã (57º) e logo atrás de Macedônia (54º) e Ilhas Maurício (53º). Assim como na lista do IDH, no IDG o líder é a Noruega e o último colocado, Níger., disponível em <http://www.pnud.org.br/rdh2006_desig.pdf>. Acesso em 01/07/2007.

justiça social, com consciência e solidariedade.³⁴⁵ Liberdade que precisa ser prestigiada de fato, e não apenas nos discursos retóricos.³⁴⁶

Se a população não as tiver garantidas, a nação não se desenvolverá. Se os indivíduos forem vistos somente sob o ponto de vista utilitarista (como meros objetos e enquanto instrumentos funcionando em prol do desenvolvimento econômico), não haverá equilíbrio, e o progresso que houver terá sido alcançado da maneira mais vil e torpe que se possa imaginar em uma sociedade que pretende ser justa.³⁴⁷ O ser humano precisa ser considerado em todos os seus aspectos e precisa ter a oportunidade de se desenvolver em todos eles, sendo imprescindível que conte, para tanto, com um mínimo de infra-estrutura, com "um mínimo vital".

Cumpre ressaltarmos que os dados sobre saneamento básico foram decisivos para que o Brasil permanecesse em posição desconfortável no ranking geral do IDH, eis que o setor está longe de alcançar os objetivos traçados. Mas o que poderíamos esperar de um país que possui mais residências com televisores à cores do que saneamento básico? A situação é tão caótica que os 20% mais pobres daqui tem cobertura pior do que a do Vietnã (que o cupa a 109ª posição no ranking)!³⁴⁸

Imperioso admitirmos, também, que a própria economia está estagnada em razão da falta de infra-estrutura do país para abrigar novos investidores. Quem

---

³⁴⁵ Nesse sentido é a preciosa lição de GADAMER, Hans-Georg (A Filosofia Grega e o Pensamento Moderno, trad. Hans-Georg Flickinger e Muriel Maia-Flickinger, in Hermenêutica Filosófica: nas trilhas de Hans-Georg Gadamer, Custódio Luís Silva de Almeida, Hans-Georg Flickinger e Luiz Rohden (org). Porto Alegre: EDIPUCRS, 2000, p. 57). Diz o filósofo e jurista: "Solidariedade é, porém, uma forma da experiência do mundo e da realidade social que não se pode fazer, que não se pode planejar através de uma dominação objetificadora, nem realizar através de instituições artificiais. Pois, ao contrário destas, solidariedade é o pressuposto de toda vitalidade e efetividade de instituições, de ordens econômicas, de ordens do direito e dos costumes sociais. É ela que os suporta e os torna possíveis. E isto, sabe-o não só o jurista. Parece-me, por sua vez, ser este o aspecto da verdade que, nesse caso, o pensamento grego mantém à disposição para o pensamento moderno".

³⁴⁶ SEN, 2000.

³⁴⁷ É preciso, pois, resgatar os princípios éticos que, infelizmente, afastaram-se dos mercados e das sociedades. Sen, em outra obra sua (SEN, Amartya Kumar. *Sobre ética e economia*. Trad. Laura Teixeira Motta. São Paulo: Companhia das Letras, 1999, p. 47.), pugnando pela indissociabilidade entre Ética e Economia, demonstrando como o critério utilitarista pode ser cruel e gerar distorções, assim refere: "Seja como for, com o desenvolvimento da tendência anti-ética, quando as comparações interpessoais de utilidade passaram a ser evitadas na economia do bem-estar, o critério sobrevivente foi a otimalidade de Pareto. Considera-se que um determinado estado social atingiu um ótimo de Pareto se e somente se for impossível aumentar a utilidade de uma pessoa sem reduzir a utilidade de alguma outra pessoa. Esse é um tipo muito limitado de êxito e, em si mesmo, pode não garantir grande coisa. Um estado pode estar no ótimo de Pareto havendo algumas pessoas na miséria extrema e outras nadando em luxo, desde que os miseráveis não possam melhorar suas condições sem reduzir o luxo dos ricos". Mais adiante (SEN, 2000, p. 106) conclui "Procurei mostrar que a economia do bem-estar pode ser substancialmente enriquecida atentando-se mais para a ética, e que o estudo da ética também pode beneficiar-se de um contato mais estreito com a economia. Também demonstrei que pode ser vantajoso até mesmo para a economia preditiva e descritiva abrir mais espaço para considerações da economia do bem-estar na determinação do comportamento. Não tentei provar que qualquer um desses exercícios seria particularmente fácil. Eles encerram ambigüidades profundamente arraigadas, e muitos dos problemas são inerentemente complexos. Mas o argumento em favor de aproximar mais a economia da ética não depende da facilidade em consegui-lo. Fundamenta-se, antes, nas recompensas advindas do exercício. Procurei mostrar que as recompensas possivelmente serão imensas".

³⁴⁸ Veja-se: BRASIL. Programa das Nações Unidas para o Desenvolvimento. Brasil tem mais TV em cores do que esgoto: em todos os Estados e em todas as faixas de renda, há mais moradores em domicílios com televisão do que com saneamento. Brasília: PNUD, 19 março 2007. Disponível em: <http://www.pnud.org.br/saneamento/reportagens/index.php?id01=2635&lay=san>. Acesso em: 01 mai 2007.

é que vai querer apostar em um Estado cujos trabalhadores têm propensão a doenças, são subnutridos e sem educação, onde as redes de esgotos são deficitárias (quando existentes) e os serviços públicos de energia e transporte, dentre outros, são ineficientes? É preciso reverter esse quadro com urgência, o que só ocorrerá se a questão for encarada sob o ponto de vista dos direitos fundamentais.

3.4. O SANEAMENTO BÁSICO COMO UM DIREITO FUNDAMENTAL

Na linha de pensamento de Ingo Wolfgang Sarlet, tem-se que os direitos fundamentais "são aqueles expressa e implicitamente" positivados como tais pela Constituição Federal e que encontram o seu fim último na dignidade da pessoa humana ou que com esta guardam estreita relação, "ou dizem respeito a outros bens e valores essenciais para a pessoa humana e a comunidade política e social na qual se encontra inserida, tudo no contexto de um conceito materialmente aberto e de uma compreensão multifuncional".[349]

Importante ter presente que a *dignidade*[350] constitui uma qualidade intrínseca ao ser humano e, por isso, não pode ser concedida pelo ordenamento jurídico. Destarte, agiu bem o constituinte quando a colocou *não* no rol dos direitos fundamentais, mas como um princípio maior, um valor fundamental a iluminar todos os demais preceitos contidos na Magna Carta. Como bem salienta Sarlet, o legislador pátrio "[...] reconheceu categoricamente que é o Estado que existe em função da pessoa humana, e não o contrário, já que o ser humano constitui a finalidade precípua, e não meio da atividade estatal".[351]

Mas se por um lado podemos concluir que a dignidade humana independe do reconhecimento do Estado para existir, por outro, somos obrigados a aceitar que muitas vezes ela depende dele para se tornar eficaz, mormente porque é o Estado o garantidor natural do exercício das liberdades (positivas e negativas), e estas, a realização direta da própria dignidade, pelo que nos valemos novamente das lições de Sarlet:

> Relembrando que a noção de dignidade repousa – ainda que não de forma exclusiva (tal como parece sugerir o pensamento e a inspiração kantiana) – na autonomia pessoal, isto é,

---

[349] SARLET, 2002, p. 83. Diz o jurista "Se, por um lado, consideramos que há como discutir – especialmente na nossa ordem constitucional positiva – a afirmação de que todos os direitos e garantias fundamentais encontram seu fundamento direqto, imediato e igual na dignidade da pessoa humana, do qual seriam concretizações, constata-se, de outra parte, que os direitos e garantias fundamentais podem, com efeito, ainda que de modo e intensidade variáveis, ser reconduzidos de alguma forma, à noção de dignidade da pessoa humana, já que todos remontam à idéia de proteção e desenvolvimento das pessoas, de toas as pessoas, como bem destaca Jorge Miranda".

[350] Sobre o conceito e abrangência da "dignidade humana", veja-se MORAES, Maria Celina Bodin de. O conceito de dignidade humana: substrato axiológico e conteúdo normativo. In: SARLET, Ingo W. (Org.). *Constituição, direitos fundamentais e direito privado*. Porto Alegre: Livraria do Advogado, 2003.

[351] SARLET, 2002, p. 68.

na liberdade (no sentido de capacidade para a liberdade) – que o ser humano possui de, ao menos potencialmente, formatar a sua própria existência e ser, portanto, sujeito de direitos, já não mais se questiona que a liberdade e os direitos fundamentais inerentes à sua proteção constituem simultaneamente pressuposto e concretização direta da dignidade da pessoa, de tal sorte que nos parece difícil – ao menos se pretendermos manter alguma coerência com a noção de dignidade apresentada ao longo do texto – questionar o entendimento de acordo com o qual sem liberdade (negativa e positiva) não haverá dignidade, ou pelo menos, esta não estará sendo reconhecida e assegurada.[352]

Evidentemente, um ser humano só poderá se desenvolver com plenitude – física, psíquica e socialmente – se tiver saúde, sendo que para isso precisa ingerir água potável. Parece óbvio que o homem que não tem moradia e vive em meio ao lixo, exposto ao esgoto e às substâncias tóxicas além de vetores transmissores de doenças, tem poucas chances de se desenvolver e alcançar a excelência como pessoa.

A vida sem o mínimo de infra-estrutura é indigna, é sofrida, é excludente. Nesta senda, não há como não admitir que o saneamento básico constitui um direito fundamental visceralmente ligado à dignidade humana, pois a água é o próprio mínimo vital. Nas palavras de SARLET, "o direito à água é já mínimo vital pois essencial à própria sobrevivência e integra, junto com outros elementos, o conteúdo mais amplo do mínimo existencial, este sendo fundado no binômio vida e dignidade, ou seja, vida com qualidade mínima, em outras palavras, vida saudável".[353]

Imperioso, assim, consignarmos que embora grande parte dos estudiosos deste tema não faça qualquer distinção na utilização dos termos, a melhor doutrina (a qual endossamos) estabelece diferença entre o chamado "mínimo vital" e o "mínimo existencial". Nesse sentido, preciosa é a lição de Ingo Wolfgang SARLET, para quem no primeiro rol estariam incluídos aqueles direitos indispensáveis a sobrevivência do ser humano (inclusive o saneamento básico), e no segundo estariam abarcados outros direitos essenciais ao desenvolvimento da personalidade dos indivíduos, tais como cultura, etc. Em outras palavras, enquanto o "mínimo vital" garante a sobrevivência, o "mínimo existencial" vai além da sobrevida, garantindo o desenvolvimento do ser humano em diversos aspectos de sua personalidade, ampliando o espectro de proteção.[354]

Não obstante, independentemente da terminologia empregada, o Superior Tribunal de Justiça já o reconheceu o saneamento básico como essencial à dignidade, valendo destacar o Acórdão da lavra do Ministro Luiz Fux, onde o magistrado consignou ser ilegal o corte de água de um consumidor inadimplente,

---

[352] SARLET, 2002, p. 90.

[353] SARLET, Ingo Wolfgang. Aula ministrada no Doutorado em Direito da Pontifícia Universidade Católica do Rio Grande do Sul, em maio de 2007. E também, sobretudo, "A Dignidade da Pessoa Humana" (SARLET, 2002).

[354] Ver, sqobretudo, SARLET, 2002. E também ZIMMERLING, Ruth. *Necesidades Básicas y Relativismo Moral*. In: DOXA, n° 7, 1990, p. 35-54.

considerando o seu estado de pobreza e a essencialidade deste serviço.[355] Entendeu o nobre julgador que a questão precisava ser analisada pelo prisma dos princípios constitucionais, dentre os quais se sobressaíam o da dignidade da pessoa humana e do mínimo existencial.[356] Resta claro que aquela Corte realizou uma interpreta-

---

[355] Trata-se do Recurso Especial nº 617588 (BRASÍLIA. Superior Tribunal de Justiça. Recurso Especial nº 617588. Primeira Turma. Ministro Relator. Ausente, ocasionalmente, o Sr. Ministro José Delgado. Julgado pela do Superior Tribunal de Justiça (STJ). Diário de Justiça p. 241, 31 maio 2004, grifo nosso) servindo de precedente para inúmeras outras decisões. Vale, assim, transcrever a ementa: "RESP 617588/SP ; RECURSO ESPECIAL 2003/0235399-9 T1 – PRIMEIRA TURMA, Julgado em 27/04/2004. ADMINISTRATIVO. CORTE DO FORNECIMENTO DE ÁGUA. INADIMPLÊNCIA DO CONSUMIDOR. LEGALIDADE. 1. A 1ª Seção, no julgamento do RESP nº 363.943/MG, assentou o entendimento de que é lícito à concessionária interromper o fornecimento de energia elétrica, se, após aviso prévio, o consumidor de energia elétrica permanecer inadimplente no pagamento da respectiva conta (Lei 8.987/95, art. 6º, § 3º, II). 2. Ademais, a 2ª Turma desta Corte, no julgamento do RESP nº 337.965/MG entendeu que o corte no fornecimento de água, em decorrência de mora, além de não malferir o Código do Consumidor, é permitido pela Lei nº 8.987/95. 2. *Não obstante, ressalvo o entendimento de que o corte do fornecimento de serviços essenciais – água e energia elétrica – como forma de compelir o usuário ao pagamento de tarifa ou multa, extrapola os limites da legalidade e afronta a cláusula pétrea de respeito à dignidade humana, porquanto o cidadão se utiliza dos serviços públicos posto essenciais para a sua vida*, curvo-me ao posicionamento majoritário da Seção. 3. *Em primeiro lugar, entendo que, hoje, não se pode fazer uma aplicação da legislação infraconstitucional sem passar pelos princípios constitucionais, dentre os quais sobressai o da dignidade da pessoa humana, que é um dos fundamentos da República e um dos primeiros que vem prestigiado na Constituição Federal*. 4. Não estamos tratando de uma empresa que precisa da energia para insumo, tampouco de pessoas jurídicas portentosas, mas de uma pessoa miserável e desempregada, de sorte que a ótica tem que ser outra. Como disse o Sr. Ministro Francisco Peçanha Martins noutra ocasião, temos que enunciar o direito aplicável ao caso concreto, não o direito em tese. Penso que tínhamos, em primeiro lugar, que distinguir entre o inadimplemento de uma pessoa jurídica portentosa e o de uma pessoa física que está vivendo no limite da sobrevivência biológica. É mister fazer tal distinção, data máxima vênia. 5. Em segundo lugar, a Lei de Concessões estabelece que é possível o corte considerado o interesse da coletividade, que significa não fazer o corte de energia de um hospital ou de uma universidade, não o de uma pessoa que não possui 40 reais para pagar sua conta de luz, quando a empresa tem os meios jurídicos legais da ação de cobrança. A responsabilidade patrimonial no direito brasileiro incide sobre patrimônio devedor e, neste caso, está incidindo sobre a própria pessoa! 6. No meu modo de ver, data máxima vênia das opiniões cultíssimas em contrário e sensibilíssimas sob o ângulo humano, entendo que 'interesse da coletividade' refere-se aos municípios, às universidades, hospitais, onde se atinge interesse plurissubjetivos. 7. Por outro lado, é preciso analisar que tais empresas têm um percentual de inadimplemento na sua avaliação de perdas, evidentemente. Pelo que se houve falar, e os fatos notórios não dependem de prova, a empresa recebe mais do que experimenta tais inadimplementos. Tenho absoluta certeza que, dos dez componentes da Seção, todos pagamos a conta de luz diuturnamente. Então, o fato é que esta seria uma forma da responsabilidade passar do patrimônio do devedor para sua própria pessoa. 8. *Com tais fundamentos, e também outros que seriam desnecessários alinhar, sou radicalmente contra o corte do fornecimento de serviços essenciais de pessoa física em situação de miserabilidade* e absolutamente favorável ao corte de pessoa jurídica portentosa, que pode pagar e protela a prestação da sua obrigação, aproveitando-se dos meios judiciais cabíveis. 9. Recurso especial provido, por força da necessidade de submissão à jurisprudência uniformizadora. Vistos, relatados e discutidos estes autos, acordam os Ministros da Primeira Turma do Superior Tribunal de Justiça, na conformidade dos votos e das notas taquigráficas a seguir, por unanimidade, dar provimento ao recurso especial, nos termos do voto do Sr. Ministro Relator. Os Srs. Ministros Teori Albino Zavascki, Denise Arruda e Francisco Falcão votaram com o Sr. Ministro Relator.Ausente, ocasionalmente, o Sr. Ministro José Delgado. DJ DATA:31/05/2004 PG:00241". (Grifos nossos)

[356] Vale destacar brilhante decisão do Desembargador Rogério Gesta Leal, nos autos do Agravo de Instrumento nº 70013595269, julgado em 09/02/2006 pela 3ª Câmara Cível do Tribunal de Justiça gaúcho, pioneiro no reconhecimento da vinculação intrínseca entre água, saneamento básico e mínimo existencial, cuja ementa ora se transcreve: AGRAVO DE INSTRUMENTO. DIREITO PÚBLICO NÃO ESPECIFICADO. AÇÃO ORDINÁRIA. PRESTAÇÃO DE SERVIÇO ESSENCIAL (ÁGUA). INTERESSE DE AGIR. 1. Postulando a autora a prestação de serviço essencial (água), dispensa-se a prova do prévio esgotamento da via administrativa, haja vista tratar-se de medida essencialmente ligada à garantia do mínimo existencial do indivíduo. Exegese do artigo 5º, inciso XXXV, da Constituição Federal. 2. Diante da essencialidade do serviço pretendido pela autora, e ausente prova de que a Corsan já tenha realizado a medida postulada em juízo, mostra-se inviável, no caso concreto, e ao menos em juízo de verossimilhança, a reforma da decisão hostilizada. PRELIMINAR REJEITADA. AGRAVO DE INSTRUMENTO DESPROVIDO, POR MAIORIA.

ção tópico-sistemática, hierarquizando os valores em conflito, na esteira do pensamento de Juarez Freitas, que assim leciona:

> Cumpre superar, em definitivo, a visão estreita e asfixiante oriunda da Escola da Exegese. Para tanto, mencione-se o ilustrativo preceito da interpretação constitucional sistemática, recomendando: *na hierarquização prudencial dos princípios, das normas estritas (no sentido de regras) e dos valores constitucionais deve-se fazer com que os princípios ocupem o lugar de destaque, ao mesmo tempo situando-os na base e no ápice do sistema, vale dizer, tomando-os, na prática, como fundamento e cúpula do ordenamento.*[357]

Diante do exposto, uma vez reconhecendo o direito ao saneamento básico como corolário da dignidade humana e, por conseqüência, admitindo a sua fundamentalidade e intrínseca vinculação ao mínimo vital/existencial,[358] mister agora enquadrá-lo em uma das categorias estipuladas pela teoria dos direitos fundamentais, como forma de compreender a sua eficácia e aplicabilidade.

Paulo Bonavides[359] leciona existir quatro gerações de direitos fundamentais (ou dimensões, como preferem muitos juristas), cada uma surgida em determinada época e contexto, cujos direitos inerentes acumularam-se ao longo dos tempos e, atualmente, permeiam as diversas constituições escritas pelo mundo afora,[360] valendo tecer alguns breves comentários sobre cada uma.

A primeira dimensão comporta os direitos de liberdade oriundos do pensamento liberal-burguês do século XVIII (são os de cunho civil e político, destacando-se os direitos à vida, à propriedade e à igualdade, por exemplo), caracterizando-se, neste passo, pelo acentuado viés individualista. Nas palavras do

---

[357] FREITAS, 2004a, p. 190, grifo do autor.
[358] Veja-se, sobretudo: ALEXY, Robert. *Teoría del discurso y derechos humanos*. Tradução Luis Villar Borda. Bogotá: Universidad Externado de Colômbia, 1995, p. 97.
[359] BONAVIDES, 20q03a.
[360] Este entendimento é corroborado por Ingo Wolfgang Sarlet (SARLET, 2003, p. 50), que prefere utilizar o termo "dimensão" ao geração, assim afirmando: "Costuma-se, neste contexto marcado pela autêntica mutação histórica experimentada pelos direitos fundamentais, falar da existência de três gerações de direitos, havendo, inclusive, quem defenda a existência de uma quarta geração. Num primeiro momento, é de se ressaltarem as fundadas críticas que vêm sendo dirigidas contra o próprio termo 'gerações' por parte da doutrina alienígena e nacional. Com efeito, não há como negar que o reconhecimento progressivo de novos direitos fundamentais tem o caráter de um processo cumulativo, de complementaridade, e não de alternância, de tal sorte que o uso da expressão 'gerações' pode ensejar a falsa impressão da substituição gradativa de uma geração por outra, razão pela qual há quem prefira o termo 'dimensões' dos direitos fundamentais, posição esta que aqui optamos por perfilhar, na esteira da mais moderna doutrina". E, mais adiante, arremata: "Em que pese o dissídio na esfera terminológica, verifica-se crescente convergência de opiniões no que concerne à idéia que norteia a concepção das três (ou quatro, se assim preferirmos) dimensões dos direitos fundamentais, no sentido de que estes, tendo tido sua trajetória existencial inaugurada com o reconhecimento formal nas primeiras Constituições escritas dos clássicos direitos de matriz liberal-burguesa, se encontram em constante processo de transformação, culminando com a recepção, nos catálogos constitucionais e na seara do Direito Internacional, de múltiplas e diferenciadas posições jurídicas, cujo conteúdo é tão variável quanto as transformações ocorridas na realidade social, política, cultural e econômica ao longo dos tempos. Assim sendo, a teoria dimensional dos direitos fundamentais não aponta tão-somente para o caráter cumulativo do processo evolutivo e para a natureza complementar de todos os direitos fundamentais, mas afirma, para além disso, sua unidade e indivisibilidade no contexto do direito constitucional interno [...]"

jurista, "[...] são oponíveis ao Estado, traduzem-se como faculdades ou atributos da pessoa e ostentam uma subjetividade que é seu traço mais característico".[361]

Se a primeira dimensão caracteriza-se por contemplar direitos de cunho "negativo", os da segunda dimensão identificam-se pela exigência de uma prestação positiva por parte do Estado, evidenciada a partir dos movimentos sociais iniciados ainda no século XIX. São os direitos econômicos, sociais e culturais que *"revelam uma transição das liberdades formais abstratas para as liberdades materiais concretas"*, conforme bem ensina Ingo Wolfgang Sarlet.[362] Figuram entre eles o direito à saúde, à assistência social, à educação e ao trabalho, dentre outros.

Bonavides, neste passo, afirma que os direitos da segunda geração "Nasceram abraçados ao princípio da igualdade, do qual não se podem separar, pois fazê-lo equivaleria a desmembrá-los da razão de ser que os ampara e estimula".[363] Afirma o jurista que depois de terem passado por uma fase de juridicidade questionada, foram relegados à esfera programática, recuperando o status somente com as modernas Constituições (inclusive a do Brasil), que garantiram eficácia plena e imediata a todos os direitos fundamentais.

A terceira dimensão compreende os direitos relacionados à solidariedade e à fraternidade, caracterizando-se pela titularidade coletiva ou difusa, abarcando os direitos à paz, à autodeterminação dos povos, ao meio ambiente, ao patrimônio histórico e cultural, dentre outros. Mister, aqui, compreender o seu caráter geral, universal, pelo que nos valemos das palavras de Paulo Bonavides, *in verbis:*

> Com efeito, um novo pólo jurídico de alforria do homem se acrescenta historicamente aos da liberdade e da igualdade. Dotados de altíssimo teor de humanismo e universalidade, os direitos da terceira geração tendem a cristalizar-se no fim do século XX enquanto direitos que não se destinam especificamente à proteção dos interesses de um indivíduo, de um grupo ou de um determinado Estado. Têm primeiro por destinatário o gênero humano mesmo, num momento expressivo de sua afirmação como valor supremo em termos de existencialidade concreta. Os publicistas e juristas já os enumeram com familiaridade, assinalando-lhe o caráter fascinante de coroamento de uma evolução de trezentos anos na esteira da concretização dos direitos fundamentais. Emergiram eles da reflexão sobre temas referentes ao desenvolvimento, à paz, ao meio ambiente, à comunicação e ao patrimônio comum da humanidade.[364]

A quarta dimensão dos direitos fundamentais, conforme comentado brevemente no primeiro capítulo deste estudo, ainda não se consagrou nem na ordem jurídica interna, nem na internacional. Ela é defendida com pioneirismo por Paulo Bonavides, que a define como o coroamento das demais dimensões, a qual implicaria em uma maximização dos direitos à democracia, à informação e ao pluralismo, frutos da globalização política na esfera da normatividade jurídica. O

---
[361] BONAVIDES, 2003a, p. 563.
[362] SARLET, 2003, p. 52.
[363] BONAVIDES, 2003a, p. 565
[364] BONAVIDES, 2003a, p. 569.

próprio mentor alerta, contudo, que esta é uma dimensão a ser ainda implantada na "sociedade aberta do futuro".[365]

Não se questiona que quando isso ocorrer será realmente a coroação exitosa das três dimensões anteriores. Todavia, não podemos deixar de concordar com as observações tecidas por Ingo Wolfgang Sarlet, de que os direitos vislumbrados por esta quarta categoria já se encontram, sob outras formas e intensidade, tutelados pelas dimensões anteriores, e que o reconhecimento de novos direitos fundamentais requer cautela e prudência, para não colocar em risco o seu status jurídico e científico. Não é demais lembrar que sequer conseguimos garantir a eficácia plena e imediata dos direitos já consagrados pelas segunda e terceira dimensões.[366]

Quanto ao objeto desse estudo – o saneamento básico – não resta dúvida tratar-se de um direito fundamental. Todavia, o mesmo não se pode dizer quanto à dimensão a que pertence. A tendência inicial é classificá-lo como um direito de terceira geração, dada a sua vinculação ao meio ambiente e ao caráter geral típico dos direitos a serem garantidos a toda a coletividade. Uma análise mais detalhada revela, porém, ser mais prudente reconhecer o seu caráter híbrido, ora enquadrando-o nos dos direitos de segunda dimensão, porque constituído, em sua essência, de uma liberdade positiva que necessita de uma prestação do Poder Público para efetivar-se, ora nos direitos de primeira dimensão, porque dotado de uma intangibilidade afeta ao "núcleo" da dignidade humana, integrando, sem dúvida alguma, o rol dos direitos que compõem o "mínimo vital/existencial".

Não é demais lembrar a lição de Ricardo Lobo Torres que, ao tratar da "metamorfose dos direitos sociais em mínimo existencial", assim refere:

> A transformação dos direitos sociais em mínimo existencial significa a metamorfose dos direitos da justiça em direitos da liberdade. Mas essa passagem só se torna possível porque os valores da liberdade, da justiça e da solidariedade encontram-se em permanente interação, como se sabe desde a Revolução Francesa, com a tríade correspondente: liberte, égalité et fraternité. (...) A liberdade tem uma característica que se ausenta dos outros valores: a de ser simultaneamente um valor e um dado existencial. A liberdade do homem, diferentemente do que acontece com a justiça ou a solidariedade, pode ser objeto de ofensas que afetam a própria existência física do indivíduo. Daí se segue que o mínimo existencial deixa-se tocar pelo princípio da liberdade fática. O homem não pode ser privado, em qualquer situação, do mínimo necessário à conservação de sua vida e de sua liberdade. (...) O mínimo existencial protege, também, as condições iniciais da liberdade, assim entendidos os pressupostos materiais para o seu exercício. (...) Sem o mínimo necessário à existência cessa a possibilidade de sobrevivência do homem e desaparecem as condições iniciais da liberdade. A dignidade humana e as condições materiais da existência não podem retroceder aquém de um mínimo.[367]

---

[365] Idem, p. 571.
[366] SARLET, 2003, p. 59.
[367] TORRES, Ricardo Lobo. *A Metamorfose dos Direitos Sociais em Mínimo Existencial* (in: Direitos Fundamentais Sociais: Estudos de Direito Constitucional, Internacional e Comparado. Ingo W. Sarlet (org). Rio de Janeiro: Renovar, 2003, p. 3-5.

Diz-se que os direitos de primeira dimensão pressupõem uma proteção do Estado no sentido de garantir a não-violação do que está sendo tutelado, enquanto que os de segunda dimensão exigem do Estado um comportamento ativo na realização da justiça social e permitem que o indivíduo realize a sua própria liberdade por intermédio do ente público. Com o saneamento não é diferente. Trata-se de um direito passível de ser exercido por todo e qualquer indivíduo, no sentido de exigir que o Estado lhe garanta a prestação deste serviço público essencial, mas que também carece de proteção até mesmo contra o próprio titular, visto que irrenunciável.[368] Nesse sentido é a preciosa lição de Ingo Wolfgang Sarlet:

> A reforçar este argumento – ainda que por prisma diverso – verifica-se que a doutrina majoritária tem entendido que o núcleo em dignidade humana constitui o conteúdo indisponível dos direitos fundamentais mesmo para o próprio titular do direito, gerando inclusive um dever estatal de proteção da pessoa contra si mesma, nas hipóteses em que estiver havendo uma evidente violação deste núcleo em dignidade. Assim, o mínimo existencial no que diz com a garantia da satisfação das necessidades básicas para uma vida com dignidade, assume a condição de conteúdo irrenunciável dos direitos fundamentais sociais (assim como o conteúdo em dignidade é irrenunciável no campo dos direitos fundamentais em geral) e, portanto, vincula o próprio (particular) titular do direito e, por via de conseqüência, também acaba por gerar um correlato e direto dever jurídico de respeito e proteção, mesmo por parte de outros particulares.[369]

Não é demais relembrar a dupla dimensão (objetiva e subjetiva) deste direito fundamental e da própria garantia do mínimo existencial, assim como a dimensão defensiva e prestacional do saneamento básico, que se complementam. Destarte, se por um lado tem-se a garantia contra medidas interventivas, tais como corte de água, por outro, tem-se o direito a prestação contínua deste serviço, acesso a infor-

---

[368] Guardadas as devidas proporções, é possível traçar-se um comparativo entre o famoso caso do "anão francês" com o dos moradores das favelas localizadas na Av. Castelo Branco e na Hípica, em Porto Alegre. É que em ambos os casos, o poder público agiu contra a vontade das próprias pessoas, para assegurar-lhes a preservação de suas dignidades. O caso do "anão" é narrado com peculiar luminosidade por Joaquim Barbosa Gomes (GOMES, Joaquim Barbosa. Prefácio. In: ROSAS, Roberto. *Direito sumular*. 4. ed. São Paulo: Revista dos Tribunais, 1989). Narra o autor que em uma casa de espetáculos franceses era promovido uma atração denominada de "arremesso do anão", onde um indivíduo portador de nanismo era lançado de um cilindro (tipo canhão) em cima da multidão, que ficava jogando-o de um lado para outro. A autoridade municipal francesa entendeu que a atitude ofendia a integridade moral do anão, proibindo o estabelecimento comercial de realizar a atração. A empresa, indignada, moveu ação nos tribunais franceses afirmando que sua atividade era lícita, que não estava cometendo nenhum ato ultrajante e que mantinha seus impostos em dia, razão pela qual não poderia ser impedida de funcionar. O anão, em litisconsórcio ativo com a casa de espetáculos, afirmou gostar da atividade que desenvolvia e que preferia este trabalho do que ficar dependendo dos seguros sociais. O Conseil d'Etat francês, por sua vez, entendeu que a atração feria a dignidade do anão e que esta devia ser protegida mesmo contra a vontade do próprio, mantendo a proibição do espetáculo. No caso de Porto Alegre, os favelados encontravam-se em situação calamitosa, em amontoados fétidos, sem saneamento básico e sem as mínimas condições de higiene. Todavia, as favelas ficavam em pontos estratégicos da capital. A prefeitura, todavia, decidiu transferir os moradores para construções populares localizadas em bairros mais afastados, mas contando com infra-estrutura básica, tais como água encanada, energia elétrica e rede coletora de esgotos. Os favelados, indignados, recusaram-se a deixar seus barracos, sendo necessária a intervenção policial para que a transferência de domicílios pudesse ocorrer. Também neste caso o poder público preservou a dignidade das pessoas mesmo contra a própria vontade destas.

[369] SARLET, Ingo Wolfgang. *Direitos Fundamentais Sociais, Mínimo Existencial e Direito Privado*. In Revista de Direito do Consumidor, n° 61, p. 120.

mação (sobre cálculo das tarifas, índice de potabilidade da água, etc), deveres de proteção e medidas efetivas de tutela em termos organizacionais, procedimentais, até mesmo penais, e administrativos.[370]

Nesta esteira, reconhecendo a fundamentalidade do saneamento básico para uma existência digna, e por conseqüência, a sua vinculação visceral com o "mínimo vital", encerramos este tópico trazendo à baila a mensagem com que Paulo Affonso Leme Machado deixou no IV Fórum Social Mundial:[371]

> [...] Cada ser humano tem direito a consumir ou usar a água para as suas necessidades individuais fundamentais. Esse consumo da água realiza-se diretamente através de sua captação dos cursos de água e lagos ou pelo recebimento da água através dos serviços públicos ou privados de abastecimento. *A existência do ser humano, por si só, garante-lhe o direito a consumir água ou ar. O direito à vida antecede os outros direitos.* A Constituição da República Federativa do Brasil, de 1988, reafirma a garantia à inviolabilidade do "direito à vida" (art. 5º). As Constituições anteriores de 1967 (art. 150) e de 1946 (art. 141) já asseguravam este direito. [...]

3.5. SANEAMENTO É SERVIÇO PÚBLICO OU ATIVIDADE ECONÔMICA?

Uma vez admitido o saneamento básico como um direito fundamental, cumpre agora estudar a sua natureza, averiguando se este deve ser considerado um serviço público ou uma atividade econômica. Para tanto, necessário será discorrer algumas linhas sobre os conceitos em tela.

A definição da atividade econômica não encerra muitas controvérsias, podendo ser facilmente aferida a partir do texto constitucional. Com efeito, consideram-se atividades econômicas *stricto sensu* aquelas cujo exercício é permitido livremente a qualquer pessoa, desde que sejam observados os princípios e requisitos contidos no art. 170 e parágrafo único da Constituição Federal de 1988.

A definição de serviço público, contudo, requer uma análise mais detalhada: é que seu conteúdo tem o condão de revelar os princípios ideológicos que sustentam o Estado. Não existe definição legal, sendo que o Supremo Tribunal Federal tem usado critérios cambiantes, não tendo adotado, até agora, uma definição precisa. A doutrina, por sua vez, há muito vem tratando do alcance e significado desta locução: os debates remontam, necessariamente, à França do final do século

---
[370] SARLET, 2007.
[371] Palestra proferida por Paulo Affonso Leme Machado sob o título "RECURSOS HÍDRICOS E O DIREITO AMBIENTAL", ocorrida no dia 27 de janeiro de 2005, no Auditório da Caixa Econômica Federal, durante o V Fórum Social Mundial.

XIX, início do XX, mais precisamente a Leon Duguit,[372] para quem todo o Direito Público gravitava em torno desta idéia.

Com o transcurso do tempo, também este instituto sofreu transformações.[373] Não se pode olvidar, outrossim, que a sua definição sempre esteve intimamente ligada ao modelo de Estado: um conceito amplo, por vezes, era sinônimo de uma máquina pública inchada, ineficiente e intervencionista; por outro lado, um conceito extremamente restritivo revelava, não raro, um Estado mínimo, reduzido e omisso.

Atualmente, busca-se o equilíbrio e, ainda que as definições apresentem graus variados de abrangência, os extremos parecem estar sendo evitados pelo menos pela doutrina jurídica nacional.

Dentre os estudiosos contemporâneos que sustentam um conceito um pouco mais amplo de "serviço público", estão Cretella Júnior[374] e Mário Masagão,[375] para quem seu conteúdo abarcaria toda a atividade exercida pelo Estado (direta ou indiretamente) a fim de satisfazer as necessidades públicas, inclusive as de cunho econômico, e as legislativas e judiciárias.

A corrente mais restritiva, por sua vez, é encabeçada por Hely Lopes Meirelles, para quem o serviço público é "[...] todo aquele prestado pela Administração ou por seus delegados, sob normas e controles estatais, para satisfazer necessidades essenciais ou secundárias da coletividade, ou simples conveniência do Estado".[376] Nota-se, pois, que a definição do autor é um pouco mais restrita do que a dos juristas anteriormente citados, mas ainda assim é ampla, pois compreende, além das atividades secundárias, o exercício do Poder de Polícia.

Celso Antônio Bandeira de Mello também sustenta tese mais restritiva ao definir o serviço público como sendo

> [...] toda a atividade de oferecimento de utilidade ou comodidade material fruível diretamente pelos administrados, prestado pelo Estado ou por quem lhe faça as vezes, sob um regime de direito público – portanto, consagrador de prerrogativas de supremacia e de restrições especiais – instituído pelo Estado em favor dos interesses que houver definido como próprios no sistema normativo.[377]

---

[372] DUGUIT, Leon. *Manuel de droit constitutionnel*. 2. ed. Paris: Fontemoig, 1911. O jurista chegou a propor que a idéia de soberania fosse substituída pela de serviço público, dada à intrínseca relação que este possui com todas as funções e atividades do Estado, inclusive à sua organização (DI PIETRO, 2001, p. 94.). Na medida em que o transcurso do tempo se fazia implacável, também o Direito Público e seus institutos sofreram transformações, essas, muito bem avaliadas pelo jurista italiano Sabino Cassese. Com o conceito de "serviço público" não foi diferente.

[373] Veja-se, sobretudo, CASSESE, Sabino. Le traformazioni del diritto amministrativo dal XIX al XXI secolo. In: *Rivista Trimestrale di Diritto Pubblico*, Torino, n. 1, p. 27-40, 2002; Este texto foi traduzido para o português sob o título "As transformações do Direito Administrativo do século XIX ao XXI" e publicado na Revista Interesse Público, ano 5, n. 24, p. 13-23, mar./abr. 2004).

[374] CRETELLA JÚNIOR, José. *Curso de Direito Administrativo*. 17. ed. Rio de Janeiro: Forense, 2000.

[375] MASAGÃO, Mário. *Curso de Direito Administrativo*. São Paulo: Revista dos Tribunais, 1968.

[376] MEIRELLES, Hely Lopes. *Direito Administrativo Brasileiro*. São Paulo: Malheiros, 1985, p. 265.

[377] MELLO, 2002, p. 612.

Imperioso destacar, ainda, o conceito de Alexandre Santos de Aragão, para quem o serviço público é uma "[...] atividade econômica *lato sensu*, titularizada pelo Estado em decorrência de seu intenso interesse público, podendo ser explorada por particulares mediante delegação do Poder Público".[378]

Nesta linha é, também, a definição proposta por Juarez Freitas, segundo a qual a noção de serviço público precisa ser condizente com os novos paradigmas do Direito Administrativo, devendo abarcar, para tanto, a idéia de *essencialidade*:

> Serviços públicos são o conjunto de atividades essenciais, assim consideradas pelo ordenamento jurídico, prestadas diretamente pelo Poder Público ou mediante delegação executória *lato sensu*, tendo em vista atender ao interesse geral e sob regência dos princípios constitucionais de Direito Administrativo.[379]

Várias conclusões podem ser extraídas da definição acima reproduzida. Dela se infere, por exemplo, que tudo o que transcender à essencialidade não deve ser considerado, a rigor, como serviço público. Também se depreende que este, mesmo sendo considerado essencial, pode (e muitas vezes, deve) ter a sua execução (prestação) delegada a terceiros, sem que isso implique redução do papel do Estado e sem que isso lhe tire o caráter público.

A essencialidade, da forma como sustentada, está umbilicalmente associada às idéias de eficiência e de transparência, corolários do Estado Regulador, este, caracterizado *não* pela intervenção excessiva no domínio econômico, mas, ao contrário, pelo exercício do controle, da fiscalização e da mediação de interesses visando sempre à concretização do interesse público.

A postura que o jurista preconiza – e que endossamos neste trabalho – é a que clama por um "*Estado Essencial, nem mínimo, nem máximo*", tão-somente realizador de suas funções primordiais, ou seja, um Estado que tenha o tamanho necessário para garantir, com eficácia, a implementação dos direitos fundamentais de todas as dimensões.[380]

---

[378] ARAGÃO, Alexqandre Santos de. *Agências reguladoras e a evolução do direito administrativo econômico.* Rio de Janeiro: Forense, 2002, p. 151. Schirato (SCHIRATO, 2004, p. 121.), ao comentar a definição de Aragão, afirma que o serviço público apresenta-se sob duas modalidades: uma, caracterizada como atividade econômica em sentido amplo – onde o Poder Público presta (diretamente ou através de terceiros) os serviços essenciais para a satisfação do interesse público – e outra, caracterizada como atividade administrativa – que é aquela típica do Poder Público, impassível de ser delegada (na qual se enquadra o Poder de Polícia). Para o autor, o saneamento básico inclui-se na primeira acepção, valendo destacar suas palavras: "À luz da descrição do serviço público apresentada acima, entendemos ser o serviço de saneamento básico uma atividade econômica lato sensu titularizada pelo Estado com o escopo de promover o bem-estar social e o desenvolvimento nacional".

[379] FREITAS, 2004b, p. 85. À fl. 312, o autor também refere que "Serviço universal ou público é todo aquele considerado, normativamente, essencial para a realização dos objetivos do Estado Democrático, devendo, por isso, ser prestado sob o regime publicista (no campo dos princípios, não necessariamente no das regras)".

[380] FREITAS, 2004b, p. 313. Diz o autor: "Defende-se, assim, postura jusfilosófica que preconiza o Estado essencial, sem significar o Estado reduzido. Ao revés, longe do Estado mínimo assim como do Estado máximo, o Estado Essencial busca ter o tamanho viabilizador do cumprimento de suas funções, nem mínimas, nem máximas, comunitariamente essenciais e afirmativas dos direitos fundamentais de todas as gerações". Em outra passagem (FREITAS, 2004b, p. 83), o autor assim refere: "Viceja grave confusão conceitual entre Estado como aparato e Estado como espírito de comunidade que visa a realizar fins nobres em comum. Essa última noção, no

Por todo o exposto, forçoso é concluirmos que o *saneamento básico – como direito fundamental – consiste em um serviço público essencial*.[381] É dever do Estado prestá-lo, seja diretamente, seja por intermédio de terceiros, garantindo a sua universalização.[382] Mesmo que seja concedido à iniciativa privada, tal serviço não perderá o seu caráter público e essencial, posto que imprescindível à promoção do princípio constitucional da dignidade humana.[383]

Antes, porém, de nos posicionarmos sobre a forma de prestação que julgamos mais adequada, mister voltarmos ao tópico da realidade nacional deixado em aberto, analisando o monopólio natural do setor, os casos consolidados mais polêmicos de concessão à iniciativa privada ocorridos no país, bem como as perspectivas com as Parcerias Público-Privadas, o que passamos a fazer.

3.5.1. Monopólio natural do setor

Ninguém questiona a tendência natural do serviço de saneamento básico ao monopólio. Seria inviável, para não dizer impossível, manter duas malhas dutoviárias paralelas em uma mesma localidade, seja por questões físico-espaciais, sejam financeiras (o custo seria estratosférico).[384] Conseqüentemente há apenas um prestador por região-geográfica, o que implica ausência de concorrência, razão pela qual esse serviço sempre esteve a cargo do Poder Público.

Ocorre que em 1990 teve início o programa de desestatização das empresas públicas,[385] através do qual o Estado reduziu significativamente a sua intervenção direta no domínio econômico, deslocando a sua atuação do campo empresarial

---

entanto, é que precisa ser, imediata e profundamente, resgatada. Ora bem, o princípio da intervenção promotora do núcleo essencial dos direitos fundamentais não aponta para extremos, até porque o mal maior do Estado contemporâneo, mais ou menos universalizado, talvez não resida numa questão de tamanho, senão que, acima de tudo, na qualidade e na proporção de seu agir".

[381] SCHIRATO, 2004, p. 120. Para o jurista, o saneamento básico só pode ser considerado serviço público, valendo transcrever a seguinte passagem: "[...] deve-se ter claro que o serviço de saneamento básico no Brasil (assim como em grande parte dos países do mundo) é, tanto por conta de expressa previsão legal, quanto em razão de suas características intrínsecas, diretamente relacionadas com o interesse da coletividade, considerado serviço público".

[382] SCHIRATO, 2004, p. 120. Para o jurista, o saneamento básico só pode ser considerado serviço público, valendo transcrever a seguinte passagem: "Deve-se ter claro que o serviço de saneamento básico no Brasil (assim como em grande parte dos países do mundo) é, tanto por conta de expressa previsão legal, quanto em razão de suas características intrínsecas, diretamente relacionadas com o interesse da coletividade, considerado serviço público".

[383] BARROSO, 2003b, p. 312. O autor partilha deste mesmo pensamento, valendo transcrever suas palavras: "É preciso atentar que a eventual delegação da execução do serviço à iniciativa privada não descaracteriza sua natureza de serviço público".

[384] Neste sentido, veja-se ARAGÃO, Alexandre Santos de. Serviços públicos e concorrência. *Revista de Direito Administrativo*, Rio de janeiro nº 233, p. 337, jul./set. 2003). Segundo o jurista, "[...] na maioria das vezes a duplicação das infra-estruturas é, senão impossível, pelo menos irracional do ponto de vista econômico e/ou urbanístico, caracterizando-se a sua gestão como monopólio natural".

[385] O programa de desestatização das empresas públicas iniciou-se com a edição da Lei 8.031 de 12/04/1990, durante o governo do ex-presidente Fernando Collor de Mello. Posteriormente, esta lei foi revogada pela 9.491/97, promulgada durante o governo de Fernando Henrique Cardoso.

para o jurídico.[386] A este, somaram-se a Lei de Concessões – promulgada em 1995 sob o nº 8.987 – e a flexibilização dos monopólios, impulsionada pela Emenda Constitucional nº 5, também do mesmo ano,[387] dando continuidade ao plano de reestruturação do Estado Brasileiro.

A partir deste momento, os municípios que não possuíam contratos com as CESBs passaram a cogitar a possibilidade de conceder os seus serviços de saneamento básico para empresas privadas, visando, sobretudo angariar fundos para "forrar o caixa" das prefeituras. Bastava, para tanto, que conseguissem aprovar nas respectivas Câmaras Municipais, um Projeto de Lei para este fim.[388] E alguns realmente o fizeram: segundo a Associação Brasileira de Concessionárias Privadas de Serviços Públicos de Água e Esgotos (ABCON), atualmente existem 65 concessões à empresas privadas, que atendem cerca de 5% da população urbana do país.[389]

Para demonstrarmos a extrema complexidade que envolve a temática da prestação privada desses serviços essenciais, procuramos nos deter nos casos mais emblemáticos, relatando os aspectos mais importantes e conturbados.

3.5.2. Estudo de casos

3.5.2.1. O caso de Limeira

A primeira concessão plena de serviços de saneamento básico à empresa privada – e, talvez, a mais polêmica – deu-se no Município de Limeira, Estado de São Paulo. O processo, marcado pela falta de transparência e fortes indícios de fraude, encerrou longa batalha judicial.

Segundo Oscar Adolfo Sanchez,[390] tal procedimento – "realizado no apagar das luzes e às pressas" – consistiu em jogo de cartas marcadas. Mediante votação

---

[386] Conforme BARROSO, 2003b, p. 6.

[387] Dita Emenda Constitucional, promulgada em 15/08/1995, alterou o § 2º do art. 25 da CF/88, que passou a ter a seguinte redação: "cabe ao Estado explorar diretamente, ou mediante concessão, os serviços locais de gás canalizado, na forma da lei, vedada a edição de medida provisória para a sua regulamentação". (BRASIL, 2004, p. 182).

[388] SANCHEZ, 2001, p. 89.

[389] Veja-se: ABCON – Associação Brasileira de Concessionárias Privadas de Serviços Públicos de Água e Esgotos. Saneamento Básico: o Brasil precisa tratar urgente deste assunto. [S.l.]: Abcom, 2007. Disponível em: <http://www.abcon.com.br>. Acesso em: 19 set. 2007.

[390] SANCHEZ, 2001. O autor comenta que o Prefeito em exercício havia contratado uma empresa de consultoria (a Socienco) para que esta realizasse um estudo sobre a viabilidade de conceder os serviços locais de saneamento básico à iniciativa privada. Com base neste documento é que o PL foi elaborado. Tudo indica que o consórcio que venceu a licitação participou de todo o procedimento prévio. O procedimento teve início em uma quarta-feira, dia 27 de abril de 1994, com o envio de um Projeto de Lei pelo Prefeito à Câmara Municipal em caráter de "urgência especial". Como esta Casa legislativa reunia-se somente às segundas-feiras, foi marcada uma reunião extraordinária para o dia 29. Dito projeto, que sequer havia passado pelas comissões temáticas, obteve parecer favorável do relator em pouquíssimas horas. Nova reunião extraordinária foi marcada, desta vez para Domingo, ocasião em que foram apresentadas 30 emendas pela oposição – todas rejeitadas pela situação, que aprovou o PL original por 15 votos a 6. Disso se depreende que o procedimento de privatização do serviço público de saneamento foi realizado às pressas e não durou mais do que uma semana, faltando transparência e diálogo com a sociedade.

conturbada e reuniões extraordinárias em dias e horários absolutamente impróprios, o Executivo local conseguiu obter a aprovação do Projeto de Lei que autorizava a concessão à iniciativa privada.

Uma vez obtida a aprovação – em caráter de urgência – do referido Projeto de Lei, publicou-se o edital de licitação, cujo teor foi impugnado judicialmente por uma empresa brasileira que, demonstrando serem absurdas e discriminatórias às exigências contidas no documento (em verdade, elaboradas com o intuito de favorecer as empresas estrangeiras), conseguiu suspender o certame.[391]

Em abril do ano seguinte, já sob o amparo da Lei de Concessões, foi realizado novo procedimento licitatório, este, também eivado de vícios, conforme parecer do Tribunal de Contas do Estado (TCE-SP).[392] A classificação final das empresas e suas respectivas propostas sequer foram apresentadas, tendo apenas sido declarado vencedor o consórcio formado pelas gigantes Suez Lyonnaise des Eaux (francesa) e a brasileira CBPO (do Grupo Odebrecht).[393]

Para conferir um efeito de lisura e acalmar a sociedade – principalmente os movimentos sociais organizados, que afirmavam tratar-se de manobra política para angariar fundos a fim de financiar campanhas eleitorais – a concessão deu-se de forma não-onerosa. O contrato, firmado em junho de 1995 e pelo prazo de 30 anos, previu investimentos da ordem de R$ 98 milhões, dos quais 40% deveriam, necessariamente, ser aplicados nos primeiros cinco anos de vigência.[394]

Importante ter presente que a empresa vencedora não precisou desembolsar nenhuma importância inicial, mormente porque as dívidas contratuais e o passivo trabalhista do SAAE (autarquia municipal que antes era encarregada deste serviço), foram assumidos pelo Poder Público, o que acabou por gerar efeito contrário ao esperado, pois a concessão não-onerosa acabou sendo contestada pela oposição, pela sociedade e pelo Ministério Público.[395]

---

[391] SANCHEZ, 2001, p. 96.

[392] Veja-se, neste sentido, o Parecer nº 00925/010/96, onde o TCE aponta quatro irregularidades, a saber: 1). o contrato de concessão foi assinado no mesmo dia de adjudicação da sentença; 2). O edital de concorrência não indicou os bens reversíveis; 3). A classificação final das empresas participantes e de suas propostas não foram publicadas; 4). O contrato de concessão não fazia referência ao valor total da concessão.

[393] SANCHEZ, 2001, p. 96

[394] VARGAS, Marcelo Coutinho; LIMA, Roberval Francisco de. *Abastecimento de água e esgotamento sanitário nas cidades brasileiras*: riscos e oportunidades do envolvimento privado na prestação dos serviços. São Paulo: ANPPAS, 2004, p. 16. Disponível em: <http://www.anppas.org.br/encontro/segundo/Papers/GT/GT03/marcelo_vargas_roberval_lima.pdf> Acesso em: 07 fev. 2005. Conforme os autores, "A empresa vencedora passaria a explorar os serviços sem qualquer despesa inicial, uma vez que a prefeitura assumiria as dívidas contratuais e o passivo trabalhista do antigo SAAE, transformando-o em órgão fiscalizador, com corpo de funcionários drasticamente reduzido. Em contrapartida, foram previstas obrigações de resultado aparentemente abrangentes para os primeiros cinco anos do contrato (ampliação da cobertura de água e esgotos para 95% e 80% da população urbana, respectivamente; incremento de 25% na produção de água; índice de micromedição superior a 90%; ampliação de reservatórios; redução no índice de perdas; obras diversas de tratamento de esgotos; etc.), além de metas de investimento elevadas, totalizando R$ 98,4 milhões até 2025. Em contrapartida, o valor global do contrato, como projeção de receitas ao longo do período de concessão, foi estimado em R$ 495,5 milhões. Porém, as expectativas de ambas as partes seriam frustradas por disputas judiciais em torno da legalidade do contrato".

[395] VARGAS; LIMA, 2004, p. 16.

Por outro lado, já nos primeiros meses de atividade, a "Águas de Limeira" (como passou a se chamar o consórcio vencedor), aumentou o preço das tarifas e diminuiu a cota mínima de consumo subsidiado, prejudicando, deveras, a população menos favorecida, além de piorar a qualidade da água distribuída.[396] Tais fatos passaram a ser divulgados diariamente na mídia local, provocando clamor público e a reação do Legislativo, que instaurou uma CPI para investigar as denúncias.[397]

Oscar Adolfo Sanchez afirma que as principais suspeitas giravam em torno das irregularidades contidas no edital (especialmente em razão das metas a serem cumpridas e do valor total do contrato), indícios de enriquecimento ilícito por parte do prefeito, bem como de favorecimento do consórcio vencedor (que teria se beneficiado com informações privilegiadas).[398] Vargas e Lima corroboram este posicionamento, assim afirmando:

> A pesquisa demonstrou que, além de suspeitas de corrupção e favorecimento do consórcio vencedor, houve manipulação de informações durante o processo licitatório e depois da concessão, incluindo aspectos como metas de atendimento e investimentos realizados: enquanto as *primeiras já haviam sido alcançadas no município antes mesmo da concessão*, parte dos últimos também foram realizados anteriormente pelo próprio SAAE ou por empresas contratadas por esta autarquia ligadas ao grupo do futuro consórcio vencedor.

Diante de tantas evidências, o Ministério Público interpôs duas ações, a saber: uma Ação Civil Pública perante a 4ª Vara Cível de Limeira, questionando a legalidade do contrato e da lei que o autorizara, e outra Ação Cautelar requerendo o seqüestro dos bens do prefeito acusado de fraude e enriquecimento ilícito. Na primeira, o MP logrou êxito, obtendo a procedência do pedido em janeiro de 2000, com a anulação da concessão. Também conseguiu a suspensão de reajuste nas tarifas, que permaneceram congeladas por mais de cinco anos. Inconformada, a concessionária interpôs Apelação perante o Tribunal de Justiça de São Paulo; na

---

[396] Vale transcrever a seguinte notícia: "MUDANÇA DA ESTRUTURA TARIFÁRIA DA ÁGUA: DEFENDE PERDE – 11/05/2004. Em 10 de Janeiro de 2003 o prefeito, através do decreto número 11, alterava a estrutura tarifária da cobrança da água, sob concessão da empresa Águas de Limeira. Tal alteração resultou em aumentos aviltantes – basicamente de famílias de baixa renda, com consumo de até 15 metros cúbicos/mês. Tal alteração gerou também, obviamente, o aumento na receita global da empresa Águas de Limeira, contrariando o que diz o artigo quarto, parágrafo 10, do contrato de concessão. A alteração da estrutura tarifária da água foi alvo de estudo por parte da DEFENDE e resultou em uma Ação Civil Pública, com pedido de liminar, assinada em parceria com oito associações de bairro da cidade de Limeira – representando cerca de 50 mil pessoas. A ACP deu entrada no Fórum local em 10/06/2003, sob número de processo 001975/2003. O processo conta com 800 páginas. Primeiramente a liminar foi negada em Limeira e conseguida no Tribunal de Alçada Cível. Posteriormente, no Tribunal de Justiça do Estado, a liminar foi cassada – ficando a valer a mudança da estrutura decretada pelo prefeito. No dia 4 de maio de 2004 a DEFENDE recebeu a sentença do processo. A DEFENDE protocolou em 10 de maio um embargo solicitando esclarecimentos". DEFENDE – Associação de Defesa e Proteção dos Direitos do Cidadão. *Mudança da estrutura tarifária da água: defende perde*. Limeira: Defende, 2004. Disponível em: <http://vulcano.limeira.com.br/defende>. Acesso em: 21 fev. 2005.

[397] Como de costume no Brasil, também esta CPI terminou em "pizza". SANCHEZ (2001) afirma que após a investigação, foram apresentados dois relatórios – um pela oposição (que entendeu haver provas suficientes para comprovar as denúncias), e outro pela situação (que concluiu pela lisura do procedimento e absolvição dos denunciados, inclusive o Prefeito). Este último foi considerado o oficial, sem que nenhum dos envolvidos fosse repreendido ou punido.

[398] SANCHEZ, 2001, p. 96.

segunda, o parquet não obteve resultado satisfatório, tendo em vista que o magistrado considerou insuficientes as provas produzidas contra o prefeito.

A "Águas de Limeira", por sua vez, suspendeu os investimentos programados e ingressou com medida judicial perante o STJ, obtendo liminar para reajustar imediatamente as tarifas, como forma de, pelo menos, repor a inflação.[399]

Marcelo Coutinho Vargas e Roberval Francisco de Lima afirmam que sob tais circunstâncias a empresa e a Prefeitura firmaram acordo (em janeiro de 2001), sem prejuízo do trâmite normal dos processos, cujos termos foram no seguinte sentido:[400] a Águas de Limeira reajustaria suas tarifas em 63%, aplicados em três parcelas. Em contrapartida, a concessionária assumiria parte da dívida do antigo SAAE (20 milhões de um total de R$ 64 milhões), além de repassar à autarquia municipal 9,5% da receita líquida dos serviços. O repasse previsto era da ordem de R$250 mil mensais, que seriam para cobrir integralmente os custos de manutenção da autarquia, incluindo o pagamento de ex-funcionários aposentados. Além da garantia de reajuste tarifário anual, a empresa conseguiu estender o prazo de implementação das obras programadas, comprometendo-se a investir R$ 50 milhões em obras nos seis anos seguintes, especialmente na área de tratamento de esgotos, a mais deficiente do município.[401]

As informações obtidas junto ao Ministério Público e ao serviço de jurisprudência do STJ é de que a empresa privada ainda tem autorização para prestar serviços no Município de Limeira, estando em pleno vigor a concessão.[402] A impressão que fica, todavia, é extremamente negativa em relação à prestadora privada, que não poupou estratagemas e negociatas escusas para conseguir os seus objetivos, prática, aliás, adotada por esta mesma companhia nos diversos países do mundo em que atua.[403]

---

[399] Veja-se, neste sentido, os seguintes processos: Medida Cautelar 1458/SP, Agravo de Instrumento 242236/SP, Recurso Especial 231355/SP, Agravo de Instrumento 38205/SP, Agravo de Instrumento 554921/SP e Recurso Especial 708964/SP, todos disponíveis no site do Superior Tribunal de Justiça: http:www.stj.gov.br, acesso em 20/02/05.

[400] Maiores detalhes deste acordo encontram-se em: LIMEIRA. Prefeitura Municipal. *Serviço Autônomo de Água e Esgoto*. Limeira: EMDEL, [s.d.]. Disponível em: <http://www.limeira.sp.gov.br/secretarias/saae/12.htm>. Acesso em 21/02/05.

[401] VARGAS; LIMA, 2004, p. 17.

[402] Importante consignar que em outubro de 2006 o Ministério Público ajuizou nova ação civil pública contra a Águas de Limeira, desta vez questionando o cumprimento do contrato quanto às metas de tratamento do esgoto lançados nos rios. E em janeiro de 2007, conforme noticiado pela Gazeta de Limeira, a Empresa e a Prefeitura resolveram declarar uma trégua, retirando as ações judiciais em curso, sendo que a Concessionária declarou ainda que esperava assinar um Termo de Ajustamento de Conduta (TAC) com o Ministério Público no tocante às ações por este ajuizadas, fato que se tornou possível após a saída da empresa SUEZ do Consórcio. Nesse sentido, veja-se: CARTA SEMANAL. Edição 145, 19-26 de outubro de 2006. *"MP protocola ação civil pública contra Águas de Limeira"*. Disponível em <http://www.assemae.org.br/cartasemanal/145/mp.htm>, acesso em 05 jan 2007; e GAZETA DE LIMEIRA. *"Tarifa da água sobe em fevereiro e agosto"*. Disponível em: <http://gazetadelimeira.com.br/site/index.php?mod=noticias%Fexibe_noticia.php%3Fcodigo$3D31872>, veiculada em 19/01/2007. Acesso em 31 mar 2007.

[403] Vale destacar, assim, trecho da reportagem veiculada pela SEESP: SINDICATO DOS ENGENHEIROS NO ESTADO DE SÃO PAULO. *Impedimento legal pode salvar São Paulo da privatização*. São Paulo, [s.d.]. Disponível em: http://www.seesp.org.br/imprensa/143reportagem4 .htm. Acesso em 21/02/05. Diz a notícia:

Em Limeira, quem mais perdeu, entretanto, foi a sociedade – e não só a população carente (mas principalmente esta): é que além das constantes elevações tarifárias, que aumentam ainda mais a exclusão social, a qualidade da água disponibilizada aos consumidores em geral piorou.[404] Parece que a concessionária esqueceu-se que obteve autorização para prestar um serviço público essencial, indispensável à vida humana.

3.5.2.2. Outros casos em São Paulo

Considerado um dos mercados mais promissores pelas empresas privadas, não só por concentrar a maior riqueza do país, mas também e principalmente, por contar com grande número de serviços municipais autônomos de água e esgoto desvinculados da Companhia Estadual, no caso a SABESP, São Paulo foi palco de muitas tentativas de privatização, especialmente por parte de empresas estrangeiras, cuja estratégia era a de se concentrarem nos municípios com maior poder aquisitivo e com menores défices de cobertura.[405]

"Para viabilizar as concessões nas regiões metropolitanas, o governo federal está tentando transferir o poder do Município para o Estado [...] O esforço do governo vai ao encontro dos interesses do capital estrangeiro, que considera mais vantajoso operar um grande bloco. Além de não ter que negociar cada contrato com os municípios e ficar à mercê dos interesses dos prefeitos que se sucederem no poder local, as empresas podem abocanhar grandes filões de uma só vez. A Sabesp, por exemplo, encerrou o terceiro trimestre registrando lucro de R$ 137,2 milhões e receita líquida de R$ 867,4 milhões, superando os R$ 110,1 milhões e R$ 748,4, respectivamente, de 1998. Isso mesmo tendo sido atingida pela desvalorização do real do início do ano, já que tem dívidas contratadas em dólar. Números como esses já aguçaram o interesse de grupos internacionais como Enron, Iberdrola, Thames Water, Eletricidade de Portugal, Vivendi e Lyonnaise des Eaux, de acordo com o jornal Gazeta Mercantil, de 21 de novembro último. Vale notar que a mais poderosa entre elas, a Lyonnaise, juntamente com a Compagnie Générale des Eaux e o grupo Saint Gobain, viu-se envolvida em escândalos de corrupção que começaram com financiamento de campanhas eleitorais e terminaram com favorecimentos em concessões de serviços públicos. Segundo publicação da Água e Vida, o caso mais notório levou à prisão, em 1994, o ex-ministro das Comunicações e então prefeito de Grenoble, Alain Caringnon. O Brasil, onde a desestatização é feita com financiamento de dinheiro público e os compradores ainda são beneficiados pela devolução do ágio e crédito tributário, talvez tenha que lidar com novos vícios no caso das privatizações do saneamento básico". Sobre as estratégias das "gigantes do setor" e o caso do prefeito francês veja-se, especialmente: HALL, D. Water in Europe: trends, multinationals and the case of Grenoble. *Conference on Decison-Making*, Londres, oct. 2001. (paper apresent in the Conference on Decison-Making). O autor também tem livros escritos sobre a matéria.

[404] Vale transcrever a seguinte notícia: "MUDANÇA DA ESTRUTURA TARIFÁRIA DA ÁGUA: DEFENDE PERDE – 11/05/2004. Em 10 de Janeiro de 2003 o prefeito, através do decreto número 11, alterava a estrutura tarifária da cobrança da água, sob concessão da empresa Águas de Limeira. Tal alteração resultou em aumentos aviltantes – basicamente de famílias de baixa renda, com consumo de até 15 metros cúbicos/mês. Tal alteração gerou também, obviamente, o aumento na receita global da empresa Águas de Limeira, contrariando o que diz o artigo quarto, parágrafo 10, do contrato de concessão. A alteração da estrutura tarifária da água foi alvo de estudo por parte da DEFENDE e resultou em uma Ação Civil Pública, com pedido de liminar, assinada em parceria com oito associações de bairro da cidade de Limeira – representando cerca de 50 mil pessoas. A ACP deu entrada no Fórum local em 10/06/2003, sob número de processo 001975/2003. O processo conta com 800 páginas. Primeiramente a liminar foi negada em Limeira e conseguida no Tribunal de Alçada Cível. Posteriormente, no Tribunal de Justiça do Estado, a liminar foi cassada – ficando a valer a mudança da estrutura decretada pelo prefeito. No dia 4 de maio de 2004 a DEFENDE recebeu a sentença do processo. A DEFENDE protocolou em 10 de maio um embargo solicitando esclarecimentos". Esta reportagem encontra-se em: Associação de Defesa e Proteção dos Direitos do Cidadão. Mudança da estrutura tarifária da água. [S.l.]: Defende, c2003. Disponível em: <http://vulcano.limeira.com.br/defende>. Acesso em: 21 fev. 2005.

[405] SANCHEZ, 2001. O autor relata que em 1995, época em que se tornaram freqüentes as tentativas de privatização, o Estado de São Paulo contava com 625 Municípios. Destes, 330 tinha contrato com a SABESP, fato que

Todavia, em um primeiro momento, somente o procedimento de Limeira se concretizou. As outras oito tentativas de concessão plena (Jacareí, Guarulhos, Leme, Catanduva, Indaiatuba, Valinhos, Matão e Rio Claro) restaram frustradas. As três primeiras chegaram a ter o projeto de lei autorizando a privatização aprovado pelos seus respectivos legislativos, mas foram suspensas em razão da má-repercussão que o fato causou que, à época, coincidiu com o período eleitoral.[406]

Atualmente, segundo informação prestada pela associação das empresas privadas que atuam no setor (ABCON), existem cinco concessões plenas vigentes em São Paulo (Limeira, Guará, Mairinque, Mineiros do Tietê e Marissol) e doze parciais (Araçatuba, Birigüi, Cajamar, Itu, Jaú, Jundiaí, Marília, Matão, Mauá, Ourinhos, Ribeirão Preto e São Carlos).[407]

As notícias que temos, entretanto, não são as melhores. Na maioria dos processos de privatização despontaram denúncias de fraudes, favorecimento e corrupção, gerando investigações por parte do Ministério Público e diversas ações judiciais. As concessionárias também não cumpriram as metas contratadas – atrasando ou deixando de realizar as obras necessárias, elevando os preços das tarifas e piorando o atendimento aos usuários. Em alguns casos, as irregularidades foram tantas que os serviços acabaram sendo retomados pelo poder público (Hortolândia voltou para a autarquia municipal, e Biritiba-Mirim, para a Sabesp, sendo que o prefeito de Ourinhos ainda está tentando retomar a concessão).[408]

Assim como em Limeira, as demais privatizações ocorridas em São Paulo acabaram sendo negativas, trazendo enormes prejuízos à população, especialmente a de baixa renda, em evidente desrespeito aos direitos fundamentais tutelados.

3.5.2.3. O caso da Prolagos (RJ)

O processo de privatização no Estado do Rio de Janeiro teve início em 1998, quando a Companhia Estadual (CEDAE) e os prefeitos da "Região dos Lagos Fluminense" resolveram firmar um acordo para melhorar as condições de sane-

---

dificultava a mudança para empresas privadas porque as multas pelo rompimento contratual eram por demais elevadas. Restavam 295 Municípios, mas desses, nem todos interessavam a iniciativa privada, que concentrou as suas investidas nos 54 mais prósperos e com menores déficits.

[406] SANCHEZ, 2001. Também em Guarulhos e Jacareí os editais chegaram a ser publicados, mas as denúncias de fraudes e corrupção fizeram os prefeitos desistirem de tocar adiante os projetos. Verificaram-se, igualmente, as falhas nos editais: no caso da primeira cidade, as metas já haviam sido cumpridas antes da sua publicação e, no da segunda, cujo déficit em saneamento era muito maior, simplesmente não houve previsão de metas!

[407] Veja-se: ABCON. *Conceções privadas: mapa*. [S.l.]: Abcon, c2003. Disponível em <http://www.abcon.com.br>. Acesso em: 23 fev. 2005. Interessante destacar o caso de Jaú, município que delegou a prestação de água para um grupo privado e a de esgoto para outro. Nota-se, contudo, que pelo menos uma empresa faz parte dos dois, a multinacional *Earth Tech*.

[408] Conforme o IDEC (Instituto de Defesa do Consumidor), o Município de Itu teve graves problemas envolvendo o contrato de concessão, estando sob investigação do MP. A empresa que assumiu em Ribeirão Preto, por seu turno, obrigou-se a realizar várias obras, sendo que após seis anos de contrato, estas sequer haviam iniciado. Veja-se: SERVIÇOS PÚBLICOS: água e esgoto em más condições. *Consumidor S.A. (on-line)*, [S.l.], Edição 53, 2000. Disponível em: <http://www.idec.org.br/consumidorsa/arquivo/set00/set0003.htm>. Acesso em: 22/02/05.

amento dos municípios integrantes, considerando tratar-se de um pólo turístico deveras prejudicado pela falta de infra-estrutura.

Tais concessões deram-se, portanto, mediante acordo prévio entre o Estado do Rio de Janeiro, através da sua Companhia Estadual de Águas e Esgoto, e os Municípios de Araruama, Silva Jardim, Saquarema, Armação de Búzios, Arraial do Cabo, Iguaba Grande, Cabo Frio e São Pedro da Aldeia. Os serviços dos três primeiros foram concedidos ao consórcio *"Águas de Juturnaíba"*, formado pelas empresas Erco, EIT, Queiroz Galvão e Trana, cujos acionistas são COWAN e DEVELOPER.[409] Os outros cinco municípios tiveram seus sistemas concedidos para o Consórcio *Prolagos*, no qual concentraremos nossas observações.

Formada por um "conglomerado de empresas privadas de capital público" controlada pelo Estado Português, a *Águas de Portugal* (titular do consórcio PROLAGOS) assumiu a prestação de serviços de saneamento básico de uma região com características bastante peculiares e com metas complexas a serem atingidas.[410]

Contando com aproximadamente 250 mil habitantes-residentes, a população da região de atuação da empresa praticamente triplica no período de verão, em razão do afluxo de veranistas que ali possuem residências secundárias e dos turistas que buscam passar as férias. Por conseqüência, a demanda pela água e os problemas advindos da ausência de sistema de esgoto aumentaram na mesma proporção.

Quando participou da concorrência, a empresa sabia dessas características, bem como do elevado déficit da área (divulgados no edital), assumindo a responsabilidade pelo cumprimento das metas. Todavia, desconhecia os altos índices de inadimplemento por parte dos usuários (cerca de 60%) e de ligações clandestinas.[411]

Ao vencer o certame e assumir a *concessão onerosa* pelo prazo de 25 anos, a concessionária obrigou-se a efetuar o pagamento de R$ 34.300.000,00 (trinta e quatro milhões e trezentos mil reais), importância esta a ser rateada entre Estado e Municípios, comprometendo-se, ainda, a cumprir rigoroso calendário de investimentos em obras.[412]

---

[409] Veja-se "Concessões Privadas – história – Rio de Janeiro", disponível em http://www.abcon.com.br, acesso em 23/02/05. Interessante destacar que as empresas que formam este consórcio bem como suas acionistas, aparecem como integrantes de outros consórcios que atuam também no Estado do Rio de Janeiro, alterando, apenas, o nome da operadora.

[410] VARGAS, LIMA, [s.d.], p. 19. Os autores, citando a definição outorgada pelo presidente da PROLAGOS, concluem que as características desta se aproximam das noções de *"empresa pública de direito privado"* e *"sociedade de economia mista"* existentes em nosso Direito Administrativo.

[411] VARGAS, LIMA, [s.d.].

[412] VARGAS, LIMA, [s.d.], p. 20. Conforme os autores, o pagamento foi ajustado da seguinte forma: R$ 2 milhões pagos a vista ao Estado do Rio de Janeiro e mais 24 parcelas anuais (reajustáveis a cada período) de R$ 1.346.800,00 (um milhão, trezentos e quarenta e seis mil e oitocentos reais), cujo valor é rateado entre o Estado (que fica com 50%) e os Municípios integrantes (que recebem proporcionalmente à sua população).

Infelizmente, passados mais de seis anos da assinatura do contrato, os resultados ainda não são positivos, considerando o atraso no cumprimento das metas e o aumento significativo das tarifas que dificulta o acesso da população de baixa renda a este serviço público essencial.[413] Muito embora tenha ampliado o abastecimento de água em 120% nos seis primeiros meses de concessão e antecipado os investimentos nas estações de tratamento de esgotos, o contrato foi considerado descumprido por parte da Agência Reguladora Estadual que, por sua vez, multou a concessionária.[414]

Também a população desses Municípios precisou ingressar com demandas perante o Poder Judiciário para ver respeitados os seus direitos elementares, destacando-se, aqui, o de pagar tão-somente pelo serviço efetivamente prestado.

3.5.2.4. O caso de Tocantins (TO)

Outro caso extremamente emblemático refere-se à Companhia Estadual de Saneamento Básico do Tocantins. Constituída sob a forma de Sociedade de Economia Mista, dita empresa permaneceu com maioria de capital público até 1999, ano em que a EMSA (Empresa de Montagem Sul-Americana S/A) obteve o seu controle acionário e gestor.

Desde então, a SANEATINS vem investindo em tecnologia de ponta – não no sistema de infra-estrutura (para levar mais água tratada e esgotamento sanitário à população) – mas no de cobrança de tarifas, o que tem causado indignação por parte de todos os segmentos da sociedade.

Objetivando diminuir os seus custos administrativos com a expedição de faturas, leitura dos medidores e com a cobrança dos inadimplentes, dita operadora implementou na cidade de Palmas (por enquanto em caráter experimental, mas pretendendo torná-lo definitivo) o "sistema pré-pago", segundo o qual o consumidor "compra" antecipadamente a água que vai (e pode) consumir, conforme explica orgulhosamente (?!) o presidente da prestadora, Sr. Dorival Coelho.[415]

---

[413] Veja-se: SERVIÇOS PÚBLICOS, 2000. "Os moradores de Búzios continuaram a sofrer com a falta de água mesmo depois da privatização de seus sistemas hídricos, em janeiro de 1999. Naquele verão, quando o controle desse segmento passou para a empresa privada Prolagos, apenas a região de Manguinhos – onde foi instalada a nova adutora – chegou a receber água potável. A situação se manteve até abril, chegando a se normalizar, mas o abastecimento foi interrompido novamente em novembro, segundo a fundadora e presidente da Associação Beneficente de Mulheres da Armação dos Búzios, Dioni Azevedo do Nascimento: "A falta de água está afastando e prejudicando os turistas que costumam visitar a região. Além disso, cerca de 10 mil moradores continuam a ser afetados diretamente pela escassez", segundo Dioni. Ela afirmou, ainda, que a situação também era ruim quando a administração do serviço pertencia ao poder público: "Mas ao menos não recebíamos a conta para pagar pelo que não estávamos usando", finaliza". Reportagem disponível em: (SERVIÇOS PÚBLICOS, 2000).

[414] VARGAS; LIMA, [s.d.], p. 21. Segundo os autores, esta Agência Reguladora "[...] é dotada de um grau relativamente elevado de autonomia financeira e decisória, além de independência em relação aos poderes concedentes e às concessionárias".

[415] Veja-se: COELHO, Dorival Roriz Guedes. *Water prepayment pilot project in Tocantins*. [S.l.: s.n., s.d.]. Disponível em: <http://www.esi-africa.com/mlam04/13%20August/Technologies%20for%20revenue%20%expansion%20Prepayment/coelho.pdf> Acesso em 20/01/05.

Segundo o empresário, o sistema funciona da seguinte forma: é instalada na casa do cliente uma turbina dotada de equipamentos eletrônicos e mecânicos (que substitui o hidrômetro), tendo a função de permitir ou interromper a passagem de água.[416] Essa turbina é acompanhada de um aparelho "gerenciador de consumo", que permite ao consumidor "inserir" créditos de água, comprados em pontos de vendas determinados pela Companhia.[417]

A principal vantagem na adoção deste sistema é, segundo os seus mentores, a grande economia advinda do controle e redução de perdas, uma vez que o equipamento eletrônico detecta vazamentos tão logo estes iniciem, possibilitando a correção do problema em pouco tempo, além, é claro, de estimular o consumidor a agir de forma mais racional, evitando desperdícios.[418]

Aparentemente tudo é muito prático e moderno no sistema pré-pago. Mas o que realmente está por trás dessa experiência, conforme o Instituto de Defesa do Consumidor, é um processo perverso de transformação da água em mercadoria, resolvendo o problema das companhias com o inadimplemento dos usuários (por conseqüência, aumentando seus lucros e segurança do negócio), mas agravando o problema de acesso da população carente a este serviço essencial, considerado um dos maiores problemas que afligem a nação e impedem o seu desenvolvimento.[419]

Vale mencionar que este sistema foi "importado" do Reino Unido (de onde, aliás, há muito já foi banido). Implantado no ano de 1996 – como reação das empresas prestadoras ao aumento de contestações judiciais dos cortes de água – tal sistema acabou gerando ainda mais revolta por parte da população que, após a comprovação do extremo prejuízo à saúde pública, em razão da proliferação de doenças epidêmicas relacionadas à ausência de saneamento, conseguiu obter a proibição legal e judicial do modelo pré-pago.[420]

---

[416] COELHO, [s.d.], p. 8. A medição é feita através do fluxo de água que passa pelo equipamento, sendo cada rotação captada por um sensor que envia as informações para a central da empresa. Dito aparelho possui um sistema de bloqueio, feito através de uma válvula que é acionada por um servo motor, ou seja, o funcionário da empresa nem precisa dirigir-se a casa do consumidor para efetuar o corte no abastecimento, bastando acionar (por computador) o sistema de bloqueio.

[417] COELHO, [s.d.]. O gerenciador de consumo é instalado na cozinha ou sala da residência do usuário, e ligado à linha telefônica convencional por cabos, passando as informações diretamente para a Companhia. Este equipamento contém as funções principais de "consulta" (permitindo que o usuário saiba o quanto gastou e o quanto ainda lhe resta de saldo), "carregar" (para que o indivíduo possa inserir novos créditos – assim como nos cartões pré-pagos de telefonia móvel), e "empréstimos" (permitindo que o consumidor que não tenha condições de adquirir um cartão imediatamente, possa usar certa quantia de água até inserir um novo cartão).

[418] COELHO, [s.d.].

[419] Veja-se: DIA Mundial da Água: sistema pré-pago é ameaça para consumidores. [S.l.: s.n.], mar. 2004. Disponível em: <http://www.adoc.com.br/noticias_html.asp?ID=3135>. Acesso em 05/06/04.

[420] ECHEVENGUÁ, Ana Cândida. *O sistema pré-pago de abastecimento d'água e a geração dos "sem água"*. Fortaleza: ADITAL, 12 abr. 2004. Disponível em: <http://www.adital.com.br/site/ noticia.asp?lang=PT&cod=11705>. Acesso em 30/07/04. Ao comentar a situação do Reino Unido, a autora assim refere: "A cidade de Birmingham contestou judicialmente a legalidade do procedimento comprovando que, no seu território ocorreu, em um mês, mais de 2.500 autodesconexões. Outras cidades experimentaram aumento de problemas de saúde devido à exclusão do acesso d'água. Em 1998, o sistema mencionado restou proibido no Reino Unido".

Assim como na Inglaterra, outros países que implementaram o sistema pré-pago tiveram um grande número de autodesconexões automáticas em pouco tempo. Quadra referir o caso da África do Sul, onde somente na província de KwaZula Natal, 113.966 pessoas foram infectadas pelo cólera, das quais 259 morreram entre agosto de 2000 e fevereiro de 2002. Traçando um comparativo, antes da implementação do pré-pago, foram registrados apenas 78 óbitos por esta causa em 20 anos (de 1980 a 2000),[421] o que corrobora os malefícios que este sistema acaba por gerar.

Não restam dúvidas de que o "sistema pré-pago" de água é inconstitucional, pois fere os princípios basilares que norteiam nosso ordenamento, especialmente o da *dignidade da pessoa humana*, na medida em que condiciona ao pagamento, o acesso dos indivíduos a um recurso indispensável para a própria sobrevivência. Ressalta-se, conforme mencionado no primeiro capítulo deste estudo, que nossa Constituição Federal *garante a todos os seus cidadãos* (e estrangeiros aqui domiciliados) *o direito à vida* e, ao fazê-lo em seu art. 5º, não o condicionou a qualquer espécie de pagamento, de sorte que não se pode admitir seja negado à população o acesso a este serviço essencial.

O que a Saneatins está propondo (e que já foi testado e condenado em outros países, tanto pobres quanto ricos) é justamente a antítese daquilo que deveria fazer: aos poucos vai estabelecendo a supremacia do princípio da exploração econômica, sobrepujando os princípios constitucionais e morais do direito à vida e à própria dignidade da existência humana, valores maiores tutelados pela nossa Carta Magna.

Não podemos olvidar, igualmente, que este sistema fere o art. 22 do Código de Defesa do Consumidor, cujo teor exige sejam os serviços públicos essenciais prestados de forma adequada, eficiente, segura e, sobretudo, *contínua*. Sobre este aspecto, contudo, retornaremos mais tarde.

3.5.3. Conclusões parciais

Os casos acima comentados têm em comum alguns elementos, sendo o principal, em nosso entendimento, o fato de que após terem sido concedidos à iniciativa privada, os serviços de saneamento básico tiveram suas tarifas aumentadas por todas as prestadoras, prejudicando ainda mais a população carente que deveria, em última análise, ser a primeira beneficiada, afinal de contas, os discursos que precederam as privatizações sustentaram que somente através delas é que se conseguiria a "universalização" da cobertura deste serviço essencial, uma vez que o Poder Público não possuía verbas suficientes para investimentos no setor.

Como vimos, os discursos eram falaciosos, alguns em maior, outros em menor escala. E não estamos, aqui, querendo demonizar as empresas privadas. Todavia, não concordamos com as formas pelas quais os serviços públicos in-

---

[421] DIA..., mar. 2004.

dispensáveis ao desenvolvimento da população lhes estão sendo entregues, isto porque, ao que nos parece, até o momento estão desviando-se sorrateiramente dos esteios basilares de Direito Administrativo, esposados nos princípios da probidade, da moralidade e da supremacia do interesse público. Os casos relatados, especialmente os ocorridos no Estado de São Paulo não apenas permitem, como induzem a este entendimento.[422]

Ademais, mister se faz registrar que as principais empresas que participaram dos procedimentos licitatórios de águas e esgotos ocorridos no Brasil (senão de todas, pelo menos a grande maioria) não têm o seu interesse circunscrito a estas duas etapas. Ditas empresas possuem ramificações atuando em todas as áreas ligadas ao saneamento (limpeza urbana, coleta e disposição final de resíduos – inclusive industriais, drenagem urbana, etc.), além de controlarem subsidiárias que fabricam materiais e equipamentos, de sorte que quando participam desses procedimentos almejam, na verdade, criar um mercado cativo para toda a sua rede, verticalizando o ciclo produtivo.[423]

Tal fato, se considerado com observância as características de monopólio do setor, permite concluir o quão difícil se torna conter o abuso de poder econômico por parte das operadoras que, por seu turno, ganham mais liberdade para elevarem seus preços e dominarem setores inteiros. Os interesses dessas companhias ultrapassam, em muito, a expectativa de obter um lucro razoável (e aceitável) pela prestação de serviços de utilidade pública. Almejam, isso sim, lucros e poderes excessivos, não medindo esforços para alcançarem seus objetivos, conforme demonstram os casos comentados.

Não podemos esquecer que o que está em jogo, nos serviços de saneamento básico, é o controle sobre o recurso natural mais precioso de todos os tempos – a água, elemento natural que permite a sobrevivência da espécie humana. Embora nos contratos de concessão não se transfira a propriedade sobre as águas – fato, aliás, proibido pela Carta Política de 1988 e pela Lei 9.433/97 – se permite que as concessionárias tenham acesso e disponham deste recurso por um prazo consideravelmente longo, o que implica detenção de poder sobre reservas estratégicas.

---

[422] SANCHEZ, 2001, p. 92 e ss. O autor narra com peculiar brilho a forma ardilosa com que as gigantes do setor (especialmente as francesas Suez Lyonnaise des Eaux e Vivendi) avançam nos mercados estrangeiros, valendo destacar suas palavras: "Embora a França seja um país com ampla tradição em serviços estatais, o abastecimento de água é uma das poucas exceções. Desde o começo, no século XIX, essa atividade esteve nas mãos da iniciativa privada. A Vivendi, por exemplo, obteve seu primeiro contrato municipal no começo do governo de Napoleón III, em 1853. A Lyonnaise, nesta época, também já existia. No modelo desenvolvido na França, os governos locais conservavam a propriedade da infra-estrutura, enquanto as empresas privadas concorriam pelos contratos de gestão para oferecer o serviço. Esse modelo permitiu o aparecimento de empresas fortes e especializadas para lidar com um mercado fragmentado e público. Com o passar do tempo essas empresas aprenderam que uma das principais ferramentas para obter sucessos comerciais era cultivar relações estreitas com funcionários eleitos, e com eles criaram um forte lobby que ajudou a aventar as constantes ameaças de estatização dos serviços de água. Com essa grande experiência, as empresas francesas estavam em excelentes condições para oferecer seus serviços quando o mercado mundial se abriu no final da década de 80". Essa experiência foi utilizada pelas referidas operadoras em vários países da América Latina (Argentina, Chile, Colômbia e Brasil), onde o assédio às autoridades e as denúncias de corrupção estiveram constantemente presentes.

[423] SANCHEZ, 2001, p. 93.

Não é à toa que até os grandes conglomerados financeiros que nunca atuaram na área de saneamento (tais como a norte-americana ENRON e o próprio Banco Mundial) estão começando a mostrar interesses em ingressar neste "mercado".[424]

Não somos partidários da ideologia que radicaliza o aspecto negativo das empresas privadas, das multinacionais e os efeitos nocivos da globalização. Mas nem por isso fechamos os olhos para os procedimentos equivocados, viciosos e predadores que algumas ainda persistem em adotar.

Ademais, já firmamos o entendimento, no primeiro capítulo deste estudo, de que a água não é (e tampouco pode ser) considerada uma mercadoria. Ela jamais se submeterá às "regras de mercado", pois possui regime jurídico próprio (de direito público) estando, portanto, acima dos jogos de interesses de investidores internos e externos.[425] Sua função primordial é garantir a existência de toda a humanidade, e não o lucro de alguns poucos "exemplares" da espécie.

Não estamos ignorando, por outro lado, que também as empresas públicas deixam de cumprir suas obrigações e promovem a exclusão social, na medida em que elevam seus preços e não prestam serviços adequados. Durante décadas, as Companhias Públicas serviram mais para acomodar apadrinhados políticos do que para exercer seus fins essenciais. Por certo, há erros e acertos tanto nas prestadoras privadas quanto nas públicas, assim como ambas estão sujeitas à corrupção e manipulação.[426] Todavia, a possibilidade maior de prejuízo para a população ainda permanece vinculada às empresas privadas, fato comprovado empiricamente ao longo do globo e em todos os continentes,[427] o que nos faz abordar outras espécies de arranjos institucionais.

3.5.4. Privatização *vs.* Parcerias Público-Privadas

Encontram-se em evidência as "PPPs", uma nova forma de composição entre os setores público e privado para a concretização de interesses comuns. Defendidas com afinco por uns e repudiadas com igual vigor por outros, ainda existe muita confusão sobre o que encerra seu conteúdo, sendo cada vez mais fre-

---

[424] Veja-se reportagem: IMPEDIMENTO legal pode salvar São Paulo da privatização. São Paulo: SEESP, [S.l.]. Disponível em: <http://www.seesp.org.br/imprensa/143reportagem4.htm>. Acesso em 21/02/05.

[425] FREITAS, 2004b, p. 84 e, também FREITAS, Juarez. *Estudos de Direito Administrativo*. 2. ed. São Paulo: Malheiros, 1997.

[426] VARGAS; LIMA, [s.d.]. Nesse sentido, os autores afirmam que não se pode prever um comportamento padrão a priori para os operadores privados, assim como para os públicos, pois as características locais, dos contratos e das informações disponíveis fazem muita diferença, valendo transcrever o seguinte trecho: "a necessidade de regulação e as assimetrias de informação e poder entre reguladores e regulados não são menos importantes em relação aos operadores públicos, da mesma forma que as dificuldades de integração entre as infra-estruturas e serviços de saneamento ambiental; enfim, a gestão pública não é menos sujeita à corrupção, e nem toda concessão ao setor privado implica necessariamente aumentos extraordinários de tarifas ou o fim de subsídios cruzados. Há evidências empíricas contraditórias de todos estes aspectos, podendo ser citados casos de fracasso e sucesso tanto da gestão pública quanto da gestão privada em cada um deles".

[427] PETRELLA, 2002.

qüente a sua utilização (equivocada) como sinônimo de privatização. Imperioso se faz, portanto, destacar as diferenças curiais existentes entre esses dois institutos.

As Parcerias Público-Privadas ou *"Public Private Partnership"* surgiram na Inglaterra em decorrência do aperfeiçoamento de um outro programa de incentivo ao investimento privado no setor público, conhecido como PFI (*Private Finance Iniciative*). Segundo a doutrina, esta nova modalidade sobreveio justamente para contrapor-se às privatizações, cujos resultados foram muito mais negativos do que positivos.[428]

Conceituada pelos ingleses como sendo "[...] parcerias de longo prazo entre o setor público e o privado que visam à obtenção de benefícios mútuos",[429] essa nova modalidade pressupõe responsabilidade social, divisão de riscos e, sobretudo, comprometimento com resultados.

Segundo Rubens Teixeira Alves, as diferenças entre os institutos da privatização e o das parcerias público-privadas encontram-se alinhadas desde o seu nascedouro, isto é, em seus processos de intenções básicas: enquanto a primeira tem a sua essência na transferência da propriedade e da gestão de um empreendimento do setor público para o privado (venda de um negócio com todos os seus ativos, passivos, pessoal, propriedade intelectual, fábricas e maquinários, contratos para fornecimento de bens ou serviços, etc), a segunda caracteriza-se pelo investimento do setor privado em áreas sensíveis de interesse público, sem que haja a transferência de propriedade/titularidade sobre as mesmas.[430]

Condizente com os novos rumos perquiridos pelo Direito Administrativo, essa modalidade necessita de instituições fortes, marcos regulatórios claros e de políticas públicas formuladas para além dos governos (ou seja, de longo prazo), para que possa cumprir com eficácia os seus objetivos. *Alves*, neste sentido, afirma que no centro deste processo está o reconhecimento de que um governo democrático deve primar por duas funções essenciais, quais sejam, a definição de políticas públicas e a regulamentação de sua implementação, características, essas, típicas do "Estado Essencialmente Regulador".

---

[428] ALVES, Rubens Teixeira. *PPP e Privatizações:* quais são as diferenças? p. 3. São Paulo: Kpmg, [s.d.]. Disponível em: <http://www.kpmg.com.br/adm/images/Privatizacoes.pdf>. Acesso em 07/06/03.

[429] Veja-se o Relatório *"Public Private Partnership: the government's approach"*, p. 8, disponível no seguinte endereço eletrônico: www.hm-treasury.gov.uk/ mediastore/otherfiles/PPP2000.pdf Segundo consta neste documento elaborado pelo governo inglês, "Public Private Partnerships bring public and private sectors together in long term partnership for mutual benefit. The PPP label covers a wide range of different types of partnership, including: the introduction of private sector ownership into state-owned businesses, using the full range of possible structures (whether by flotation or the introduction of a strategic partner), with sales of either a majority or a minority stake; the Private Finance Initiative (PFI) and other arrangements where the public sector contracts to purchase quality services on a long-term basis so as to take advantage of private sector management skills incentivised by having private finance at risk. This includes concessions and franchises, where a private sector partner takes on the responsibility for providing a public service, including maintaining, enhancing or constructing the necessary infrastructure; and selling Government services into wider markets and other partnership arrangements where private sector expertise and finance are used to exploit the commercial potential of Government assets".

[430] ALVES, [s.d.].

Mister destacar que a titularidade dos serviços públicos nos contratos realizados com a iniciativa privada sob a modalidade de PPPs permanecerá sempre com o Poder Público, uma vez que esta é irrenunciável à luz do que dispõe o art. 175 da CF/88. Mais, tais contratos deverão obedecer ao regime juspublicista, "[...] ainda quando privados os métodos e riscos de gestão",[431] implicando em maior segurança jurídica.

No modelo inglês, várias são as formas possíveis de parcerias entre estes setores, que vão desde os já conhecidos contratos de concessão, até os contratos de gestão/administração, englobando todas as formas de acordo legalmente admitidas para a consecução de objetivos comuns.[432] Já no Brasil, a única forma admitida pela Lei 11.079 de 30/12/04, que instituiu regras gerais para regulamentar as PPPs,[433] é a concessão, que poderá ocorrer sob duas modalidades, a saber: a "patrocinada" ou a "administrativa".

Enquanto a primeira caracteriza-se por ser a concessão de serviços públicos ou de obras públicas previstas na Lei 8.987/95, que envolve, além da tarifa cobrada diretamente dos usuários, uma contraprestação adicional pecuniária do parceiro público ao privado,[434] a segunda verifica-se pelo contrato de prestação de serviços de que a Administração Pública seja a usuária direta ou indireta, ainda que este pacto envolva a execução de obra ou fornecimento e instalação de bens.[435]

---

[431] FREITAS, 2004b, p. 314.

[432] São comuns os contratos de parcerias público-privadas para construção de hospitais, escolas, presídios, bem como para a administração de determinadas atividades e empresas, conforme ALVEZ ([s.d.], 6). Conforme consta no guia de informações sobre Parcerias Público-Privadas do Governo Inglês, os contratos de PPPs são classificados de acordo com o grau de risco e responsabilidade alocados entre os parceiros, sendo as modalidades mais comuns as seguintes: DBFT (*design, build, finance and transfer*), através da qual o ente privado fica encarregado de projetar, construir, financiar e, por fim, transferir ao ente público a planta construída; BOT (*build, operate and transfer*), o ente privado constrói a planta e a transfere para o ente público, que, por sua vez, arrenda ao parceiro privado, através de um contrato de longo prazo apto à recuperação do investimento e obtenção de razoável lucro, que ficará encarregado de explorá-la (é a modalidade mais comum na área de saneamento básico, onde as empresas são contratadas por etapas, tais como construção de estação de tratamento de esgoto, ou instalação de tubulação de água, etc); BOO (*build, operate and own*), o ente privado constrói, opera e, ao final, fica definitivamente com a planta, o que implica em redução de custos para o parceiro público; DBFO (*design, build, finance and operate*) o ente privado projeta, constrói, financia e opera a planta, sendo esta a modalidade mais comum de PFI na Inglaterra. Conforme consta no relatório, até junho de 2002, haviam sido realizados mais de 530 contratos de Parcerias Público-Privadas, representando cerca de 24 bilhões de libras esterlinas. Em termos percentuais, a maioria dos contratos foi firmada no âmbito do Ministério dos Transportes, seguido de perto pelos Ministérios da Saúde, da Defesa e da Educação. O governo britânico gastou cerca de 17% menos em relação aos custos que teria caso utilizasse os métodos convencionais de investimento, segundo refere dito relatório (*PFI: Meeting the investment challenge*), que está disponível em: PFI: Meeting the investment challenge. London: HM Treasury, [s.d.]. Disponível em: <http://www.hm-treasury.gov.uk>. Acesso em: 5 jul. 2003.

[433] Esta Lei encontra-se integralmente no Anexo D deste estudo.

[434] Conforme art. 2º, § 1º, da Lei 11.079/04. Para Juarez FREITAS (Informação oral proferida em Palestra realizada na PUC, no dia 11/01/05, pelo Programa de Pós-Graduação em Direito da Faculdade), esta modalidade deveria se chamar "concessão subvencionada" e não "patrocinada", pois este último termo dá a impressão de que só o Poder Público assumiria os riscos inerentes a transação, o que não é possível em razão da natureza desta nova modalidade contratual.

[435] Conforme art. 2º, § 2º, da Lei 11.079/04. Também esta denominação é criticada por Juarez Freitas (Informação oral proferida em Palestra realizada na PUC, no dia 11/01/05, pelo Programa de Pós-Graduação em Direito da Faculdade), a nosso ver com razão, isto porque toda a "concessão" é, em última instância, "administrativa"!

Percebe-se, pois, a restrição que o legislador pátrio conferiu às parcerias público-privadas – pelo menos, sob esta denominação – limitando-as a duas modalidades de concessão, fato que inibirá investimentos privados em muitos setores públicos que poderiam e, principalmente, necessitariam contar com este aporte de capital.

Imprescindível se faz, por outro lado, trazer à baila os ensinamentos de Juarez Freitas, que com propriedade afirma existirem semelhanças entre os conceitos de parcerias público-privadas e de "concessão", embora não haja identidade absoluta entre ambos, especialmente porque o primeiro pressupõe risco compartilhado, enquanto o segundo nem sempre vislumbra a divisão de responsabilidades.[436]

Na seara do saneamento básico, as modalidades de parcerias que o setor Público costuma firmar com a Iniciativa Privada geralmente cingem-se aos *Contratos de Gestão (ou Administração)*, contratos de *Arrendamento* (também denominados de *Affermage*) ou contratos de *Parceria Estratégica*, valendo destacar as características de cada qual.[437]

Os Contratos de Administração ou Gestão destinam-se à operação e à manutenção de sistemas, sendo que o operador privado recebe remuneração prefixada e condicionada a seu desempenho (que é medido em função de parâmetros físicos e indicadores definidos), não havendo cobrança direta de tarifa aos usuários pela prestação dos serviços.[438]

Já os contratos de Arrendamento, ou *Affermage* são semelhantes aos contratos de gestão, não envolvendo o compromisso de investimentos de expansão por parte do operador (investimentos em operação, manutenção e renovação ou reposição), podendo, entretanto, estar associados a mecanismos de cobrança direta aos usuários e contemplar um sistema específico (tratamento de água, por exemplo) ou a totalidade do sistema de prestação de serviços.[439]

Os contratos de *Parceria Estratégica* são aqueles através dos quais são vendidas parcelas minoritárias de ações do capital das empresas de saneamento. Tais

---

[436] FREITAS, 2004b, p. 317, grifo nosso. Diz o autor: "A concessão de serviços público pode ser definida como delegação da prestação de serviço público – efetuada pela entidade estatal em cuja competência se encontre o aludido serviço –, por meio de contrato administrativo, precedido de licitação, a pessoa jurídica ou a consórcio de empresas capazes de assumí-lo, por prazo determinado e risco próprio, com ou sem subvenção parcial da remuneração pelo Poder Público (como no caso de PPPs), em harmonia com as exigências dos princípios regentes da Administração Pública, inclusive o da economicidade. *Como se nota, o conceito de parcerias não colide com o de concessão, embora com ele não se identifique na inteireza.* Com efeito, há duas grandes espécies de contratos administrativos: os que implicam delegação da execução indireta de serviços públicos e o s que implicam em prestações à própria Administração Pública (sem delegação). O regime de PPPs pode introduzir alterações no regime de ambos, mas não é, a rigor, um novo e genuíno tipo de contratação. No caso das concessões, a discussão maior cifra-se em saber se as descaracterizaria a contraprestação pelo Poder Público. Não, em princípio, porém se for integral a remuneração e sem risco, aí sim, descaracteriza-se nitidamente".

[437] PETERSEN, Oscar; BRANCHER, Paulo. *A Privatização do Setor de Saneamento Básico no Brasil*. Jus Navigandi, Teresina, v. 4, n. 40, mar. 2000. Disponível em: <http://www1.jus.com.br/doutrina/ texto.asp?id=450>. Acesso em: 08/01/02.

[438] PETERSEN; BRANCHER, 2000.

[439] Ibidem.

negociações, também conhecidas como *blocktrade*, ocorrem mediante o estabelecimento de acordo entre os acionistas que, eventualmente, formalizam também um contrato de administração (gestão) e/ou de operação.[440]

Se a nova Lei de Parcerias Público-Privadas fosse "levada ao pé da letra", nenhuma das modalidades acima descritas poderia ser admitida no setor de saneamento básico nacional. Todavia, o melhor exemplo que temos de participação privada no setor foi realizado justamente sob o último tipo (Parceiros Estratégicos). Trata-se do caso da SANEPAR (Empresa de Saneamento Básico do Estado do Paraná), que ora passamos a analisar.

3.5.4.1. O caso da SANEPAR (PR)

Constituída sob a forma de Sociedade de Economia Mista, a Companhia de Saneamento Básico do Estado do Paraná (SANEPAR) passou por uma reestruturação no ano de 1998, quando o Estado resolveu alienar parte de suas ações para capitalizá-la e, com isso, possibilitar novos investimentos.[441]

Foi assim que, sob o amparo da Lei nº 11.963/97, o Grupo *Dominó Holdings S/A* adquiriu, em 08 de Junho de 1998, 39,71% das suas ações ordinárias. O Estado do Paraná, por sua vez, manteve a maioria acionária, assim como a maioria dos cargos de direção nos colegiados administrativos (compostos pelo Conselho de Administração e pela Diretoria Executiva). A gestão da empresa, desde então, passou a ser exercida de forma mista e conjunta entre os parceiros público e privado, compactuando-se os interesses e os conhecimentos na busca do melhor desempenho possível. E os resultados alcançados foram muito bons.[442]

Considerada como referência em toda a América Latina, a companhia paranaense foi a primeira empresa de saneamento a obter o certificado ISO 9002, em função da política de qualidade adotada para a produção de água. Também foi a primeira empresa de saneamento das Américas a receber a certificação pelas normas da ISO 14001 para um sistema completo de água e esgoto. Este certificado é considerado um dos mais importantes em todo o mundo na área do meio ambiente, atestando que o sistema é operado de forma ecologicamente responsável, desde a captação da água para tratamento até a destinação final do esgoto.[443] O nível de

---

[440] PETERSEN; BRANCHER, 2000.

[441] Conforme informações divulgadas no site da empresa: SANEPAR. *A empresa*. Curitiba, [s.d.]. Disponível em: <www.sanepar.com.br>. Acesso em 20/01/05.

[442] OLIVEIRA, Abel Correa de; FERNANDES, Bruno Henrique Rocha. *Sistema de Gestão Sanepar – SGS*. Curitiba: Sanepar, [s.d.]. Disponível em: <http://www.sanepar.com.br/sanepar/sanare/ v18/Sistemagestao.htm>. Acesso em 10/01/05. Segundo os autores, após a mudança no sistema de gestão a empresa obteve lucros surpreendentes, valendo destacar suas palavras: "Em 1997, antes da implantação do modelo, a Empresa teve lucro de R$ 22 milhões; ao final de 1998 (primeiro ano do novo modelo), seu lucro líquido foi de R$ 42 milhões; em 2001, R$ 152 milhões".

[443] Informações divulgadas na imprensa nacional, bem como no endereço eletrônico da empresa. (SANEPAR, [s.d.]).

cobertura de água aproxima-se da universalização, enquanto o da rede coletora de esgotos e seu tratamento avançam a cada ano.

O que mais se destaca na atuação da empresa, entretanto, são os programas sociais para beneficiar a população carente, com a implementação de tarifas diferenciadas e subsidiadas que permitem o acesso ao saneamento básico ao maior número de pessoas possíveis, cumprindo, assim, a sua função social, preservando os direitos fundamentais concernentes e, por conseqüência, fazendo valer o princípio constitucional da dignidade da pessoa humana.[444]

Mas nem tudo são flores no caso desta empresa e, talvez por isso, este seja o melhor exemplo, em sede nacional, de que as parcerias com a iniciativa privada podem dar bons resultados se e somente se forem respeitados os princípios juspublicistas que norteiam nosso ordenamento, e desde que nossas autoridades estejam conscientes do papel que precisam desempenhar, sobretudo, quando se trata de defender o interesse público.

O Estado brasileiro está mudando, adaptando-se aos novos paradigmas do Direito Administrativo, condizentes com o Estado Regulador, e a melhor prova disso é a reação que o Poder Público teve diante da atitude desrespeitosa dos parceiros privados da SANEPAR que, mediante manobra torpe, alteraram o poder decisório da companhia, para fazerem valer os seus interesses particulares sobre os da sociedade brasileira. Mister, assim, tecer breves comentários sobre o sucedido:

Poucos meses após ter adquirido as ações da Sanepar, o parceiro privado – formado pelo grupo francês Vivendi, Construtora Andrade Gutierrez, Banco Opportunity e pela Copel Participações – tentou, de forma ardilosa e desleal, assumir o controle da Sanepar através de manobra que lhe garantia, tanto no Conselho de Administração quanto na Diretoria Executiva, os votos majoritários.[445]

---

[444] Segundo Serviços... (2000) a SANEPAR é uma das poucas empresas que colocaram em prática programas sociais que visam o acesso de pessoas carentes ao saneamento, valendo destacar o seguinte trecho: "No Paraná, os consumidores da Sanepar que estão desempregados – com renda familiar de até um salário mínimo e que não ultrapassam o limite de 15m³ – ficam temporariamente isentos do pagamento de água. Infelizmente, esse é um exemplo isolado na história da privatização no país".

[445] Conforme nota à imprensa assinada pelo presidente da SANEPAR. SANEPAR. *Sem medo de defender o interesse público*. [S.l.: s.n.], 8 jul. 2004. Disponível em: http://celepar8cta.pr.gov.br/secs/Cnoti.nsf/0/dd749d 9c7b0e60e603256ee0007dfde7?OpenDocument>. Acesso em: jan. 2005. bem como na imprensa oficial, sob o título "*Sem medo de defender o interesse público*", valendo destacar a seguinte passagem: "O ACORDO DE ACIONISTAS: ATO NULO, CONTRÁRIO À LEI E AO INTERESSE PÚBLICO Em 4 de setembro de 1998, a DOMINÓ procurou proteger seus interesses através de um acordo de acionistas, firmado, por um lado, pelos representantes da Vivendi, do Opportunity e da Andrade Gutierrez e, por outro, pelo sr. Giovanni Gionédis, à época Secretário da Fazenda do Paraná. Malsinado acordo nasceu juridicamente viciado desde a origem. Primeiro, porque é nulo. Nos termos do artigo 87 da Constituição, a celebração de contratos e acordos é atribuição privativa e indelegável do Chefe do Executivo. Portanto, só o Governador poderia ter assinado o acordo de acionistas. Assinado por outrem, padece de nulidade insanável. Segundo, porque é ilegal. Na medida em que retirou do Estado o poder-dever de manter o controle da SANEPAR, violou de modo flagrante os termos da Lei Estadual 11.963. Terceiro, porque é contrário ao interesse público. Dito acordo tornou letra morta a maioria estatutariamente atribuída ao ESTADO DO PARANÁ na composição do Conselho de Administração e na Diretoria Executiva da Companhia. Com efeito, muito embora o ESTADO DO PARANÁ indicasse 5 (cinco) dentre os 9 (nove) membros do Conselho de Administração, o acordo (item 4.3) obrigava o Estado a votar no sentido de esta-

Travou-se uma longa batalha interna, que depois se exteriorizou, prevalecendo, ao fim e ao cabo, o interesse público sobre o privado: o Estado do Paraná, valendo-se das súmulas 346 e 473 do Supremo Tribunal Federal, mediante decreto de seu Governador (nº 452), anulou o "Acordo de Acionistas" outrora firmado, devolvendo o controle da Sanepar ao Poder Público. O parceiro privado chegou a interpor medida judicial, mas a Corte Especial do Tribunal de Justiça local reconheceu a procedência dos argumentos estatais, confirmando a nulidade do "Acordo" elaborado pela Holding Dominó.

Imperioso destacar que os programas de facilidades e acesso à população carente implementados pela Sanepar foram criados pelo parceiro público e impostos ao privado, fato que não é de se estranhar, haja vista a política comumente utilizada pelas empresas formadoras desta Holding que, nos outros contratos em que atuam (conforme demonstrado anteriormente) jamais formularam políticas sociais, ao contrário, sempre elevaram as tarifas, pioraram a qualidade dos serviços e aumentaram os seus lucros, tudo isso, à custa de muita exclusão social.

Por isso, julgamos irrepreensível a atitude tomada pelas autoridades paranaenses, bem como a justificativa por elas dada,[446] valendo destacar o seguinte trecho:

> [...] Embora próspero, nem por isso o Paraná escapa à degradação da pobreza extrema, fruto da desigualdade social que nos envergonha a todos, brasileiros de norte a sul. Temos, sim, uma imensa população carente. E que merece receber do Estado o amparo mínimo para as primeiras necessidades da vida. *Compreende-se que todo o investidor privado persiga o lucro; sem ele, a atividade da companhia ficará comprometida. Mas não se pode admitir que o lucro se faça à custa da miséria. Isto sim é antiético. Pior, é desumano.* Desde a decretação da nulidade do acordo de acionistas, o Governo do Paraná vem fazendo da SANEPAR um dos mais importantes instrumentos de realização de suas políticas sociais. A implementação da tarifa social. Investimentos de um bilhão e meio de reais em obras de saneamento básico. Expansão do sistema de abastecimento de água, com garantia de acesso a todas as famílias, independentemente da renda ou condição econômica. Saúde pública.

---

belecer a competência do Conselho de Administração para os assuntos ali descritos. Como esta competência vem fixada nos Estatutos, que exige um quorum qualificado (7 conselheiros) para as matérias cruciais a que alude o artigo 14, § 2º, c/c artigo 17 dos Estatutos, na prática, os 5 (cinco) conselheiros indicados pelo Estado dependiam da concordância dos representantes da DOMINÓ para tudo o que de relevante se decidisse na SANEPAR, desde contratos, pagamento de dividendos até a fixação das tarifas de água e esgoto. No âmbito da Diretoria o enredo se repetiu. A Companhia tinha 7 diretores, sendo 4 indicados pelo ESTADO DO PARANÁ. Porém, ante os termos do acordo de acionistas, os Diretores Superintendente, de Operações e Financeiro eram eleitos entre nomes apresentados pela DOMINÓ. Todavia, por um estratagema do acordo de acionistas, os Diretores indicados pelo acionista minoritário detinham o comando real da Companhia. Veja-se: a gestão da Companhia era fixada num PLANO DE NEGÓCIOS e ORÇAMENTO ANUAL, ambos elaborados por 3 (três) diretores, a saber, o Diretor de Operações (indicado pela DOMINÓ), o Diretor Financeiro (idem) e o Diretor Administrativo (este indicado pelo ESTADO DO PARANÁ). Não havendo consenso entre estes 3 diretores, a decisão era tomada por maioria (acordo, item 4.7.1). A maioria, porém não dos membros da Diretoria Executiva; a maioria, porém não dos membros do Conselho de Administração; a maioria, porém não do capital votante. Mas uma estranha "maioria", artificiosamente criada pelo acordo de acionistas: a maioria daqueles 3 diretores encarregados da elaboração do plano de negócios e do orçamento. E esta "maioria" pertencia ao acionista minoritário. Tudo isso sem falar que as controvérsias entre as partes deverão ser resolvidas por meio de arbitragem, segundo as Regras sobre Conciliação e Arbitragem da Câmara de Comércio Internacional de Paris... A DOMINÓ dominava a SANEPAR".

[446] SANEPAR, 8 jul. 2004, grifo nosso.

Este o papel da SANEPAR no projeto de transformação da realidade social do Paraná. Por isso, que fique claro: para este Governo, uma SANEPAR comprometida em obter todos os esforços para *maximizar os lucros* da companhia e assegurar o *maior retorno possível aos acionistas* (conforme impõe o *acordo de acionistas* assinado entre a DOMINÓ e o sr. Giovanni Gionédis, cláusula 7.1), simplesmente não tem razão de continuar existindo.

O caso da Sanepar, como se pode observar, ainda que esteja longe de seu desfecho,[447] é emblemático e revelador, pois demonstrou o grau de maturidade política da nação, que está apta a contar com o aporte de capital oriundo da iniciativa privada, sem que para isso precise se curvar aos interesses duvidosos dos grupos econômicos.[448] Fazemos esta observação com certo alívio, pois não podemos deixar de reconhecer que o Poder Público não tem condições de, sozinho, promover a universalização do serviço de saneamento básico, uma vez que este depende de volumosos investimentos, e os recursos públicos, como se sabe, são escassos.

O saneamento básico é um serviço público essencial. Dele depende a vida humana com dignidade e não há nada mais indigno do que viver sem saneamento, sem água tratada e sem coleta de esgoto. A saúde da população fica comprometida. O desenvolvimento da personalidade do homem também.

Nesta senda, irracional seria não admitir a parceria com empresas privadas que desejam investir nesta área vital. Contudo, a realidade nos mostrou que todo cuidado é pouco na consecução destas associações. A melhor modalidade, em nosso entendimento, ainda é a escolhida pela Sanepar (*Parceria Estratégica*). Pelo menos nesta modalidade, o Poder Público pode, em prazo considerável, conter os "impulsos" dos parceiros privados, afastando iniquidades e preservando o interesse público.

Todavia, conforme mencionado anteriormente, nossa Lei de PPPs só permite a realização de contratos com esta denominação (sob o amparo desta norma e com as garantias nela contidas) nas modalidades de "concessões patrocinadas" ou "administrativas", o que não impede a realização de contratos de parceria estratégica no setor de saneamento, apenas os submete a outras normas, com outras garantias.

Firmado nosso entendimento sobre a melhor forma de prestação do serviço de saneamento básico, mister, agora, adentrarmos em outro aspecto polêmico, qual seja, o referente à definição das competências e titularidades para a sua prestação ou para a delegação da sua execução aos parceiros privados.

---

[447] Veja-se, sobretudo: No STF: SL 197/PR, Min. Ellen Gracie, j. 28/09/2007; no STJ: Rcl 001880, min. Luiz Fux, j. 16/11/2005; ROMS 18.769, Min. Eliana Calmon, j. 02/12/2004; Rcl 002685, Min. Eliana Calmon, j. 12/12/2007, e, também, REsp.989.937/PR, ainda não julgado.

[448] Nesse aspecto, importante destacar a atuação do Legislativo (com a elaboração de leis pontuais de proteção ao erário, em especial, a de Responsabilidade Fiscal, e de mecanismos para coibir os crimes contra o patrimônio público, destacando-se a possibilidade de quebra dos sigilos bancário e fiscal dos envolvidos na prática de crimes graves, tais como evasão de divisas e má-gestão do patrimônio público – sobre o tema, indispensável a leitura da obra *"A proteção da privacidade: aplicação na quebra do sigilo bancário e fiscal"*, de Mártin Haeberlin e Eduardo Didonet Teixeira (Porto Alegre: Fabris Editor, 2005). E, também, a atuação do Judiciário (com a aplicação certeira dessas normas, sempre à luz da Constituição).

3.6. COMPETÊNCIAS CONSTITUCIONAIS EM MATÉRIA DE SANEAMENTO BÁSICO

A Constituição Federal de 1988 primou por um modelo de Estado que reforça o federalismo de *cooperação ou de colaboração*,[449] com a repartição de competências e o respeito às atribuições de cada ente. Quis o Constituinte, entendendo a vastidão imensa de nosso território, garantir um modelo de gestão descentralizado, sem descurar dos traços essenciais de unidade.

Via de regra, a divisão de competências segue o princípio da predominância do interesse, conforme já mencionado no primeiro capítulo deste ensaio. Nesta esteira, serão de responsabilidade da União as matérias em que predominam o interesse nacional; dos Estados as que prevaleçam o interesse regional e dos Municípios as matérias de interesse estritamente local.[450] Também se viu que doutrinariamente a competência é classificada em *expressa ou enumerada* e *residual ou remanescente*. Quanto à extensão, ela pode ser *exclusiva, privativa, comum, concorrente ou suplementar*.

O saneamento básico, por ter a água como elemento primário, sofre os reflexos das normas que disciplinam o regime desta. Ademais, por se tratar de um "amplo conjunto de serviços, que inclui o abastecimento de água, a coleta e o tratamento de esgotos, a coleta de lixo e a drenagem urbana", acaba por albergar a conjugação de diversas competências, conforme passamos a demonstrar.

O art. 21, inc. XX da Carta Política de 1988 prevê a *competência expressa* da União para elaborar as diretrizes gerais do setor de saneamento básico, e aqui, cumpre lembrar que "normas gerais" não podem ser confundidas com o exaurimento da matéria, de sorte que a União não pode usurpar as atribuições dos demais entes federativos.[451]

Já o art. 23 da Constituição Federal dispõe sobre a *competência comum* da União, dos Estados e dos Municípios a *promoção da melhoria das condições de saneamento básico* (inciso IX), a proteção do meio ambiente e o combate à poluição em qualquer de suas formas (inciso VI) e a preservação das florestas, fauna e flora (inciso VII); Aqui, vale frisar, que a competência comum pressupõe a solidariedade e a cooperação entre os obrigados, sendo que a falta de ação de um não justifica a dos demais.[452] Exige, por outro lado, medidas positivas no sentido de garantir os direitos tutelados.

---

[449] FREITAS, 2004C, p. 65.

[450] SILVA, 2004b.

[451] BARROSO, 2003b, p. 125. Diz o autor: "Não custa lembrar que 'instituir diretrizes' não autoriza a União a exaurir o tema, de modo a esvaziar a autonomia dos entes federativos competentes para prestar o serviço".

[452] Neste sentido, vale destacar a seguinte ementa: "RESP 28222/SP; RECURSO ESPECIAL 1992/0026117-5, Rel. Ministra ELIANA CALMON, T2 – SEGUNDA TURMA, j. 15/02/2000, DJ 15.10.2001 p. 253. DIREITO ADMINISTRATIVO E AMBIENTAL. ARTIGOS 23, INCISO VI E 225, AMBOS DA CONSTITUIÇÃO FEDERAL. CONCESSÃO DE SERVIÇO PÚBLICO. RESPONSABILIDADE OBJETIVA DO MUNICÍPIO. SOLIDARIEDADE DO PODER CONCEDENTE. DANO DECORRENTE DA EXECUÇÃO DO OBJETO DO

Também não podemos deixar de mencionar o artigo 24 da Constituição Federal. Tal dispositivo, embora não se refira expressamente ao saneamento básico, o faz de forma indireta ao estipular competência *concorrente* da União, Estados e Municípios para legislar sobre "[...] conservação da natureza, defesa do solo e dos recursos naturais, proteção do meio ambiente e controle da poluição (inciso VI), sobre responsabilidade por dano ao meio ambiente, ao consumidor [...] (inciso VIII), bem como proteção e defesa da saúde" (inciso XII).[453]

Ainda no que tange à competência em sentido lato, cumpre mencionar a norma contida no art. 200, inc. IV da CF, cujo teor preleciona ser atribuição do Sistema Único de Saúde (e, portanto, da União), a participação na formulação da política e da *execução das ações de saneamento básico*. (grifo nosso), e o art. 225, que dispõe sobre o dever de preservar o Meio Ambiente com equilíbrio e responsabilidade.

Resta claro, assim, que todos os entes federados possuem competências gerais referentes ao saneamento básico, seja no controle da degradação ambiental, provocada também pelo lançamento de esgotos nos mananciais, seja para a promoção e melhoria da saúde da população, competências essas que ora se complementam, ora se excluem.

O aspecto mais controvertido, entretanto, refere-se à competência em sentido estrito, ou seja, a que determina quem é que detém o poder para prestar ou

---

CONTRATO DE CONCESSÃO FIRMADO ENTRE A RECORRENTE E A COMPANHIA DE SANEAMENTO BÁSICO DO ESTADO DE SÃO PAULO – SABESP (DELEGATÁRIA DO SERVIÇO MUNICIPAL). AÇÃO CIVIL PÚBLICA. DANO AMBIENTAL. IMPOSSIBILIDADE DE EXCLUSÃO DE RESPONSABILIDADE DO MUNICÍPIO POR ATO DE CONCESSIONÁRIO DO QUAL É FIADOR DA REGULARIDADE DO SERVIÇO CONCEDIDO. OMISSÃO NO DEVER DE FISCALIZAÇÃO DA BOA EXECUÇÃO DO CONTRATO PERANTE O POVO. RECURSO ESPECIAL PROVIDO PARA RECONHECER A LEGITIMIDADE PASSIVA DO MUNICÍPIO. I – *O Município de Itapetininga é responsável, solidariamente, com o concessionário de serviço público municipal, com quem firmou "convênio" para realização do serviço de coleta de esgoto urbano, pela poluição causada no Ribeirão Carrito, ou Ribeirão Taboãozinho*. II – Nas ações coletivas de proteção a direitos metaindividuais, como o direito ao meio ambiente ecologicamente equilibrado, a responsabilidade do poder concedente não é subsidiária, na forma da novel lei das concessões (Lei n.º 8.987 de 13/02/95), mas objetiva e, portanto, solidária com o concessionário de serviço público, contra quem possui direito de regresso, com espeque no art. 14, § 1º da Lei nº 6.938/81. Não se discute, portanto, a liceidade das atividades exercidas pelo concessionário, ou a legalidade do contrato administrativo que concedeu a exploração de serviço público; o que importa é a potencialidade do dano ambiental e sua pronta reparação." (BRASÍLIA. Superior Tribunal de Justiça. RESP 28222 / SP ; Recurso Especial 1992/0026117-5. Relatora: Min. Eliana Calmon. Julgado em: 15 de fevereiro de 2000. *Diário de Justiça*, Brasília, p. 253, 15 nov. 2001).

[453] Neste sentido é o seguinte julgado: "MS 1334/MS; RECURSO ORDINARIO EM MANDADO DE SEGURANÇA1991/0020405-6, Rel. Ministro DEMÓCRITO REINALDO, T1 – PRIMEIRA TURMA, j. 07/03/1994, DJ 14/03/1994 p. 4471, ADMINISTRATIVO. MANDADO DE SEGURANÇA. PROIBIÇÃO DA PESCA DURANTE A PIRACEMA. DECRETO ESTADUAL N. 5.646/90. COMPETENCIA CONCORRENTE DO ESTADO. Ato inquinado de ilegal, editado com respaldo em permissivo constitucional (art. 24, VI, e art. 255, § 1º, VII, da Constituição Federal) e em consonância com legislação federal aplicável a espécie (art. 2º da Lei 6.938/81, e arts. 1º, 2º e 5º da Lei 7.679/88). Inexistência de Direito liquido e certo a ser protegido por ação mandamental. Recurso desprovido. Não há divisar qualquer ilegalidade ou abuso de poder, a ser reparado via mandado de segurança, no ato proibitivo do Governo Estadual, editado com o objetivo de preservar a continuidade da vida de diferentes espécies de peixes, durante o período em que se processa o fenômeno denominado Piracema, se a medida adotada, na espécie, encontra amparo em norma constitucional (arts. 24, III, e 225, § 1º, VII da CF) e foi praticada, em consonância com o disposto na Legislação Federal (art. 2º da Lei 6.938/81, arts. 1º, 2º e 5º da Lei 6.938/81, arts. 1º, 2º e 5º da Lei 7.679/88). Recurso a que se nega provimento. Decisão Unânime".

para conceder os serviços integrados que compreendem o saneamento básico. Em razão da disputa entre Estados e Municípios, que vêem no setor a possibilidade de obter muitas vantagens com as concessões, instaurou-se uma crise sem precedentes e sem justificativa no cenário nacional.

Os Municípios alegam que são os titulares exclusivos para a prestação desses serviços, por força do art. 30, inc. V, da CF/88, uma vez que o saneamento básico se caracteriza indubitavelmente como sendo de interesse local. Negam, por outro lado, o direito dos Estados sobre as regiões metropolitanas, microrregiões ou aglomerações urbanas, igualmente tutelado pela Carta Magna, conforme art. 25, § 3º.

A disputa, que se revela totalmente sem sentido, chegou, há muito, no Judiciário. Tramitou perante o Supremo Tribunal Federal uma Ação Direta de Inconstitucionalidade com pedido de liminar, movida pelo Governador do Estado do Rio de Janeiro contra a Assembléia Legislativa. Nela, discutiu-se a validade do parágrafo único do artigo 357 da Constituição Estadual fluminense, cujo teor condicionava a aprovação do Município a sua inclusão em uma região metropolitana (e, conseqüentemente, a sua participação nas redes de serviços integrados). A medida cautelar foi deferida por unanimidade,[454] tendo sido suspensos os efeitos do mencionado dispositivo até final decisão, que acabou sendo confirmada. Lançando mão de inúmeros precedentes,[455] o relator, Min. Carlos Velloso, julgou procedente a ADI para declarar inconstitucional o parágrafo único do artigo 357 da Constituição do Estado do Rio de Janeiro.[456]

Atualmente, tramita perante a Corte Suprema uma outra Ação Direta de Inconstitucionalidade, esta, sob o nº1842/RJ, também originada no Estado do Rio de Janeiro,[457] onde se discute a criação de região metropolitana e a conseqüente

---

[454] REGIÃO METROPOLITANA – AGLOMERAÇÃO URBANA OU MICRORREGIÃO – CRIAÇÃO – REQUISITOS – APROVAÇÃO DA CÂMARA MUNICIPAL. Ao primeiro exame, discrepa do § 3º do artigo 25 da Constituição Federal, norma de Carta de Estado que submete a participação de município em região metropolitana, aglomeração urbana ou microrregião à aprovação prévia da câmara municipal. Liminar deferida para suspender a eficácia do preceito em face do concurso da relevância da argumentação jurídico-constitucional, da conveniência e do risco de manter-se com plena eficácia o preceito, *obstaculizada que fica a integração e realização das funções públicas de interesse comum.*" (BRASÍLIA. Supremo Tribunal Federal. MC – ADIN – 1.841-9/RJ. Rel. Min. Marco Aurélio. Julgado em: 18 de junho de 1998. *Diário de Justiça*, Brasília, 28 ago. 1998, grifo nosso).

[455] O relator citou, com precedentes, as Ações Diretas de Inconstitucionalidade nos 568 (MC)/AM e 796/ES.

[456] ADI 1.841-9/RJ. CONSTITUCIONAL. REGIÕES METROPOLITANAS, AGLOMERAÇÕES URBANAS, MICRORREGIÃO. CF, art. 25, § 3º. Constituição do Estado do Rio de Janeiro, art. 357, § único. I – A instituição de regiões metropolitanas, aglomerações urbanas e microrregiões, constituídas por agrupamentos de municípios limítrofes, depende, apenas, de lei complementar estadual. II – Inconstitucionalidade do parágrafo único do art. 357 da Constituição do Estado do Rio de Janeiro. III – ADIn julgada procedente. Rel. Carlos Velloso, j. 01/08/2002." (BRASÍLIA. Supremo Tribunal Federal. ADIN 1.841-9/RJ. Rel.: Carlos Velloso. Julgado em 01 agosto de 2002. *Diário de Justiça*, Brasília, 20 set. 2002).

[457] Vale transcrever informativo do STF, já que o voto do relator não está disponível e a ação ainda não foi julgada. Informativo "STF 343 – ADI 1842/RJ, rel. Min. Maurício Corrêa, 12.4.2004. (ADI-1842) – ESTADO-MEMBRO: CRIAÇÃO DE REGIÃO METROPOLITANA. Artigo. Iniciado o julgamento de ação direta ajuizada pelo Partido Democrático Trabalhista – PDT contra dispositivos da LC 87/97, do Estado do Rio de Janeiro – que "dispõe sobre a Região Metropolitana do Rio de Janeiro, sua composição, organização e gestão, e sobre a Microrregião dos Lagos, define as funções públicas e serviços de interesse comum e dá outras providências" –, e os artigos 8º a 21 da Lei 2.869/1997, do mesmo Estado, que dispõe sobre o regime de prestação do serviço público de transporte ferroviário e metroviário de passageiros, e sobre o serviço público de saneamento básico no

absorção, por este Estado, dos serviços de interesse comum, dentre os quais se destaca o *saneamento básico*. O voto do relator, Min. Maurício Côrrea, foi no sentido de fazer valer a norma constitucional em favor do Estado, enquanto os Ministros Joaquim Barbosa e Nelson Jobim votaram no sentido oposto. É de se ressaltar, entretanto, que o caso ainda não teve seu desfecho.

Outro caso protagonizado no Rio de Janeiro e que foi objeto de apreciação pelo Poder Judiciário refere-se à disputa envolvendo o contrato de concessão para prestação de serviços de saneamento na região metropolitana de Niterói. Como o referido instrumento (diferentemente do caso Prolagos) foi firmado apenas entre os Municípios limítrofes e a Prestadora vencedora do certame, o Estado, que fora excluído das negociações, editou uma Lei Complementar (nº 8/97) regulamentando a mencionada região metropolitana, avocando para si, os serviços de competência comum (que inclui, por certo, o saneamento básico). Todavia, entendeu o Judiciário que como a edição da Lei havia sido posterior à assinatura do contrato, não poderia haver retrocesso, razão pela qual foi permitida à operadora continuar a prestação dos serviços em caráter de tutela antecipada.[458]

Os precedentes judiciais citados trilham no sentido de reconhecer não só o saneamento básico como serviço de interesse comum nas regiões metropolitanas, aglomerações urbanas e microrregiões, mas também, e principalmente, a competência do Estado para prestá-lo ou conceder a sua execução quando concernente a estas, fazendo valer a norma prevista no § 3º do art. 25 da Carta Magna.

Não repetiremos, naturalmente, todos os comentários tecidos no primeiro capítulo deste estudo sobre a identificação do "interesse local" e o que lhe extrapola, mas é preciso ressaltar que o que foi dito lá se enquadra com perfeição aqui.

---

mencionado Estado, e dá outras providências. *Alega-se, na espécie, que as citadas normas teriam usurpado, em favor do Estado e em detrimento dos municípios que integram a chamada Região Metropolitana do Rio de Janeiro, funções e serviços públicos de competência municipal, ofendendo o princípio democrático e do equilíbrio federativo*; a autonomia municipal; o princípio da não intervenção dos Estados nos respectivos municípios; as competências municipais, além das competências comuns da União, do Estados e dos municípios. O Min. Maurício Corrêa, relator, preliminarmente, julgou prejudicado o pedido quanto ao Decreto 24.631/98 – impugnado, especificamente, na ADI 1906/DF, cujo julgamento se dá, à vista da identidade e conexão de objeto, conjuntamente com o da presente ação direta – em face de sua revogação superveniente pelo Decreto 24.804/98. Em seguida, o Min. Maurício Corrêa julgou prejudicado o pedido, da mesma forma, no que diz respeito aos artigos 1º, 2º, 4º e 11, da LC 87/97, à vista da respectiva revogação e conseqüente perda superveniente do objeto. *Prosseguindo no julgamento, o Min. Maurício Corrêa, salientando o fato de que, em recente julgamento da Corte, decidiu-se que a instituição de regiões metropolitanas, aglomerações urbanas e microrregiões depende apenas de lei complementar estadual (ADI 1841/RJ, DJU de 20.9.2002) – e, concluindo, portanto, pela legitimidade da atuação legislativa do Estado do Rio de Janeiro, bem como pela mitigação da autonomia municipal nas matérias que a lei complementar transferiu para o Estado –, proferiu voto no sentido de julgar improcedente o pedido formulado, por considerar legítima a reunião de municípios territorialmente próximos pelo Estado-membro, cujo objetivo é o de facilitar a busca de soluções que atendam à coletividade da região, e não apenas à cada um dos municípios isoladamente considerados, através de ações conjuntas e unificadas, prestigiando-se a concretização do pacto federativo e os princípios da eficiência e da economicidade*. O Min. Maurício Corrêa ressaltou, ainda, o fato de que as decisões de interesse dessas áreas devem ser compartilhadas entre os municípios que as compõem e o Estado, assumindo, este último, responsabilidade pela adequada prestação dos serviços metropolitanos. Após, pediu vista dos autos o Min. Joaquim Barbosa. BRASÍLIA. Superior Tribunal Federal.

[458] VARGAS; LIMA, [s.d.], p. 20.

Os Municípios detêm a competência para prestar o serviço de saneamento básico apenas no âmbito de seus territórios e desde que não dependam da infraestrutura de outros Municípios ou do Estado. Nesta esteira, a associação de diversos municípios sem a participação do ente estatal também afronta a Constituição, razão pela qual não pode ser aceita.

Os Estados, por seu turno, detêm (e sempre detiveram, pelo menos após a edição da Lei Complementar nº 14 de 1973)[459] a competência para prestar ou conceder os serviços de saneamento básico no âmbito das regiões metropolitanas, microrregiões e aglomerações urbanas.[460] Negar esse fato é ir de encontro ao texto constitucional e, sobretudo, ofender o pacto federativo.

Endossamos, neste aspecto, a tese de Luís Roberto Barroso, para quem a Constituição Federal não pode levar a culpa pelos manobrismos políticos e jurídicos daqueles que, por interesses escusos, tentam (e infelizmente conseguem) frustrar o desenvolvimento do país.[461] O atraso na fixação do Marco Regulatório deste setor vital, sob o falso pretexto de ocorrência de conflitos de competência, impediu investimentos (sejam de ordem pública, sejam de ordem privada) e só fez aumentar o sofrimento de parcela considerável da população, negando-lhes dignidade, negando-lhes a própria vida. Vale, assim, destacar suas palavras:

> No Brasil, por força de uma herança patrimonialista renitente, o serviço público ainda não é visto como uma função, um compromisso com a cidadania, com a realização de objetivos sociais amplos. Ao contrário, é frequentemente tratado como mero instrumento de poder político – poder de ocupar o espaço público, de nomear aliados, de creditar-se favores – ou fonte de arrecadação de recursos. A indefinição prolongada na matéria tem adiado investimentos e ações concretas, com conseqüências dramáticas à qualidade de vida da população, sendo causa direta de mortes, doenças evitáveis e degradação ambiental. Nessa matéria estamos atrasados e com pressa. Agora que há oferta abundante de telefones celulares, talvez seja a oportunidade para cuidar dessas miudezas.[462]

Por todo o exposto, reiteramos o nosso entendimento de que não existe, de fato, conflito de competência no que tange ao poder concedente em matéria de saneamento básico. As normas contidas na Constituição Federal de 1988 são

---

[459] Dispõe o artigo 5º, inciso II, da Lei Complementar 14/73 que compreendem o interesse metropolitano, *os serviços de abastecimento de água e rede de esgotos*, bem como a limpeza pública comuns aos municípios que integram a região.

[460] Esse entendimento encontra-se pacificado na doutrina, valendo destacar as palavras de SCHIRATO (2004, p. 137). Diz o jurista "A competência para a prestação dos serviços de saneamento básico e para a outorga de concessões para a prestação de referidos serviços por meio de delegação dependerá da existência ou não de interesse metropolitano para tal prestação [...] entende-se que a competência para prestar serviços de saneamento básico no Brasil é municipal, uma vez que os serviços de saneamento básico são considerados de interesse local, uma vez que o utente final dos serviços é o munícipe. [...] Todavia, essa competência é radicalmente alterada quando se verifica a formação de região metropolitana, uma vez que o interesse do serviço passa a não se limitar a apenas um município, mas sim a uma aglomeração de diversos municípios limítrofes, onde, muitas vezes, a fonte dos recursos hídricos deixa de ser exclusivamente municipal. Assim, a competência para a prestação de serviço de saneamento básico desloca-se do município para o Estado, nos termos do § 3º do art. 25 da Constituição Federal".

[461] BARROSO, 2003b, p. 310.

[462] Idem, p. 313.

bastante claras a esse respeito, demonstrando a lógica adotada pelo Constituinte Originário, de equilíbrio e harmonia entre os entes federados, com repartição de competências e responsabilidades. Tanto os Estados (no âmbito das regiões metropolitanas, aglomerações urbanas e microrregiões) quanto os Municípios (em seus limites territoriais) detêm o poder de prestar ou conceder a execução da prestação deste serviço público essencial. Falta apenas que respeitem à competência um do outro e que tenham vontade política de solucionar o problema.

Passamos, de imediato, a questão do marco regulatório:

3.7. MARCO REGULATÓRIO DO SETOR DE SANEAMENTO BÁSICO

Se na primeira parte deste estudo nos preocupamos em colocar uma visão mais ampla do Instituto da Regulação, enfocando sua origem histórica, pressupostos e características, formas de concretização, bem como o momento no qual passou a ser imprescindível ao Estado brasileiro, agora nos deteremos em aspectos mais restritivos.

Considera-se firmado um Marco Regulatório quando são definidas regras claras para regulamentar determinado setor, sendo essas flexíveis o suficiente para permitir que a segurança jurídica permaneça mesmo com o passar do tempo, mas firmes o bastante para proteger e assegurar a prevalência do interesse público. Neste sentido é a lição de Aragão:

> Em um mundo onde as relações econômicas, sociais, políticas e até mesmo pessoais estão cada vez mais sujeitas a instabilidades e a mudanças imprevistas ou imprevisíveis, mister se faz, *momente nos serviços públicos*, pelos altos investimentos que demandam e relevantes interesses públicos que envolvem, que sejam estabelecidos parâmetros normativos mínimos, em razão dos quais a instabilidade seja mitigada. Estes parâmetros normativos dotados de maior estabilidade, mas aptos a serem eventualmente adaptados/atualizados no futuro, constituem o que a doutrina do Direito Administrativo Econômico chama de Marco Regulatório.[463]

O marco regulatório visa, em outras palavras, estabelecer critérios essenciais para que os investidores, os consumidores (usuários) e a própria Administração, sintam-se seguros no que tange à celebração de contratos que envolvam prestação de serviços públicos.

Necessário, assim, que sejam definidos os papéis que cada um desempenhará, as diretrizes gerais da Política Nacional a ser implementada, os órgãos administrativos que irão compor esta seara, o órgão regulador propriamente dito

---

[463] ARAGÃO, Alexandre Santos de. O Marco Regulatório dos Serviços Públicos. *Revista Interesse Público*, Porto Alegre, ano 5, n. 27, p. 72, set./out. 2004.

(dotado de autonomia e independência), as atribuições e responsabilidades inerentes, dentre outros.

Com efeito, conforme deveras salientado aqui neste estudo, o saneamento básico – considerado um dos setores mais sensíveis e deficitários da atualidade, responsável pelos baixos índices de desenvolvimento humano, social e, ainda que indiretamente, econômico do país no ranking das Nações Unidas – permaneceu, desde o final da década de 80 até o início do corrente ano, sem uma diretriz geral capaz de garantir segurança jurídica aos investidores/prestadores e usuários.

Neste período, vários anteprojetos de lei foram elaborados e encaminhados ao Congresso Nacional, mas acabaram sendo rejeitados,[464] até que finalmente foi promulgada em 05 de janeiro de 2007, a Lei 11.445, com o propósito de estabelecer, de uma vez por todas, o marco regulatório do setor.

Importante frisar que o texto final, oriundo do Projeto de Lei 7.361/2006, foi elaborado por uma Comissão Mista do Congresso Nacional, nos termos dos arts. 142 e 143 do Regimento Comum das duas Casas Legislativas,[465] e é fruto da junção de outros dois projetos de lei completamente antagônicos, um de origem da Câmara dos Deputados (PL 5296/2005)[466] e outro do Senado Federal (PL 155/2006, posteriormente transformado no PL 219/2006). E justamente pelo alto grau de divergência desses dois projetos, e pela dificuldade em conciliar os inte-

---

[464] Veja-se, por exemplo, o PLS 560/99 e o Projeto de Lei nº 4.147/2001. O texto integral deste Projeto de Lei, bem como a justificativa do governo estão disponíveis no site: <http://www.interessepublico.com.br>, pesquisa realizada em 31 jul. 2003.

[465] BRASIL. Regimento Conjunto do Congresso Nacional. Resolução nº 01/1970 do Congresso Nacional, disponível em <http://www.senado.gov.br/sf/legislacao/regsf/RegCN.rtf>, acesso em 05 jul. 2007. "Sic": Art. 142. Os projetos elaborados por Comissão Mista serão encaminhados, alternadamente, ao Senado e à Câmara dos Deputados. Art. 143. O projeto da Comissão Mista terá a seguinte tramitação na Câmara que dele conhecer inicialmente: a) recebido no expediente, será lido e publicado, devendo ser submetido à discussão, em primeiro turno, 5 (cinco) dias depois; b) a discussão, em primeiro turno, far-se-á, pelo menos, em 2 (duas) sessões consecutivas; c) encerrada a discussão, proceder-se-á à votação, salvo se houver emendas, caso em que serão encaminhadas à Comissão Mista para, sobre elas, opinar; d) publicado o parecer sobre as emendas será a matéria incluída em fase de votação, na Ordem do Dia da sessão que se realizar 48 (quarenta e oito) horas depois; e) aprovado com emendas, voltará o projeto à Comissão Mista para elaborar a redação do vencido; e f) o projeto será incluído em Ordem do Dia, para discussão, em segundo turno, obedecido o interstício de 48 (quarenta e oito) horas de sua aprovação, sem emendas, em primeiro turno, ou da publicação do parecer da Comissão Mista, com redação do vencido. § 1º A tramitação na Casa revisora obedecerá ao disposto nas alíneas "a" a "e" deste artigo. § 2º Voltando o projeto à Câmara iniciadora, com emendas, será ele instruído com o parecer sobre elas proferido em sua tramitação naquela Casa.

[466] Elaborado pelo Governo Federal através das equipes técnicas do Ministério das Cidades, seu teor foi apresentado à sociedade através de "audiências públicas" realizadas nas principais capitais no decorrer de 2004. E a primeira crítica que fazemos diz respeito à forma como foram encaminhadas tais audiências, eis que poucas pessoas tiveram acesso às mesmas e as que conseguiram assisti-las, figuraram como meras expectadoras, pois suas considerações sequer foram apreciadas. Trataram-se, a bem da verdade, de "audiências pró-forma", com o único escopo de suprir uma exigência legal, mas não o verdadeiro objetivo do instituto, que é a consulta e participação popular (Sobre participação popular e exercício da democracia direta veja-se, sobretudo: BOBBIO, Norberto. *Il futuro della democrazia*. Torino: Giulio Einaudi, 1984 e BONAVIDES, Paulo. *Teoria Constitucional da Democracia Participativa*: por um direito Constitucional de luta e resistência, por uma nova hermenêutica, por uma repolitização da legitimidade. 2. ed. São Paulo: Malheiros, 2003b). Dito projeto, deveras extenso, apresentava uma série de equívocos e, se fosse aprovado sem alterações substanciais, agravaria ainda mais a crise do setor. Em nosso entendimento, tratava-se de uma lei extensa, com dispositivos repetitivos e conflitantes, que pretendia esvaziar a competência dos Estados, criando uma estrutura burocrática, inflada e desnecessária.

resses dos entes federados e das diversas categorias envolvidas, é que a aprovação da Lei 11.445 pode ser considerada positiva.

Não estamos, por certo, ignorando os aspectos negativos e/ou problemáticos, que são gravíssimos e comprometedores, mas apenas reconhecendo o avanço obtido com a transposição deste grande obstáculo que foi editar o marco regulatório após quase 20 anos de vazio mormativo.

Necessário destacar, por outro lado, que a análise que faremos será um tanto quanto superficial e prospectiva, pois ainda é cedo para verificarmos empiricamente os efeitos produzidos pela nova Lei, seja porque estamos em fase de transição, seja porque o próprio Executivo reconhece a necessidade de editar outra norma para melhor regulamentá-la.[467]

Passemos, de imediato, à análise.

3.7.1. Pontos relevantes e polêmicos do marco regulatório do setor de saneamento

3.7.1.1. A questão da competência

A Lei 11.445/07, ao contrário do que grande parte do setor esperava, não colocou um ponto final na disputa entre Estados e Municípios acerca da titularidade para a prestação/delegação dos serviços públicos de saneamento básico. Este foi, aliás, um dos pontos onde não houve acordo, sendo que os interessados deixaram a decisão para o Supremo Tribunal Federal, por ocasião do julgamento da ADI n° 1842/RJ, já citada anteriormente aqui neste estudo e que tramita perante a Corte Suprema há quase dez anos, ou seja, desde junho de 1998.

Por certo, a preocupação tem sentido. A sensação preliminar é a de que o "marco regulatório" não serviu para os fins pretendidos, deixando de esclarecer o principal ponto que impediu investimentos até o momento, qual seja, a determinação de quem é o titular do direito e, portanto, com quem os contratos devem ser firmados.

Mas uma análise mais acurada permite concluir que a opção adotada (de cláusulas gerais contendo apenas a expressão "titular do serviço") ainda é melhor do que a atribuição incorreta de competências a um ente federado (Municípios) em detrimento de outro (Estados), pois era justamente isso que o PL 5.296/2005 pretendia fazer ao atribuir aos Municípios a titularidade exclusiva para prestação/delegação dos serviços de saneamento básico sobre as regiões metropolitanas, aglomerados urbanos e microrregiões, permitindo que se unissem em consórcios

---

[467] A minuta de regulamento da Lei 11.445/2007 encontra-se disponível no seguinte endereço: <www.snis.gov.br/arquivos_pmss/16_POLITICA_SANEAMENTO/070806_Regulamento_consolidado.pdf>, Acesso em 20 Out 2007.

à revelia dos Estados.[468] A postura do executivo naquele momento, ao tentar violar gravemente à Constituição, usurpando competência de um ente federativo em favor de outro,[469] não estava em harmonia com os novos paradigmas do Direito Público defendidos com afinco neste ensaio e, se mantida, acarretaria um grande custo social.[470]

Assim, a opção adotada pelo legislador na redação da Lei 11.445, ainda que não tenha sido a melhor, está em perfeita sintonia com o conceito doutrinário anteriormente citado, flexível o suficiente para permitir as adaptações que se fizerem necessárias, mas sem ferir o interesse público (aqui entendida a preservação da

---

[468] A distinção entre serviço de saneamento básico de interesse local e de interesse integrado incluída na versão final do Projeto de Lei 5296 não é suficiente para acabar com a polêmica. Isto porque, ao utilizar a expressão "serviços integrados", pretendeu não reconhecer a competência do Estado, mas atribuí-la ao consórcio formado pelos municípios integrantes da região metropolitana. Vale transcrever os dispositivos: IX – serviços públicos de saneamento básico de interesse local: a) o sistema de manejo de águas pluviais, ou a parcela dele que receba contribuições exclusivamente de um Município; b) quando destinado a atender exclusivamente um Município, qualquer dos seguintes serviços: 1. a captação, a adução de água bruta ou tratada, o tratamento de água e a reservação para abastecimento público; 2. a interceptação e o transporte, o tratamento e a destinação final de esgotos sanitários; e 3. o transbordo e transporte, o tratamento e a disposição final de resíduos sólidos urbanos; c) em qualquer caso: a distribuição de água, a coleta de esgotos sanitários, a varrição, a capina, a limpeza e a poda de árvores em vias e logradouros públicos, a coleta e a triagem, para fins de reaproveitamento, reuso ou reciclagem, de resíduos sólidos urbanos e a microdrenagem; X – serviços públicos de saneamento básico integrados: os serviços públicos de saneamento básico não qualificados como de interesse local;

[469] Essa intenção vem esposada na justificativa que antecede o projeto (ou seja, na exposição dos motivos), valendo transcrevê-la: "Porém, evidentemente, o projeto de lei a ser enviado ao Congresso consolida uma posição, pois do contrário seria até inviável tecnicamente se instituir as diretrizes para os serviços públicos de saneamento. E essa posição do Governo Federal já é conhecida: os serviços de saneamento ambiental possuem como protagonista o Município. Reconhecer o Município como protagonista, como o titular dos serviços de saneamento básico é, portanto, um dos princípios fundamentais da política de saneamento do Presidente Lula. Claro que se espera que seja respeitada a competência municipal e, nos casos de Municípios localizados em regiões metropolitanas, que se preveja que os serviços municipais estejam sujeitos à legislação dos Estados-membros, sem que seja afetada a titularidade dos serviços. A competência dos Estados em legislar sobre a integração de um serviço não se confunde com a titularidade deste mesmo serviço. Num paralelo: a União federal legisla sobre as licitações, mas isso não significa que ela é titular, aquela que concretamente promove, todas as licitações. Assim, entende-se que os Estados, tendo em vista a necessidade de integrar os serviços, podem legislar sobre como os Municípios devem prestar os serviços de saneamento básico, mas não podem substituir os Municípios na competência sobre os serviços, especialmente nas competências de estabelecer a regulação e as tarifas. Fica clara, dessa forma, a posição de que a questão da competência sobre os serviços é questão constitucional, e o que deve ser respeitado é o estabelecido no texto da Constituição de 1988, que não deixa dúvidas quanto à titularidade municipal. Caso a polêmica persista, prejudicando o desenvolvimento e os investimentos nos serviços de saneamento ambiental, será necessário, então, alterar-se o texto da Constituição por meio de Emenda Constitucional, que venha a solucionar definitivamente a questão, não deixando qualquer dúvida de que a competência dos serviços pertence aos Municípios." (BRASIL, [2004]).

[470] SUNDFELD, Carlos Ari. *Anteprojeto de Lei da Política Nacional de Saneamento Ambiental: versão de 08 de Junho de 2004: análise crítica*. São Paulo: Sabesp, 2004. Disponível em: <http://www.sabesp.com.br/p_saneamento/política_nac_saneamento.htm>. Acesso em: 05 jan. 2005. Segundo o jurista, "[...] há previsão, no texto do Anteprojeto, para que o regulamento federal disponha sobre modelos de contrato de fornecimento de serviços públicos, normatização de consultas e audiências públicas, instrumentos de regulação de referência, normas relativas às condições de delegação e prestação do serviço, meios de avaliação da eficiência e da qualidade do serviço, diretrizes e parâmetros técnicos para fixação de cálculo de valores da tarifa, modelos de sistemas de composição e estruturação tarifária e aspectos técnicos e operacionais das obrigações dos integrantes do SISNASA. É possível concluir, em virtude disso, que o Anteprojeto de Lei não tem o objetivo de 'municipalizar', mas sim, de 'federalizar' os serviços de saneamento básico, concentrando poder na União e excluindo os Estados das atividades ligadas ao setor. Esta tentativa é flagrantemente inconstitucional, na medida em que viola a autonomia administrativa e de auto-organização dos demais entes federados (arts. 18, 25 e 30 da CF)".

unidade da Constituição Federal). Até porque não existe, de fato, conflito de competências em matéria de saneamento, e sim, disputa partidário-ideológica, e é esta que, ao fim e ao cabo, acaba obstaculizando o desenvolvimento do país, conforme posicionamento que reiteradamente esposamos ao longo deste estudo.

Como vimos anteriormente, as normas constantes na Carta Magna não deixam dúvidas acerca da competência Estadual para prestar ou conceder serviços públicos essenciais de interesse comum sobre as regiões metropolitanas, aglomerados urbanos e/ou microrregiões, conforme art. 25, § 3º CF/88. Este é, por sinal, um dispositivo-chave para garantir a preservação do princípio federativo – um dos fundamentos maiores da República Brasileira – instituído pelo art. 1º, *caput* do mesmo diploma legal.

A doutrina também é majoritária no sentido de reconhecer este direito ao Estado,[471] assim como nossos Tribunais o fazem, conforme demonstram as várias ementas outrora colacionadas,[472] e não poderia ser de outra forma, já que o Texto Maior assim o estabelece.

Apenas para constar, vale registrar o caso da PROLAGOS, onde o Estado do Rio de Janeiro, juntamente com sua Companhia Estadual de Saneamento (a CEDAE), celebrou acordo com oito municípios e protagonizaram, todos juntos, o primeiro caso de concessão de serviços de saneamento firmado no âmbito de uma região metropolitana. Todos ganharam. Mesmo sem um marco institucional vigente, e ainda que os resultados da concessão até agora não sejam os melhores, pelo menos a consecução do procedimento deu-se de forma correta, harmoniosa entre os entes federados (respeitando-se a Carta Magna) e preservando-se o interesse público mediante união de vontades.

Destarte, a falta de determinação expressa no texto da Lei 11.445 acerca da titularidade sobre a prestação dos serviços de saneamento básico, em nosso entendimento, não prejudica o marco regulatório a ponto de torná-lo sem efeito prático, até porque seguiu a linha da normatividade mínima, com cláusulas gerais adaptáveis, sem descurar da preservação e primazia do interesse público.

3.7.1.2. As lacunas legais e a necessidade de regulamentação

Para que o texto final fosse aprovado, os diversos interessados precisaram fazer concessões mútuas, pinçando os pontos convergentes e deixando de fora aqueles objetos de maior divergência, onde o acordo não foi possível. Mas mesmo sendo fruto de composição acertada com a própria base governista, o Presidente

---

[471] Veja-se, dentre outros, BARROSO, 2003; ALVES, Alaôr Café. Regiões metropolitanas, aglomerações urbanas e microrregiões: novas dimensões constitucionais da organização do Estado brasileiro. *Revista de Direito Ambiental*, São Paulo, ano 6, n. 21, p. 57-82, jan./mar. 2001; SCHIRATO, 2004.
[472] Veja-se decisões arroladas nas notas de rodapé nºs 169 a 172.

da República acabou por efetuar 15 vetos ao texto final,[473] alguns dos quais considerados essenciais para a realização de investimentos no setor.

Além disso, a Lei não fixou prazos para que os Estados e Municípios procedessem às alterações e inovações legislativas necessárias, deixando de regulamentar adequadamente o período de transição.

Com o objetivo de esclarecer esses dispositivos o Governo anunciou, através do Secretário de Saneamento do Ministério das Cidades, que está preparando um Decreto[474] para regulamentar a referida Lei, mas inclusive esta iniciativa tem sido contestada, pelo menos em relação à "forma jurídica" pretendida. É que a Lei 11.445 não prevê a sua própria regulamentação por "decreto", razão pela qual a sua adoção seria "juridicamente frágil".[475] Mais frágil ainda seria a opção por uma portaria ou instrução normativa, considerados instrumentos inferiores ao decreto na hierarquia das normas.

De qualquer sorte, a discussão sobre os pontos não acordados (e agora também sobre os artigos vetados) permanecerá, tanto na seara política quanto na judicial, assim como os efeitos práticos deste marco regulatório somente poderão ser apreciados com o decurso do tempo, até porque enfrentaremos ainda um período de transição, com regras próprias.

E é justamente aqui que reside outro ponto polêmico, pois a Lei 11.445 condicionou a celebração de novos contratos, bem com a liberação de recursos públicos para investimentos à elaboração de um plano de saneamento básico (Estadual e Municipal, no âmbito de suas competências), bem como à fixação de regras locais de regulação e à indicação de agência reguladora, sem, contudo, determinar um prazo para que isso ocorresse.

Assim, municípios como Florianópolis, que firmaram recentemente convênios com as Companhias Estaduais de Saneamento, temem não receber as verbas destinadas pelo PAC (Programa de Aceleração do Crescimento do Governo Federal) porque a modalidade contratual adotada é precária e, por isso, vedada pelo art. 10 da Lei em comento, sem falar nos procedimentos prévios de audiências públicas (agora cogentes) e aprovação de planos de saneamento básico e indicação de órgãos reguladores, que a maioria não observou.[476]

Necessária, assim, a regulamentação do período de transição, bem como a fixação de prazo para que os Estados e Municípios possam se adaptar às novas regras.

---

[473] BRASIL. Mensagem n° 9, de 05 de janeiro de 2007. Brasília: Presidência da República, 2007. Disponível em <http://www.planalto.gov.br/ccivil_03/_Ato2007-2010/2007/Msg/VEP-09-07.htm>. Acesso em: 23 set 2007.

[474] Conforme citado anteriormente, a minuta deste decreto encontra-se disponível no seguinte site: <www.snis.gov.br/arquivos_pmss/16_POLITICA_SANEAMENTO/070806_Regulamento_consolidado.pdf>, e contém 81 artigos. Acesso em 20 Out 2007.

[475] Veja-se IZAGUIRRE. Mônica. Governo vai ajustar lei de saneamento com decreto. Reportagem publicada em < http://clipping.planejamento.gov.br/Noticias.asp?NOTCod=338761>, acesso em 23 set. 2007.

[476] SILVA, Felipe. Saneamento não está garantido. Artigo disponível no seguinte endereço eletrônico: <http://floripamanha.org/weblog/2007/1921/> acesso em 23 Set 2007.

3.7.1.3. A questão das subvenções

Um dos vetos presidenciais que causou maior polêmica refere-se ao art. 54,[477] ora transcrito:

> Os investimentos feitos em ativos permanentes imobilizados de serviços públicos de saneamento básico, com recursos próprios dos titulares ou dos prestadores, ou com recursos originários da cobrança de tarifas, poderão ser utilizados como créditos perante a Contribuição para o Financiamento da Seguridade Social – COFINS e a Contribuição para o Programa de Integração Social e de Formação do Patrimônio do Servidor Público – PIS/PASEP.

Segundo consta na mensagem presidencial, o veto se deu por recomendação dos Ministérios do Trabalho e da Fazenda, que argumentaram importar a medida em desoneração adicional de tributos, sendo que essa, além de ferir a Lei de Responsabilidade Fiscal, acabaria por comprometer a capacidade de investimento da União e geraria riscos para o cumprimento das metas fiscais relativas ao pagamento da dívida pública.

Tal justificativa, contudo, não foi convincente para os investidores (especialmente públicos), pois essa subvenção havia sido objeto de acordo no Congresso e era considerada ponto crucial para a aprovação da Lei, tendo em vista que a redução de impostos permitiria o investimento expressivo em obras visando à universalização do serviço de saneamento básico para a população, beneficiando especialmente a mais carente.[478]

Estranhamente, o governo acabou por vetar outro dispositivo (art. 50, § 7°) que proibia a utilização de recursos do FGTS e do FAT em casos de concessões outorgadas de forma onerosa, permitindo assim que as empresas privadas tenham acesso a esses recursos públicos considerados "baratos".

Ora, a posição governamental, em nosso juízo, acabou por prejudicar as companhias públicas (a maioria deficitárias e que geralmente celebram contratos de concessão não-onerosas) e privilegiar os investidores privados, possibilitando que esses tenham acesso a verba pública para financiar o investimento que deveria ser realizado com aporte de capital próprio.

Além disso, pouco tempo após o veto, o Presidente anunciou o Programa de Aceleração do Crescimento (PAC), com novas medidas de desoneração tributária para diversos setores (alguns não tão necessitados quanto o do saneamento básico), implicando em renúncia fiscal da ordem de R$ 6 bilhões.[479]

---

[477] Nesse sentido se pronunciou Marcos Thadeu ABICALIL, consultor da Associação das Empresas Brasileiras de Saneamento Básico Estaduais (AESBE), no 1° seminário brasileiro sobre a Política Nacional de Saneamento Ambiental, realizado em Belo Horizonte, *sic*: "Os 15 vetos presidenciais à lei surpreenderam o setor, pois representaram uma quebra de acordo. Os principais vetos se referem a dispositivos que reduziriam a carga tributária do setor, reduzindo seus custos e ampliando a capacidade de investimento das empresas. (...)". Notícia intitulada "Belo Horizonte sedia primeiro seminário brasileiro sobre a Política Nacional de Saneamento Ambiental", disponível em <http://www.revistafatorbrasil.com.br/ver_noticia.php?not=9589>, acesso em 30 set. 2007.

[478] OLIVEIRA, Ribamar. Lula veta FGTS para o saneamento. Economia – 09/01/2007. Notícia disponível em <http://www.cbic.org.br/mostraPagina.asp?codServico=1500>, acesso em 23 Set 2007.

[479] Idem.

Por isso nos parece frágil a tese utilizada para fundamentar o veto, mormente porque o mesmo governo anunciou que gastará cerca de R$ 8 bilhões (inicialmente) com obras específicas para abrigar a Copa do Mundo de Futebol. Mas para isso existe uma explicação histórica e cruel: é melhor manter o povo alienado, entretido com jogos de futebol, entorpecido pela euforia de um esporte que une a todos os brasileiros, dos mais miseráveis aos mais ricos, e os fazem, ainda que por um curto espaço de tempo, sentirem-se iguais, do que investir em infra-estrutura básica, em saneamento, em educação, pois isso colocaria em risco a permanência no topo da pirâmide política/social/econômica daqueles que sempre foram "os donos do poder",[480] e sempre pensaram somente em seus próprios interesses, jamais no da população.

Não é demais lembrar que o setor de saneamento básico necessita de um aporte muito grande para sanar as necessidades da população e, com isso, alcançar os objetivos do milênio traçado pela ONU, e que esses oito bilhões de reais a serem gastos com a Copa do Mundo representam muito mais do que o investimento realizado no setor de saneamento básico nos últimos três anos (aproximadamente R$ 6,2 bilhões, o que dá uma média de pouco mais de R$ 2 bilhões por ano).[481] E isso é vergonhoso!

3.7.1.4. A questão dos subsídios e a (in)constitucionalidade da previsão de interrupção do fornecimento por inadimplência

O Capítulo VI do marco regulatório do setor de saneamento básico, que trata "dos aspectos econômicos e sociais", contém disposições contrastantes, senão vejamos:

O ponto positivo está na previsão de adoção de subsídios tarifários e não tarifários "para os usuários e localidades que não tenham capacidade de pagamento ou escala econômica suficiente para cobrir o custo integral dos serviços" (art. 29, § 2º). Regulamentados no art. 31, inciso I, II, e III, os subsídios podem ser, ainda, diretos (quando destinados a usuários determinados) ou indiretos (quando destinados ao prestador dos serviços), internos (a cada titular) ou cruzados (entre localidades, nas hipóteses de gestão associada e de prestação regional).

Situação exatamente oposta era a prevista no PL 5296/05, cuja redação pretendia acabar com os subsídios cruzados,[482] prática que permitia (e ainda permite)

---

[480] Sobre o tema, indispensável é a leitura de FAORO, Raymundo. *Os Donos do Poder: formação do patronato político brasileiro*. Porto Alegre: Globo, 1976.

[481] Veja-se "Balanço de três anos do Governo Lula", disponível em http://www.recid.org.br/index2.php?option=com_content&do_pdf=1&id=118, acesso em 16 nov 2007.

[482] Entende-se por subsídios cruzados as compensações financeiras que as prestadoras fazem entre os municípios contemplados com a sua prestação, o que permite que o dinheiro arrecadado em municípios mais portentosos, sirva para viabilizar os serviços nos municípios mais carentes. O Projeto de Lei em debate dividiu os subsídios cruzados em interno e externo, proferindo as seguintes definições: Art. 2º, Art. XIX – subsídios cruzados internos: aqueles que se processam internamente à estrutura de cobrança pela prestação de serviços de mesma natureza no território de um só Município, do Distrito Federal ou na área de atuação de um determinado consórcio

às Companhias Estaduais estender os serviços de saneamento básico aos municípios mais carentes, onde a arrecadação é insuficiente para este fim. A norma prevista no art. 73 condicionava a utilização desses subsídios à formação de um consórcio público entre os Municípios que seriam beneficiados pelo sistema, de sorte que as Companhias Estaduais só poderiam adotá-los se o Estado fizesse parte do mencionado consórcio. Como se não bastasse, esses subsídios somente poderiam voltar a ser praticados depois de decorridos cinco anos de vigência da Lei,[483] o que nos faz questionar o propósito e a coerência de tal regra. Não foi sem motivos que grande parte dos segmentos ligados ao saneamento básico fizeram intensa pressão política para que tal norma não fosse aprovada.[484] [485]

Por outro lado, não podemos deixar de consignar nossa irresignação com a redação conferida ao art. 40, V, da Lei 11.445, que prevê a possibilidade de suspensão do serviço em caso de inadimplemento por parte do usuário. Mais, a redação do § 3º acaba permitindo, inclusive, *a interrupção ou restrição em estabelecimentos de saúde, instituições educacionais e de internação coletiva, bem como a usuários residenciais de baixa renda beneficiários de tarifa social*, desde que observados prazos e critérios que preservem as condições mínimas de manutenção da saúde das pessoas envolvidas.

---

público; XX – subsídios cruzados externos: aqueles que se processam mediante transferências ou compensações financeiras de recursos originados de: a) remuneração pela prestação de serviços: 1) de mesma natureza, em territórios maiores que o de um Município ou que a área de atuação de consórcio público; 2) de naturezas diferentes; b) auxílios ou subvenções destinados aos serviços por órgãos ou entidades que não integram a administração direta ou indireta do titular.

[483] Dizia o art. 80 do Anteprojeto de Lei sobre Saneamento Básico que "A partir do quinto exercício financeiro, contado do que se seguir à publicação desta Lei, os serviços públicos de saneamento básico poderão admitir subsídios cruzados externos exclusivamente na hipótese de gestão associada instituída por consórcio público em que participem todos os Municípios interessados". O atual art. 73 tem a seguinte redação: "A partir do quinto exercício financeiro, contado do que se seguir à publicação desta Lei, os serviços públicos de saneamento básico não poderão admitir subsídios cruzados externos que não estejam disciplinados conforme as suas diretrizes". Ora, ainda que a atual redação não tenha vinculado a prática do subsídio cruzado externo expressamente à formação do consórcio público, como no dispositivo anterior, ao condicionar sua prática ao cumprimento das diretrizes gerais esposadas nesta Lei nada mais fez do que reeditar o conteúdo daquele artigo, só que de forma mascarada.

[484] SUNDFELD, 2004. Diz o jurista: "Outra norma claramente danosa às Companhias Estaduais de saneamento é aquela segundo a qual a única possibilidade de adoção de subsídios cruzados entre Municípios, a partir do quinto exercício financeiro contado do que se seguir à publicação da Lei, será a instituição, pelos mesmos, de consórcio público para a gestão associada do serviço. Este dispositivo implode um dos pilares do modelo econômico das Companhias Estaduais, que somente poderão continuar a se valer da prática de subsídios cruzados caso o Estado participe do consórcio público".

[485] FÓRUM NACIONAL DOS SECRETÁRIOS ESTADUAIS DE SANEAMENTO. *Carta ao Ministro das Cidades*. Porto Alegre: SOPS, [2005]. Disponível em: <http://www.sops.rs.gov.br>. Acesso em: 11 nov. 2004. Conforme referido no documento "Esse Anteprojeto de Lei apresenta diversos pontos de duvidosa constitucionalidade e de não observância da distribuição constitucional das competências dos entes federados. [...] As funções constitucionais dos Estados seriam substituídas por um novo arranjo federativo, baseado em consórcios municipais, o que contraria, flagrantemente, a Constituição Federal. Consórcios, em serviços públicos, são formados por vontade dos entes consorciados, para aproveitar vantagens de uma associação. Serviços comuns, como os integrados de saneamento básico, são imposições da realidade urbana (atender à população das cidades, sejam elas dispersas no território ou aglomeradas) e natural (ausência ou insuficiência de recursos hídricos), são uma obrigação do Estado, não podem depender da vontade de um ou outro ente, posto que são comuns a todos".

Por tudo o que já foi dito aqui neste estudo, ainda que haja controvérsia nos Tribunais Superiores, nos parece evidente a inconstitucionalidade dos dispositivos em comento, seja porque ferem cláusula pétrea da Constituição Federal, seja pelo alto grau de discricionariedade que conferem ao administrador/prestador do serviço.

E não se vá alegar que a intenção do legislador era a de evitar que "inadimplentes contumazes" mas com condições financeiras para o pagamento das tarifas continuassem a utilizar recursos tão preciosos às custas do restante da sociedade, pois a norma é clara ao permitir a interrupção ou restrição à usuários de baixa renda (beneficiários de tarifa social), estabelecimentos de saúde e instituições escolares, deixando de mencionar, por outro lado, os entes públicos! Ora, não podemos esquecer que os maiores inadimplentes de água e energia elétrica são os próprios municípios e estados, que utilizam os recursos, cobram da população, e não repassam o valor arrecadado para as prestadoras desses serviços.

3.7.1.5. A questão da regulação

Outro aspecto positivo da Lei 11.445/07 reside no capítulo destinado a "Regulação", muito embora o presidente tenha vetado o inciso V, do art. 3°, que a conceituava. Tal veto, todavia, não maculou os principais aspectos que deveriam restar positivados, senão vejamos:

O art. 21, I, previu expressamente a independência decisória, incluindo autonomia administrativa, orçamentária e financeira da entidade reguladora, essenciais para que cumpram seu papel na defesa das políticas públicas de Estado, formuladas para além dos governos. Já o inciso II previu a transparência, tecnicidade, celeridade e objetividade das decisões, que não deverão obedecer aos interesses de nenhuma das partes contratantes em particular, senão ao interesse público.

E embora o art. 23, § 1°, permita a delegação da regulação pelos titulares a "qualquer entidade reguladora constituída dentro dos limites do respectivo Estado", não cometeu a impropriedade de permitir à delegação desta tarefa aos consórcios públicos, como havia previsto o PL 5296. Imperioso mencionar que de acordo com as diretrizes elencadas na Seção IX deste último, seriam encarregados da regulação "órgão ou entidade de direito público do titular dos serviços ou de consórcio público de que participe".[486]

É essencial que o setor de saneamento conte com uma Agência Reguladora específica, independente, dotada de autonomia financeira e funcional. Como vi-

---

[486] Dispõe o art. 17 do mencionado Projeto: "A prestação de serviço público de saneamento básico deve ser objeto de regulação e de fiscalização permanente por órgão ou entidade de direito público do titular dos serviços ou de consórcio público de que participe". Ora, a impropriedade é evidente: a regulação deve ser exercida pelas Agências Reguladoras, entidades pertencentes à Administração Indireta, constituídas sob a forma de Autarquias Especiais, dotadas de autonomia financeira e independência, características indispensáveis para que possam realizar, de forma eficiente e imparcial, o controle sobre a atividade regulada. Por esta razão, não podemos admitir seja a tarefa regulatória exercida por consórcios públicos, cuja natureza jurídica não vislumbra a independência necessária.

mos, em setores onde a iniciativa privada atua – especialmente naquelas tendentes ao monopólio – tornam-se comuns os abusos tarifários. Por outro lado, muitas vezes o setor público deixa de cumprir a sua parte, colocando em risco a atividade da concessionária, de sorte que se faz necessário um órgão que possa, com independência e imparcialidade, mediar os conflitos e arbitrar soluções.

No âmbito dos Estados, essa tarefa precisa ser desempenhada por uma agência reguladora específica, podendo ser realizada por uma de caráter geral, como é o caso da AGERGS no Rio Grande do Sul. O importante, neste aspecto, é que a Agência tenha independência, autonomia e conhecimento técnico sobre a área que vai regular, para que possa exercer suas atividades sem sofrer constrangimentos por parte dos envolvidos, principalmente do poder executivo local, garantindo a credibilidade de suas decisões.

Para tanto, imprescindível se faz que os mandatos dos presidentes e conselheiros não coincidam com os mandatos dos governantes. É necessário, também, que as agências tenham recursos próprios capazes de garantir autonomia financeira, e legislação apropriada, com competências bem definidas, para evitar conflitos desnecessários e a sua viabilidade. As Agências Reguladoras devem constituir-se agências de Estado, e não de Governos, primando sempre pela concretização do interesse público.[487] Não obstante, o governador do Rio Grande do Sul tentou, em 1999, através da ADIn 1949-0, retirar a autonomia da autarquia estadual, o que felizmente foi repelido pelo Supremo Tribunal Federal.[488]

---

[487] No Brasil, existem os dois modelos de agências: a AAGISA (Agência de Águas, Irrigação e Saneamento), por exemplo, consta no *site* oficial do governo da Paraíba, como parte da administração direta, estando, portanto, vinculada, em sua essência, ao poder executivo local. Já a AGERGS foi criada para ser uma agência de Estado.

[488] EMENTA ADIN 1949-0/RS. AÇÃO DIRETA DE INCONSTITUCIONALIDADE (Med. Liminar) 1949 – O Tribunal, por maioria, vencido o Sr. Ministro Marco Aurélio, indeferiu o pedido de medida cautelar, no que toca à expressão "após terem seus nomes aprovados pela Assembléia Legislativa do Estado, contida no art. 7º, da Lei nº 10931, de 09/01/97, do Estado do Rio Grande do Sul, tanto na redação originária, como na alteração redacional procedida pelo art. 1º da Lei estadual nº 11292, de 23/12/98 . Votou o Presidente . Prosseguindo no julgamento, e após o voto do Sr. Ministro Sepúlveda Pertence (Relator), deferindo o pedido de medida cautelar, para suspender, até a decisão final da ação, a eficácia do art. 8º, da Lei Estadual nº 10.931 /97, na redação que lhe deu o art. 1º da Lei estadual nº 11292 /98, assim como na sua redação original, o julgamento foi suspenso em virtude do pedido de vista do Sr. Ministro Nelson Jobim. Ausentes, justificadamente, o Sr. Ministro Celso de Mello (Presidente), e, neste julgamento, o Sr. Ministro Sydney Sanches. Presidiu o julgamento o Sr. Ministro Carlos Velloso (Vice-Presidente) – Plenário, 08.4.1999. Prosseguindo no julgamento, o Tribunal, tendo em vista as objeções postas no voto do Senhor Ministro Nelson Jobim, que foram acolhidas, assinou prazo de dez dias para, querendo, aditar-se a inicial . Ausente, justificadamente, o Senhor Ministro Celso de Mello – Plenário, 27.10 1999. Prosseguindo no julgamento, o Tribunal, por unanimidade, indeferiu o pedido de medida liminar, no que toca à expressão após terem seus nomes aprovados pela Assembléia Legislativa do Estado contida no art. 7º, da Lei nº 10931, de 09/01/1997, do Estado do Rio Grande do Sul, tanto na redação originária, como na alteração redacional procedida pelo art. 001 º da Lei estadual nº 11292, de 23/12/1998. Votou o Presidente. Retificou o voto proferido anteriormente o Senhor Ministro Marco Aurélio. Em seguida, após os votos dos Senhores Ministros Sepúlveda Pertence (Relator) e Marco Aurélio, deferindo o pedido de medida liminar, para suspender, até a decisão final da ação, a eficácia do art. 8º, da Lei Estadual nº 10.931 /97, na redação que lhe deu o art. 1º da Lei Estadual nº 11292 /98, assim como na sua redação original, e do voto do Senhor Ministro Nelson Jobim, indeferindo a liminar, o julgamento foi suspenso por indicação do Senhor Ministro Relator. Ausentes, justificadamente, o Senhor Ministro Celso de Mello, e, neste julgamento, o Senhor Ministro Maurício Corrêa – Plenário, 11/11/1999. Concluindo o julgamento, o Tribunal, por maioria, deferiu o pedido de medida liminar, para suspender, até a decisão final da ação direta, a eficácia do art. 8º da Lei Estadual nº 10.931/97, de 09/01/97, na redação que lhe deu o art. 1º da Lei Estadual nº 11.292 /98, de 23/12/98, assim como na sua redação original, sem prejuízo

Importante consignar, nesta esteira, que tramita perante o Congresso Nacional um Projeto de Lei visando a disciplinar, de forma geral, todas as Agências Reguladoras. Trata-se do PL 3.337/2004, cujo conteúdo longe está de proporcionar a devida normatização a esses Entes essenciais.[489] Ao contrário, na mesma linha do PL 5296/2005, que visava instituir o marco regulatório do setor de saneamento e que acabou "contaminando" o texto definitivamente promulgado, se aprovado, dito projeto representará um enorme retrocesso, mormente porque retira das Agências a autonomia e independência por estas já conquistadas, essenciais para a garantia do equilíbrio entre as partes e para a proteção dos consumidores de serviços públicos.

3.7.2. A quem compete a regulação do setor no momento?

A Lei 9.433/97, instituidora da Política Nacional de Recursos Hídricos, criou, em seu artigo 32, o Sistema Nacional de Gerenciamento de Recursos Hídricos objetivando, dentre outros, o planejamento, a *regulação* e o controle do uso, da preservação e da recuperação dos recursos hídricos, conforme redação dada ao inciso IV. Também dispôs, em seu artigo 33, inciso I-A, que a Agência Nacional de Águas integra o Sistema Nacional de Gerenciamento de Recursos Hídricos, juntamente com o Conselho Nacional, os Conselhos Estaduais, os Comitês de Bacias, demais órgãos públicos federais, estaduais e municipais ligados à gestão dos recursos hídricos, bem como outras agências de águas (sobre essas, aliás, foi editada recentemente a Lei 10.881/04). Isto nos permite concluir que compete à ANA a regulação, em nível federal e em caráter geral, do sistema de saneamento, e às agências estaduais, a regulação em nível regional e local.

No Estado do Rio Grande do Sul, a *regulação* do setor ficou a cargo da AGERGS (Agência Estadual de Regulação dos Serviços Públicos Delegados do Rio Grande do Sul), por força do parágrafo único, letra "a" do artigo 3º da Lei 10.931/97, com redação modificada pela Lei 11.292/98. Cumpre destacar, porém,

---

de restrições à demissibilidade, pelo Governador do Estado, sem justo motivo, conseqüentes da investidura a termo dos Conselheiros da Agência Estadual de Regulação dos Serviços Públicos Delegados do Rio Grande do Sul – AGERGS, conforme o art. 7º da mesma lei, e também sem prejuízo da superveniência de legislação válida; vencido, em parte, o Senhor Ministro Marco Aurélio, que se limitava a suspensão da eficácia do art. 8º. Votou o Presidente. Retificou o voto anteriormente proferido o Senhor Ministro Nelson Jobim . – Plenário, 18/11/1999.

[A]DI 2095 MC / RS – RIO GRANDE DO SUL – MEDIDA CAUTELAR NA AÇÃO DIRETA DE INCONSTI-TUCIONALIDADE – Relator: Min. OCTAVIO GALLOTTI – Julgamento: 22/03/2000 Órgão Julgador: Tribunal Pleno – Publicação: DJ DATA 19/09/2003, P. 15. VOL. 02124-04, P. 698 EMENTA: Agência Estadual de Regulação dos Serviços Públicos do Estado do Rio Grande do Sul (AGERGS). Insuficiência de relevo jurídico da oposição que se faz à sua autonomia perante o Chefe do Poder Executivo (CF, art. 84, II), dado que não se inclui na competência da Autarquia função política decisória ou planejadora sobre até onde e a que serviços estender a delegação do Estado, mas o encargo de prevenir e arbitrar segundo a lei os conflitos de interesses entre concessionários e usuários ou entre aqueles e o Poder concedente. Serviço de saneamento. Competência da Agência para regulá-los, em decorrência de convênio com os Municípios.

[489] Trata-se do Projeto de Lei 3.337 de 2004, cujo texto integral encontra-se no site da Câmara dos Deputados: PODER EXECUTIVO. *PL-3337/2004*. Brasília: Câmara dos Deputados, 2004. Disponível em: <http://www2.camara.gov.br/proposicoes>. Acesso em: 20 dez. 2004.

que a regulação em nível local só poderá ser feita pelas agências estaduais se os municípios firmarem convênios com estas por escrito, nas formas da lei.

3.7.3. A atuação da ANA (Agência Nacional de Águas) na área do saneamento

Embora timidamente, a Agência Nacional de Águas (ANA) vem elaborando uma série de diretrizes e projetos para melhorar a prestação do serviço de saneamento em todo o País, com base no Sistema Nacional de Informações sobre Saneamento (SNIS) e em parceria com os Ministérios do Meio Ambiente, das Cidades e da Saúde. Um exemplo é o PRODES (programa de despoluição das bacias hidrográficas), pelo qual a Agência paga aos prestadores de serviço (públicos ou privados) pelos resultados obtidos, isto é, pelo esgoto tratado, ao invés de financiar obras e equipamentos.[490]

Contudo, esta atuação é bastante tímida, conforme constatamos outrora neste estudo, tendo o Ministério Público, por diversas vezes, provocado esta instituição a tomar providências na área do saneamento básico.[491]

3.7.4. A atuação da AGERGS na área do saneamento

A AGERGS, no Rio Grande do Sul, é um bom exemplo de desempenho regulador satisfatório nesta área de saneamento. Vale destacar que o seu Conselho Superior, em 27/10/1999, decidiu pela suspensão dos aumentos definidos pela Companhia Riograndense de Saneamento (Corsan) em setembro daquele mesmo ano. Tal reajuste chegou, em alguns casos, a 169%, causando clamor público e ampla divulgação na imprensa local, que o denominou de "tarifaço". A estatal,

---

[490] O que é o PRODES – PRODES – Programa Despoluição de Bacias Hidrográficas. O PRODES, também conhecido como "programa de compra de esgoto tratado", é uma iniciativa inovadora: não financia obras ou equipamentos, paga pelos resultados alcançados, pelo esgoto efetivamente tratado. O PRODES consiste na concessão de estímulo financeiro pela União, na forma de pagamento pelo esgoto tratado, a Prestadores de Serviço de Saneamento que investirem na implantação e operação de Estações de Tratamento de Esgotos (ETE), desde que cumprida as condições previstas em contrato. O Contrato de Pagamento pelo Esgoto Tratado é firmado pelo Governo Federal, por intermédio da ANA, diretamente com o Prestador do Serviço de Saneamento – entidade pública ou privada. A liberação dos recursos se dá apenas a partir da conclusão da obra e início da operação da ETE, em parcelas vinculadas ao cumprimento de metas de abatimento de cargas poluidoras, e demais compromissos contratuais. Nesse contrato são estipulados os níveis de redução das cargas poluidoras pretendidas com a implantação e operação da ETE, o valor do estímulo financeiro a ser aportado pela ANA, bem como o cronograma de desembolso. O valor do aporte financeiro da ANA é equivalente a 50% do custo do investimento da ETE, estimado pela ANA, tomando como base na Tabela de Valores de Referência. Apesar do Brasil ter historicamente subsidiado a construção de obras de saneamento, os resultados decorrentes das ações governamentais nesse campo, por vezes não tem alcançado os objetivos principais devido a concepções inadequadas, obras mal dimensionadas, preços elevados, sistemas mal operados, abandonados ou que nunca entraram em operação. Uma das razões do problema está no modelo de subsídio adotado, cujo foco é a obra. Quando se transfere este foco para os resultados, como propõe o PRODES, os problemas citados tendem a ser minimizados. ANA – AGÊNCIA NACIONAL DE ÁGUAS. *O que é o PRODES?* Brasília: ANA, [s.d.]. Disponível em: <http://www.ana.gov.br/prodes/prodes.asp>. Acesso em: 10 out. 2004.

[491] Veja-se nota de rodapé 183.

então, foi obrigada a cancelar o aumento e a devolver os valores exigidos a mais dos usuários durante o tempo em que a tarifa majorada foi aplicada.[492]

---

[492] Interessante, neste sentido, trazer à baila o voto do Conselheiro Revisor da AGERGS, DR. GILBERTO JOSÉ CAPELETTO: "1. Pela não homologação do reajuste tarifário de 16,78% solicitado pela CORSAN, equivalente a variação do IGP-M do período, aplicados ilegalmente pela empresa sobre o reajuste anterior de 23,02% nas contas de água e esgoto, já que o equilíbrio econômico financeiro dos termos de adesão da CORSAN com as Prefeituras não deve atrelar-se obrigatoriamente a este indexador, por não ser imposição contratual e por tornar letra morta a modicidade tarifária imposta pelas leis estaduais e federal de concessões e pela lei da AGERGS; 2. De igual forma pela não homologação do adicional de 6,24% a serem aplicados multiplicativamente ao reajuste de 16,78% apresentado no item 1; 3. Considerar pertinentes as glosas calculadas pela área técnica da AGERGS fls. 97 e 98, porém considerando-se a necessidade de correção do volume de água faturada utilizado nestes cálculos, nos termos apresentados nas considerações de mérito, estabelecendo-se como perda máxima de faturamento de água tolerável pela AGERGS, o valor de 41% obtido pela empresa em 1998, em conformidade com o documento SNIS/99, e não os 52% de perda considerados pelos técnicos; 4. Determinar a CORSAN a devolução dos valores cobrados a mais dos consumidores na próxima fatura de água; 5. Recomendar ao Poder Concedente (municípios) que revisem os atuais Contratos de Adesão, convertendo-os em Contratos de Concessão nos termos do artigo 175 da Constituição Federal, das Leis Federais nº 8987/95 e 9074/95 e das Leis Estaduais nº 10931/97, 10086/94 e 11705/98, sempre ouvindo os consumidores; 6. Recomendar ao Poder Concedente (municípios) que estudem a possibilidade de operação do abastecimento de água através da utilização do conceito de bacias, via consórcio dos municípios da bacia hidrográfica, implantando os indicadores de qualidade dos serviços e correspondentes metas (com ênfase inclusive na universalização dos serviços, em especial do esgotamento sanitário com a coleta e o correspondente tratamento); 7. Determinar a CORSAN que informe aos consumidores sem micro medição, nos termos do Código de defesa do consumidor, os direitos elementares que tem os mesmos de não serem injustamente penalizados pela empresa, por esta não cumprir sua obrigação de medir a quantidade de água consumida; 8. Informar à CORSAN que a AGERGS considerará para os cálculos anuais dos próximos reajustes tarifários uma perda máxima de água de 38,1% quando do cálculo de 2002; 33,7% para o cálculo de 2003; 29,3% para o cálculo de 2004; 25% para o cálculo de 2005 e 20% a partir de 2006; 9. Recomendar ao Poder Concedente (municípios) que implantem, nos Contratos de Concessão a serem firmados, regulação econômica mais moderna "price-cap" (preço teto máximo) ou "revenue cap" (receita máxima permitida), quando da obrigatória migração dos atuais Contratos de Adesão para Contratos de Concessão, com vistas a repartir os ganhos de produtividade da prestação dos serviços entre a operadora e os usuários. Caberá ao órgão regulador a revisão periódica dos valores de fator X de produtividade a ser repartido com os consumidores; 10. Determinar ao Diretor-Geral que: 10.1) disponibilize ao Poder Concedente (municípios) as informações existentes na AGERGS para a facilitar a migração dos atuais Contratos de Adesão para Contratos de Concessão; 10.2) informe ao CS/AGERGS, com base em parecer da área técnica, se de fato a mera conversão da concessionária CORSAN para autarquia poderia reduzir seus custos em até 40%, conforme informado na audiência pública de 10/09/2001; 10.2) examine e dê o devido provimento a todas queixas formuladas por usuários da CORSAN, através da FRACAB, emitindo notificações à concessionária quando pertinente; 10.3) apresentar ao CS/AGERGS proposta para atender sugestão da FRACAB com vistas a que previamente ao próximo reajuste de tarifa de água e esgoto sejam efetuadas audiências publicas regionalizadas; 10.4) solicitar que na pesquisa de opinião pública UFRGS/AGERGS seja coletada cientificamente a opinião dos consumidores da CORSAN sobre o subsídio cruzado praticado; 11. Determinar a CORSAN a suspensão imediata de tratamento não isonomico, referente a cobrança da taxa mínima, entre os consumidores sem medição e aqueles com medição, salvo se houver concordância por escrito dos consumidores sem medição, a maior parte deles penalizados por responsabilidade da empresa que não executa sua obrigação de instalar a medição; 12. Determinar a CORSAN que passe a cumprir a Lei estadual nº 11075/98, no que se refere a informar à AGERGS a evolução trimestral dos indicadores de qualidade dos serviços; 13. Determinar à CORSAN que apresente à AGERGS os custos de operação e demais custos incorridos nos serviços de água e esgoto desdobrado por município; 14. Determinar a DTEE: 14.1) Que utilizando-se dos documentos existentes no SNIS/PMSS/SEDU/PR, bem como no que for aproveitável do Plano de Contas do Setor Elétrico, apresente proposta preliminar de Plano de Contas de Saneamento, no prazo máximo de 120 dias, com vistas a discussão da matéria pela sociedade em audiência pública; 14.2) Verificar a adequabilidade das tarifas de esgoto e correspondente tratamento do mesmo às atuais tarifas praticadas, fazendo comparação com as referências nacionais e internacionais disponíveis; 15. Determinar a DQS que: 15.1) Elabore no prazo máximo de 120 dias minuta de Regulamento que estabeleça as condições gerais de fornecimento a serem observadas nos serviços de entrega de água potável, bem como recolhimento e tratamento do esgotamento sanitário, aplicadas aos correspondentes produtores e aos consumidores e concessionárias, com vistas a após as correspondentes discussões públicas apresentá-lo como sugestão da AGERGS ao Poder Concedente (Municípios); 15.2) Executar com apoio do

3.7.5. O controle dos Tribunais de Contas sobre o saneamento básico

Tanto o Tribunal de Contas da União, como os Tribunais de Contas dos Estados tratam de saneamento básico. Apenas para exemplificar, o TCU, recentemente, fez recomendações à Fundação Nacional de Saúde (Funasa) com o objetivo de contribuir para a melhoria de desempenho do Programa de Saneamento Básico (PSB).[493]

Ao realizar a auditoria, o Tribunal analisou o cumprimento dos critérios de elegibilidade e prioridade para contemplar os municípios, a sustentabilidade dos sistemas de saneamento implantados e o impacto do programa nos indicadores de saúde. Quanto à primeira questão, constatou a observância apenas parcial dos critérios estabelecidos, sendo que 29,4% dos municípios de maior prioridade não receberam recursos no exercício de 2001, enquanto 17,5% dos convênios firmados no mesmo ano atenderam municípios não-elegíveis. Dessa forma, o TCU verificou a necessidade de a Funasa reavaliar os critérios estabelecidos.

Em sede estadual, por conseguinte, tem-se o exemplo da investigação realizada pelo Tribunal de Contas do Estado do Rio de Janeiro (TCE RJ) sobre o Programa de Despoluição da Baía de Guanabarra, a pedido da Assembléia Legislativa local, em razão das várias irregularidades constatadas, dentre as quais destacam-se os atrasos nas obras, desvio de verbas, má qualidade dos serviços contratados, etc. Esses dois casos, que não são isolados, demonstram que os Tribunais de Contas tratam, sim, de saneamento básico.[494]

SNIS/PMSS/SEDU/PR fiscalização amostral da potabilidade da água fornecida pela CORSAN, nos pontos de entrega, em conformidade com sugestões efetuadas pelo revisor quando do exame de diversos processos de vistoria regulatória da CORSAN. (CAPELETTO, Gilberto José. *Processo n° 000.425-3900-AGERGS/01.0*: fundamentação do voto do revisor. Porto Alegre: AGERGS, 4 out. 2001. Disponível em: <http://www.agergs.rs.gov.br/resolucoes/cons_capel.htm>. Acesso em 15/10/04).

[493] *TCU faz recomendações para aprimorar Programa de Saneamento Básico*. O Tribunal de Contas da União (TCU) fez recomendações à Fundação Nacional de Saúde (Funasa) com o objetivo de contribuir para a melhoria de desempenho do Programa de Saneamento Básico (PSB). [...]. Ao realizar a auditoria, o tribunal analisou o cumprimento dos critérios de elegibilidade e prioridade para contemplar os municípios, a sustentabilidade dos sistemas de saneamento implantados e o impacto do programa nos indicadores de saúde. Quanto à primeira questão, constatou a observância apenas parcial dos critérios estabelecidos, sendo que 29,4% dos municípios de maior prioridade não receberam recursos no exercício de 2001, enquanto 17,5% dos convênios firmados no mesmo ano atenderam municípios não-elegíveis. Dessa forma, o TCU verificou a necessidade de a Funasa reavaliar os critérios estabelecidos. [...] Referente ao impacto provocado, foi possível constatar que o efeito do programa isoladamente é inferior ao obtido pela combinação com ações de saneamento de outros programas federais, em especial o programa de Saúde da Família e o Programa de Agentes Comunitários de Saúde, o que reforça os efeitos benéficos da integração das diversas ações de saneamento desenvolvidas pelo governo. O TCU recomendou ainda ao ministro de Estado da Saúde que estabeleça grupo de contato de auditoria, com a participação da Diretoria de Engenharia de Saúde Pública, da Gerência do PSB, do Centro Nacional de Epidemiologia e da Auditoria Interna da Funasa, bem como da Secretaria Especial de Desenvolvimento Urbano da Presidência da República, para atuar como canal de comunicação com o tribunal e para acompanhar a implementação das recomendações, a evolução dos indicadores de desempenho e o atingimento das respectivas metas. TC-005.084/2002-0, Plenário. (TRIBUNAL DE CONTAS DA UNIÃO. *TCU faz recomendações para aprimorar Programa de Saneamento Básico*. Brasília, [s.d.]. Disponível em: <http://www.tcu.gov.br>. Acesso em 28/07/04).

[494] *Programa de Despoluição da Baía de Guanabara está sendo investigado pelo TCE*. A Comissão de Defesa do Meio Ambiente da ALERJ solicitou ao presidente do TCE (Tribunal de Contas do Estado do Rio de Janeiro), no final de 1999, a realização de Auditoria Especial Técnica e Financeira do PDBG (Programa de Despoluição da Baía de Guanabara), especialmente das obras realizadas entre 1995 e 1998, pela administração estadual ante-

3.7.6. A regulação do setor no direito comparado

O saneamento básico tem encontrado diferentes enfoques jurídicos no direito comparado. Muitos países do primeiro mundo mantêm 100% da sua prestação totalmente sobre o domínio público, como por exemplo Irlanda, Bélgica, Canadá, Grécia, Dinamarca, Áustria, Luxemburgo, Países Baixos e Japão.[495] [496] Outros, como França e Inglaterra, privatizaram quase a totalidade dos seus serviços de abastecimento de água e esgotamento sanitário.[497] Há, ainda, países que entregaram apenas parte dos seus serviços de saneamento à iniciativa privada: é o caso, por exemplo, da África, da Argentina[498] e do Brasil.

Dentre os que privatizaram totalmente e os que o fizeram de forma parcial, não existe um padrão de modelo regulador. A França, por exemplo, possui *Agências de Água* que são "[...] estabelecimentos administrativos dotados de personalidade civil e de autonomia financeira",[499] mantendo o perfil das agências reguladoras independentes comentadas no final do capítulo anterior. Estes órgãos são encarregados de mediar os conflitos e arbitrar soluções, devendo, ainda, coletar as *redevances* e redistribuí-las nas bacias.[500]

---

rior, tendo em vista os indícios de desperdício de recursos públicos e da existência de obras mal feitas e de baixa qualidade. Todas as obras do PDBG, especialmente as do componente saneamento básico, sofreram atrasos em média de 2 anos, o que compromete a qualidade de vida de milhares de pessoas, além de agravar os problemas sociais e ambientais nesta bacia hidrográfica. Estes atrasos foram constatados em documentos oficiais e cronogramas do governo. Faltou, na gestão anterior, um planejamento integrado às ações das prefeituras municipais que poderiam ter contribuído para a melhoria ambiental da Baía de Guanabara através de obras complementares. É o caso da rede de drenagem de águas pluviais, que não foi realizada pelo PDBG – nem pelas prefeituras beneficiadas por este programa. [...] Não foram executados os Planos Diretores das 3 Unidades de Conservação incluídas na primeira fase do Programa: Parque Estadual da Serra da Tiririca (Niterói), Estação Ecológica do Paraíso (Magé) e APA Gericinó-Mendanha. Continuam em atividades todos os "lixões" anteriormente existentes no entorno da Baía de Guanabara, que lançou chorume e detritos nas águas e manguezais. Quanto ao componente resíduos sólidos, que previa a implantação de 3 usinas de lixo com 3 incineradores de lixo hospitalar, nenhum destes equipamentos foi concluído e colocado em operação, até o momento. Sobre as obras de macrodrenagem, há questionamentos técnicos sobre os seus resultados devido à formação de "deltas estuarinos" nas bacias hidrográficas dragadas. Questiona-se, ainda, a dependência tecnológica estrangeira a que se submeteu o PDBG. Uma vez que, é de conhecimento público, a existência de um renomado parque tecnológico e científico nas universidades públicas brasileiras sediadas no entorno da Baía de Guanabara, como a UERJ, UFF, UFRJ e UFRURAL, que participaram de forma marginal, sendo subaproveitadas. [...]. (ASSEMBLÉIA LEGISLATIVA DO ESTADO DO RIO DE JANEIRO. *Programa de Despoluição da Baía de Guanabara está sendo investigado pelo TCE*. Rio de Janeiro, [s.d.]. Disponível em: <http://www.alerj.rj.gov.br/>. acesso em 28/07/04).

[495] Conforme publicação de responsabilidade do editorial do IDEC (SERVIÇOS, 2000).

[496] Conforme: TOVAR, Luisa. *A privatização dos serviços de água*. [S.l.]: resistir.info, 11 jun. 2003. *Disponível em*: <http://resistir.info/agua/serv_agua.html>. Acesso em 23/08/04.

[497] MACHADO, 2002.

[498] Ibidem.

[499] Idem, p. 120.

[500] Ibidem. Pelo que se depreende do relato do autor, as "redevances" são espécies de taxas pagas pelos agricultores e industriários que poluem os mananciais. É uma espécie de aplicação do princípio do poluidor pagador, pelo que destacamos a seguinte passagem: "Afirma o professor Jean-Jaques Gouguet: 'O essencial dos recursos das Agências de Bacia constitui-se de redevances exigidas das pessoas públicas ou privadas, que utilizam os recursos. Essas redevances devem ser analisadas através de um duplo ponto de vista: primeiro, em relação ao nível das redevances, é preciso reconhecer-se que elas não são verdadeiramente incitativas. Isso coloca o problema da verdade dos preços. No momento, os industriais e os agricultores contentam-se em praticar um direito de poluir. No segundo ponto de vista – o aspecto qualitativo – seria interessante diversificar o sistema de redevances: a).

No sistema inglês, por sua vez, duas agências diferentes são encarregadas de regular os serviços de saneamento básico: uma concernente ao aspecto econômico e outra, ao aspecto qualitativo da prestação dos serviços. A primeira, denominada de Office of Water Services (OFWAT), existe desde 1989, consistindo em um órgão independente cuja função primordial é estabelecer tarifas e incentivar a competição entre as companhias prestadoras,[501] garantindo que as mesmas aufiram lucro razoável e, ao mesmo tempo, que cumpram os programas de investimento. A segunda é exercida pela Inspetoria de Água Potável (Drinking Water Inspectorate – DWI), existente desde 1990. Inicialmente, este órgão estava vinculado à Secretaria do Meio Ambiente, restando a este subordinado. Posteriormente, adquiriu independência, sendo que desde 1996 divide suas tarefas com outra agência, a Environment Agency (EA). Suas principais atribuições consistem em controlar a qualidade da água, monitorando-a diuturnamente, preservando os direitos dos consumidores. Tais órgãos são encarregados, ainda, de implementar as normas da Comunidade Européia sobre águas, sendo que seus relatórios têm forte impacto na regulação econômica.[502]

Embora pareça eficaz, o modelo de regulação inglês passou por diversos ajustes ao longo dos últimos anos, almejando dar maiores garantias aos consumidores que, durante muito tempo, se viram desprotegidos frente à supremacia do regulador econômico.

Com efeito, não existe um modelo certo para ser implementado indistintamente em todos os países, devendo, cada nação, buscar o melhor arranjo institucional que seja compatível com o seu ordenamento. No caso brasileiro, temos plena convicção de que a regulação deverá ser exercida por Agência Independente, dotada de autonomia administrativa e financeira, devendo seus diretores e funcionários contar com estabilidade funcional e todas as garantias inerentes às carreiras de Estado. Só assim a segurança jurídica estará preservada.[503]

3.8. O SANEAMENTO BÁSICO E O DIREITO DO CONSUMIDOR

Os usuários de serviços públicos estão submetidos à proteção de vários diplomas legais, inclusive do Código de Defesa do Consumidor (CDC), em razão da redação dada ao art. 22 que incluiu, expressamente, as pessoas jurídicas de

---

geograficamente, para levar-se em conta o impacto da poluição sobre o meio (ou levando-se em conta a captação); b). setorialmente, para integrar os novos problemas que se apresentam: poluições difusas, modificações do regime das águas, luta contra as inundações, piscicultura e turismo [...]'".

[501] AMPARO, Paulo Pitanga; CALMON, Kartya Maria Masiaseni. *A Experiência Britânica de Privatização do Setor Saneamento*. Brasília: IPEA, 2000. Texto para discussão nº 701.

[502] AMPARO; CALMON, 2000.

[503] FREITAS, Juarezq. Regulação e segurança jurídica. Rio de Janeiro: Comissão Portos, 28 set. 2004. Disponível em: <http://www.abtp.com.br/comissao/mudaporto/esclarece_280904.htm>. Acesso em: 30 set. 2004.

direito público prestadoras de serviços públicos, no rol dos fornecedores, assim consignando:

> Art. 22: Os órgãos públicos, por si ou suas empresas, concessionárias, permissionárias ou sob qualquer outra forma de empreendimento, são obrigadas a fornecer serviços adequados, eficientes, seguros e, quanto aos essenciais, *contínuos*.
> Parágrafo único: nos casos de descumprimento, total ou parcial, das obrigações referidas neste artigo, serão as pessoas jurídicas compelidas a cumpri-las e a reparar os danos causados, na forma prevista neste código.[504]

Cláudia Lima Marques salienta, com propriedade, que "[...] o contrato de fornecimento de serviços públicos está submetido a uma nova disciplina, devendo esta conciliar as imposições do Direito Constitucional, com a proteção do consumidor e as prerrogativas administrativas",[505] especialmente quando se trata de colocar em prática as normas que fazem valer o equilíbrio contratual.

Destaca, ainda, a jurista, que as normas protetivas contidas no CDC devem ser potencializadas pelo intérprete e aliadas às outras dispostas nas regulamentações específicas de cada tipo de serviço prestado, para garantir a mais ampla proteção possível ao consumidor, devendo ser observado, sobretudo, o princípio da continuidade.[506]

Juarez Freitas endossa esta tese afirmando que o art. 175, II, da Constituição Federal disciplina os direitos dos usuários de serviços públicos e deve ser interpretada em conjunto com outras normas ordinárias, inclusive a Lei de Licitações, cujas regras garantem aos consumidores a prestação adequada e contínua dos serviços, com modicidades de tarifas.[507] Mais, o autor destaca a importância de se considerar a vulnerabilidade dos usuários de serviço público, valendo destacar suas lições:

> Avulta, sobremaneira, no exercício deste controle, a luta pela eficácia social do princípio da proteção do consumidor de serviços públicos, que implica, antes de mais, o reconhecimento técnico e fático da vulnerabilidade dos usuários. [...] Além de sobrepassar, pois, o fragmentarismo normativo vigentes, urge fazer com que *a dignidade da pessoa do consumidor seja o prisma hierarquizado como decisivo em matéria de controle*, por se tratar, de modo insofismável, de uma imperativa derivação do princípio da intervenção essencial do Estado, seja em virtude do assento constitucional expresso e abrangente [...], seja por força da larga, embora dispersa e precária, regência infraconstitucional [...], seja, ainda, à mercê da mencionada intrínseca nota de essencialidade de tais serviços, os quais, por definição,

---

[504] BRASIL. *Código de Proteção e Defesa do Consumidor (1990)*: Código de Defesa do Consumidor – nova ed. rev., atual, e ampl. com o Decreto n. 2.181 de 20 de março de 1997. Brasília: Ministério da Justiça, 2001b, p. 20.

[505] MARQUES, Cláudia Lima. *Contratos no Código de Defesa do Consumidor*: o novo regime das relações contratuais. 4. ed. São Paulo: Revista dos Tribunais, 2002, p. 485.

[506] MARQUES, 2002, p. 488. Menciona a autora que "O princípio da continuidade é de ser observado na prestação dos serviços públicos concedidos, sendo imposto tanto pelas normas de proteção do consumidor e como pelas regras do Direito Administrativo. O descumprimento do dever de continuidade gera, além de sanções administrativas, a reparação dos danos causados, incidindo responsabilidade objetiva da prestadora de serviço".

[507] FREITAS, 2004b.

mesmo que supostamente contingentes, assumem tons e cores peculiarmente publicistas dimanantes do caráter irrenunciável da titularidade da prestação de tais serviços (CF, art. 175), sempre pertencentes ao Poder Público, nada obstante transferível a execução indireta dos mesmos.[508]

Várias são as decisões judiciais neste sentido, valendo destacar os julgados que dão primazia para o desenvolvimento humano, reconhecendo a essencialidade de alguns serviços, especialmente água e saneamento básico, impedindo-os de serem solapados do consumidor.[509]

Todos os indivíduos têm o direito de receber água potável canalizada e de contar com um sistema de coleta e tratamento de esgotos, ou seja, de receber um serviço de qualidade, eficiente e seguro, que seja prestado de forma contínua, como forma de garantir a vida com dignidade.

As decisões mais importantes em matéria de saneamento na seara do Código de Defesa do Consumidor foram proferidas pela Primeira Turma do Superior Tribunal de Justiça nos autos dos Recursos Especiais nº 604364 e 617588, julgados, respectivamente, em 21 de Junho e 31 de Maio do corrente ano. Em tais julgados, o eminente relator, Min. Luiz Fux, destacou a prevalência dos princípios constitucionais sobre a legislação inferior, consignando a ilegalidade da suspensão dos serviços essenciais à pessoa física, incapaz de efetuar o pagamento da contraprestação.[510]

Cumpre destacarmos, por outro lado, jurisprudência recente em sentido contrário, também do Superior Tribunal de Justiça, proferida, no caso, pela Segunda

---

[508] FREITAS, Juarez. Regime dos serviços públicos e a proteção dos consumidores. *Revista Trimestral de Direito Civil*, Rio de Janeiro, v. 6, p. 39, abr./jun. 2001.

[509] FORNECIMENTO DE ÁGUA – Suspensão – inadimplência do usuário. Ato reprovável, desumano e ilegal – Exposição ao ridículo e ao constrangimento. A Companhia Catarinense de Água e Saneamento negou-se a parcelar o débito do usuário e cortou-lhe o fornecimento de água, cometendo ato reprovável, desumano e ilegal. Ela é obrigada a fornecer água à população de maneira adequada, eficiente, segura e contínua, não expondo o consumidor ao ridículo e ao constrangimento. Recurso improvido. (BRASÍLIA. Superior Tribunal de justiça. REsp 201112/SC, Relator: Min. Garcia Vieira. Julgado em: 20 abr. 1999. *Diário de Justiça*, Brasília, p. 124, 10 maio 1999.

[510] Vale, assim, transcrever trecho dos brilhantes julgados: "(...) ressalvo o entendimento de que o corte do fornecimento de serviços essenciais – água e energia elétrica – como forma de compelir o usuário ao pagamento de tarifa ou multa, extrapola os limites da legalidade e afronta a cláusula pétrea de respeito à dignidade humana, porquanto o cidadão se utiliza dos serviços públicos posto essenciais para a sua vida, curvo-me ao posicionamento majoritário da Seção. Em primeiro lugar, entendo que, hoje, não se pode fazer uma aplicação da legislação infraconstitucional sem passar pelos princípios constitucionais, *dentre os quais sobressai o da dignidade da pessoa humana, que é um dos fundamentos da República e um dos primeiros que vem prestigiado na Constituição Federal*. Não estamos tratando de uma empresa que precisa da energia para insumo, tampouco de pessoas jurídicas portentosas, mas de uma pessoa miserável e desempregada, de sorte que a ótica tem que ser outra. Como disse o Sr. Ministro Francisco Peçanha Martins noutra ocasião, temos que enunciar o direito aplicável ao caso concreto, não o direito em tese. Penso que tínhamos, em primeiro lugar, que distinguir entre o inadimplemento de uma pessoa jurídica portentosa e o de uma pessoa física que está vivendo no limite da sobrevivência biológica. É mister fazer tal distinção, data maxima venia. [...] Com tais fundamentos, e também outros que seriam desnecessários alinhar, sou radicalmente contra o corte do fornecimento de serviços essenciais de pessoa física em situação de miserabilidade e absolutamente favorável ao corte de pessoa jurídica portentosa, que pode pagar e protela a prestação da sua obrigação, aproveitando-se dos meios judiciais cabíveis [...]" Recursos Especiais nº 604364 e 617588, julgados, respectivamente, em 21 de Junho e 31 de Maio. Ementas idênticas.

Turma, com voto da ministra Eliana Calmon. Trata-se do Recurso Especial nº 337965 / MG, julgado em 20 de Outubro de 2003, segundo o qual é LEGAL o corte ou suspensão no abastecimento de serviços públicos essenciais, tais como fornecimento de água e energia elétrica em face do inadimplemento do consumidor. Segundo entendimento desta corte, o CDC admite a exceção do contrato não cumprido, sendo o inadimplemento de uma das partes razão suficiente para que a outra deixe de cumprir a sua obrigação. Concluiu, a segunda turma, destarte, que mesmo o consumidor sendo carente, o dever de pagar pelo serviço público essencial permanece, eis que a política social, neste caso, faz-se quando da fixação da tarifa, que contempla, eqüitativa e isonomicamente, os menos favorecidos.

Também há que se ressaltar, como bem leciona Juarez Freitas, que o art. 175, II, da Constituição Federal disciplina os direitos dos usuários de serviços públicos e deve ser interpretada em conjunto com outras normas ordinárias, inclusive a Lei de Licitações, cujas regras garantem aos consumidores a prestação adequada e contínua dos serviços, com modicidades de tarifas.[511]

Por derradeiro, de rigor lembrar a preciosa lição de Ingo W. Sarlet acerca da proibição de excesso e de insuficiência, inteiramente aplicável ao caso, pois o que se busca é o equilíbrio entre os consumidores e os prestadores, de forma a garantir a eficácia plena e imediata do direito fundamental ao saneamento básico.[512]

---

[511] FREITAS, 2004b, p. 326.
[512] SARLET, Ingo Wolfgang. Direitos Fundamentais Sociais e Proibição de Retrocesso: algumas notas sobre o desafio da sobrevivência dos direitos sociais num contexto de crise. *Revista da AJURIS*, nº 94.

4. Ética na distribuição de recursos hídricos e na prestação de serviços de saneamento básico

4.1. CONSIDERAÇÕES INICIAIS

Procuramos demonstrar nos dois primeiros capítulos deste trabalho os aspectos jurídicos e econômicos envolvendo as temáticas da água e do saneamento básico como pressupostos da vida humana com dignidade. Urge, agora, a partir dessas elaborações que podem se dizer técnicas ou formais acerca do tema, pensar em padrões éticos para a distribuição dos recursos hídricos e para a prestação dos serviços de saneamento básico, o que significa pensar, a partir dos estudos da filosofia política, mecanismos suficientes à efetivação da dignidade, vale dizer, tratá-los sob o espectro da conjugação entre os planos formal e material.

Necessário faz-se, aqui, uma primeira constatação: muito embora os diversos escritos versando sobre Meio Ambiente façam alusão ao problema ético a ele subjacente, isto ocorre, no mais das vezes, de uma maneira não sistemática e filosoficamente informada. É comum – e não se está aqui manifestando a idéia de um equívoco em tais abordagens – ver-se o tratamento doutrinário da ética ambiental fundamentada no pensamento de apenas um autor ou corrente filosófica.

Parece-nos mais apropriado, todavia, com vistas a depurar a corrente que ofereça melhores soluções ao problema da distribuição dos recursos hídricos, fazê-lo a partir da consciência explícita da riqueza que o pensamento filosófico suscitou ao longo dos tempos. Isto nos será permitido, então, no referenciar de alguns dos pilares fundamentais das idéias no campo da ética. Apenas para exemplificar, a opção por um critério de eticidade na liberdade, como o oferecido por Hegel, mostra-se de dúbia cientificidade sem uma manifestação prévia do que seja o problema do "formalismo" no critério de moralidade estabelecido em Kant, sobre o qual fundamentou-se, em pontos mestres, o pensamento hegeliano.[513]

Assim, as considerações acerca da ética que serão encontradas neste capítulo, a partir deste objetivo, demandam, pois, uma segunda constatação, qual seja aquela da ciência de estarmos diante de um trabalho cujo *telos* não é a filosofia em

---

[513] Veja-se, especialmente, WEBER, Thadeu. Ética e Filosofia Política: Hegel e o formalismo kantiano. Porto Alegre: EDIPUCRS, 1999, p. 97 e ss.

si, mas o conhecimento que podemos alcançar a partir dela no que tisna a otimização da distribuição dos recursos hídricos e a prestação dos serviços de saneamento básico. Com isto, pretendemos afastar a expectativa do interlocutor de encontrar, aqui, tão-somente uma síntese de teoria das idéias políticas, convidando-o, outrossim, para uma reflexão mais profunda sobre o tema.

Não podemos olvidar que o controle sobre a água equivale ao controle da própria vida e das condições de vida!

Com vistas à consecução desta tarefa, o presente capítulo será dividido nos seguintes pontos: aproximações acerca do conceito de ética, princípios de justiça (passagem de proposições descritivas para proposições normativas), o problema da proposição normativa universal de distribuição dos recursos hídricos e a soberania nacional, sem deixar de ressaltar a intrínseca conexão entre os mesmos, o que faz esta divisão ser mais didática do que ontológica.

4.2. APROXIMAÇÕES ACERCA DO CONCEITO DE ÉTICA

Qualquer arrazoado sério que vise a oferecer aproximações sobre um conceito de ética[514] encontra endereço primeiro nas reflexões aristotélicas sobre o tema, mais especificamente, em sua célebre obra Ética a Nicômaco, a qual, fundada com a sua Política, forma os alicerces de seus estudos do homem e da vida em sociedade.

É a partir de Aristóteles que podemos relacionar o problema da ética com uma teoria da ação humana, dois conceitos que hoje se mostram para nós, pelo reflexo de seus escritos, intimamente relacionados. Isto porque, já nas primeiras linhas de sua Ética, o filósofo estabelece a afirmação que servirá como pedra-de-toque de sua obra: "toda arte e toda investigação, bem como toda ação e toda escolha, *visam a um bem qualquer*; e por isso foi dito, não sem razão, que o bem é aquilo a que as coisas tendem".[515]

Tem-se, pois, que o "pensar ético gira em torno de duas questões fundamentais: o que é o bem, o que é o mal; que coisas são boas, que coisas são más. A reflexão ética há de partir, sempre, de um saber espontâneo, isto é, todo homem deve saber que há ações que não devem ser praticadas e outras que têm que ser praticadas. Assim, descobre-se um conceito-chave, que só existe em Ética e

---

[514] Segundo o Dicionário Abbagnano (ABBAGNANO, Nicola. Dicionário de filosofia. 3ª ed. São Paulo: Martins Fontes, 1998), a ética é uma teoria sobre a prática moral, uma reflexão teórica que analisa e critica os fundamentos e princípios que regem determinado sistema moral. É, em geral, a ciência da conduta. A ética é a ciência dos costumes ou dos atos humanos e seu objeto é a moralidade, entendendo-se por esta a caracterização desses mesmos atos como bem ou mal.

[515] ARISTÓTELES. *Ética a Nicômaco*. São Paulo: Martins Claret, 2002, p. 17. Lembremos, desde já, por nos parecer fundamental, que Sto. Tomás de Aquino, de pensamento, neste ponto, aristotélico, seguirá piamente esta máxima e, na Suma Teológica partirá de assertiva nele inspirada.

Direito, qual seja, o dever ser",[516] conceito este que deverá ser aplicado, mais do que nunca, nas questões relativas ao meio ambiente.

A ética como sistema filosófico é parte, fundamentalmente, da filosofia prática, ou seja, é a filosofia do que é moral, buscando a análise e o aprofundamento dos fatos morais de que podem ser deduzidas as normas para qualquer ato humano. Aristóteles não só concebeu a ética como disciplina filosófica como também evidenciou a relação entre as normas e os bens, entre a ética individual e a social, entre a teoria e a prática, valorizando a harmonia entre a moralidade e a natureza humana, concebendo a humanidade como parte da ordem natural do mundo. Por isso, sua ética é conhecida como naturalista.

Partindo da concepção de virtude, dentre as quais se destacam a justiça, a caridade e a generosidade – tidas como propensas tanto a provocar um sentimento de realização pessoal àquele que age quanto simultaneamente beneficiar a sociedade em que vive – Aristóteles catalogou as relações humanas através de um sistema racional levando em consideração as paixões e instintos dos homens, construindo a sua teoria de justiça sobre a noção de bem supremo.

O evoluir da ciência ética trouxe, na seqüência da doutrina grega, a dogmática cristã, cujos maiores expoentes foram Santo Agostinho e Santo Tomás de Aquino. Enquanto o primeiro possuía idéias semelhantes às de Platão, o segundo seguiu e desenvolveu o pensamento de Aristóteles.[517] O bem supremo, que para os gregos se confundia com eudaimonia (ou felicidade) do homem, conseguida através da virtude, passou a ser o bem em relação a Deus. A filosofia passou a ser "serva" da teologia, mas nem por isso a moral deixou de vislumbrar, como fim último, o "bem".

Em um terceiro e prolongado momento – que durou do séc. XVI ao XIX, vingou a ética moderna, cujos expoentes representavam linhas de pensamento um tanto quanto diversas. A começar por Maquiavel, que rompeu com a ética cristã ao pregar a superioridade dos valores políticos sobre os espirituais, defendendo a existência de uma moral própria em relação aos Estados. Descartes, por sua vez, baseava a filosofia no homem, que, para ele, ocupava o centro de tudo: da política, da arte e da moral, tese esta denominada de antropocentria. Hobbes, Locke e Hume trilharam pelo mesmo caminho, acrescentando algumas inovações, dentre as quais se destaca a concepção utilitarista, ainda muito em voga – especialmente nas questões relativas ao meio ambiente.

É em Kant, porém, que num momento primeiro na teoria das idéias, podemos encontrar um empreendimento diferenciado sob a filosofia da moral. A partir de seus escritos na Crítica da Razão Prática e na Fundação da Metafísica dos

---

[516] VÁZQUEZ, Jesús María. Dicionário de Ciências Sociais. 2ª. ed. Rio de Janeiro: Editora da Fundação Getúlio Vargas, 1987, p. 433. Verbete "Ética".

[517] GOMES, Alexandre. *Ética: breves anotações*. Diz o autor que "A purificação da alma, em Platão, e sua ascensão libertadora até elevar-se ao mundo das idéias tem correspondência na elevação ascética até Deus exposta por Santo Agostinho. A ética de Tomás de Aquino tem muitos pontos de coincidência com Aristóteles e com aquela busca através de contemplação e de conhecimento alcançar o fim último, que para ele era Deus".

Costumes, o pensador tentará provar a possibilidade de um imperativo categórico para a ação moral, ou seja, uma prescrição apriorística que reja as nossas condutas e que, a partir dela, possamos julgar a correição dos nossos mais diversos juízos. O filósofo de Königsberg reconhece o problema da moral como um problema superveniente da razão prática. Sua preocupação, todavia, será a partir da reflexão empírica,[518] construir uma doutrina que valha como lei universal e, sob o prisma dessas possamos então voltar à experiência.

A isto Kant chamará "transição do conhecimento moral da razão vulgar para o conhecimento filosófico". Aqui, o autor demonstrará que o problema da moralidade já não começa próprio de um saber filosófico. É inegável, ainda que para os mais racionalistas, que as mais variadas condutas humanas receberão por parte da sociedade o crivo de um julgamento moral. Sob estas circunstâncias, poder-se-á dizer, por exemplo, que "é correto amar ao próximo" ou "é incorreto matar alguém". A atenção do filósofo se dá justamente em apresentar uma resposta a seguinte pergunta: há um critério perene e universalizável para julgar, sob o aspecto da moralidade, toda e qualquer conduta humana? Kant não apenas responderá afirmativamente a esta pergunta como tentará, ele próprio, fornecer a base teórica deste critério a partir de uma lei que denominará de "*imperativo categórico*". Na linha de sua construção, teremos então o seguinte decurso: primeiro uma reflexão sobre dados da razão prática evidenciados empiricamente, seguida da prescrição, a partir dela, de uma lei moral universalizável (imperativo categórico) e, ato contínuo, uma volta à razão prática, podendo, agora, as condutas serem (re)apreciadas e julgadas como produtos de sua lei. Este último passo, será denominado por Kant de "transição da metafísica dos costumes para a crítica da razão prática pura".

Neste seu empreendimento, Kant chegará a duas máximas, por vezes desdobráveis em outras, mas cujo conteúdo cerne neste binômio podem ser representadas, que se traduzem como as leis intangíveis do imperativo categórico:

A primeira delas é: "age só segundo máxima tal que possas, ao mesmo tempo, querer que ela se torne lei universal". Pretendeu o autor, com ela, demonstrar que uma conduta humana somente poderá ser tida como correta se puder ser adotada por todos os homens simultaneamente. Em caso positivo, transformar-se-á em imperativo categórico, isto é, em lei universal. Caso contrário deverá ser rechaçada. Isto significa que, para verificar se uma conduta é moral, deveria antes se perguntar sempre: esta conduta que estou prestes a realizar deveria se tornar uma lei universal? Em caso afirmativo, adviria a segurança do sujeito realizador quanto à retidão de sua conduta.

Tentemos transportar isso para o objeto central da presente dissertação sob o pálio de um exemplo: em sabendo que a água é um recurso limitado e imprescindível para a vida humana, poderia ser admitida como correta a conduta de uma dona de casa que "varre" a sua calçada, todos os dias, com água potável corrente?

---

[518] Neste ponto, o pensamento kantiano pode ser associado com sua própria teoria do conhecimento, esta estabelecida na sua Crítica da Razão Pura, obra na qual Kant irá manifestar a impossibilidade de um conhecimento que não comece pela experiência, muito embora discorde do fato de apenas nela a razão prática se fundamentar.

Se fosse considerada correta, toda a humanidade poderia agir de igual forma, o que certamente implicaria a extinção deste recurso natural. Em outras palavras, se tal conduta fosse universalizada, a vida humana na terra se tornaria impossível em poucos anos.

A segunda máxima prescreve: "age de tal maneira que possas usar a humanidade tanto em tua pessoa como na pessoa de qualquer outro, sempre e simultaneamente como fim e nunca simplesmente como meio". A conexão desta máxima com a problemática da água mostra-se ainda mais elementar: por certo, o uso indiscriminado dos recursos hídricos e uma distribuição indevida dos mesmos iria de encontro a este prescreve hipotético de conduta kantiano. Considerar as pessoas como fim e não somente como meio é um dado princípio de humanidade que refuta torpezas no manejamento de recursos hídricos.[519]

O problema da teoria de Kant está no subjetivismo de sua lei moral, que desconsidera as conseqüências dos atos humanos, isto é, a responsabilidade.[520] A crítica que Hegel tece ao formalismo kantiano é justamente por discordar da idéia de dever pelo dever (§ 135), defendendo, em sentido oposto, a autodeterminação da vontade, o saber e o querer consciente, elementos intrínsecos ao agir responsável. Em Hegel, a moral deixa de ser subjetiva para ser objetiva na exata medida em que se aceita a liberdade como princípio (valor universal), conforme bem explica Weber:

Um dos aspectos mais importantes da reconstrução da moral kantiana, efetuada por Hegel, diz respeito ao reconhecimento subjetivo da liberdade como princípio universal. No nível da moralidade, o que interessa é a subjetividade, ou seja, assim como no Direito todos somos pessoas, na moralidade todos somos sujeitos. (...) É a noção hegeliana de subjetividade universal, o reconhecimento da subjetividade dos outros (subjetividade externa).[521]

E mais adiante, complementa: É importante salientar que na realização da minha vontade ou de meu fim "conservo minha subjetividade", mas ao mesmo tempo a supero, enquanto "subjetividade imediata", isto é, individual minha. Ocorre que o reconhecimento do meu querer e saber inclui, ao mesmo tempo, a subjetividade exterior, que é a vontade dos outros. A realização dos meus fins, portanto, inclui o reconhecimento da vontade dos outros; requer o reconhecimento da liberdade como princípio universal. No entanto, se a moralidade se ocupa do aspecto subjetivo, a eticidade trata de suas determinações objetivas. É o encontro e a identificação da vontade subjetiva com o conceito da vontade, isto é, da vontade particular com o dever-ser da vontade. O dever-ser, embora já tenha o seu lugar na moralidade, somente é cumprido na eticidade. Daí decorre que a responsabilidade

---

[519] Sobre este aspecto, veja-se SELBORNE, Lord. *Ética do uso da água doce: um levantamento*. Brasília: UNESCO, 2002, p. 27.
[520] Neste sendito, veja-se WEBER, Thadeu. *Ética..*, p. 97.
[521] WEBER, Thadeu. Ética..., p. 98.

não pode ser considerada tão-somente do ponto de vista subjetivo. Deve levar em conta, também, os resultados objetivos.[522]

Refletindo sobre estas questões em termos de distribuição de recursos hídricos, enquadramos, com facilidade, os casos recentes denunciados pelo Ministério Público referentes a barragens construídas por produtores rurais para desviar o curso dos rios a fim de abastecerem suas lavouras. Se desconsiderássemos tão-somente a vontade (subjetividade) dos produtores rurais em questão, concluiríamos pela correção de seus atos, uma vez que sua intenção era produzir alimentos para toda a coletividade. Todavia, estaríamos partindo da premissa errada, pois desconsideraríamos o princípio da responsabilidade. Ora, ao construírem as barragens, os produtores desviaram o curso dos rios, brutalmente afetados pela seca, causando a interrupção do abastecimento de água da população ribeirinha, causando evidentes prejuízos aos demais cidadãos (subjetividade externa).

A idéia de eticidade em Hegel, fundamentada na liberdade, parece-nos muito mais adequada do que a teoria kantiana, uma vez que a lei moral em Kant é atemporal porque absoluta; já em Hegel encontramos a necessidade de verificação da moral num dado momento histórico, o que a torna relativa e facilmente adaptável.

A filosofia moderna, por seu turno, inaugura a fase da Ética do discurso, cujos expoentes maiores são Jürgen Habermas,[523] Karl-Otto Apel e John Rawls, dentre outros. Influenciada pelos princípios do liberalismo, esta "ética" possui traços marcantes da moral utilitarista.

De todas as teorias, a de John Rawls é a que nos parece ter maior consistência.[524] O autor fala de uma justiça distributiva partindo de um "estado inicial" por meio do qual se pode assegurar que os acordos básicos a que se chega num contrato social sejam justos e eqüitativos. A justiça é entendida, destarte, como eqüidade, por ser eqüitativa em relação a uma posição original que está baseada em dois princípios, a saber: o de que sejam assegurados para cada pessoa numa

---

[522] Idem, p. 99.

[523] A proposta de Habermas formula-se em termos de uma "teoria da ação comunicativa", e busca uma tqeoria geral da verdade, segundo a qual o critério é o consenso dos que argumentam e defendem a idéia de que argumentar é uma tarefa eminentemente comunicativa. Por isso, o "discurso intersubjetivo" é o lugar próprio para a argumentação. Somente se poderia aceitar como critério de verdade aquele consenso que se estabelece sob condições ideais, que Habermas chama de "situação ideal de fala". Ou seja, a razão é definida pragmaticamente de tal modo que um consenso é racional quando é estabelecido numa condição ideal de fala. Para que isso seja possível, definiu uma série de regras básicas, cuja observação é condição para que se possa falar de um discurso verdadeiro. Essas regras são, em primeiro lugar, que todos os participantes tenham as mesmas chances de participar do diálogo, em segundo, que devem ter chances iguais para a crítica. São formas de, quando uma argumentação tem lugar entre várias pessoas, a eliminação dos fatores de poder que poderiam perturbar a argumentação. Uma terceira condição seria que todos os falantes deveriam ter chances iguais para expressar suas atitudes, sentimentos e intenções. A quarta e decisiva condição afirma que serão apenas admitidos ao discurso falantes que tenham as mesmas chances enquanto agentes para dar ordens e se opor, permitir e proibir, etc. Um diálogo sobre questões morais entre senhores e escravos, patrões e empregados, pai e filho, violaria, portanto as condições da situação ideal da fala. Lembramos que o "discurso autêntico" é aquele que ocorre com pessoas em situação igual, sob condições igualitárias do ponto de vista de participação no discurso.

[524] Veja-se RAWLS, John. *Teoria da Justiça*. São Paulo: Martins Fontes, 2002.

sociedade direitos iguais numa liberdade compatível com a liberdade dos outros; e o de pressupor uma distribuição de bens econômicos e sociais de modo que toda desigualdade resulte vantajosa para cada um, podendo, além disso, ter, cada um, acesso, sem obstáculos, a qualquer posição ou cargo.

A concepção de justiça de John Rawls preleciona que todos os bens sociais primários – liberdade e oportunidade, rendimentos e riquezas, e as bases de respeito a si mesmo e aos demais – devem ser igualmente distribuídas, a menos que uma distribuição desigual desses bens seja vantajosa para os menos favorecidos.[525]

Resta-nos, agora, analisar os princípios de justiça para, após, refletir sobre a possibilidade de existência de princípios éticos universais em se tratando de distribuição de recursos hídricos e prestação de serviços de saneamento básico.

4.3. PRINCÍPIOS DE JUSTIÇA – PASSAGEM DE PROPOSIÇÕES DESCRITIVAS PARA PROPOSIÇÕES NORMATIVAS

Neste contexto, após pinçarmos as idéias-chaves de cada corrente filosófica, refletiremos sobre a possibilidade de termos princípios de justiça universais, ainda que não absolutos em seus conteúdos. Para tanto, discorreremos algumas linhas sobre os princípios de justiça distributiva e corretiva, de Aristóteles.

Segundo o filósofo, a justiça distributiva é "aquela que se exerce mediante distribuições de honras, dinheiro e de tudo aquilo que pode ser repartido entre os membros do regime". Em outras palavras, tem-se que esta modalidade caracteriza pela distribuição dos bens segundo os méritos dos beneficiários.

Já a justiça corretiva visa a corrigir uma situação existente, para transformá-la em equilibrada. Nas palavras do autor, tal justiça "é aquela que exerce uma função corretiva nas relações entre os indivíduos".

Podemos justificar a distribuição dos recursos hídricos e a prestação dos serviços de saneamento básico sob as duas: no primeiro caso, teremos a realização da justiça distributiva na medida que os cidadãos recebem, das companhias prestadoras, a água suficiente para sua satisfação, pagando, por esta, um preço razoável; no segundo caso, teremos a realização da justiça corretiva quando os recursos hídricos forem distribuídos às pessoas que não têm condições de pagar o preço por este bem/serviço. Neste caso, será aplicado, simultaneamente, o princípio da solidariedade, através do qual o restante dos membros da comunidade pagarão por aqueles que não possuem condições de fazê-lo.

Não há como negar o caráter universal da dignidade da pessoa humana. Conseqüência lógica, somos obrigados a pensar os recursos hídricos da mesma forma, eis que indispensáveis à própria sobrevivência da espécie. Idem com o

---

[525] Do mesmo autor, veja-se *Justiça como Eqüidade*. São Paulo: Martins Fontes, 2003.

saneamento básico. Não há nada mais indigno do que viver sem esgoto tratado, no meio do lixo e em lugares inóspitos. Sem dinheiro para alimentar-se, sem teto para proteger-se, as pessoas acabam sendo marginalizadas, excluídas, impedidas de se desenvolver física e psiquicamente. Por isso, Amartya Sen vem defendendo há muito e com ardor o "desenvolvimento como liberdade": liberdade política, liberdade de escolha, liberdade de pensamento, liberdade que só se concretiza com igualdade de oportunidades, com justiça social, com consciência e solidariedade. Liberdade que precisa ser prestigiada de fato, e não apenas nos discursos retóricos.[526]

Se a população não as tiver garantidas, a nação não se desenvolverá. Se os indivíduos forem vistos somente sob o ponto de vista utilitarista (como meros objetos e enquanto instrumentos funcionando em prol do desenvolvimento econômico), não haverá equilíbrio, e o progresso que houver terá sido alcançado da maneira mais vil e torpe que se possa imaginar em uma sociedade que pretende ser justa.[527] O ser humano precisa ser considerado em todos os seus aspectos e precisa ter a oportunidade de se desenvolver em todos eles, sendo imprescindível que conte, para tanto, com um mínimo de infra-estrutura.

Neste aspecto, parece-nos apropriada a teoria de Rawls, de justiça como eqüidade: eqüidade esta que exige igualdade de condições, oportunidades, rendimentos, sendo o único tratamento diferenciado permitido aquele intentado para beneficiar os menos favorecidos.

Quando pensamos na situação atual da água no mundo, imediatamente dispara o sinal de alerta: de toda a água existente no planeta, menos de 3% é doce e, deste percentual, menos de 1% está disponível nos rios e reservas subterrâneas para o consumo humano. A maior parte encontra-se nas geleiras e calotas polares. A escassez deste precioso bem é iminente, situação agravada pela irresponsabilidade do homem que teima em poluir, indiscriminadamente, os mananciais.

---

[526] SEN, Amartya. *Desenvolvimento como Liberdade*. São Paulo: Companhia das Letras, 2000.

[527] É preciso, pois, resgatar os princípios éticos que, infelizmente, afastaram-se dos mercados e das sociedades. Sen, em outra obra sua (SEN, Amarthya Kumar. *Sobre ética e economia*. Trad. Laura Teixeira Motta. São Paulo: Companhia das Letras, 1999, p. 47.), pugnando pela indissociabilidade entre Ética e Economia, demonstra como o critério utilitarista pode ser cruel e gerar distorções, valendo destacar as seguintes palavras: "Seja como for, com o desenvolvimento da tendência anti-ética, quando as comparações interpessoais de utilidade passaram a ser evitadas na economia do bem-estar, o critério sobrevivente foi a otimalidade de Pareto. Considera-se que um determinado estado social atingiu um ótimo de Pareto e somente se for impossível aumentar a utilidade de uma pessoa sem reduzir a utilidade de alguma outra pessoa. Esse é um tipo muito limitado de êxito e, em si mesmo, pode não garantir grande coisa. Um estado pode estar no ótimo de Pareto havendo algumas pessoas na miséria extrema e outras nadando em luxo, desde que os miseráveis não possam melhorar suas condições sem reduzir o luxo dos ricos". Mais adiante (SEN, 2000, p. 106), conclui "Procurei mostrar que a economia do bem-estar pode ser substancialmente enriquecida atentando-se mais para a ética, e que o estudo da ética também pode beneficiar-se de um contato mais estreito com a economia. Também demonstrei que pode ser vantajoso até mesmo para a economia preditiva e descritiva abrir mais espaço para considerações da economia do bem-estar na determinação do comportamento. Não tentei provar que qualquer um desses exercícios seria particularmente fácil. Eles encerram ambigüidades profundamente arraigadas, e muitos dos problemas são inerentemente complexos. Mas o argumento em favor de aproximar mais a economia da ética não depende da facilidade em consegui-lo. Fundamenta-se, antes, nas recompensas advindas do exercício. Procurei mostrar que as recompensas possivelmente serão imensas".

Destarte, atualíssimo torna-se o debate acerca do estabelecimento de princípios éticos universais que possam conter a irracionalidade do homem. É preciso ter em mente, todavia, que ao querermos proposições normativas gerais devemos ter o cuidado de não incorrermos no mesmo erro de Kant – não se trata de fazê-las absolutas, mas sim, universalizáveis, ainda que apenas em um núcleo mínimo essencial.[528] Quando falamos em proposições descritivas, portanto, estamos nos referindo aos problemas topicamente considerados na distribuição da água, de sorte que as tentativas de balizá-las com os princípios de justiça é tratá-las de uma forma tópico-sistemática.

4.4. O PROBLEMA DA PROPOSIÇÃO NORMATIVA UNIVERSAL DE DISTRIBUIÇÃO DOS RECURSOS HÍDRICOS E A SOBERANIA NACIONAL

Como vimos, a água é um recurso essencial para a vida e em via de escassez, o que a torna um bem ainda mais valioso e cobiçado pelos grandes investidores privados. Nos dois primeiros capítulos deste estudo tivemos a oportunidade de demonstrar como essas multinacionais operam no setor, gerando exclusão, aumento de tarifas e piora na qualidade e extensão da cobertura dos serviços de distribuição de água e tratamento de esgotos. Pretendemos, agora, reforçar as questões éticas subjacentes, corroborando a tese que defende a adoção, com extrema urgência, de princípios éticos universais para regulamentar o setor.

O Brasil pode ser considerado um país privilegiado, pois foi agraciado com cerca de 13% da água doce de todo o mundo. Muitas nações ricas dispõem de menos de um décimo disso. Está sob o nosso território a maior reserva de água subterrânea do planeta, conhecida como Aqüífero Guarani. As águas desta reserva estendem-se pelos territórios da Argentina e do Uruguai, mas sua maior parte encontra-se em território brasileiro. Nada obstante, temos um dos piores índices de cobertura de saneamento básico da América Latina.

O problema de fundo ético centra-se, portanto, no acesso e na privação e envolve não só questões internas, como também, e principalmente, questões de ordem internacional. A começar pelo Aqüífero acima citado, que foi objeto de disputa acirrada entre empresas privadas e governos para o recebimento de verbas do Banco Mundial para serem aplicadas no estudo hidrológico desta reserva. É de se notar que por motivos totalmente ignorados (mas facilmente dedutíveis), o governo dos Estados Unidos montou uma base estratégica na tríplice fronteira,

---

[528] Sobre o núcleo essencial dos direitos universais veja-se SARLET, Ingo. *A Dignidade da Pessoa Humana*. Porto Alegre: Livraria do Advogado, 2002 e *A Eficácia dos Direitos Fundamentais*. 3ª. ed. Porto Alegre: Livraria do Advogado, 2003; também FREITAS, Juarez. *A Interpretação Sistemática do Direito*. 4ª ed. São Paulo: Malheiros Editores, 2004.

justamente onde se encontra a sede da equipe de estudos deste manancial subterrâneo. Não podemos ignorar que na era em que vivemos a informação é tudo!

No mundo todo, inúmeros são os conflitos sobre fontes de água. Conforme a ONU, cerca de 80 países sofrem com a falta de água, sendo que destes, 25 Estados do Oriente Médio enfrentam conflitos armados e lutas permanentes motivados pela disputa por reservas hídricas. Na China, então, a dimensão do problema é assustadora, pois esta nação, que comporta 1/5 da população mundial e possui menos de 1/10 da água disponível, já contabiliza a seca de 35% de seus poços. Outro caso alarmante é o enfrentado pelas populações adjacentes da Cidade do México, eis que os lagos que perfaziam quatro mil quilômetros quadrados nessa região, ou secaram ou estão gravemente contaminados, impossibilitando os seus diversos usos. Isso faz com que estas pessoas tenham que buscar água em locais cada vez mais distantes, aumentando os custos e, conseqüentemente, a degradação ambiental.[529]

A primeira grande conferência sobre o uso e o destino da água no planeta foi realizada em 1977, em Mar del Plata, e ficou conhecida como "Conferência das Nações Unidas sobre a Água". Neste documento formularam-se seis princípios éticos universais, a saber:

• Princípio da Dignidade Humana: considerando que não há vida sem água e àqueles a quem se nega a água nega-se a vida;

---

[529] Veja-se, neste sentido: PETRELA, Riccardo. *O Manifesto da Água: argumentos para um contrato mundial.* Rio de Janeiro: Vozes, 2002, p. 63 e ss. O autor faz um "retrato" das disputas pela água ao redor do mundo, destacando os seguintes conflitos, alguns armados, outros não: *Na Ásia*: disputa dos rios/lagos Brahmaputra, Ganges e Farakka entre Índia, Nepal e Bangladesh, versando sobre depósitos aluviais, barragens, enchentes, irrigação e cotas internacionais; disputa do rio Mekong pelo Vietnã, Tailândia, Laos e Camboja, versando sobre cotas internacionais e enchentes; disputa sobre o rio Salween pelo Tibet, China (Yunan) e Birmânia, versando sobre depósitos aluviais e enchentes; *No Oriente Médio*: disputa pelo Tigre e Eufrates entre Iraque, Síria e Turquia, versando sobre cotas internacionais e níveis de salinização; e pelo West Bank (margem ocidental) aqüífero, Jordão, Litani e Yarmuk, entre Israel, Jordânia, Líbano e Síria, versando sobre desvio de água e cotas internacionais; *Na África*: disputa pelo rio Nilo, principalmente entre Egito, Etiópia e Sudão, versando sobre depósitos aluviais, desvio de água, enchentes, irrigação e cotas internacionais; disputa pelo Lago Chad entre Nigéria e Chad, especialmente por causa das barragens; e disputa pelo rio Okavango entre Namíbia, Angola e Botsuana, em razão do desvio de água; *Na Europa*: existe conflitos pelo rio Danúbio entre a Hungria e a Eslováquia em face da poluição industrial; disputa envolvendo o rio Elba entre a Alemanha e a República Tcheca, em função da poluição industrial e dos níveis de salinidade; disputa envolvendo os rios Mosa e Escaut entre Bélgica e Holanda, em razão da poluição industrial; sobre o rio Szamos (Somes), a briga é entre Hungria e Romênia em face da distribuição de água, mesmo motivo pelo qual Espanha e Portugal litigam sobre o rio Tejo; *Na América*: a Baía de St. Lawrence é palco de disputas entre Canadá (Quebec) e Estados Unidos, em razão de obras hidráulicas; os Estados Unidos litigam ainda com o México, em função da poluição química, das cotas internacionais e níveis de salinidade sobre os rios Colorado e Grande, e também com o Canadá por causa da poluição dos Grandes Lagos; Bolívia e Chile estão em conflito sobre o rio Lauca por causa da salinidade e das barragens; Equador e Peru brigam pela distribuição de água do rio Cenepa e, finalmente, Brasil e Argentina, com freqüência, entram em atrito por causa das barragens e inundações do solo pelo rio Paraná. Vale ressaltar, ainda, os dados fornecidos pela UNESCO, disponíveis no site: www.ana.gov.br, sobre os países que mais sofrem com a escassez de água no mundo, que são: Kuwait e Bahrain em primeiro lugar; Malta em segundo, Gaza em terceiro, seguida pelos Emirados Árabes em quarto, Líbia em quinto, Cingapura em sexto, Jordânia em sétimo, Israel em oitavo lugar e Chipre ocupando a nona colocação.

• Princípio da Participação: pois todos os indivíduos, especialmente os pobres, precisam estar envolvidos no planejamento de na administração da água, e na promoção desse processo se reconhece o papel do gênero e da pobreza;

• Princípio da Solidariedade, pois a água confronta os seres humanos com a interdependência a montante e a jusante, e as propostas correntes de uma administração integrada dos recursos hídricos podem ser vistas como uma conseqüência direta dessa consciência;

• Princípio da Igualdade Humana, entendido como a concessão a todas as pessoas do que lhes é devido, e que descreve perfeitamente os desafios atuais da administração das bacias fluviais;

• Princípio do Bem Comum, pois segundo a definição aceita por quase todos, a água é um bem comum, e se não for administrada adequadamente, a dignidade e o potencial humano ficam reduzidos para todos e são negados a alguns;

• Princípio da Economia, que ensina o respeito pela criação e o uso prudente, e não uma reverência extremada pela natureza; com efeito, boa parte da administração hídrica diz respeito ao encontro de um equilíbrio ético entre o uso, a mudança e a preservação da nossa terra e dos recursos hídricos.

Ocorre que os princípios da dignidade humana e da igualdade entre os homens restaram desprestigiados frente ao princípio econômico, este sim, festejado nas declarações internacionais posteriores. A intenção destes documentos, contudo, nada tem a ver com a educação do consumidor, e sim, com a possibilidade de transformar a água em uma mercadoria qualquer – assim como o petróleo – e sujeitá-la as regras dos mercados.

Tal pretensão, incentivada e patrocinada pelas grandes empresas do setor, beira ao absurdo e precisa ser evitada. Todos os países que privatizaram seus serviços de água e saneamento tiveram a piora no abastecimento e o aumento das tarifas. Conseqüência lógica: a dignidade humana foi subtraída pelo lucro voraz dos empreendedores. E como ficaram as pessoas atingidas? Mal... muito mal: sem saúde, sem dignidade, excluídas da sociedade.

Outro discurso internacional que deve ser visto com reservas é aquele que prega a "solidariedade" dos países que têm abundância de recursos hídricos para com aqueles que sofrem com a escassez. Ora, uma coisa é auxiliar nações pobres, que sofrem também com a falta de água. Outra coisa é abrir mão de recursos hídricos para países ricos, que teriam condições de pagar pela água daqueles que a têm em abundância. Tracemos um paralelo com o caso dos medicamentos: os países ricos detêm as fórmulas e patentes; os países pobres, os doentes e enfermos que necessitam deste medicamento. Alguém fala em "solidariedade" das grandes potências para com os países pobres, nestes termos? É claro que não. Por isso, não podemos admitir que façam o mesmo com nossos recursos hídricos e com nossa floresta Amazônica.

Por todo o exposto, defendemos a adoção de princípios éticos universais a serem aplicados na distribuição dos recursos hídricos e nos serviços de saneamento básico, tomando como base o princípio maior da "dignidade da pessoa humana", tendo sempre em mente "o meio termo" aristotélico e a "equidade" de John Rawls. Nesta senda, nem toda a teoria filosófica parece suficientemente boa a fim de que se possa elevá-la a um grau de excelência e torná-la absoluta; tampouco qualquer uma das teorias que se considere digna de citação é suficientemente malfadada a ponto de nos ser possível negá-la em tótum. Deixar de fazer aprouver o que é resgatável de melhor em cada uma das teorias é negar o dever constante de dialética que temos na leitura de todo o texto filosófico ou não. Dito isto, a conclusão a que chegamos não poderia ser outra: a ética está imbricada em todos os setores da vida humana e, qualquer das teorias analisadas, com maior ou menor amplitude, dão suporte a elevação da dignidade humana como valor supremo a ser observado na distribuição dos recursos hídricos.

Considerações finais

É o momento de concluirmos este estudo e, em que pese tenhamos refletido sobre os aspectos mais relevantes, ficamos com a certeza de que muito ainda há para ser dito e, principalmente, feito. Isto, porque um trabalho acadêmico deve prestar-se também ao propósito de encontrar soluções, oferecer alternativas práticas de concretização das idéias e teorias estudadas e ainda suscitar novos questionamentos.

Nesta senda, procuramos firmar posicionamento sobre os principais pontos envolvendo os marcos regulatórios da água e do saneamento básico, especialmente no que tange à melhor forma de prestação desses serviços, o que fizemos alicerçados em dados estatísticos, construindo reflexões críticas a partir da realidade nacional, apontando conclusões parciais ao final de cada tópico. Em razão disso, abdicamos de reproduzi-las novamente, o que seria deveras cansativo ao leitor, reservando-nos o direito de pinçar tão somente os vieses mais relevantes.

Quando iniciamos este estudo em 2003, apenas a Lei que disciplinava os recursos hídricos estava em vigor, sendo contudo insuficiente para regulamentar todo o procedimento complexo que envolve o saneamento básico. Este, por seu turno, encontrava-se desde o término do Planasa (final da década de 80) sem uma legislação apropriada, capaz de regulamentar o setor e permitir investimentos substanciais com vista à universalização. Neste interregno de 20 anos, vários projetos de lei foram encaminhados ao Congresso (alguns aqui analisados), sem que fossem aprovados, até que o Governo finalmente editou a Lei 11.445, mais precisamente em 05 de janeiro de 2007.

Mas o que deveria ser dito aqui com certo alívio, em verdade o é com preocupação, pois até o momento esta Lei não produziu os efeitos esperados, além de conter em seu bojo normas de duvidosa constitucionalidade. Fruto da junção de dois projetos completamente antagônicos, deixou de esclarecer sobre o período de transição, sendo que Governo e oposição agora lutam pela redação da norma que irá regulamentá-la. E a discussão parece não ter fim, pretendendo os parlamentares "ressuscitar" os artigos deixados de fora do texto final justamente pelo alto grau de divergência entre os setores envolvidos.

O resultado é que após um ano da edição do "marco regulatório" o país continua com enorme déficit de saneamento básico, negando uma vida digna a boa parcela de sua população. Ou seja, em que pese já tenhamos a Lei, continuamos perdendo tempo em discussões não tão relevantes, recusando-nos a fazer o mais coerente que é o exercício de hermenêutica em prol de uma solução rápida e eficaz. Restou evidenciado, mais uma vez, que de nada adianta editarmos leis e regulamentos ou assinarmos tratados se não tivermos a consciência dos valores em jogo.

Por isso, procuramos defender ao longo deste estudo a necessidade de uma mudança de paradigmas, o que fizemos partindo da tese de Fritjof Capra, que nos brindou com a teoria da conexão entre os sistemas vivos, chamando a atenção para a necessária e urgente mudança de percepção, sem a qual o destino da humanidade restará comprometido. De acordo com Capra, se não mudarmos a nossa forma de ver a vida, entendendo-a como um sistema conexo e integrado, a tendência é que consigamos a façanha de esgotar os recursos naturais e isso se torna ainda mais evidente quando o tema em voga é a água, o saneamento básico e a degradação dos corpos hídricos.

A humanidade há muito trava uma batalha silenciosa entre o individual e o coletivo, entre os interesses econômicos e o bem-estar geral. Os efeitos nefastos da globalização recaem diretamente sobre o meio ambiente. A ganância por lucros estratosféricos tem feito com que grande parte dos empresários (especialmente os das grandes corporações) esqueça que na natureza tudo está interligado, e que seus comportamentos (individual e coletivo) acarretam conseqüências imediatas ao habitat, de sorte que a degradação de um bem ambiental irá refletir automaticamente na qualidade/produção de outro recurso e, se levada ao extremo, inviabilizará a vida na Terra. O bordão do "desenvolvimento sustentável" passou a ser incluído nos discursos de todos (políticos, empresários, intelectuais), fortemente veiculado pela mídia, mas esquecido de ser praticado no dia-a-dia, como podemos constatar no caso das prestadoras privadas de serviços de saneamento básico.

O Relatório de Desenvolvimento Humano divulgado pelo PNUD/ONU referente ao biênio 2007/2008 confirma o que até agora foi exposto. Sob o título *"Combater a mudança do clima: solidariedade humana em um mundo dividido"*, o relatório traz dados impressionantes, demonstrando como a atitude irresponsável do homem frente à natureza tem causado prejuízos de grande monta, danos permanentes e de difícil reparação, que podem em alguns casos se tornar irreversíveis.

Segundo o RDH, se nos próximos quinze anos a emissão de dióxido de carbono for igual a dos últimos quinze, a temperatura da terra será elevada em mais de 2 graus centígrados, o que provocará o derretimento dos blocos de gelo no pólo norte e na Antártida, aumentando, assim, o nível dos mares em vários metros, o que obrigará os habitantes das áreas litorâneas a migrar. Com efeito, além do problema provocado pelo excesso de população concentrada em uma área menor, esse aumento na temperatura intensificará a pressão sobre os sistemas ecológicos, especialmente sobre os recifes de coral e a biodiversidade em geral, e comprometerá o abastecimento de água, aumentando a incidência de ciclones tropicais mais violentos.

Fazendo um contraponto com os valores gastos em armamentos, guerras, e tecnologia bélica, o Relatório afirma que os países desenvolvidos (que são os que mais gastam neste setor em números absolutos – 2,5% do PIB por ano), são também os principais responsáveis pelas emissões de gases que agravam o efeito estufa. Eles somam 15% da população mundial, mas emitem cerca de 45% de todo o gás carbônico do mundo. Já os países de baixo rendimento, em seu conjunto, abrigam um terço da população mundial e emitem apenas 7% do CO_2.

De fato, não é tarefa fácil convencer os países ricos e as grandes corporações a diminuírem seus lucros em prol de uma causa social. A lógica mercadológica não pensa nas futuras gerações se isso representar a diminuição de receitas. Também não é fácil convencer governantes a instituírem políticas públicas de Estado, voltadas ao interesse público, ou seja, políticas "para além dos governos". O individualismo há muito tem imperado e, com ele, o egocentrismo e a arrogância daqueles que, para se perpetuar no poder e no domínio econômico, ignoram "o outro" e o próprio sentido da vida.

Assim como Capra, GADAMER transmite a idéia de que a humanidade sofre de um problema de percepção, que pode muito bem ser traduzido pela falta de visão: falta de visão "do outro" – não só de seu par, mas de todos os outros seres vivos –, falta de diálogo, falta de noção de unicidade. Eu acrescentaria falta de respeito também. Não queremos compreender o outro, queremos dominá-lo, assim como queremos dominar a natureza. E é justamente aqui que a solidariedade passa a desempenhar o papel fundamental. Para Gadamer a *solidariedade* é a força que limitará o processo de dominação e impedirá a autodestruição da humanidade.

E a nossa falta de solidariedade é evidente. Desde a época do descobrimento, o Brasil vem sendo governado de forma equivocada por políticos que desejam manter-se no poder a qualquer custo. As políticas públicas quase sempre foram traçadas com fins eleitoreiros, e não para erradicar ou mesmo mitigar os problemas sociais. Nosso patrimônio natural vem sendo esbulhado e nada fazemos para impedir que isso ocorra. A corrupção se alastrou de tal forma que nos tornamos descrentes. E pior do que isso, continuamos inertes!

A cada passo que damos rumo ao futuro, retrocedemos outros tantos em termos morais. Não estamos falando de moralismo, mas de moralidade administrativa. Estamos falando também dos valores mais essenciais que ligam às pessoas e que permitem vivam e convivam em sociedade: estamos falando de solidariedade, de fraternidade e de respeito! O país passa por uma severa crise institucional, uma crise de valores, de identidade, que culmina com a desfaçatez de nos fazer acreditar e de sentir orgulho por termos sido incluídos no grupo de nações consideradas com alto índice de desenvolvimento humano pela ONU.

Ora, mesmo se considerarmos a alteração na fórmula de cálculo do IDH, não podemos acreditar que os dados do Brasil (fornecidos pelo próprio Governo) sejam corretos: um município que sustenta atender 115% de sua população com saneamento básico, por exemplo, não pode estar informando corretamente!

Além disso, o espelho da nossa realidade mostra que o Brasil está longe de possuir um IDH elevado: basta sairmos às ruas para constatarmos o grande número de indigentes vivendo sob pontes, crianças nas esquinas pedindo esmolas, e assim por diante; um país onde grande parte da população vive sem esgoto tratado, sem saúde e educação de qualidade, sem acesso ao mínimo existencial. Um país onde a pobreza impera e o racismo persiste, mesmo tendo a 6ª economia do mundo (ao lado do Reino Unido, França, Rússia e Itália, que ocupam a mesma colocação segundo dados divulgados pelo Banco Mundial em 18-12-2007), não tem motivos para se orgulhar! A exclusão social é o retrato da falta de solidariedade. Não conseguimos ainda "ver" os nossos irmãos, o que de certa forma demonstra que também não conseguimos nos enxergar. Não conseguimos sequer interpretar uma lei cujo objetivo maior é (ou deveria ser) garantir o acesso de todos ao saneamento básico!

Por certo, é preciso mudarmos urgentemente nossa percepção, e somente através da coscientização da sociedade e da mobilização dos órgãos responsáveis pela implementação de políticas públicas atinentes à matéria é que poderemos alcançar o objetivo que a nós se apresenta como incontornável, qual seja, o de acabar com a exclusão desumana provocada pela falta de saneamento básico, levando dignidade ao povo brasileiro.

Referências

AARNIO, Aulis. La tesis de la única respuesta correcta y el principio regulativo del razionamento jurídico. *Doxa – Cuadernos de Filosofía del Derecho*, Alicante, ES, n. 8, p. 23-38, 1990

——. *Lo racional como razonable:* um tratado sobre la justificación jurídica. Madrid: Centro de Estúdios Constitucionales, 1991.

ABCON – ASSOCIAÇÃO BRASILEIRA DE CONCESSIONÁRIAS PRIVADAS DE SERVIÇOS PÚBLICOS DE ÁGUA E ESGOTOS. *Balanço de Investimentos da Iniciativa Privada no Saneamento Brasileiro (1995-2000)*: um futuro promissor. [S.l.]: Abcon, 2001. Disponível em: <http://www.abcon.com.br>. Acesso em: 7 fev. 2005.

——. *Conceções privadas:* mapa. [S.l.]: Abcon, c2003. Disponível em <http://www.abcon.com.br>. Acesso em: 23 fev. 2005.

ABES – ASSOCIAÇÃO BRASILEIRA DE ENGENHARIA SANITÁRIA E MBIENTAL. Semana da água no Rio Grande do Sul: uma experiência de mobilização: Seção Rio Grande do Sul. Porto Alegre: ABES-RS, 2003.

Acqua-Plan – Estudos, Projetos e Consultoria. *Flexibilização institucional da Prestação de Serviços de Saneamento: implicações e desafios*. Brasília: Ministério do Planejamento e Orçamento: Secretaria de Política Urbana, 1995.

ACQUA-PLAN – ESTUDOS, PROJETOS e CONSULTORIA. *Regulação da prestação de serviços de saneamento: análise comparada da legislação internacional*. Brasília: Ministério do Planejamento e Orçamento: Secretaria de Política Urbana, 1995.

AGÊNCIA NACIONAL DE ÁGUAS. *Planejamento de recursos hídricos*: Apresentação. Brasília: ANA, [s.d.]. Disponível em: <http://www.ana.gov.br/gestao RecHidricos/PlanejHidrologico/default2.asp>. Acesso em: 02 nov. 2004.

ÁGUA: um bem cada vez mais ameaçado. [S.l.]: Sebrae, [s.d.]. Disponível em: <http://www.biblioteca.sebrae.com.br/bte/bte.nsf/>. Acesso em: 12 set. 2004.

ALDÉ, Lorenzo. História política em primeira pessoa. Rio de Janeiro: Educação Pública, [s.d.]. Disponível em: <http://www.educacaopublica.rj.gov.br/biblioteca/ historia/hist14a.htm>. Acesso em: 28 fev. 2004.

ALEXY, Robert. Sistema jurídico, princípios jurídicos y razón practica. *DOXA: Cuadernos de Filosofía del Derecho*, Alicante, ES, n. 5, 1988, pp. 139-151.

——. *Teoría del discurso y derechos humanos*. Tradução Luis Villar Borda. Bogotá: Universidad Externado de Colômbia, 1995.

——. *Teoria de los derechos fundamentales*. Madrid: Centro de Estudios Políticos y Constitucionales, 2001.

ALBUQUERQUE, Letícia. Poluentes Orgânicos Persistentes: uma análise da Convenção de Estocolmo. Curitiba: Juruá Editora, 2006.

ALVES, Alaôr Café. Regiões metropolitanas, aglomerações urbanas e microrregiões: novas dimensões constitucionais da organização do Estado brasileiro. *Revista de Direito Ambiental*, São Paulo, ano 6, n. 21, p. 57-82, jan./mar. 2001.

ALVES, Francisco. O que está sendo feito com os resíduos industriais? *Revista Saneamento Ambiental*, São Paulo, n. 54, p. 16-24, nov./dez. 1998.

ALVES, Rubens Teixeira. *PPP e privatizações:* quais são as diferenças? São Paulo: Kpmg, [s.d.]. Disponível em: <http://www.kpmg.com.br/adm/images/Privatizacoes.pdf Acesso em: 7 jun. 2003.

ALVES FILHO, Francisco. País sujo. *Revista Isto É*, São Paulo, Edição de 28 de março de 2002.

AMADOR, Teresa. Direito dos cursos de água internacionais: o caso do Rio Douro. *Revista da Faculdade de Direito da Universidade de Coimbra*, Coimbra, v. 40, n. 1-2, p. 182-222, 1999.

AMARAL, Antônio Carlos Cintra do. Observações sobre as agências reguladoras de sérvio público. *Revista de Direito Administrativo*, Rio de Janeiro, v. 231, n. 1-3, p. 2, jan./mar. 2003.

AMPARO, Paulo Pitanga; CALMON, Kartya Maria Masiaseni. *A experiência britânica de privatização do setor saneamento*. Brasília: IPEA, 2000. Texto para discussão n° 701.

ANA – AGÊNCIA NACIONAL DE ÁGUAS. *O que é o PODES?* Brasília: ANA, [s.d.]. Disponível em: <http://www.ana.gov.br/prodes/prodes.asp>. Acesso em: 10 out. 2004.

ANDRADE, José Carlos Vieira de. *O dever da fundamentação expressa de actos administrativos*. Coimbra: Almedina, 2003.

AQUINO, Tomás de. *Suma Contra os Gentios*. Vol. II. Porto Alegre: EDIPUCRS, 1996.

ARAGÃO, Alexandre Santos de. Agências reguladoras e a evolução do direito administrativo econômico. Rio de Janeiro: Forense, 2002.

———. O marco regulatório dos serviços públicos. *Revista Interesse Público*, Porto Alegre, ano 5, n. 27, p. 72, set./out. 2004.

———. Serviços públicos e concorrência. *Revista de Direito Administrativo*, Rio de janeiro, n. 233, p. 311-371, jul./set. 2003.

———. *Agências reguladoras*. 2. ed. Rio de Janeiro: Forense, 2003.

———. Agências reguladoras e a evolução do direito administrativo econômico. 2. ed. Rio de Janeiro: Forense, 2003.

ARISTÓTELES. *Ética a Nicômaco*. Trad. Pietro Nasseti. São Paulo: Martins Claret, 2002.

ARRETCHE, Marta T. S. *Plano Nacional de Saneamento (Planasa)*. Brasília: Ministério das Relações Exteriores, [s.d.]. Disponível em: <http://www.mre.gov.br/ cdbrasil/itamaraty/web/port/economia/saneam/planasa/>. Acesso em: 23 out. 2003.

ASSEMBLÉIA LEGISLATIVA DO ESTADO DO RIO DE JANEIRO. *Programa de Despoluição da Baía de Guanabara está sendo investigado pelo TCE*. Rio de Janeiro, [s.d.]. Disponível em: <http://www.alerj.rj.gov.br/>. Acesso em: 28 jul. 2004.

ASSESSORIA GERAL DE COMUNICAÇÕES DO ESTADO DA BAHIA. *Bahia sedia Encontro Nacional de Comitês de Bacias Hidrográficas*. [S.l.]: AGECOM, 24 set. 2004. Disponível em: <http://http://www.agecom.ba.gov.br/exibe_noticia.asp?cod _noticia=9614>. Acesso em: 30 nov. 2004.

ASSOCIAÇÃO BRASILEIRA DE ENGENHARIA SANITÁRIA E AMBIENTAL. Seção Rio Grande do Sul. *Semana da Água no Rio Grande do Sul*: uma experiência de mobilização. Porto Alegre: ABES-RS, 2003, p. 22.

ASSOCIAÇÃO DE DEFESA E PROTEÇÃO DOS DIREITOS DO CIDADÃO. *Mudança da estrutura tarifária da água*. [S.l.]: Defende, c2003. Disponível em: <http://vulcano.limeira.com.br/defende>. Acesso em: 21 fev. 2005.

BACHOF, Otto. Normas Constitucionais Inconstitucionais? Coimbra: Atlântida, 1977.

BARROSO, Luís Roberto. Saneamento básico: competências constitucionais da União, Estados e Municípios. *Revista de Informação Legislativa*, Brasília, v. 38, n. 153, p. 273, jan./mar. 2002.

———. *Agências Reguladoras*: Constituição, transformação do estado e legitimidade democrática. In: TEMAS de Direito Constitucional. Rio de Janeiro: Renovar, 2003a. t. 2.

———. *Temas de direito constitucional*. Rio de Janeiro: Renovar, 2003b. t. 2.

BARZOTTO, Luis Fernando. *A democracia na Constituição*. São Leopoldo: Unisinos, 2003.

BENJAMIN, Antonio Herman. Responsabilidade civil pelo dano ambiental. *Revista de Direito Ambiental*, São Paulo, ano 3, n. 9, p. 5-52, jan./mar. 1998.

BOBBIO, Norberto. *Il futuro della democrazia*. Torino: Giulio Einaudi, 1984.

BNDES – BANCO NACIONAL DE DESENVOLVIMENTO ECONÔMICO E SOCIAL. Cadernos de Infra-estrutura. *Saneamento Ambiental*. Foco: Saneamento básico. Rio de Janeiro: BNDES, out. 1996.

BONAVIDES, Paulo. *Curso de Direito Constitucional*. 13. ed. São Paulo: Malheiros, 2003a.

———. *Teoria constitucional da democracia participativa*: por um direito Constitucional de luta e resistência, por uma nova hermenêutica, por uma repolitização da legitimidade. 2. ed. São Paulo: Malheiros, 2003b.

———. *A Constituição aberta*: temas políticos e Constitucionais da atualidade, com ênfase no federalismo das regiões. 3. ed. São Paulo: Malheiros, 2004.

BONGAROVSKY, Sandra Helena; PEIXOTO FILHO, Aser Cortines. Água, bem econômico e de domínio público. *Revista CEJ*, Brasília, n. 12, p. 13-16, set./dez. 2000.

BORBA, Sheila Villanova et al. *Região Metropolitana de Porto Alegre:* caracterização sócio-espacial. Porto Alegre: Finep, 2003.

BRASIL. Agência Nacional de Águas. *Cobrança de uso da água.* Brasília: ANA, [s.d.]. Disponível em: <http://www.ana.gov.br/GestaoRecHidricos/Cobranca/default2.asp>. Acesso em: 1 nov. 2004.

——. Agência Nacional de Águas. *Outorga de Direito de Uso*: apresentação. Brasília: ANA, [s.d.]. Disponível em: <http://www.ana.gov.br/gestaoRecHidricos/ Outorga/default2.asp>. Acesso em: 1 nov. 2004.

——. Ministério das Cidades. Anteprojeto de Lei sobre as Diretrizes para os Serviços Públicos de Saneamento Básico e a Política Nacional de Saneamento Ambiental – PNSA. Brasília, [s.d.]. Disponível em: <http://www.cidades.gov.br/>. Acesso em: 11 nov. 2004.

——. Ministério das cidades. *Diagnóstico.* Brasília: SNIS, [s.d.]. Disponível em: <http://www.snis.gov.br>. Acesso em 30 jan. 2005.

——. Ministério das cidades. Serviço Nacional de Informação em Saneamento. *Diagnóstico do Setor – 2002.* Brasília, [s.d.]. Disponível em: <http://www.snis.gov.br>. Acesso em 30 jan. 2005

——. Ministério do Meio Ambiente. Secretaria de Recursos Hídricos. *Resolução nº 16, de 08 de maio de 2001.* Brasília, [s.d.]. Disponíveis em: <http://www.cnrh-srh.gov.br>. Acesso em: 09 jul. 2004.

BRASIL. Programa das Nações Unidas para o Desenvolvimento. *Desenvolvimento humano e IDH.* Brasília: PNUD, [s.d.]. Disponível em: http://www.pnud.org.br/idh/>.

——. Programa das Nações Unidas sobre Desenvolvimento. [Saneamento]. Brasília: PNUD, [s.d.]. Disponível em: <http://www.pnud.org.br/saneamento/ reportagens/index.php?id01=641&lay=san>. Acesso em: 14 fev. 2005.

——. Senado Federal. Lei – 9433 de 08/01/1997. *Diário Oficial da União*, Brasília, p. 470, 9 jan. 1997. Disponível em: <http://www.senado.gov.br/sf/legislacao/legisla>.

——. *Direito administrativo*: tema: água. Brasília: Senado Federal, 1997.

——. Lei nº 9.491, de 9 de setembro de 1997. Brasília: Senado Federal, 1997. Disponível em: <http://www6.senado.gov.br/legislacao/ListaTextoIntegral.action?id =125049>. Acesso em: 2 set. 2004.

——. Ministério do Meio Ambiente. Conselho Nacional de Recursos Hídricos. *Resolução nº 5 de 10 de abril de 2000.* Brasília, 2000.

——. Senado Federal. Lei 9.984 de 17/07/2000. *Diário Oficial da* União, Brasília, p. 1, 18 jul. 2000. Disponível em: http://www.senado.gov.br/sf/legislacao/legisla/. Acesso em: dia mês ano

——. *Código civil brasileiro* (Lei 3.071 de 01/01/1916). 7. ed. São Paulo: Saraiva, 2001.

——. Ministério das cidades. *Diagnóstico dos Serviços de Água e Esgotos 2002.* Brasília: SNIS, 2002a, p. 6. Disponível em: <http:// www.snis.gov.br>. Acesso em: 31 dez. 2004.

——. Ministério das Cidades. Sistema Nacional sobre Sanemaento. *Relatório 2002.* Brasília: SNIS, [2002]. Disponível em: <http://www.snis.gov.br/inter_perfil_ rel.asp?c_ano=2002&c_ prestado>. Acesso em: 31 jan. 2005.

——. *Novo Código Civil Brasileiro* – Lei 10.406 de 10/01/2002. Porto Alegre: Verbo Jurídico, 2002b.

——. *Código das Águas* (1934). *Código das águas e legislação correlata.* Brasília: Senado Federal, Subsecretaria de Normas Técnicas, 2003.

——. *Constituição (1988)*: Constituição da República Federativa do Brasil: texto constitucional promulgado em 05 de outubro de 1988, com as alterações adotadas pelas Emendas Constitucionais nos 1/92 a 42/2003 e pelas Emendas de Revisão nos 1 a 6/94. Brasília: Senado Federal, Subsecretaria de Edições Técnicas, 2004.

——. Ministério das Cidades. *O Financiamento do Saneamento Básico em 2003/2004*: piloto de uma nova abordagem para o investimento público no Brasil? Brasília, 2004. Relatório elaborado em conjunto pelos Ministérios da Fazenda e das Cidades. Disponível em: <http://www.cidades.gov.br>. Acesso em: 3 jan. 2005.

——. Ministério do Meio Ambiente. *Sistema Nacional de Gerenciamento de Recursos Hídricos.* Brasília: MMA, jan. 2004. Disponível em: <http://www.mma.gov.br/port/srh/sistema/conselhos.html>. Acesso em: 30 nov. 2004.

——. Programa das Nações Unidas para o Desenvolvimento. *Brasil trata apenas 27,3% de todo esgoto que produz.* Brasília: PNUD, 31 mar. 2004. Disponível em: <http://www.pnud.org.br/noticias/impressao.php?id01=216>. Acesso em: 12 out 2004.

———. Programa das Nações Unidas para o Desenvolvimento. *Saneamento prejudica índices do Brasil*: desempenho do país no setor dificulta cumprimento dos Objetivos de Desenvolvimento do Milênio. Brasília: PNUD, 15 maio 2004. Disponível em: <http://www.pnud.org.br/saneamento/entrevistas/index.php?id01=354&lay=san> Acesso em: já. 2005.

———. Programa das Nações Unidas para o Desenvolvimento. *Você sabe...quantas empresas de saneamento tem tarifas que cobrem suas despesas totais?* Brasília: PNUD, 2004. Disponível em: <http://www.pnud.org.br/curiosidades/ indez.php?id04=36&are=san>. Acesso em: 30 jan. 2005.

———. Ministério das cidades. *[Anteprojeto]*. Brasília, [2004?]. Disponível em: <http://www.cidades.gov.br>. Acesso em: ago. 2004.

———. Ministério das Cidades. *Projeto de Lei nº 3.884/2004*. Brasília, 2004. Disponível em: < http://www.cidades.gov.br/>. Acesso em: 11 nov. 2004.

———. Programa das Nações Unidas para o Desenvolvimento. *Relatório de Desenvolvimento Humano de 2004*. Brasília: PNUD, 2004. Disponível em: <http://www.pnud.org.br/>. Acesso em 20 jan. 2005.

BRASÍLIA. Superior Tribunal de Justiça. Recurso Especial nº 617588. Primeira Turma. Ministro Relator. Ausente, ocasionalmente, o Sr. Ministro José Delgado. Julgado pela do Superior Tribunal de Justiça (STJ). Diário de Justiça p. 241, 31 maio 2004.

———. Supremo Tribunal Federal. MC – ADIN – 1.841-9/RJ. Rel. Min. Marco Aurélio. Julgado em 18 de junho de 1998. *Diário de Justiça*, Brasília, 28 ago. 1998.

———. Superior Tribunal de justiça. REsp 201112/SC, Relator: Min. Garcia Vieira. Julgado em: 20 abr. 1999. *Diário de Justiça*, Brasília, p. 124, 10 maio 1999.

———. Tribunal de Justiça. RESP 28222 / SP ; Recurso Especial 1992/0026117-5. Relatora: Min. Eliana Calmon. Julgado em: 15 de fevereiro de 2000. *Diário de Justiça*, Brasília, p. 253, 15 nov. 2001.

———. Superior Tribunal de Justiça. AgRg no Agravo de Instrumento nº 427.600 – PA (2001/0190650-2). Rel. Min. Luiz Fux. Julgado em: 19 de setembro de 2002. Diário de Justiça, Brasília, p. 200, 7 de outubro de 2002.

———. Supremo Tribunal Federal. ADIN 1.841-9/RJ. Rel.: Carlos Velloso. Julgado em 01 agosto de 2002. *Diário de Justiça*, Brasília, 20 set. 2002.

———. Superior Tribunal de Justiça. RESP 588022 / SC ; RECURSO ESPECIAL, 2003/0159754-5. Relator: Min. José Delgado Julgado em: 17 de fevereiro de 2004. Diário de Justiça, Brasília, p. 217, 5 abr. 2004.

———. Tribunal Regional Federal. Ação Civil Pública nº 2000.36.00.010649-5. Relator: Tourinho Neto. Disponível em: <http://www.trf1.gov.br/jurisprudencia>. Acesso em: 23 fev. 2005.

BRASILNEWS. Hidrovia Paraná-Paraguai já causa problemas. Campinas, SP, 8 fev. 2001. Disponível em: <http://www.brasilnews.com.br/News3.php3?CodReg=1161& edit=Ecologia&Codnews=999>. Acesso em: 24 out. 2004.

BRITO, Ana Lúcia. A Regulação dos Serviços de Saneamento no Brasil: Perspectiva Histórica, Contexto Atual e Novas Exigências de uma Regulação Pública. In: IX Encontro Nacional da Anpur, 2001, Rio de Janeiro. *Anais*.... Rio deJaneiro: Anpur, p. 1085.

CABRAL, Bernardo. *Direito Administrativo – Tema: Água*. Brasília: Senado Federal, 1997.

CANÇADO, Vanessa Lucena; COSTA, Geraldo Magela. *A política de saneamento básico*: limites e possibilidades de universalização. [S.l.]: RePec, [s.d.]. Disponível em: < http://econpapers.repec.org/bookchap/cdpdiam02/200263.htm. Acesso em: 31 out. 2003.

CÁNEPA, Eugenio Miguel; GRASSI, Luiz Antonio Timm. *Os Comitês de Bacia no Rio Grande do Sul*: uma experiência histórica. Porto Alegre: ABES-RS, [s.d.]. Disponível em: <http://www.abes-rs.org.br/rechid/comites-1.htm>. Acesso em: 04 out. 2004.

———. Fundamentos econômico-ambientais da cobrança pelo uso dos recursos hídricos. In: BALARINE, Oscar Fernando Osório (Org.). *Projeto Rio Santa Maria*: a cobrança como instrumento de gestão das águas. Porto Alegre: EDIPUCRS, 2000, p. 48.

CANOTILHO, Joaquim José Gomes. *Direito Constitucional e teoria da Constituição*. 2. ed. Coimbra: Almedina, 1998.

CAPELETTO, Gilberto José. *Processo Nº: 000.425-3900-AGERGS/01.0*: fundamentação do voto do revisor. Porto Alegre: AGERGS, 4 out. 2001. Disponível em: <http://www.agergs.rs.gov.br/resolucoes/cons_capel.htm>. Acesso em: 15 out. 2004.

CAPOZOLLI, Ulisses. *Guerra de patentes, jornalismo científico e alienação social*. São Paulo: Labjor/Unicamp, [s.d.]. Disponível em: <http://www.jornalismo.cientifico.com.br> Acesso em: 12 set. 2004.

CAPRA, Fritjof. *A teia da vida:* uma compreensão científica dos sistemas vivos. São Paulo: Cultrix, 1996.

_____. As conexões ocultas – ciência para uma vida sustentável. São Paulo: Cultrix, 2005.

_____. O ponto de mutação. São Paulo: Cultrix, 2002.

CARDOSO NETO, Antônio. *Sistemas urbanos de drenagem*. Brasília: ANA, [s.d.]. f. 1. Disponível em: <http://www.ana.gov.br/PortalConhecimento/AntonioCardosoNeto/ Introducao_a_drenagem_urbana.pdf>. Acesso em: 11 nov. 2003

CASSESE, Sabino. *La nuova costituzione econômica*. Torino: Laterza, 2004.

_____. Le traformazioni del diritto amministrativo dal XIX al XXI secolo. In: *Rivista Trimestrale di Diritto Público*, Torino, n. 1, p. 27-40, 2002.

CAUBET, Christian Guy. *A água, a lei, a política...e o meio ambiente?* Curitiba: Juruá, 2004.

CAVALCANTI, Themístocles Brandão; BRITO, Luiz Navarro; BALEEIRO, Aliomar. *Constituições Brasileiras*: 1967. Brasília: Ministério da Ciência e Tecnologia, Centro de Estudos Estratégicos, 2001. v. 6.

COELHO, Dorival Roriz Guedes. *Water prepayment pilot project in Tocantins*. [S.l.: s.n., s.d.]. Disponível em: www.esi-africa.com/mlam04/13%20August/Technologies% 20for%20revenue%20expansion%20Prepayment/coelho.pdf.

COLLET, Martin. Le Contrôle juridictionnel des actes des autorités administratives indépendantes. Paris: L.G.D.J, 2003.

COLLIARD, Claude-Albert; TIMSIT, Gérard. *Les autorités administratives indépendantes*. Paris: Universitaires de France, 1988.

Conferência das nações unidas sobre meio ambiente e desenvolvimento. *Agenda 21*. 3. ed. Brasília: Senado Federal, 2001.

CONFERÊNCIA DAS NAÇÕES UNIDAS SOBRE MEIO AMBIENTE E DESENVOLVIMENTO. *1992*: Rio de Janeiro. 3. ed. Brasília: Senado Federal, Subsecretaria de Edições Técnicas, 2001, p. 358, grifo nosso.

CONFERÊNCIA NACIONAL DOS BISPOS DO BRASIL. *Campanha da Fraternidade 2004*: fraternidade e água: água, fonte de vida. Brasília, [2004]. Disponível em: <http://www.cnbb.org.br.> Acesso em: 28 mar. 2004.

CONSEQÜÊNCIAS econômicas e sociais da crise de recursos hídricos. [S.l.]: Água Online, c2004. Disponível em: <http://www.aguaonline.com.br/materias.php? id=175&cid [=7&edicao=113>. Acesso em: 12 dez. 2003.

CORTEZ, José Henrique. A água "municipal". *Revista Mais Brasil*, São Paulo, ano 4, n. 41, 2002. Disponível em: <http://www.camaradecultura.org/A%20agua%20municipal%20II.pdf>. Acesso em: 28 jul. 2004.

COSTA, A. M. Análise histórica do saneamento no Brasil. In: ASSEMBLÉIA NACIONAL DA ASSOCIAÇÃO NACIONAL DOS SERVIÇOS MUNICIPAIS DE SANEAMENTO, 22., 1996, Belo Horizonte. *Anais da XXII Assembléia Nacional da Associação Nacional dos Serviços Municipais de Saneamento*. Brasília: Assemae, 1996.

CRETELLA JÚNIOR, José. *Curso de Direito Administrativo*. 17. ed. Rio de Janeiro: Forense, 2000.

CUNHA, Paulo Ferreira da. *Pensar o direito*. Coimbra: Almedina, 1991. v. 2.

CURVELO, Alexandre Schubert. *Regulamentos autônomos e legalidade*: o caso das Agências Reguladoras. 2004. 188 f. Trabalho de Conclusão do Curso Ciências Jurídicas e Sociais (Bacharelado) – Faculdade de Direito, PUCRS, 2004.

_____; RUARO, Regina L. O poder regulamentar (autônomo) e o Conselho Nacional de Justiça: algumas anotações sobre o poder regulamentar autônomo no Brasil. *Revista dos Tribunais*, vol. 858, ano 96, abril de 2007, p.

DALLARI, Adilson de Abreu. O uso do solo metropolitano. *Revista de Direito Público*, São Paulo, n. 14, p. 289, out./dez. 1997.

DECLARAÇÃO de Dublin. Rio de Janeiro: UERJ, [s.d.]. Disponível em: <http://www2.uerj.br/~ambiente/emrevista.htm#>. Acesso em: 20 nov. 2004.

DEFENDE – Associação de Defesa e Proteção dos Direitos do Cidadão. *Mudança da estrutura tarifária da água: defende perde*. Limeira: Defende, 2004. Disponível em: <http://vulcano.limeira.com.br/defende>. Acesso em: 21 fev. 2005.

DERANI, Cristiani. *Direito ambiental e econômico*. São Paulo: Max Limonad, 1997.

DIA Mundial da Água: sistema pré-pago é ameaça para consumidores. [S.l.: s.n.], mar. 2004. Disponível em: <http://www.adoc.com.br/noticias_html.asp?ID=3135>. Acesso em: 05 jun. 2004.

DI PIETRO, Maria Sylvia Zanela. *Parcerias na administração pública: Concessão, permissão, franquia, terceirização e outras formas*. 2ª ed. São Paulo: Atlas, 1997.

──. *Direito Administrativo.* 13. ed. São Paulo: Atlas, 2001.

──. *Direito Regulatório:* temas polêmicos. Belo Horizonte: Fórum, 2003.

DREYER, Diogo. *O paradoxo da saúde brasileira.* [S.l.]: Ewducacional, 2 ago. 2002. Disponível em <http://www.educacional.com.br/noticiacomentada/020802_not01.asp, Acesso em: 13 fev. 2005.

DROBENKO, B. Les Noveaux Grands Príncipes du Droit Moderne de l'Eau. *Revista de Direito Ambiental.* São Paulo, n. 25, p. 28-58.

DUGUIT, Leon. *Manuel de droit constitutionnel.* 2. ed. Paris: Fontemoig, 1911.

DUGUIT, Leon. *Manuel de Droit Constitutionnel*: théorie générale de l'État, le Droit et l'État, les libertés publiques, l'organisation politique de la France. 4. ed. Paris: E. de Boccard, 1923.

DWORKIN, Ronald. *Levando os direitos a sério.* São Paulo: Martins Fontes, 2002.

ECHEVENGUÁ, Ana Cândida. *O sistema pré-pago de abastecimento d'água e a geração dos "sem água".* Fortaleza: ADITAL, 12 abr. 2004. Disponível em: <http://www.adital.com.br/site/noticia.asp?lang=PT&cod=11705>. Acesso em: 30 jul. 2004.

EL TRIBUNAL de las Águas Valenciano: justiça Árabe. *Revista Ibérica*, Madrid, [s.d.]. Disponível em: <http://www.revistaiberica.com/Grandes_Reportajes/ valencia.htm>. Acesso em: 12 dez. 2004.

ELY, John Hart. *Democracy and distrust*: a theory of a judicial review. Cambridge: Harvard University, 1980.

FACCHINI NETO, Eugênio. Reflexões histórico-evolutivas sobre a constitucionalização do direito privado. In: SARLET, Ingo W. (Org.). *Constituição, direitos fundamentais e direito privado.* Porto Alegre: Livraria do Advogado, 2003.

FACHIN, Luís Édson. *Código Civil Brasileiro anotado.* São Paulo: Saraiva, 2004. v. 15.

FAORO, Raymundo. *Os donos do poder:* formação do patronato brasileiro. Porto Alegre: Globo, 1976.

──. *Os donos do poder:* formação do patronato político brasileiro. 3. ed. São Paulo: Globo, 2001.

FERRAZ, Sérgio. As regiões metropolitanas no direito brasileiro. *Revista de Direito Público*, São Paulo, ano 7, n. 37-38, p. 22, 1976.

FIGUEIREDO, Pedro Henrique Poli de. *A regulação do serviço público concedido.* Porto Alegre: Síntese, 1999.

FIORILLO, Celso Antônio Pacheco. *O direito de antena em face do direito ambiental no Brasil.* São Paulo: Saraiva, 2000.

──. *Curso de direito ambiental brasileiro.* 4. ed., ver. e atual. São Paulo: Saraiva, 2003.

FIRESTONE, Laurel. *Catadores em Recife.* Taduzidos por Daniela Santos. Harward: Havard University, 11 fev. 2003. Disponível em: <http://blogs.law.harvard.edu/lixo/ stories/storyReader$97>. Acesso em: 13 fev. 2005

FÓRUM NACIONAL DOS COMITÊS DE BACIAS HISDROGRÁFICAS. *Reunião do colegiado coordenador.* Brasília: CBH-PCJ, ago. 2004. Disponível em: http://www.comitepcj.sp.gov.br/forumnacional/Reu_coleg-coord_18-19-Ago-04.pdf>. Acesso em: 15 nov. 2004.

FÓRUM NACIONAL DOS SECRETÁRIOS ESTADUAIS DE SANEAMENTO. *Carta ao Ministro das Cidades.* Porto Alegre: SOPS, [2005]. Disponível em: <http://www.sops.rs.gov.br>. Acesso em: 11 nov. 2004.

FREITAS, Juarez. *Estudos de Direito Administrativo.* 2. ed. São Paulo: Malheiros, 1997.

──. O intérprete e o poder de dar vida à constituição: preceitos de exegese constitucional. In: GRAU, Eros Roberto; GUERRA FILHO, Willis Santiago (Org.). *Direito constitucional*: estudos em homenagem a Paulo Bonavides. São Paulo: Malheiros, 2001.

──. Regime dos serviços públicos e a proteção dos consumidores. *Revista Trimestral de Direito Civil*, Rio de Janeiro, v. 6, p. 21-50, abr./jun. 2001.

──. *A interpretação sistemática do direito.* 4. ed. São Paulo: Malheiros, 2004a.

──. *O controle dos atos administrativos e os princípios fundamentais.* 3. ed., ver. e ampl. São Paulo: Malheiros, 2004b.

──. Reforma Previdenciária, Emenda Constitucional nº 41 – nova redação do parágrafo 1º do artigo 149 da CF/88 – contribuição dos servidores públicos estaduais e municipais para o custeio dos benefícios previdenciários do artigo 40 da CF – Pacto Federativo: autonomia dos entes federados – Princípio da Proporcionalidade: alíquota de contribuição previdenciária desproporcional e confiscatória (Parecer). *Revista Interesse Público*, Porto Alegre, ano 5, n. 23, p. 61-73, jan./fev. 2004c.

FREITAS, Juarez. Regulação e segurança jurídica. Rio de Janeiro: Comissão Portos, 28 set. 2004. Disponível em: <http://www.abtp.com.br/comissao/ mudaporto/esclarece_280904.htm>. Acesso em: 30 set. 2004.

FREITAS, Vladimir Passos de. Sistema jurídico brasileiro de controle da poluição das águas subterrâneas. *Revista de Direito Ambiental*, São Paulo, n. 23, p. 57, 2001.

FUTEMA, Fabiana. *Desigualdade coloca Brasil em 109ª lugar no ranking mundial de exclusão social*. São Paulo: Folha Online, 16 de junho de 2004. Disponível em: <http://www.folhaonline.com.br/>. Acesso em: 16 jun. 2004.

GADAMER, Hans-Georg. *Verdade e Método*. Vol. I. 8ª ed. Trad. Flávio Paulo Meurer. Petrópolis: Vozes, 2006.

——. A Filosofia Grega e o Pensamento Moderno. Trad. Hans-Georg Flickinger e Muriel Maia-Flickinger. In: Hermenêutica Filosófica: nas trilhas de Hans-Georg Gadamer. Custódio Luís Silva de Almeida, Hans-Georg Flickinger e Luiz Rohden (org). Porto Alegre: EDIPUCRS, 2000, p. 53-59.

GASPARINI, Diógenes. *Direito administrativo*. 5. ed. São Paulo: Saraiva, 2000.

GIANNINI, Massimo Severo. *Instituzioni di Diritto Amministrativo*. Milão: Giuffrè, 1981.

GIDDENS, Antony. *O mundo em descontrole:* o que a globalização está fazendo de nós. 3. ed. Rio de Janeiro: Record, 2003.

——. *Para Além da Esquerda e da Direita: o futuro da política radical*. Tradução de Álvaro Hattnher. São Paulo: Fundação UNESP, 1996.

GRAF, Ana Cláudia Bento. Água, bem mais precioso do milênio: o papel dos Estados. *Revista CEJ*, Brasília, ano 4, n. 12, p. 31, set./dez. 2000.

GOMES, Joaquim Barbosa. Prefácio. In: ROSAS, Roberto. *Direito sumular*. 4. ed. São Paulo: Revista dos Tribunais, 1989.

GRANZIERA, Maria Luiza Machado. A cobrança pelo uso da água. *Revista CEJ*, Brasília, n. 12, p. 71-74, set./dez. 2000

GRAU, Eros Roberto. As agências estas repartições públicas. In: SALOMÃO FILHO, Calixto (Coord.). *Regulação e desenvolvimento*. São Paulo: Malheiros, 2002.

——. A ordem econômica na Constituição de 1988. 8. ed. São Paulo: Malheiros, 2003.

GUASTINI, Riccardo. *Dalle fonti alle norme*. 2. ed. Torino: G. Giappichelli, 1992.

——. Normas Supremas. *DOXA: Cuadernos de Filosofia del Derecho*, Alicante, ES, n. 17-18, p. 257-270, 1995.

——. Problemas de Interpretación. *Isonomia*: Revista de Teoría y Filosofía del Derecho, México, n. 7, out. 1997, pp. 121-131.

HABERMAS, Jürgen. *Direito e Democracia*: entre facticidade e validade. Trad. Flávio Beno Siebeneichler. Rio de Janeiro: Tempo Brasileiro, 1997.

——. *Direito e Moral*. Trad. Sandra Lippert. Lisboa: Instituto Piaget, 1999.

HALL, D. *Water in Europe:* trends, multinationals and the case of Grenoble. Londres, oct. 2001. (paper apresent in the Conference on Decison-Making).

HOLANDA, Sérgio Buarque de. *Raízes do Brasil*. 26. ed. São Paulo: Companhia das Letras, 1995. (reimpressão em 2004).

ILARRAZ, Marcelo Pedroso. Discricionariedade Administrativa e Limites na Aplicação de Sanções no Direito Ambiental. In: WERNECK, Mário; SILVA, Bruno Campos; (Org.). Direito Ambiental: visto por nós advogados. Belo Horizonte: DelRey, 2005, p. 571-584.

IMPEDIMENTO legal pode salvar São Paulo da privatização. São Paulo: SEESP, [S.l.]. Disponível em: <http://www.seesp.org.br/imprensa/143reportagem4.htm>. Acesso em: 21 fev. 2005.

INSTITUTO BRASILEIRO DE GEOGRAFIA E ESTATÍSTICA. *[Capa]*. [S.l.]: IBGE, [s.d.]. Disponível em: <http://www.ibge.gov.br>. Acesso em: 12 nov. 2003.

INSTITUTO BRASILEIRO DE GEOGRAFIA E ESTATÍSTICA. *Indicadores sociais – saneamento básico*. Rio de Janeiro: IBGE, [s.d.]. Disponível em: <http://www.ibge.gov.br>. Acesso em: 30 jan. 2005

INSTITUTO BRASILEIRO DE GEOGRAFIA E ESTATÍSTICA. *[Pesquisa nacional de sanemaneto básico]*. [S.l.]: IBGE, [s.d.]. Disponível em: <http://www.ibge.gov.br>. Acesso em: 12 nov. 2003.

INSITUTO BRASILEIRO DE GEOGRAFIA E ESTATÍSTICA. Indicadores de Desenvolvimento Sustentável – Brasil – 2004 – Dimensão Ambiental/Saneamento. Brasília, 2004, p. 142.

INSTITUTO OBSERVATÓRIO SOCIAL. Multinacionais são principais responsáveis pela poluição da água. *Boletim das Redes Sindicais nas Empresas Multinacionais*, Florianópolis, n. 59, 28 set. 2004. Disponível em:<http://www.observatorio social.org.br/boletim/boletim59.htm>. Acesso em: 30 jan. 2005.

INSTRUÇÃO Normativa nº 4 de 21.6.2000. Brasília: Ministério do Meio Ambiente, [s.d.]. Disponível em: < http://www.mma.gov.br/>.

IRTI, Natalino. *L'ordine giuridico del mercato*. Roma: Laterza, 2003.

JACOBI, Pedro Roberto. *Comitês de Bacias Hidrográficas:* dimensão político-social. São Bernando do CAmpo: AGDS, [s.d.]. Disponível em: <http://www.agds.org.br/ midiaambiente/pdf/jacobi.pdf>. Acesso em: 30 nov. 2004.

JARDIM, Sérgio Brião. Cobrança pelo uso da água: uma proposta de modelagem. In: BALARINE, Oscar Fernando Osório (Org.). *Projeto Rio Santa Maria: a cobrança como instrumento de gestão das águas*. Porto Alegre: EDIPUCRS, 2000, p. 109.

JAYME, Erik. Identité Culturelle et Intégration: le droit international privé postmoderne. Paris: Recueil des Cours 251, 1995.

JUSTEN FILHO, Marçal. *O Direito das Agências Reguladoras Independentes*. São Paulo: Dialética, 2002.

KAHN, Alfred Edward. *The economics of regulation*: principles and institutions. Cambridge: The MIT, 1988.

KANT, Immanuel. *Fundamentação da Metafísica dos Costumes*. São Paulo: Martins Claret, 2002.

KRELL, Adreas J. *Discricionariedade administrativa e proteção ambiental:* controle dos conceitos jurídicos indeterminados e a competência dos órgãos ambientais: um estudo comparativo. Porto Alegre: Livraria do Advogado, 2004.

LABRIOLA, Silvano. Le Autorità Indipendenti: da fattori evolutivi ad elementi della transizione nel diritto pubblico italiano. Milano: Giuffrè, 1999.

LAHÓZ, André; MANO, Cristiane; PADUAN, Roberta. O ataque do burocrassauro: a pesquisa é do Banco Mundial – o Brasil é o 2º país mais burocrático do mundo. Só perde para o Chade. *Revista Exame*, ano 38, n. 17, p. 20-27, set./2004.

LAWSON, Gary. *Federal administrative law*. 2. ed. St.Paul, Minn.: West Group, 2001.

LEITE, José Rubens Morato; DANTAS, Marcelo Buzaglo. Instrumentos de Proteção Ambiental e o Mercosul. *Revista de Direito Ambiental*, Rio de Janeiro, ano 1, n. 2, p. 112-122, abr./jun. 1996.

LEITE, José Rubens Morato; AYALA, Patryck de Araújo. *Direito Ambiental na sociedade de risco*. 2. ed. Rio de Janeiro: Renovar, 2004.

LESSA, Carlos. Energia elétrica não é globalizável. *BRASIL NUCLEAR*, Rio de Janeiro, ano 9, jan./mar. 2002. Disponível em: <http://www.aben.com.br/texto/ rev24/4.htm>.

LIMEIRA. Prefeitura Municipal. *Serviço Autônomo de Água e Esgoto*. Limeira: EMDEL, [s.d.]. Disponível em: http://www.limeira.sp.gov.br/secretarias/saae/12.htm Acesso em: 21 fev. 2005.

LIPSET, S. M. *Political Man*. Garden City, N. Y.: Doubleday, 1960.

LUCHINI, A. M. Os desafios à implementação do sistema de gestão dos recursos hídricos estabelecidos pela lei 9.433/97. *Revista de Administração Pública*, Rio de Janeiro, v. 34, n. 1, p. 124, jan./fev. 2000.

LUPPI, Silvia A Frego. *L'Amministrazione Regolatrice*. Torino: Giappichelli, 1999.

LYOTARD, Jean-François. *La condition postmoderne*. Paris, Minuit, 1979.

MACHADO, Paulo Affonso Leme. A substituição das agências de água. *Revista Interesse Público*, Porto Alegre, ano 5, n. 26, p. 19-28, jul./ago. 2004.

——. *Direito ambiental brasileiro*. 9. ed. São Paulo: Malheiros 2001

——. *Recursos hídricos:* direito brasileiro e internacional. São Paulo: Malheiros Editores, 2002.

MANNHEIMEN, Sérgio. Agências Estaduais Reguladoras de Serviços Públicos. *Revista Forense*, Rio de Janeiro, v. 343, n. 221, p. 225, 1998.

MARQUES NETO, Floriano de Azevedo. Regulação setorial e autoridade antitruste: a importância da independência do regulador. In: CAMPILONGO, Celso Fernandes; ROCHA, Jean Paul Cabral Veiga da; MATOS, Paulo Todescan Lessa (Org.). *Concorrência e Regulação no Sistema Financeiro*. São Paulo: Max Limonad, 2002, p. 96.

——. *Agências Reguladoras:* instrumentos de fortalecimento do Estado. Porto Alegre: ABAR, 2003.

MARQUES, Cláudia Lima. *Contratos no Código de Defesa do Consumidor*. 4. ed. São Paulo: Revista dos Tribunais, 2002.

MASAGÃO, Mário. *Curso de Direito Administrativo*. São Paulo: Revista dos Tribunais, 1968.

MATEO, Ramón Martín Mateo. Precios del água y política ambiental. *Revista de Direito Ambiental*, São Paulo, v. 8, n. 32, p. 13-31, out./dez. 2003.

MATTOS, Paulo. *Regulação econômica e democracia:* o debate norte-americano. São Paulo: Ed. 34, 2004.

MEDEIROS, Fernanda Luíza Fontoura de. *Meio Ambiente:* direito e dever fundamental. Porto Alegre: Livraria do Advogado, 2004.

MEIRELLES, Helly Lopes. *Direito Municipal Brasileiro.* 5. ed. São Paulo: Revista dos Tribunais, 1985.

———. *Direito municipal brasileiro.* São Paulo: Malheiros, 1985.

———. *Direito Administrativoq Brasileiro.* São Paulo: Malheiros Editores, 1985.

MELLO, Celso Antônio Bandeira de. *Curso de Direito Administrativo.* 15. ed. São Paulo: Malheiros, 2003.

MELLO, Marco Aurélio. Optica constitucional: a igualdade e as ações afirmativas. *Revista Cidadania e Justiça:* fundamentos da ética e respeito ao outro, Brasília, ano 5, n. 12, p. 97, 2. sem. 2002.

MILARÉ, Edis. *Direito do ambiente*: doutrina, prática, jurisprudência, glossário. São Paulo: Revista dos Tribunais, 2001.

MOLINARO, Carlos Alberto. *Direito Ambiental: proibição de retrocesso.* Porto Alegre: Livraria do Advogado, 2007.

MORAES, Alexandre. *Direito Constitucional.* 15. ed. São Paulo: Atlas, 2004.

MORAES, Maria Celina Bodin de. A caminho de um direito civil constitucional. *Revista de Direito Civil,* São Paulo, n. 65, p. 26, 1993.

———. O conceito de dignidade humana: substrato axiológico e conteúdo normativo. In: SARLET, Ingo W. (Org.). *Constituição, Direitos Fundamentais e Direito Privado.* Porto Alegre: Livraria do Advogado, 2003.

MOREIRA, Egon Bockmann. As agências executivas brasileiras e os "contratos de gestão". *Revista de Direito Administrativo.* Rio de Janeiro, n. 229, p. 151, jul./set. 2002

———. Os Consórcios Empresariais e as Licitações Públicas: considerações em torno do art. 33 da Lei 8.666/93. *Revista Interesse Público*, Porto Alegre, Ano 5, n. 26, p. 64-78, jul./ago. 2004.

MOREIRA NETO, Diogo de Figueiredo. Poder concedente para o abastecimento de água. *Revista de Direito Administrativo*, São Paulo, n, 213, p. 25, 1998.

MOREIRA, Vital; MAÇÃS, Fernanda. *Autoridades Administrativas Independentes:* estudo e projecto de Lei-quadro. Coimbra: Coimbra, 2003.

———; MARQUES, Maria M. L. *A mão visível:* mercado e regulação. Coimbra: Almedina, 2003.

MOTTA, Paulo Roberto Ferreira. As Estruturas do Serviço Público. *Revista Interesse Público*, Porto Alegre, ano 5, n. 26, p. 79-100, jul./ago. 2004.

MOTTA, Ronaldo Seroa. *Questões Regulatórias do Setor de Saneamento no Brasil*: Nota Técnica de Regulação n. 05 IPEA, p. 11, [s.d.]. Disponível em: <http://www.ipea.gov.br>. Acesso em: 20 dez. 2004.

NICCOLAI, Silvia. I Poteri Garanti della Costituzione e le Autorità Indipendenti. Pisa: ETS, 1996.

OLIVEIRA, Abel Correa de; FERNANDES, Bruno Henrique Rocha. *Sistema de Gestão Sanepar – SGS.* Curitiba: Sanepar, [s.d.]. Disponível em: <http://www.sanepar.com.br/sanepar/sanare/v18/Sistemagestao.htm>. Acesso em: 10 jan. 2005.

OLIVEIRA, Silvio Aparecido Garcia de. Proposta: criação dos cadastros regionais das reservas legais das matas ciliares. In: FREITAS, Vladimir Passos de (Org.). *Direito ambiental em evolução.* Curitiba: Juruá, 1998, p. 333-344.

ORGANIZAÇÃO MUNDIAL DE SAÚDE. *Água.* Brasília: OPAS, 2001. Disponível em: <http://www.opas.org.br/mostrant.cfm?codigodest=116>. Acesso em: 13 out. 2004.

PARANÁ. Tribunal de Justiça. Agravo de Instrumento n. 121.684-8. 7ª. Câm. Cível do TJPR. Julgado em 9 de set. 2002. Disponível em: <http://www.tj.pr.gov.br>. Acesso em: 25 jan. 2005.

PARTIDO VERDE. *Líder dos Verdes denúncia em plenário o descaso com o lixo hospitalar.* [S.l.]: PV, 2003. Disponível em: <http://www.pvbauru.org.br/ noticiasmostra.asp?id=14686> Acesso em: 13 fev. 2005. (Notícia enviada por e-mail da Assessoria de imprensa do Gabinete do Dep. SARNEY FILHO).

PASQUALINI, Alexandre. O público e o privado. In: SARLET, Ingo W. O. (Org.). *Direito Público em tempos de crise*: estudos em homenagem a Ruy Rubem Ruschel. Porto Alegre: Livraria do Advogado, 1999, p. 15-37.

PELTZMAN, S. A teoria econômica da regulação depois de uma década de desregulamentação. In: MATTOS, Paulo (Org.). *Regulação econômica e democracia*: o debate norte-americano. São Paulo: CEBRAP, 2004.

PERTENCE, Sepúlveda. *CNI questiona lei do RJ sobre cobrança de taxa pelo uso de recurso hídrico.* Brasília: STF, 5 nov. 2004. Disponível em: <http://www.stf.gov.br/noticias/imprensa/ultimas/ler.asp?CODIGO=112 221&tip=UN>. Acesso em: 2 nov. 2004.

PETERSEN, Oscar; BRANCHER, Paulo. A Privatização do Setor de Saneamento Básico no Brasil. *Jus Navigandi*, Teresina, v. 4, n. 40, mar. 2000. Disponível em: <http://www1.jus.com.br/doutrina/texto. asp?id=450>. Acesso em: 08 jan. 2002.

PETRELA, Riccardo. *O Manifesto da água:* argumentos para um contrato mundial. Rio de Janeiro: Vozes, 2002.

PFI: Meeting the investment challenge. London: HM Treasury, [s.d.]. Disponível em: <http://www.hm-treasury.gov.uk>. Acesso em: 5 jul. 2003.

PHILLIPS, Peter. Nosso novo recurso em crise. Florida: CES, c1996-2033. Disponível em: <http://www.ces.fau.edu/online>. Acesso em: 10 jan. 2005.

PODER EXECUTIVO. *PL-3337/2004*. Brasília: Câmara dos Deputados, 2004. Disponível em: <http://www2.camara.gov.br/proposicoes>. Acesso em: 20 dez. 2004.

PODER LEGISLATIVO. *LEI – 8171 de 17/01/1991*. Brasília: Senado Federal, [s.d.]. Disponível em: <http://www.senado.gov.br/sf/legislacao/legisla/>.

POSNER, Richard A. Teorias da regulação econômica. In: MATTOS, Paulo (Org.). *Regulação econômica e democracia:* o debate norte-americano. São Paulo: CEBRAP, 2004.

RAWLS, John. Justiça como Eqüidade. São Paulo: Martins Fontes, 2003.

REALE, Miguel. *Parecer sobre Projeto de Lei que disciplina os consórcios públicos e contratos de programas para a gestão de serviços públicos*. São Paulo: SABEST, [s.d.]. Disponível em: <http://www.sabesp.www.sabesp.sp.gov.br>. Acesso em: 15 nov. 2004.

REBOUÇAS, Aldo da Cunha. Proteção dos Recursos Hídricos. *Revista de Direito Ambiental*, São Paulo, v. 8, n. 32, p. 33-67, out./dez. 2003

REHBINDER, Eckard. Los princípios del derecho ambiental en la Republica Federal Alemana: Ambiente y Futuro. Buenos Aires:Fundacion Maliba, 1987.

REICH, Norbert. Intervenção do Estado na economia. *Revista de Direito Público*, São Paulo, ano 23, n. 94, p. 265, 1993.

REYDON, Bastiaan Philip et al. Tratamento de esgoto e seu efeito no custo agregado do tratamento de água: uma abordagem quantitativa. In: SIMPÓSIO BRASILEIRO DE RECURSOS HÍDRICOS, 14., 2001, Aracaju/SE. Sociedade Brasileira de Recursos Hídricos. Anais... São Paulo: ABRH, 2001, p. 5. Disponível em: <http://www.eco.unicamp.br/nea/agua/artigos.htlm>. Acesso em 1º de set. 2003.

REYDON, Bastiaan Philip et al. *Tratamento de esgoto e seu efeito no custo agregado do tratamento de água: uma abordagem quantitativa*. São Paulo: Universidade Estadual de Campinas (UNICAMP), Instituto de Economia, 2001. Disponível em: <http://www.eco.unicamp.br/nea/agua/artigos html>. Acesso em: 1º set. 2003.

REZENDE, Fernando. *O financiamento do setor saneamento – Primeiro relatório parcial*, Projeto de Modernização do Setor de Saneamento. [S.l.]: IPEA, [s.d.]. Disponível em: < http://www.ipea.gov.br/>. Acesso em: 28 ago. 2004.

RIBEIRO, L.C.Q. (Org.). *O futuro das metrópoles:* desigualdades e governabilidade. Rio de Janeiro: Revan, 2000.

RIO DE JANEIRO. *Centro de Informação da Baía de Guanabara*. Rio de Janeiro: CIBG, [s.d.]. Disponível em: <http://www.cibg.rj.gov.br/detalhenotícias.asp?codnot= 319&codman=31>. Acesso em: 1º nov. 2004.

RIO GRANDE DO SUL. Tribunal de Justiça. Recurso Especial 1992/0015838-2. Segunda Turma. Relatora: Min. Eliana Calmon (1114). Julgado em 16 de novembro de 1999. *Diário de Justiça*, Porto Alegre, v. 129, p. 341, 17 dez. 1999.

———. Tribunal de Justiça. Recurso Especial 1999/0054518-4. Quarta Turma. Rel. Min. Fernando Gonçalves (1107). Julgado em: 15 de junho de 2004. *Diário de Justiça*, Porto alegre, p. 198, 01 jul. 2004

SABESP. Sabesp ensina. São Paulo, [s.d.]. Disponível em: <http://www.sabesp.sp. gov.br>. Acesso em: 12 ago. 2004.

SADER, Emir. Para outras democracias. In: SANTOS, Boaventura de Souza (Org.). *Democratizar a democracia:* os caminhos da democracia participativa. Rio de Janeiro: Civilização Brasileira, 2002, p. 654.

SALOMON, Fernando Baum. O Princípio da Precaução frente ao Nexo de Causalidade no Dano Ambiental. In: SILVA, Campos (Org.). *Direito Ambiental:* enfoques variados. São Paulo: Lemos & Cruz, 2004, p. 195-246.

———. Princípio da Precaução frente ao nexo de causalidade no dano ambiental. In: SILVA, Bruno Campos. *Direito ambiental:* enfoques variados. São Paulo: Lemos & Cruz, 2004, p. 215

SAMPAIO, José Adércio Leite. *Princípios de direito ambiental na dimensão internacional e comparada*. São Paulo: Del Rey, 2003.

SANCHEZ, Oscar Adolfo. A privatização do saneamento. *Perspec*, São Paulo, v. 15, n. 1, p. 89-101, jan./mar. 2001

SANEPAR. *A empresa*. Curitiba, [s.d.]. Disponível em: <www.sanepar.com.br>. Acesso em: 20 jan. 2005.

_____. *Sem medo de defender o interesse público*. [S.l.: s.n.], 8 jul. 2004. Disponível em: http://celepar8cta.pr.gov. br/secs/Cnoti.nsf/0/dd749d9c7b0e60e6032 56ee0007dfde7?OpenDocument>. Acesso em: jan. 2005.

SANTOS, Boaventura de Souza. *Democratizar a Democracia: os caminhos da democracia participativa*. Rio de Janeiro: Civilização Brasileira, 2002.

SÃO PAULO. Tribunal de Justiça. *Apelação Civil n. 53.885-5/9*. Rel. Prado Pereira. 7ª. Câm. Direito Público. Juldado em 17 nov. 1999. Disponível em: http://www.tj.sp.gov.br. Acesso em: 13 fev. 2005.

SARLET, Ingo Wolfgang. *A eficácia dos direitos fundamentais*. 3. ed. Porto Alegre: Livraria do Advogado, 2003a.

_____. *A eficácia dos direitos fundamentais*. 6. ed. Porto Alegre: Livraria do Advogado, 2006b.

_____. (Org.). *Constituição, direitos fundamentais e direito privado*. Porto Alegre: Livraria do Advogado, 2003b.

_____. *Dignidade da pessoa humana e direitos fundamentais na Constituição Federal de 1988*. 2. ed., rev. e atual. Porto Alegre: Livraria do Advogado, 2002.

_____. Direitos Fundamentais Sociais e Proibição de Retrocesso: algumas notas sobre o desafio da sobrevivência dos direitos sociais num contexto de crise. *Revista da AJURIS*, nº94.

_____. Direitos fundamentais sociais, mínimo existencial e direito privado. *Revista de Direito do Consumidor*, nº 61, p. 90-125.

SCHIRATO, Vitor Rhein. Setor de Saneamento Básico: aspectos jurídico-administrativos e competências regulatórias. *Revista de Direito Administrativo*, Rio de Janeiro, n. 237, p. 120, jul./set. 2004.

SELBORNE, Lord. *A Ética do Uso da Água Doce:* um levantamento. Brasília: Unesco, 2002.

SEN, Amarthya Kumar. *Desenvolvimento como liberdade*. São Paulo: Companhia das Letras, 2000.

_____. *Sobre ética e economia*. Trad. Laura Teixeira Motta. São Paulo: Companhia das Letras, 1999

SERVIÇOS Públicos: água e esgoto em más condições. *Consumidor S.A. (on-line)*, [S.l.], Edição 53, 2000. Disponível em: <http://www.idec.org.br/consumidorsa/ arquivo/set00/set0003.htm>. Acesso em: 22 fev. 2005.

SILVA, Bruno Campos. *Direito Ambiental:* enfoques variados. São Paulo: Lemos & Cruz, 2004.

SILVA, Luciano Meneses Cardoso; MONTEIRO, Roberto Alves. *Outorga de direito de uso de recursos hídricos:* uma das possíveis abordagens. Brasília: MMA, [s.d.]. Disponível em: <http://www.mma.gov.br>. Acesso em: 10 dez. 2004.

SILVA, José Afonso. *Curso de direito constitucional positivo*. 23. ed. rev. e ampl. São Paulo: Malheiros, 2004.

SILVA, Solange Teles da. Aspectos jurídicos da proteção das águas subterrâneas. *Revista de Direito Ambiental*, São Paulo, v. 8, n. 32, p. 159-182, out./dez. 2003.

SINDICATO DOS ENGENHEIROS NO ESTADO DE SÃO PAULO. *Impedimento legal pode salvar São Paulo da privatização*. São Paulo, [s.d.]. Disponível em: <http://www.seesp.org.br/imprensa/143reportagem4. htm>. Acesso em: 21 fev. 2005.

SOUTO, Marcos Juruena Villela. Função regulatória. *Revista Diálogo Jurídico*. Salvador, n. 11, fev, 2002. Disponível em: <http://Www.direitopublico.com.br>. Acesso em: 30 nov. 2004.

SUNDFELD, Carlos Ari. *Anteprojeto de Lei da Política Nacional de Saneamento Ambiental: versão de 08 de Junho de 2004: análise crítica*. São Paulo: Sabesp, 2004. Disponível em: <http://www.sabesp.com.br/p_saneamento/política_nac _saneamento.htm>. Acesso em: 05 jan. 2005.

STEINMETZ, Wilson Antônio. *Colisão de direitos fundamentais e o princípio da proporcionalidade*. Porto Alegre: Livraria do Advogado, 20.

STIGLITZ, Joseph E. *Os exuberantes anos 90:* uma nova interpretação da década mais próspera da história. São Paulo: Companhia das Letras, 2003.

SUNSTEIN, Cass R. O Constitucionalismo após o New Deal. In: MATTOS, Paulo (Org.). *Regulação econômica e democracia:* o debate norte-americano. São Paulo: CEBRAP, 2004.

TESAURO, Giuseppe; D'ALBERTI, Marco. *Regolazione e concorrenza*. Bologna: Il Mulino, 2000.

TEIXEIRA, Eduardo Didonet e HAEBERLIN, Martin. *A Proteção da Privacidade: aplicação na quebra no sigilo bancário e fiscal*. Porto Alegre: Fabris, 2005.

TORRES, Ricardo Lobo. *A Metamorfose dos Direitos Sociais em Mínimo Existencial*. (in Direitos Fundamentais Sociais: estudos de direito constitucional, internacional e comparado. Ingo W. Sarlet – org.). Rio de Janeiro: Renovar, 2003, pp. 01-46.

——. *Os direitos humanos e a tributação* – Imunidades e Isonomia. Rio de Janeiro: Renovar, 1995.

——. *O mínimo existencial e os direitos fundamentais*. Revista de Direito Administrativo. Rio de Janeiro: Renovar, v. 177, 1989, jul-set/1989, pp. 29-49.

TOVAR, Luisa. *A privatização dos serviços de água*. [S.l.]: resistir.info, 11 jun. 2003. Disponível em: <http://resistir.info/agua/serv_agua.html>. Acesso em: 23 ago. 2004.

TRIBE, Laurence; DORF, Michael. *On reading the Constitution*. Cambridge: Harvard University, 1991.

TRIBUNAL DE CONTAS DA UNIÃO. *TCU faz recomendações para aprimorar Programa de Saneamento Básico*. Brasília, [s.d.]. Disponível em: <http://www.tcu.gov.br>. Acesso em: 28 jul. 2004.

TUGENDHAT, Ernst. *Lições sobre ética*. 5. ed. rev. Rio de Janeiro: Vozes, 2003.

TUNDISI, José Galizia. *Água no Século XXI:* enfrentando a escassez. São Carlos: RIMa, IIE, 2003.

UNESCO. *A água no Brasil e no mundo*. [S.l.: s.n, s.d.]. Disponível em: <http://www.ana.gov.br>. Acesso em: 12 set. 2004

VARGAS, Marcelo Coutinho; LIMA, Roberval Francisco de. *Abastecimento de água e esgotamento sanitário nas cidades brasileiras:* riscos e oportunidades do envolvimento privado na prestação dos serviços. São Paulo: ANPPAS, 2004, p. 16. Disponível em: <http://www.anppas.org.br/encontro/segundo/Papers/GT/GT03/ marcelo_vargas_roberval_lima.pdf> Acesso em: 07 fev. 2005.

VIEGAS, Eduardo Coral. *Visão jurídica da água*. Porto Alegre: Livraria do Advogado, 2005.

WALD, Arnold. As áreas metropolitanas. *Revista Trimestral de Direito Público*, São Paulo, ano 5, n. 22, p. 164-173, out./dez. 1972.

——. As áreas metropolitanas. *Revista de Direito Público*, São Paulo, n. 22, p. 173, out./dez. 1972.

WARAT, Luis Alberto. *Territórios Desconhecidos: a procura surrealista pelos lugares do abandono do sentido e da reconstrução da subjetividade*. Vol. I. Florianópolis: Fundação Boiteux, 2004.

——. *Surfando na Pororóca*. Vol. III. Florianópolis: Fundação Boiteux, 2004.

WEBER, Thadeu. *Ética e Filosofia Política*. Porto Alegre: EDIPUCRS, 1999.

WORLD HEALTH ORGANIZATION – WHO. [*Notícias*]. Switzerland, WHO, 2004. Disponível em: <http://www.who.int/en/>. Acesso em: 05 out. 2004.

ZANCHETTA, Diego. *Região metropolitana de Campinas registra 30% de desperdício de água*. Correio Popular – Cidades, 24 mar. 2004. Disponível em: <http://www.unicamp.br/unicamp/canal_aberto/clipping/marco2004/clipping040324>. Acesso em: 26 jul. 2004.

ZIMMERLING, Ruth. *Necesidades Básicas y Relativismo Moral*. In: DOXA, nº 7, 1990, pp. 35-54.